아카이브로 본 역사

100개의 장면으로 마주하는 그날들

4·3 주요 유적

북촌리
너븐숭이
4·3기념관
서우봉
함덕해수욕장
조천만세동산
곤을동
제주주정공장
4·3역사관
관덕정
제주국제
공항
연두망동산
제주해녀
박물관
하도국교
지미봉
우도
종달리
아끈다랑쉬
다랑쉬오름
다랑쉬굴
은월봉
용눈이오름
성산
일출봉
터진목
제주4·3
평화공원
관음사
궤펜이오름
한림
성판악
한라산
월령리 진아영 할머니 삶터
1100고지
휴게소
볼레오름
영실
이승이오름
수악주둔소
의귀리
표선해수욕장
무등이왓
큰넓궤
헛묘
중문성당
천제연폭포
대포동
주상절리
소남머리
정방폭포
제주추사관
제주대정삼의사비
대정
백조일손묘역
섯알오름예비검속
희생자추모비
북
서
동
남

4·3, 아카이브로 본 역사

100개의 장면으로 마주하는 그날들

허호준 지음

혜화 1117

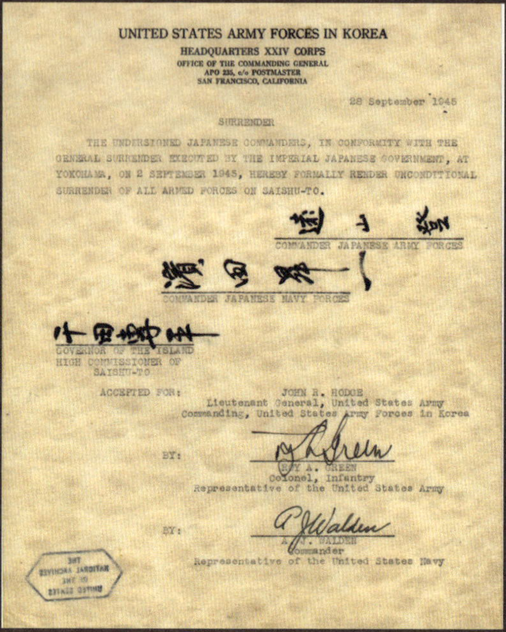

UNITED STATES ARMY FORCES IN KOREA
HEADQUARTERS XXIV CORPS
OFFICE OF THE COMMANDING GENERAL
APO 235, c/o POSTMASTER
SAN FRANCISCO, CALIFORNIA

28 September 1945

SURRENDER

THE UNDERSIGNED JAPANESE COMMANDERS, IN CONFORMITY WITH THE GENERAL SURRENDER EXECUTED BY THE IMPERIAL JAPANESE GOVERNMENT, AT YOKOHAMA, ON 2 SEPTEMBER 1945, HEREBY FORMALLY RENDER UNCONDITIONAL SURRENDER OF ALL ARMED FORCES ON SAISHU-TO.

遠山登
COMMANDER JAPANESE ARMY FORCES

濱田昇一
COMMANDER JAPANESE NAVY FORCES

千田專平
GOVERNOR OF THE ISLAND
HIGH COMMISSIONER OF
SAISHU-TO

ACCEPTED FOR: JOHN R. HODGE
Lieutenant General, United States Army
Commanding, United States Army Forces in Korea

BY: Roy A. Green
ROY A. GREEN
Colonel, Infantry
Representative of the United States Army

BY: A. J. Walden
A. J. WALDEN
Commander
Representative of the United States Navy

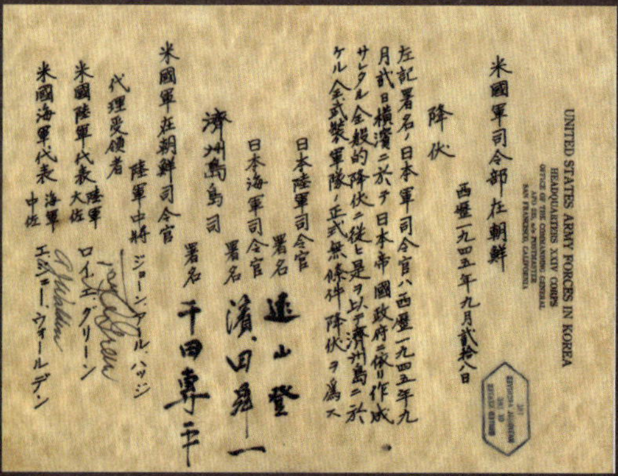

UNITED STATES ARMY FORCES IN KOREA
HEADQUARTERS XXIV CORPS
OFFICE OF THE COMMANDING GENERAL
APO 235, c/o POSTMASTER
SAN FRANCISCO, CALIFORNIA

米國軍司令部在朝鮮

西曆一九四五年九月貳拾八日

降伏

左記署名ノ日本軍司令官ハ西曆一九四五年九月貳日横濱ニ於テ日本帝國政府ニ依リ作成サレタル全般的降伏ニ從ヒ是ヲ以テ濟州島ニ於ケル全武裝軍隊ノ正式無條件降伏ヲ爲ス

日本陸軍司令官 署名 遠山登

日本海軍司令官 署名 濱田昇一

濟州島島司 署名 千田專平

米國軍在朝鮮司令官 陸軍中將 ジョーン・アール・ハッジ

代理受領者

米國陸軍代表 陸軍大佐 ロイ・エー・グリーン

米國海軍代表 海軍中佐 エー・ジェー・ウォールデン

[화보01] 1945년 9월 28일 오전 10시 45분. 미군 항복접수단이 제주도 주둔 일본군으로부터 항복문서 서명을 받았다. 문서는 영문과 일문으로 각각 작성했다. 일본 측 서명에 6분, 미군 측 서명에는 2분이 채 걸리지 않았다. 이로써 제주는 전쟁의 위험에서 벗어났다. 그러나 일본군이 떠난 자리에는 미군정이 들어섰고, 해방의 기쁨과 불안은 동시에 섬을 감쌌다. 누구도 예상하지 못한 더 큰 폭풍은 아직 오지 않았다. NARA. [본문002]

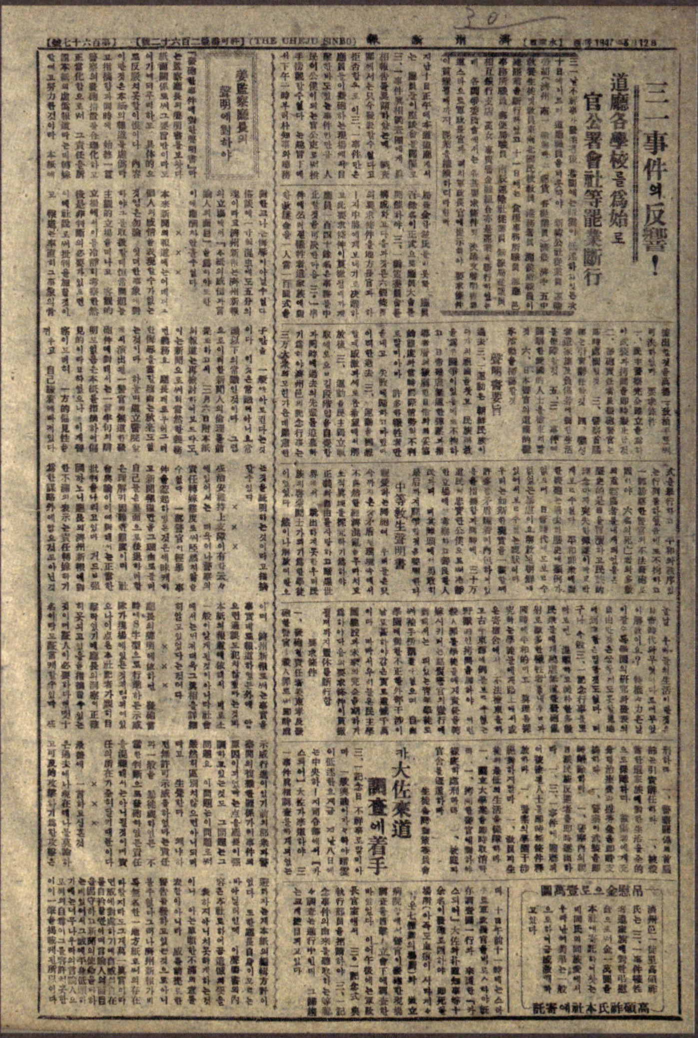

濟州新報 (THE CHEJU SINBO)

三一事件의反響!

道廳各學校를爲始로 官公署會社等罷業斷行

美監察廳長의 聲明에對하야

大佐秉道 調査에着手

[화보02] 1947년 3월 10일 제주도에서 일어난 남한 사회 유례없는 민·관 총파업을 보도한『제주신보』기사. 3·1절 발포사건에 대한 진상조사와 책임자 처벌을 내건 총파업에는 관공서와 학교, 금융, 통신, 교통은 물론 일부 경찰까지 동참했다. 수습은커녕 무조건적인 파업 해제만 요구하는 제주도 미군정의 태도는 사태를 악화시켰다. [본문013]

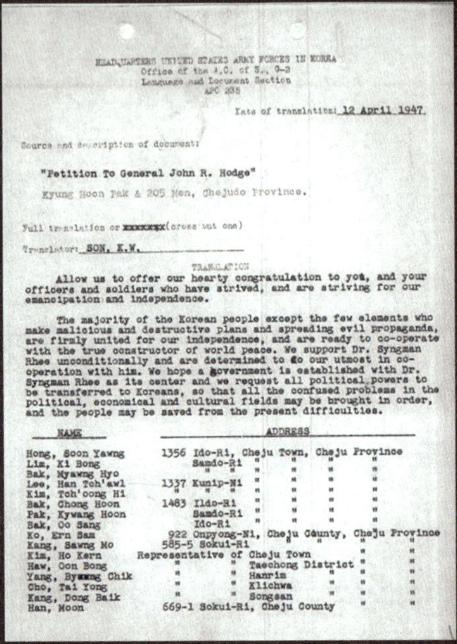

HEADQUARTERS UNITED STATES ARMY FORCES IN KOREA
Office of the A.C. of S., G-2
Language and Document Section
APO 235

Date of translation: 12 April 1947

Source and description of document:

"Petition To General John R. Hodge"

Kyung Hoon Pak & 205 Men, Chejudo Province.

Full translation or xxxxxxx (cross out one)

Translator: SON, K.W.

TRANSLATION

Allow us to offer our hearty congratulation to you, and your officers and soldiers who have strived, and are striving for our emancipation and independence.

The majority of the Korean people except the few elements who make malicious and destructive plans and spreading evil propaganda, are firmly united for our independence, and are ready to co-operate with the true constructor of world peace. We support Dr. Syngman Rhee unconditionally and are determined to do our utmost in co-operation with him. We hope a government is established with Dr. Syngman Rhee as its center and we request all political powers to be transferred to Koreans, so that all the confused problems in the political, economical and cultural fields may be brought in order, and the people may be saved from the present difficulties.

NAME	ADDRESS
Hong, Soon Yawng	1356 Ido-Ri, Cheju Town, Cheju Province
Lim, Ki Bong	Samdo-Ri " " "
Bak, Myawng Hyo	" " " "
Lee, Han Toh'awl	1337 Kunip-Ri " " "
Kim, Toh'cong Hi	" " " "
Bak, Chong Hoon	1483 Ildo-Ri " " "
Pak, Kywang Hoon	Samdo-Ri " " "
Bak, Oo Sang	Ido-Ri " " "
Ko, Ern Sam	922 Onpyong-Ri, Cheju County, Cheju Province
Kang, Sawng Mo	585-5 Sokui-Ri " "
Kim, Ho Kern	Representative of Cheju Town " "
Haw, Oon Bong	" " Taechong District " "
Yang, Byawng Chik	" " Hanrim " "
Cho, Tai Yong	" " Klichwa " "
Kang, Dong Baik	" " Songsan " "
Han, Moon	669-1 Sokui-Ri, Cheju County

[화보03] 제주도 유지들이 이승만을 절대 지지한다며 미군정청 최고 책임자 하지 사령관에게 보낸 탄원서.
1947년 3·1절 발포사건 이후 이어진 3·10 민·관 총파업에 대해 미군정 경무부는 대대적인 검거에 나섰다. 검거 선풍이 몰아치자 전 제주도지사 박경훈을 포함한 제주도민 206명은 4월 초 '이승만 지지' 탄원서'를 제출했다. 정치적 신념, 정세 불안, 향후 정세 대응 등이 복합적으로 얽혀 나온 이 탄원서에는 당시 제주사회의 복잡한 불안과 모순이 담겨 있다. NARA. [본문015]

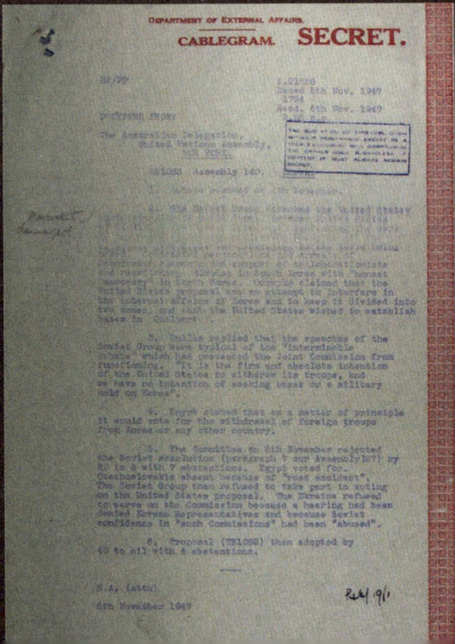

DEPARTMENT OF EXTERNAL AFFAIRS.
CABLEGRAM. SECRET.

[화보04] 1947년 11월 5일 뉴욕 유엔 총회 파견 오스트레일리아 대표부가 본국 외교부에 보낸 전문. 11월 4일 총회에서 조선 문제에 대한 토론이 재개되었으며 미국과 소련이 제주도에 군사 기지 설치 여부를 두고 벌인 설전 내용을 전하고 있다. 오스트레일리아 국립기록원. [본문018]

[화보05, 06] 1948년 5월 제주. 5·10 선거 실패 후 미군정은 강경 대응에 나섰다. 미군 대위와 경비대 장교들이 지도를 펴놓고 마을 공격을 논의하고 있다. 두 번째 사진에는 50여 명 가까이 되는 이들이 모여 있다. 5·10 선거를 피해 산에 올라간 주민들이다. 저들 가운데 살아남은 이들은 얼마나 될까. NARA. [본문034, 035]

HQ 6

[화보07] 1948년 5월 21일 이전 촬영한 것으로 보이는 사진에는 4·3의 또 다른 얼굴이 담겼다. 기마경찰 옆으로 지나가는 여인은 눈을 들지 않는다. 눈만 마주쳐도 죄인이 되던 시절이다. 등에 진 구덕은 공포 속에서도 내려놓을 수 없던 제주 여성들의 삶의 무게이기도 했다. NARA. [본문037]

[화보08] 1949년 여름, 제주를 떠나기 직전 경비대 제11연대 간부들이 제주 농업학교 건물 앞에 일렬로 모였다. 철수 직전 남긴 작전 종료 기념사진에 가깝다. 앞줄 왼쪽부터 백선진, 미 고문관 리치, 최경록, 김종면, 웨스트, 송요찬, 한 사람 건너 이수복이고 뒷줄 왼쪽 여섯 번째부터 임선하, 최갑종, 서종철이다. [본문049]

DONG
LEE
LEE

國務委員 交通部長官 許政

國務委員 遞信部長官 尹錫龜

國務委員 李允榮

大統領令第三十一號

濟州道地區戒嚴宣布에關한件

濟州道의叛亂을急速히鎭定하기爲하여同地區를合圍地境으로定하고本令公布日로부터戒嚴을施行할것을宣布한다

戒嚴司令官은濟州道駐屯陸軍第九聯隊長으로한다

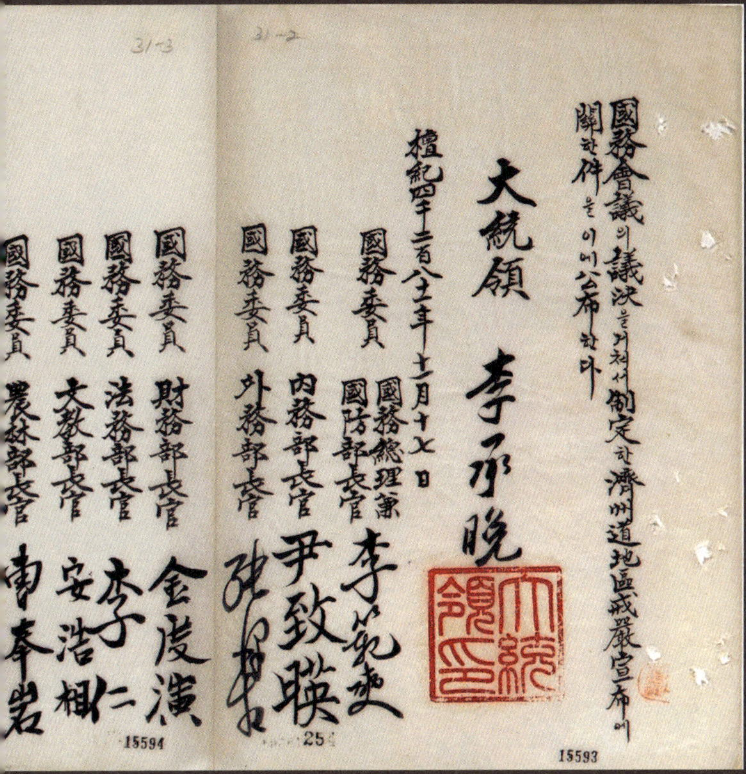

31-3 31-2

國務會議의議決을거처서制定한濟州道地區戒嚴宣布에關한件을이에公布한다

大統領 李承晩

檀紀四千二百八十一年十一月十七日

國務委員 國務總理兼國防部長官 李範奭
國務委員 內務部長官 尹致暎
國務委員 外務部長官 張澤相

15593

國務委員 財務部長官 金度演
國務委員 法務部長官 李仁
國務委員 文敎部長官 安浩相
國務委員 農林部長官 曺奉岩

15594

[화보09] 1948년 11월 17일 대통령 이승만은 제주도에 대한 계엄령을 선포했다. 국무위원 12명의 이름도 자필 서명으로 들어 있다. 계엄령 선포 후 1948년 11월 중순께부터 1949년 3월까지 군·경 토벌대는 중산간마을에 불을 지르고 주민들을 집단학살했다. 제주도는 초토화됐다.
국가기록원. [본문055]

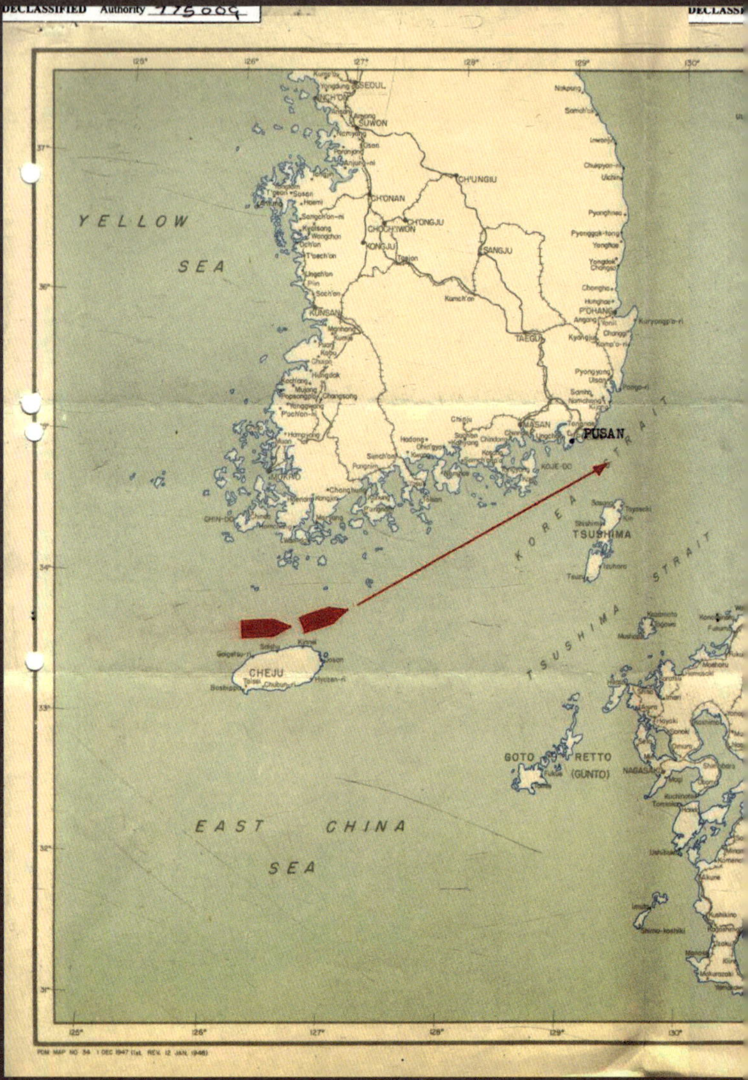

[화보10] 1949년 1월 3일 한국 해군은 오후 2시 제주 해상에서 소련 선박 2척을 목격했다. 4일 오후 4시 30분 선박은 부산 방면으로 이동했다. 사실과는 거리가 멀었으나 당시 북한·소련과의 연계설, 소련 선박 또는 잠수함 출현설은 계엄 유지 명분으로 활용되었다. NARA. [본문062]

MAP "A"

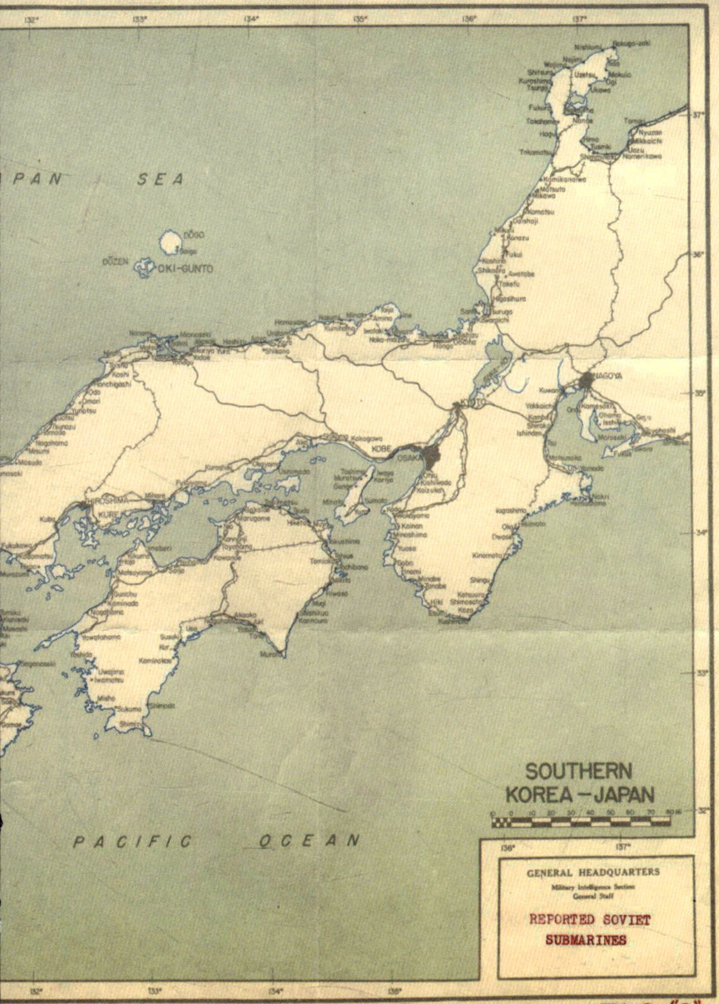

GENERAL HEADQUARTERS
Military Intelligence Section
General Staff

REPORTED SOVIET
SUBMARINES

TAB "2"

等姦黨을 苛酷한 方法으로 彈压하야 法의
尊嚴을 表示할 것이 要請된다
3. 武器等軍需物資에 關하야 美人들은 充
分히 供給되였다고 하나 我方엔 不足하나
内務部長官 國防部長官 로바ー트准
將으로 하여금 調査를 要請하기로 한다
4. 反民特調에서 立法, 行政, 司法을 行하야 政
府와 遊離됨은 不可하다는 論示에 對하야
法務部長官은 合法改正案을 起草中에 있
어 不日 脫稿上程케 됨을 報告하다
5. 對敵産政策에 있어 敵産拂下規程을 來週
中엔 上程決定하기 바란다

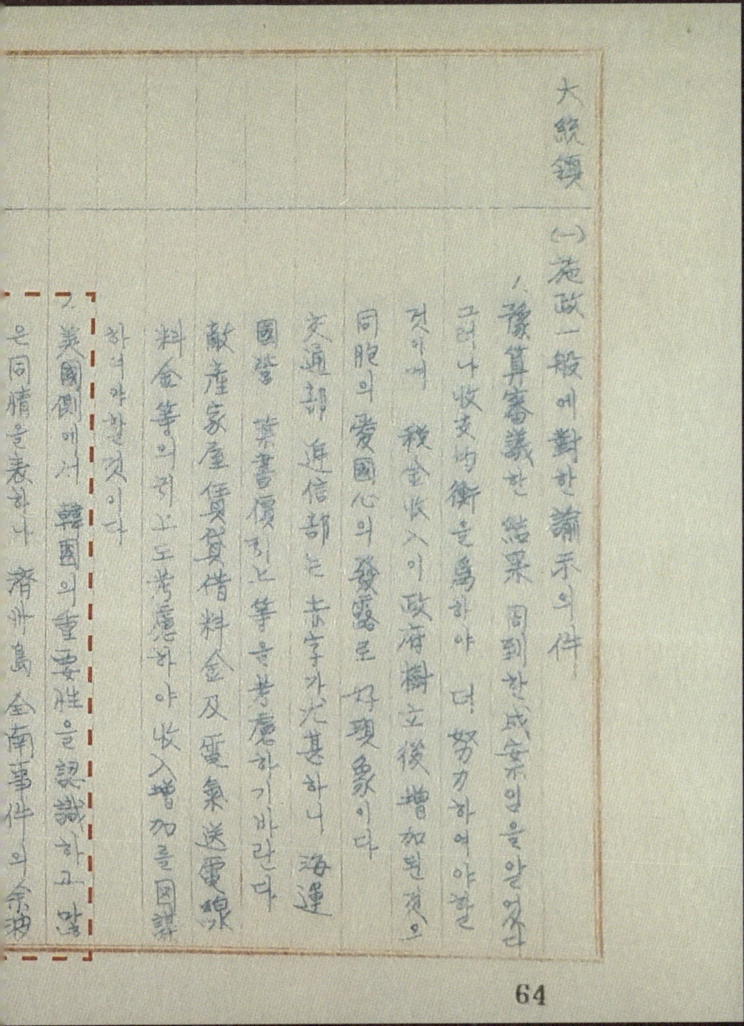
大統領
(一) 施政一般에 對한 諭示의 件
1. 豫算審議한 結果 周到한 成案임을 알엇스나
그러나 收支均衡을 爲하야 더 努力하여야 할
것이며 稅金收入이 政府樹立後 增加된 것으
同胞의 愛國心의 發露로 好現象이다
交通部 逓信部는 赤字가 尤甚하니 海運
國營 葉書價值 等을 考慮하기 바란다
敵產家屋賃貸借料金及電氣送電線
料金等의 引上도 考慮하야 收入增加를 圖謀
하여야 할 것이다
2. 美國側에서 韓國의 重要性을 認識하고 많
은 同情을 表하나 濟州島 全南事件의 余波
64

[화보11] 1949년 1월 21일 열린 제12회 국무회의에서 대통령 이승만은 제주도에 대해 "악당을 가혹한 방법으로 탄압하여 법의 존엄을 표시할 것이 요청된다"고 지시했다. 군·경 토벌대의 제주도 토벌은 대통령의 관심과 명령 속에 강화됐다. 이승만의 지시는 제주도민들의 삶을 절망으로 밀어 넣었다. 국가기록원. [본문063]

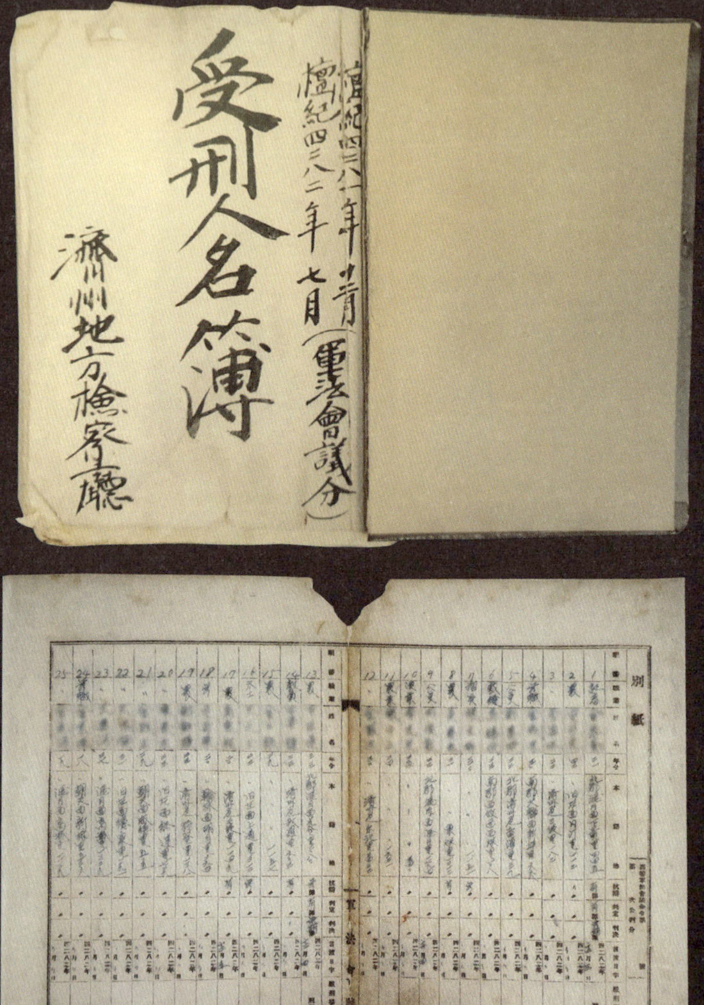

[화보12] 4·3 당시 민간인 대상 군법회의에 넘겨진 이들은 귀순하거나 체포된 주민들이었다. 이들은 '재판 아닌 재판'을 거쳐 형량과 죄명도 모른 채 육지 형무소로 이송됐다. '수형인 명부'는 절차 없는 재판과 처벌이 어떻게 집행됐는지를 보여주는 국가폭력의 증거다. 국가기록원. [본문080]

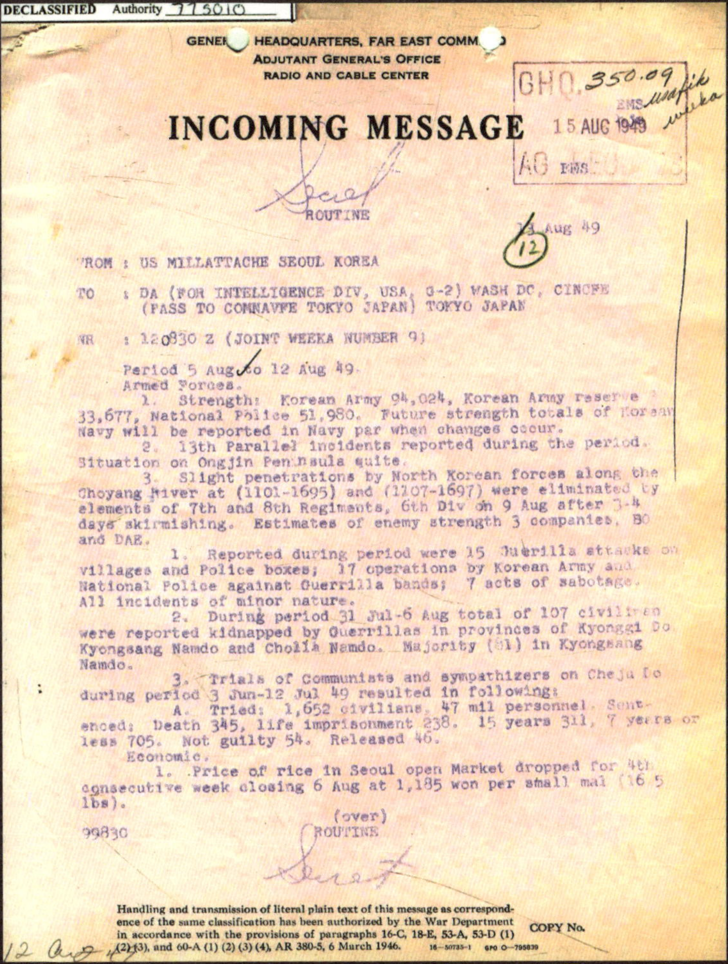

DECLASSIFIED Authority 775010

GENERAL HEADQUARTERS, FAR EAST COMMAND
ADJUTANT GENERAL'S OFFICE
RADIO AND CABLE CENTER

GHQ. 350.09

15 AUG 1949

AG

INCOMING MESSAGE

ROUTINE

13 Aug 49

(12)

FROM : US MILLATTACHE SEOUL KOREA

TO : DA (FOR INTELLIGENCE DIV, USA, G-2) WASH DC, CINCFE (PASS TO COMNAVFE TOKYO JAPAN) TOKYO JAPAN

NR : 120830 Z (JOINT WEEKA NUMBER 9)

Period 5 Aug to 12 Aug 49.
Armed Forces.
1. Strength: Korean Army 94,024, Korean Army reserve 33,677, National Police 51,980. Future strength totals of Korean Navy will be reported in Navy par when changes occur.
2. 13th Parallel incidents reported during the period. Situation on Ongjin Peninsula quite.
3. Slight penetrations by North Korean forces along the Choyang River at (1101-1695) and (1107-1697) were eliminated by elements of 7th and 8th Regiments, 6th Div on 9 Aug after 3-4 days skirmishing. Estimates of enemy strength 3 companies. BO and DAE.
1. Reported during period were 15 Guerilla attacks on villages and Police boxes; 17 operations by Korean Army and National Police against Guerrilla bands; 7 acts of sabotage. All incidents of minor nature.
2. During period 31 Jul-6 Aug total of 107 civilians were reported kidnapped by Guerrillas in provinces of Kyonggi Do Kyongsang Namdo and Cholla Namdo. Majority (81) in Kyongsang Namdo.
3. Trials of Communists and sympathizers on Cheju Do during period 3 Jun-12 Jul 49 resulted in following:
A. Tried: 1,652 civilians, 47 mil personnel. Sentenced: Death 345, life imprisonment 238, 15 years 311, 7 years or less 705. Not guilty 54. Released 46.
Economic.
1. Price of rice in Seoul open Market dropped for 4th consecutive week closing 6 Aug at 1,185 won per small mal (16.5 lbs).

(over)

99830

ROUTINE

Handling and transmission of literal plain text of this message as correspondence of the same classification has been authorized by the War Department in accordance with the provisions of paragraphs 16-C, 18-E, 53-A, 53-D (1) (2) (3), and 60-A (1) (2) (3) (4), AR 380-5, 6 March 1946.

COPY No.

12 Aug 49

[화보13] 1949년 8월 12일 주한미대사관 무관이 워싱턴 육군부와 도쿄 극동군 총사령부에 보낸 합동주간분석 제9호에는 1949년 6월 3일부터 7월 12일까지 제주도에서 이루어진 군법회의에 대한 내용이 실렸다. 문서 내용에 따르면 재판 결과는 다음과 같다.
기소 인원은 민간인 1,652명, 군인 47명이며, 선고의 결과는 사형 345명, 종신형 238명, 15년형 311명, 7년 이하 705명, 무죄 54명 등이었다. 석방된 숫자는 46명에 불과했다. NARA. [본문080]

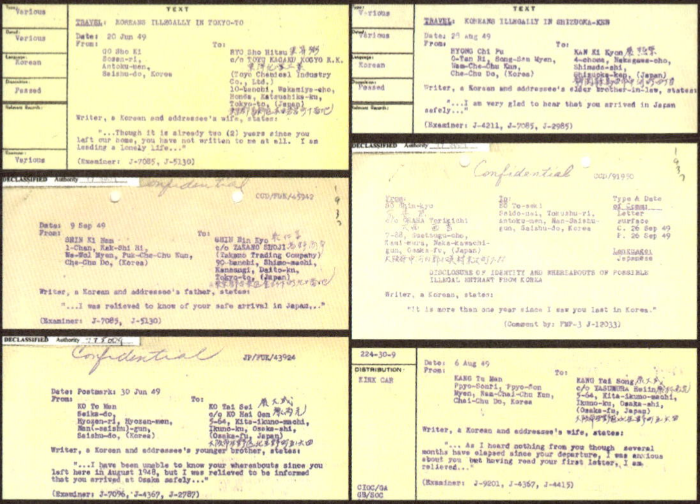
TEXT
TRAVEL: KOREANS ILLEGALLY IN TOKYO-TO
Date: 20 Jun 49
From: GO Sho Ki, Sosen-ri, Antoku-men, Saishu-do, Korea
To: RYO Sho Hitsu, c/o TOYO KAGAKU KOGYO K.K. (Toyo Chemical Industry Co., Ltd.) 10-banchi, Wakamiya-cho, Honda, Katsushika-ku, Tokyo-to, (Japan)
Writer, a Korean and addressee's wife, states:
"...Though it is already two (2) years since you left our home, you have not written to me at all. I am leading a lonely life..."
(Examiner: J-7085, J-5130)

TEXT
TRAVEL: KOREANS ILLEGALLY IN SHIZUOKA-KEN
Date: 28 Aug 49
From: HYONG Chi Pu, O-Tan Ri, Song-San Myen, Nam-Che-Chu Kun, Che-Chu Do, (Korea)
To: KAN Ki Kyon, 4-chome, Nakagawa-cho, Shimada-shi, Shizuoka-ken, (Japan)
Writer, a Korean and addressee's elder brother-in-law, states:
"...I am very glad to hear that you arrived in Japan safely..."
(Examiner: J-4211, J-7085, J-2985)

DECLASSIFIED
Confidential CCD/FUK/45942
Date: 9 Sep 49
From: SHIN Ki Nam, 1-Chan, Kak-Shi Ri, Ne-Wol Myen, Puk-Che-Chu Kun, Che-Chu Do, (Korea)
To: SHIN Bin Kyo, c/o ZAKANO SHOJI (Takano Trading Company) 90-banchi, Shimo-machi, Kanasugi, Daito-ku, Tokyo-to, (Japan)
Writer, a Korean and addressee's father, states:
"...I was relieved to know of your safe arrival in Japan..."
(Examiner: J-7085, J-5130)

DECLASSIFIED
Confidential CCD/91950
From: SO Shin-kyo, c/o OHASA Torikichi, 7-88, Suetsugu-cho, Kami-mura, Naka-kawachi-gun, Osaka-fu, (Japan)
To: SO To-seki, Seido-sai, Tokushu-ri, Antoku-men, Nan-Saishu-gun, Saishu-do, Korea
Type & Date of Comm: Letter surface C. 26 Sep 49 P. 26 Sep 49
Language: Japanese
DISCLOSURE OF IDENTITY AND WHEREABOUTS OF POSSIBLE ILLEGAL ENTRANT FROM KOREA
Writer, a Korean, states:
"It is more than one year since I saw you last in Korea."
(Comment by: FMP-3 J-12033)

DECLASSIFIED
Confidential JP/FUK/43924
Date: Postmark: 30 Jun 49
From: KO To Man, Seika-do, Hyozen-ri, Hyozen-men, Nan(-saishu)-gun, Saishu-do, (Korea)
To: KO Tai Sei, c/o KO Hai Gen, 5-64, Kita-ikuno-machi, Ikuno-ku, Osaka-shi, (Osaka-fu, Japan)
Writer, a Korean and addressee's younger brother, states:
"...I have been unable to know your whereabouts since you left here in August 1948, but I was relieved to be informed that you arrived at Osaka safely..."
(Examiner: J-7096, J-4367, J-2787)

224-30-9
DISTRIBUTION: KINK CAR
Date: 6 Aug 49
From: KANG Tu Man, Ppyo-Sonri, Ppyo-Son Myen, Nam-Chai-Chu Kun, Chai-Chu Do, Korea
To: KANG Tai Song, c/o YASUMURA Heiin, 5-64, Kita-ikuno-machi, Ikuno-ku, Osaka-shi, (Osaka-fu, Japan)
Writer, a Korean and addressee's wife, states:
"... As I heard nothing from you though several months have elapsed since your departure, I was anxious about you but having read your first letter, I am relieved..."
(Examiner: J-9201, J-4367, J-4415)
CIOC/GA GB/SOC

[화보14] 연합국군 총사령부GHQ 산하 민간검열대는 이 당시 한국과 일본을 오간 우편물의 내용을 검열해 정보를 수집했다. 한두 문장을 발췌해 영어로 번역한 보고서에는 일본으로 밀항해 건너간 이들이 가족에게 보낸 내용도 있고, 제주의 아내가 일본으로 떠난 남편을 향해 고단함을 호소한 내용도 있다. NARA. [본문082]

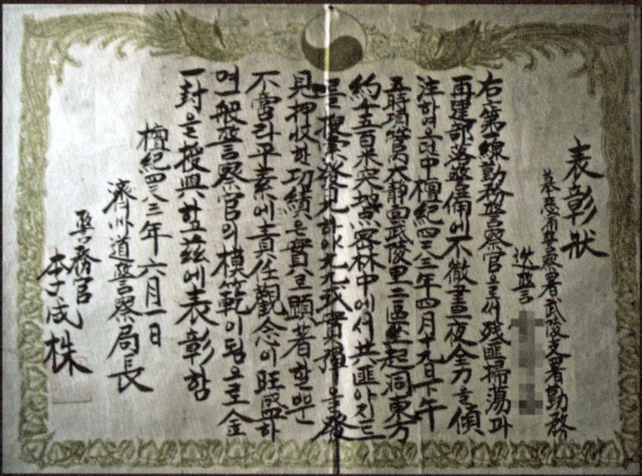
表彰狀
摹瑟浦警察署武陵支署勤務
巡査 [redacted]
右 第一線勤務警察官으로서 殘匪掃蕩과
再建部落警備에 不撤晝夜全力을 傾
注하여 오던中 檀紀四二八三年四月十九日 午
五時頃 管內大靜面武陵里三區東起洞東方
約五百米 突出 密林中에서 共匪 아지트
를 搜索發見하야 九九式 實彈 等을 發
見押收한 功績은 實로 顯著한 뿐
不啻라 平素에 責任觀念이 旺盛하야
一般警察官의 模範이 됨으로 金
一封을 授與하고 玆에 表彰함
檀紀四二八三年 六月 一日
濟州道警察局長
警務官 李成株

[화보15] 1950년 6월 1일 무장대 아지트 발견 공로로 모슬포경찰서 무릉지서 순경이 받은 표창장. 정부는 1949년 4·3 무장봉기 진압 완료를 선언했으나 이 표창장은 여전히 잔여 세력 소탕작전이 이어지고 있었음을 보여준다. [본문087]

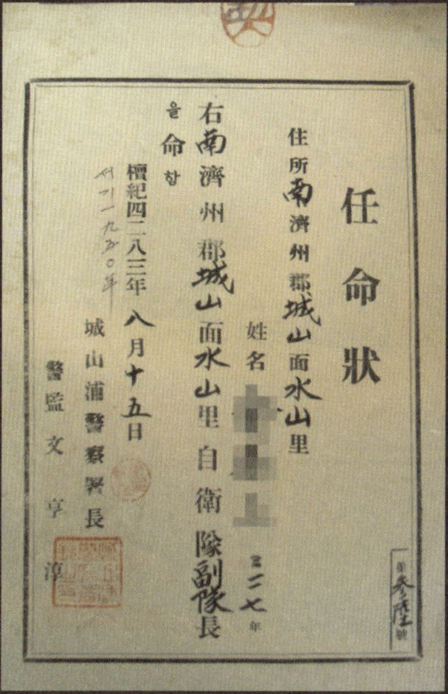

任命狀

住所 南濟州郡城山面水山里

姓名 當二七年

右 南濟州郡城山面水山里自衛隊副隊長을 命함

檀紀四二八三年 八月十五日

서기一九五〇年

城山浦警察署長

警監 文亨淳

[화보16] 1950년 8월 15일 성산포 경찰서장이 성산면 주민을 '자위대 부대장'으로 임명하는 임명장. 4·3과 한국전쟁이 겹쳐진 시기 주민들은 자위대라는 이름으로 마을 경비에 동원됐다. 마을 치안이 국가 통제 체계로 재편되는 과정을 압축해 보여주는 기록이다. [본문088]

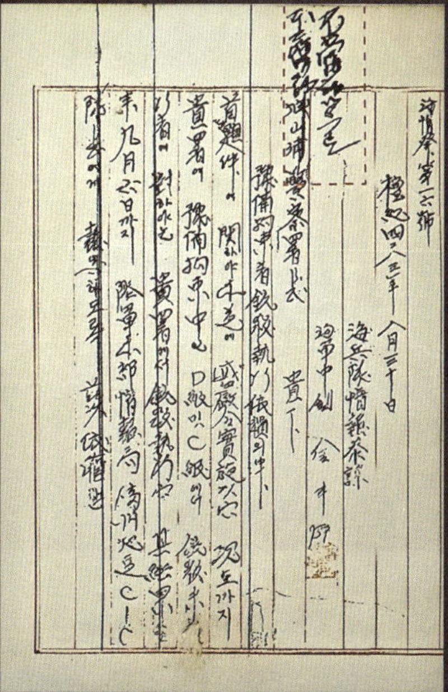

海情參 第一六號

檀紀四二八三年 八月三十日

海兵隊情報參謀

城山浦警察署長 貴下

[화보17] 1950년 8월 30일 성산포 경찰서장 문형순 경감이 계엄 당국인 해병대사령부로부터 받은 예비검속자 총살 지시 문서. 문형순은 공문서 상단에 '부당함으로 불이행'이라고 쓰고 총살을 거부했다. 국가의 부당한 명령에 거절할 용기를 보여준 그의 '불이행'은 기록 밖으로 나와 오늘날 우리에게 묻는다. "부당함을 보았을 때 당신은 어떤 선택을 할 것인가." 제주4·3평화재단. [본문089]

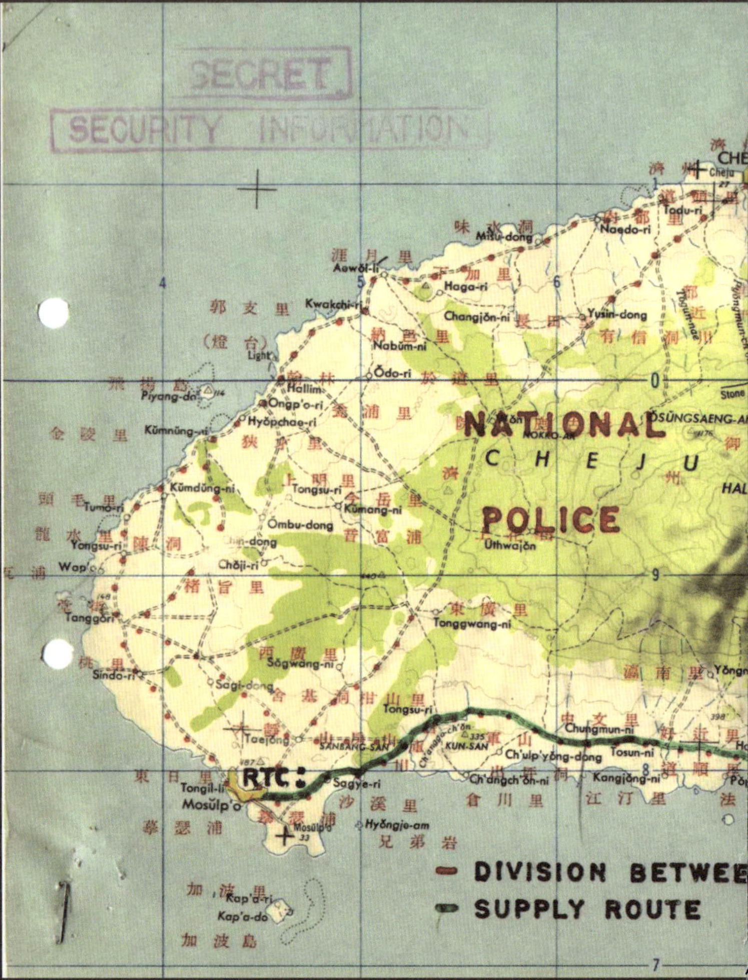
SECRET
SECURITY INFORMATION
NATIONAL
CHEJU
POLICE
RTC:
DIVISION BETWEE
SUPPLY ROUTE
Aewŏl-li
Kwakchi-ri
Light
Piyang-do
Kŭmnŭng-ri
Hallim
Ongp'o-ri
Hyŏpchae-ri
Kŭmdŭng-ni
Tumo-ri
Yongsu-ri
Wap'o
Tanggŏri
Sindo-ri
Sagi-dong
Taejŏng
Tongil-li
Mosŭlp'o
Kap'a-ri
Kap'a-do
Hyŏngje-am
Sagye-ri
SANBANG-SAN
Tongsu-ri
Sŏgwang-ni
Tonggwang-ni
Chŏji-ri
Ŏmbu-dong
Tongsu-ri
Kŭmang-ni
Ŏdo-ri
Nabŭm-ni
Changjŏn-ni
Haga-ri
Misu-dong
Naedo-ri
Todu-ri
Cheju
Yusin-dong
Ŭthwajŏn
ŎSŬNGSAENG-AK
NOKKO-AK
KUN-SAN
Ch'ulp'yŏng-dong
Ch'angch'ŏn-ni
Chungmun-ni
Tosun-ni
Kangjŏng-ni
Stone

[화보18] 제주도 잔여 무장대 소탕을 위한 무프티MUFTI 작전 구역 표시 지도. 경찰(100사령부)과 육군 무지개 부대의 작전 구역 지도이다. 1952년 10월 잔여 무장대의 서귀포 수력발전소 습격 이후 미 한국후방관구사령부는 "모든 공비를 소탕하기 위해 가능한 모든 수단을 동원해야 한다"고 강조했다. 곧 '무프티' 작전 계획이 수립되었다. 제주를 동·서로 나눠 특수부대와 경찰이 맡은 이 작전은 미군 주도의 한·미 합동 비밀 토벌작전이었다. NARA. [본문095]

[화보19] 1955년 9월 21일 한라산 개방 1주년을 기념해 백록담 정상에 세운 '한라산 개방 평화기념비'. 그러나 이것으로 끝이 아니었다. 개방 뒤인 1956년 9월에도 경찰은 잔여 무장대 소탕을 이유로 밀림지대 내 통행 제한을 반복했다. 한라산이 개방됐지만 통제는 이후에도 한동안 계속됐다.
[본문097]

이 책을

이름없는 4·3* 희생자,

그리고

그 시대를 겪은

모든 이들에게 바친다.

*4·3

"1947년 3월 1일을 기점으로 1948년 4월 3일 발생한 소요 사태 및 1954년 9월 21일까지 제주도에서 발생한 무력 충돌과 그 진압 과정에서 주민들이 희생당한 사건."
_제주4·3사건 진상 규명 및 희생자 명예 회복에 관한 특별법

제주4·3 기록물이 2025년 4월 유네스코 세계기록유산으로 등재됐다. 4·3 기록물의 세계기록유산 등재는 한반도의 변방 제주섬에서 벌어진 비극이 한국 현대사의 기억을 넘어 세계가 함께 기억해야 할 역사적 기록으로 자리매김했다는 의미다.

4·3은 금기의 세월도 길었으나, 진상규명과 명예회복을 위한 기간도 이제는 그 세월만큼 다가서고 있다. 1980년대 후반 진상규명 운동이 시작됐다. 2000년에는 '제주4·3사건 진상규명 및 희생자 명예회복에 관한 특별법'이 제정돼 진상규명과 명예회복의 여정이 본격화됐다. 이 법에 따라 국무총리실 산하 제주4·3사건 진상규명 및 희생자 명예회복 위원회는 2003년 10월 『제주4·3사건진상조사보고서』를 발간했다. 같

은 달 노무현 대통령이 국가 권력의 잘못에 대해 공식 사과했다. 그 뒤 지금까지도 희생자 명예회복 조치 등이 이어지고 있다. 이런 과정을 통해 주변부의 역사로 치부되던 4·3은 우리가 잊지 않아야 할 역사가 됐다.

*

4·3의 진실은 기록에 기반한다. 기록의 존재로 진상 규명이 가능했고, 기록을 통해 냉전체제 형성기 한 지역에서 발생한 국가폭력의 실체를 확인할 수 있다. 미군정문서, 외교전문, 국내외 신문 기사, 사진, 각종 공문서와 개인 기록의 발굴은 4·3의 진실을 밝혀내는 데 커다란 역할을 했다. 경험자의 증언만으로 부족한 부분을 기록을 통해 보완하고, 사실로 여겨지던 기존의 인식을 바꾸기도 했다. 기록은 진실 규명의 토대뿐만 아니라 화해와 성찰의 출발점이 되어주었다.

특히 4·3 수형인들에 대한 재심재판은 기록이 가진 힘을 보여준다. 1948년과 1949년 이루어진 '불법' 군법회의 당시 작성한 '수형인 명부'와 관련 문서는 억울하게 유죄 판결을 받은 희생자들의 명예를 회복하는 결정적 근거가 되고 있다. 재심재판이 열리는 법정은 죽은 자와 산 자가 기록을 매개로 다시 만나는 장소다. 죽은 자는 기록을 통해 이야기하고, 산 자는 기억을 통해 교감한다. '수형인 명부'가 없었더라면 희생자들의 이름도, 형량과 복역장소도 몰랐을 것이다. 재심재판을 통한 사법적 정의 회복도 지연됐을 것이다. '수형인 명부'는 기록의 중요성을 일깨워주었다. 기록이란 그런 것이다.

*

1989년, 4·3의 41주년부터 취재를 시작했다. 4·3은 이제 곧 80주년이다. 그 세월 동안 기자이면서 연구자로 살았다. 취재와 연구를 병행하며 많은 기록과 증언을 접했다. 미군정 문서, 외교전문, 언론기사, 회고록, 편지, 사진, 개인 소장자료 등 읽고 본 기록의 종류도 다양했다. 공개된 기록도 많았지만, 개인의 서랍이나 오래된 상자 속에서 뒤늦게 모습을 드러낸 것들도 있었다. 이번 책에 담은 자료들은 대부분 오랜 시간 동안 직접 취재하며 축적해온 것들이다. 미국 국립문서기록관리청NARA과 일본 국회도서관 등 해외 기록 기관을 방문했다. 국사편찬위원회, 국립중앙도서관, 국회도서관 등을 통해 다수의 미군정 문서와 해방공간 자료를 일별했다. 제주에서 근무한 미군 고문관이나 외국 학자들을 통해 여러 빛바랜 문서와 사진을 볼 수 있었고, 4·3 시기 받은 경찰 표창장과 임명장, 사진 자료 등을 입수하기도 했다. 30년 넘은 시간 동안 책꽂이와 책상과 컴퓨터에 관련 자료들이 차곡차곡 쌓였다.

*

이 책의 출발점은 2025년 4월 퇴직을 앞둔 2월의 어느 날이다. 후배와 차를 마시다 무심코 "퇴직하면 무엇을 해야 할까"라는 말이 툭 튀어나왔다. 후배는 이렇게 답했다.

> "4·3 관련한 수많은 자료를 봐오셨으니 그걸 정리해보시면 어때요? 자료 가운데 중요한 것으로 30개 정도 모아서 그에 대한 연구자로서 해석과 의미를 담아내면 의미가 있지 않겠어요?"

그동안 기자로, 연구자로 접했던 여러 종류의 문서, 사진, 보고서 들이 떠올랐다. 후배와 헤어져 집에 돌아와 그동안 모아둔 자료들을 훑어봤다. 이 자료를 이렇게 책상 서랍이나 노트북 속에만 둘 수 없겠다는 생각이 들었다. 한편으로는 4·3 아카이브를 정리하고 싶기도 했다. 글의 형식과 구성도 정하지 않은 채 우선 자료를 찾아 글을 쓰기 시작했다. 그래야 조금이라도 긴장할 수 있을 것 같았다. 그렇게 무작정 쓰다보니 이렇게 해서는 답이 없을 것 같았다. 출판사와 이야기를 나누는 게 좋겠다고 생각했다. 서울에서 만난 '혜화1117' 이현화 대표는 내 이야기를 듣더니 이렇게 말했다.

"4·3의 배경이 되는 전사부터 4·3 종료 직후까지 전체 역사에서 남아 있는 기록으로 의미 있는 날을 모아서 일자별로 써보시면 어때요? 구체적인 기록을 통해 바라보는 장면으로 4·3 전체를 이해할 수 있게 구성한다면 훨씬 상세하고 입체적인 책이 나올 거 같은데요? 그런데 30개 가지고 4·3에 관한 아카이브라고 하는 게 독자들에게 설득력이 있을까요? 100개는 되어야 할 거 같은데요? 그렇게 모아서 4·3의 기록을 아카이브처럼 보여주는 책으로 만들면 의미가 있을 것 같습니다."

책의 방향이 이렇게 정리가 되었다.

*

그 뒤부터는 나의 시간이었다. 퇴직 이후 동네 카페 붙박이로 살았다. 거의 매일 근처 카페를 바꿔 돌아다니며 글을 썼다. 퇴직을 실감할 겨를이 없었다. 아침 일찍부터 글을 쓰기 시작해 늦은 시간에 귀가하는 날이 이어졌다. 밤낮으로 글을 쓰고 자료를 살폈다. 그렇게 카페에 앉아 노트북과 씨름하는 사이 계절이 여러 번 바뀌었다. 오래된 문서를 다시 읽고, 사진을 다시 들여다보면서 서로 다른 기록을 연결하는 작업이 이어졌다. 이미 알고 있다고 생각했던 사건이 전혀 다른 맥락으로 다가오기도 했고, 오래전에 확보해두었던 자료가 새로운 의미로 읽히기도 했다. 기록은 시간이 흐르면서 새로운 질문을 만들어냈다. 기록을 읽는다는 것은 역사를 다시 배우는 일이라는 것을 느꼈다. 그렇게 기자 생활을 하고 있을 때라면 적어도 2~3년은 족히 걸렸을 일을 1년여 동안 압축적으로 만들어나갔다.

*

책을 쓰면서 '장면'이라는 단어를 내내 떠올렸다. 해방 직후의 기대와 혼란으로부터 미군정의 무능 속에 경찰과 우익단체의 탄압에 맞서 무장봉기가 일어났다. 전국에서 유일하게 선거가 실패로 끝난 뒤 미군정은 강경진압으로 대응했다. 그 위에 국가 권력의 난폭한 진압과 초토화가 덧입혀졌다. 한국전쟁 직후 예비검속으로 수많은 이들이 행방불명됐다. 이 오랜 과정을 훑으며 마주한 사진 한 장, 문서 한 건, 증언 한 마디, 기사 한 줄이 긴 설명보다 더 강력하게 시대를 증언하고 있었다.

4·3은 거대한 아카이브다. 국내외 공적 기관, 언론, 개인, 지역사회가 남긴 기록들은 서로 다른 층위를 이루며 존재한다. 기록은 다른 기록과 엇갈린 말을 하기도 하고, 증언과 서로 충돌하고 보완하기도 했다. 그런 사실 자체도 의미가 있

다. 그러나 기록이라고 모두 신뢰할 수는 없다. 기록의 절대화 대신 서로 다른 기록과 증언이 교차하는 지점을 깊이 들여다보며 그 진실을 확인하기 위해 노력한 것은 그런 이유에서였다. 하나하나의 기록은 그 자체로 4·3의 실체를 보여주는 '장면'이었다.

*

4·3은 결코 100개의 장면으로 모든 것을 설명할 수 있는 사건이 아니다. 그 시기, 제주에서는 매일, 매순간이 '장면'이었다. 일상 속에는 바람이 스치듯 두려움이 배어 있었고, 평범한 하루의 끝에는 언제든지 삶이 무너질 수 있다는 불안이 있었다. 누군가는 산으로 숨어들기도 하고, 마을을 떠나기도 했으며 몰래 배를 타고 섬을 떠나기도 했다. 기록이 남은 날만 역사가 아니다. 이름도 없이 빛도 없이 지나간 하루하루가 4·3의 역사다.

그럼에도 이 책은 100개의 장면으로 구성했다. 새롭게 만나는 장면도 있고, 기존의 장면을 그대로 정리하거나 재해석한 장면도 있다. 이것으로 4·3의 역사를 다 담았다고 말할 수 없다. 다만, 이 책을 보는 독자들이 이 기록을 따라가면서 4·3의 역사를 들여다보기를 바란다. 4·3의 기록을 통해 4·3을 기억하고, 침묵 속에 살아야 했던 사람들의 이야기가 이어질 수 있다면 역사는 그 힘으로 진일보할 것이다.

침묵 속에 여전히 남아 있는 오래전 그들은 오늘의 우리에게 잊지 말라고 한다. 새로운 기록은 앞으로도 발견될 것이고, 기록과 기록의 연결점 안에서 또다른 해석이 등장할 것이다. 우리는 4·3을 계속 기억하고 말해야 한다. 이 책이 4·3을 우리 모두의 역사로 자리매김하는 데 작은 디딤돌이 되기를 희망한다.

2026년 초봄, 한라산을 바라보며

허호준

차례

일러두기

1. 이 책은 저자가 약 30년 동안 연구자로서 축적한 기록의 집성이다.
2. 책에 수록한 자료는 크게 다음과 같이 나뉜다.
   1) 방문 조사 및 온라인 검색 자료 : 국립중앙도서관, 국사편찬위원회, 국회도서관, 국가기록원, 제주4·3평화재단을 비롯한 국내 기관을 비롯해 미국 국립문서기록관리청(NARA)과 일본 국회도서관을 방문해 조사·입수하고 위 기관의 온라인 사이트를 통해 입수한 자료 일체를 포함한다.
   2) 소장 기관 우편 요청 자료 : 미국 스미소니언박물관과 오스트레일리아 국립기록원 등에 이메일 요청을 통해 입수한 자료를 포함한다.
   3) 개인 소장 자료 : 4·3 당시 제주도 근무 미군 고문관과 연구자 등이 소장한 자료, 이들로부터 입수한 자료, 일제 강점기 강제동원과 4·3 경험자들을 취재하면서 입수한 자료 가운데 저자가 소장한 자료를 포함한다.

위 자료는 모두 해당 수록 위치에 출처 및 소장처 정보를 밝혔다. 다만 개인 소장 자료는 별도로 표시하지 않았고, 신문 기사의 경우 신문사명과 게재일을 밝혀 출처를 대신했다.

3. 행정 구역의 명칭과 기관명, 용어 등은 시대적 배경을 살리기 위해 당시 쓰던 대로 표기했다. 꼭 필요한 경우 괄호에 현재 지명을 표시하기도 했다.
4. 제주어 가운데 뜻풀이가 필요한 경우 괄호에 표준어를 넣기도 했으나, 직접 인용문, 대화체 안의 제주어는 별도 설명을 굳이 달지 않았다.
5. 자료의 원문은 다음과 같이 수록했다.
   1) 원문 게재 : 당시 신문 기사 및 한글과 한문 등으로 표시된 자료는 한문을 한글로 표시한 것 외에 별도의 교정 없이 모두 당시 원문 그대로 수록했다. 영문 및 일문 자료는 모두 저자가 번역했다.
   2) 발췌 게재 : 전문을 굳이 싣지 않아도 되는 자료는 내용 가운데 일부를 발췌해서 싣거나 저자가 번역하여 수록했다. 내용을 요약하여 수록한 것도 있다.
   3) 일부 지면의 모양은 편집 과정에서 가독성을 고려해 변형, 수록했다. 다만 지면의 형태를 변형했을 뿐 해당 내용은 전문을 수록했다.
6. 인명 및 지명은 국립국어연구원의 외래어표기 원칙을 따랐으나 관용적으로 굳어진 경우 그에 따라 표시했다.

"기록이 남은 날만 역사가 아니다.
이름도 없이 빛도 없이 지나간 하루하루가
모두 4·3의 역사다"

19450923

일본군이 기록한 '제주도 건국준비위원회' 결성

001

해방은 갑작스럽게 찾아왔다. 패망을 하루 앞둔 일본은 여전히 패전의 현실을 숨기고 있었다. 하루 앞을 내다보지 못한 친일 매국지 『매일신보』는 8월 14일자 1면에 대본영의 발표라며 '내습기 183 도륙, 적 기동부대 제주도서 소규모 작전'이라는 기사를 실었다. 일본 제국의 마지막 은폐였고, 식민지 조선이 맞닥뜨린 해방 직전의 혼란을 상징하는 장면이었다.

이런 상황에서 여운형·안재홍 등을 주축으로 한 진영은 일본의 패망 이후를 대비해 발빠르게 움직였다. 이들은 8월 15일 조선건국준비위원회(건준)을 결성하고, 치안 확보와 장차의 독립 국가 수립을 목표로 전국적 조직 확산에 나섰다.

이 해 9월 23일 건준이 결성됐다. 그동안 제주도 건준 결성일은 9월 10일로 받아들여져왔다. '9월 10일설'은 1963년 일본에서 나온 『제주도 인민들의 4·3 무장투쟁사-자료집』에서 비롯됐다. 제주4·3연구소의 『4·3장정』, 제주4·3위원회의 『제주4·3사건진상조사보고서』(『정부 보고서』)도 같은 날짜를 제시한다. 『정부 보고서』는 또 제주도 건준 조직이 9월 22일 인민위원회로 개편됐다고 밝히고 있다.

그러나 해방 직후 제주도 주둔 일본군이 작성한 전보문은 이런 통설에 의문을 제기한다. 당시 제주도 주둔 일본군 제58군사령부가 9월 하순 제17방면군사령부 참모장 앞으로 보낸 전보문(채참전砦參電 제441호)에는 다음과 같은 내용이 담겼다.

> "23일 도내島內 치안상황. 제주도 건국준비위원회 결성대회는 금일 각 면 대표 약 50명이 제주읍에 모여 정숙한 가운데 실시됨. 규약 결정과 역원 선발을 마치고 결성됨."

전보문은 제주도 건준 결성일을 9월 23일로 적시한다. 결성 장소, 참가 규모, 절차까지 구체적으로 기록했다. 건준 결성에 앞서 도내 각지에서는 건준의 이름 아래 민중 조직화

経志生 二二日 二〇時二〇分 二一時一一分 七時二五分 第五組

済州

軍参謀長

呰参電第四一號

二三日島内治安状況

済州島建国準備委員会結成大会ハ本日各面代表約五〇名済州邑ニ参集セイサイ静粛ニ実施シ規約決定役員選人ヲ終了結成ヲ了セリ同会ハ現在ノ處軍官ニ協調的ニシテ不穏ノ気勢ヲ見ズ

(終)

제주도 건국준비위원회 결성대회를 보고한 일본군 전보문.
일본 방위성 방위도서관 및 일본 아시아역사자료센터 누리집.

작업이 활발하게 전개됐다고 했다. 해방 직후 제주사회의 정치적 움직임을 가까운 거리에서 주시한 일본군의 기록이다. 전보문에 비춰볼 때 제주도 건준이 9월 10일에 결성됐다는 기존 서술을 더 이상 유지하기 어렵다. 건준의 발전적 해소로 인민위원회를 9월 22일 결성했다는 설명도 시간적·논리적으로 성립하지 않는다. 지방 인민위원회의 등장은 전국적으로도 10월 이후 본격화했으며, 제주도 역시 이 흐름과 무관하지 않은 것으로 보인다.

일본군이 남긴 이 기록은 제주도 건준 결성 시점을 재검토하게 하는 단서다. 일본군의 기록이라는 성격에도 불구하고, 당시 제주사회의 움직임을 보고한 동시대의 기록으로서 사료적 가치를 지닌다. 또한 4·3의 전사를 더욱 정밀하게 이해하기 위한 출발점이기도 하다.

19450928

제주도 주둔 일본군, 항복의 순간

002

1945년 9월 28일 아침, 김포의 공기는 맑았다. 오전 7시 15분, 미군정청 최고 책임자 하지John R. Hodge 중장의 명령에 따라 미군 병력을 실은 C-47 수송기 두 대가 굉음을 내며 이륙했다.

조선 주둔 일본군의 항복 조인식이 1945년 9월 9일 오후 조선총독부에서 열렸다. 그러나 전쟁이 끝난 건 아니었다. 한반도 곳곳에는 여전히 무장한 일본군 부대가 남아 있었다. 일본군이 최후의 일전을 각오했던 제주도는 그중에서도 미 제24군단이 예의주시하던 지역이었다. 태평양전쟁 말기까지 요새화된 섬에는 대규모 병력과 중무기가 집결되어 있었지만, 미군은 정보를 자세하게 파악하지 못한 상태였다.

제주도 주둔 일본군의 항복은 서울과 별도로 제주도에서 직접 진행해야 할 정도로 중대한 사안이었다. 제24군단 사령관 하지 중장이 별도의 항복접수단을 편성한 이유도 여기에 있었다. 제주도 주둔 일본군 현황이 불분명한 상황에서 항복과 무장해제 과정의 충돌 가능성, 그리고 서울에서 가장 멀리 떨어진 섬이라는 지리적 특수성도 부담이었다.

항복접수단은 제7사단 제184연대장 그린Roy A. Green 대령을 대표로, 38명의 장교와 사병으로 구성됐다. 제7사단·군정청· 제24군단 참모부·제308항공폭격대와 함께 통역사와 공보 관계자 4명·특파원 6명·통신원 2명·해군 대표로 월든Albert J. Walden 중령이 제주로 향하는 수송기 탑승 인원에 포함됐다. 항복접수단은 애초 25명 구성을 예정했으나, 13명을 추가했다. 이날의 장면은 제24군단 전사 담당 토드Frederick P. Todd 중령이 기록으로 남겼다.

전날 밤 제주도에는 폭우가 쏟아졌다. 잔디 활주로인 정뜨르비행장(제주비행장)에 미군 수송기가 착륙하는 것은 처음이었다. 미군은 제한된 정보에 의존해 수송기들을 저공으로 선회시켜 활주로 상태를 육안으로 확인한 뒤 착륙을 시도했다.

항복접수단이 탑승한 두 대의 C-47기는 오전 9시께 제주비행장에 착륙했다. 일본군 장교 7명이 영접에 나섰으나

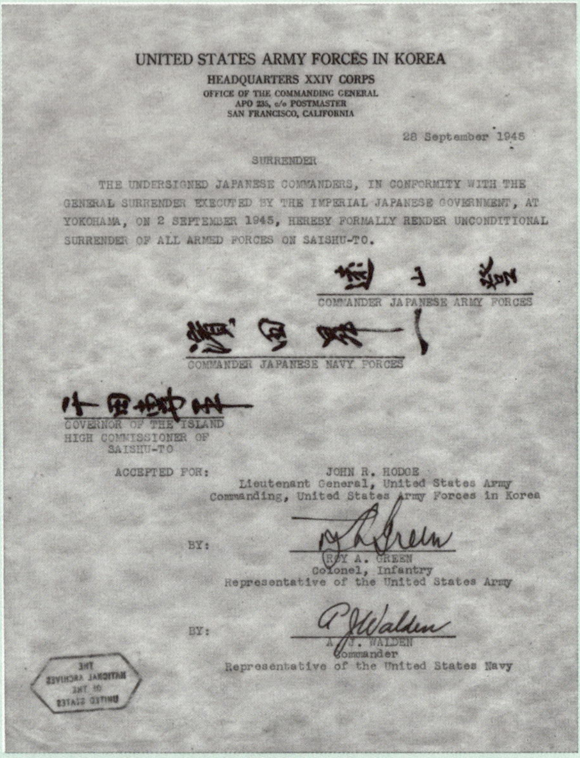

UNITED STATES ARMY FORCES IN KOREA

HEADQUARTERS XXIV CORPS
OFFICE OF THE COMMANDING GENERAL
APO 235, c/o POSTMASTER
SAN FRANCISCO, CALIFORNIA

28 September 1945

SURRENDER

THE UNDERSIGNED JAPANESE COMMANDERS, IN CONFORMITY WITH THE GENERAL SURRENDER EXECUTED BY THE IMPERIAL JAPANESE GOVERNMENT, AT YOKOHAMA, ON 2 SEPTEMBER 1945, HEREBY FORMALLY RENDER UNCONDITIONAL SURRENDER OF ALL ARMED FORCES ON SAISHU-TO.

遠山登
COMMANDER JAPANESE ARMY FORCES

濱田昇一
COMMANDER JAPANESE NAVY FORCES

千田專平
GOVERNOR OF THE ISLAND
HIGH COMMISSIONER OF
SAISHU-TO

ACCEPTED FOR: JOHN R. HODGE
Lieutenant General, United States Army
Commanding, United States Army Forces in Korea

BY: Roy A. Green
ROY A. GREEN
Colonel, Infantry
Representative of the United States Army

BY: A. J. Walden
A. J. WALDEN
Commander
Representative of the United States Navy

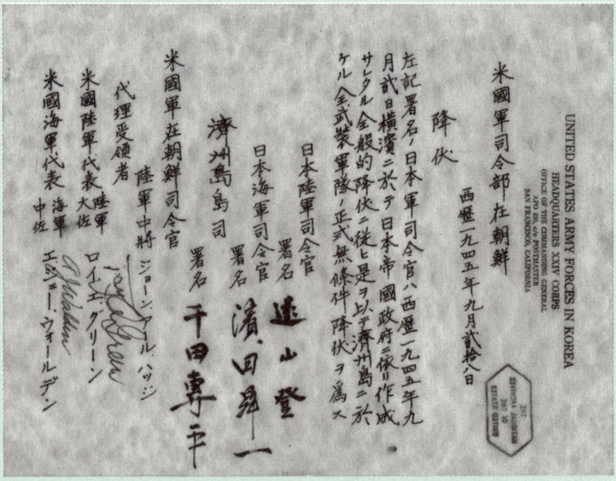

UNITED STATES ARMY FORCES IN KOREA
HEADQUARTERS XXIV CORPS
OFFICE OF THE COMMANDING GENERAL
APO 235, c/o POSTMASTER
SAN FRANCISCO, CALIFORNIA

米國軍司令部在朝鮮

西暦一九四五年九月貳拾八日

降伏

左記署名ノ日本軍司令官ハ西暦一九四五年九月貳日横濱ニ於テ日本帝國政府ニ依リ作成サレタル全般的降伏ニ従ヒ是ヲ以テ濟州島ニ於ケル全武装軍隊ノ正式無條件降伏ヲ為ス

日本陸軍司令官 署名 遠山登

日本海軍司令官 署名 濱田昇一

濟州島島司 署名 千田專平

米國軍在朝鮮司令官 陸軍中将 ジョーン・アール・ハッジ

代理受領者

米國陸軍代表 陸軍大佐 ロイ・エー・グリーン

米國海軍代表 海軍中佐 エー・ジェー・ウォールデン

제주도 주둔 일본군 항복문서. 영문과 일문으로 각각 작성했다. NARA. [화보01]

몰려든 인파로 현장은 혼잡했다. 15분 정도 지나 정리되자 미군들은 차량 4대에 나눠 타고 제주농업학교로 이동했다. 항복 조인식 장소였다.

학교의 훼손된 외벽과 오염, 어두운 실내, 테이프로 덧댄 창문이 전쟁의 흔적을 드러내고 있었다. 본관 출입문 위에는 성조기와 태극기가 교차해 내걸렸고, 교정의 게양대에도 태극기가 내걸려 있었다. 그러나 출입문 위의 태극기는 누군가가 철거해버렸다.

교실 안에는 흰 천을 덮은 테이블과 의자 5개가 놓여 있었다. 한쪽에는 그린 대령과 미 해군을 대표한 월든 중령의 의자가, 맞은 편에는 일본 측 대표단의 의자 3개가 배치됐다. 이때까지도 미군은 항복 문서에 서명할 최고위 인사와 병력 규모를 파악하지 못한 상태였다.

현장 확인 결과 최고위 서명자는 육군 중장 도야마 노보루遠山登로 밝혀졌다. 그는 참모들과 함께 복도 끝방에서 군예복을 갖춰 입고 대기하고 있었다. 가슴에는 훈장과 리본, 욱일훈장 휘장이 있었다. 함께 참석할 인물은 해군 중령 하마다 쇼이치濱田昇一와 제주도사 센다 젠페이千田專平였다.

미군은 일본 측에 무조건 항복·항복 조건 질문 금지·탄원 불허를 통보했으며, 도검과 모든 무기 휴대·훈장 착용을 금지했다. 건물 안에는 60여 명의 미군이 대기했고, 학교 주변과 읍내 곳곳에는 일본 경찰이 경계를 섰다. 제주읍 인근에는 LSM(중형상륙함) 2척에서 하선한 미군 60여 명이 배치됐으며, 연안에는 미해군 함정이 대기 중이었다.

오전 10시 45분, 일본 측 대표단이 긴장한 가운데 입장했다. 도야마 사령관은 훈장과 리본들을 제거했으나 욱일훈장 휘장만은 그대로 달고 있었다. 미군 대표단은 이들이 들어올 때 일어서지 않았다. 이긴 자들의 권리였다. 일본 측 서명자 3명은 테이블 앞에 나란히 섰고, 보좌관들이 그 뒤를 따랐다.

그린 대령이 먼저 자신을 소개한 뒤 영문·일문 항복문서 3부씩 모두 6부의 항복문서를 제시했다. 그는 다음과 같이 말했다.

> "본관은 미합중국 육군 대령 로이 A. 그린이며, 재조선미국군 사령관 존 R. 하지 중장을 대리하는 개인 대표로 이 자리에 나왔다. 본관은 제주도에 주둔한 일본군 최고 지휘관 및 모든 일본 육·해·공군과 보조부대의 항복을 접수하라는 명령을 받았다. 항복 조건과 조항은 본관 앞에 놓인 이 문서에 포함되어 있다. 이제 항복 수락 문서에 대한 서명이 이루어질 것이다."

하지 장군의 항복 명령서를 낭독하는 동안 일본 측 대표들은 부동자세를 취했다. 그린 대령은 이어 도야마 중장에게 착석을 지시했고, 뒤따라 일본 측 서명자들이 자리에 앉았다.

서명은 도야마 중장, 하마다 중령, 센다 도사 순서로 진행됐다. 서명한 문서들은 그린 대령과 월든 중령이 차례로 서명했다. 일본 측 서명에 6분, 미군 측 서명에는 2분이 채 걸리지 않았다. 서명 절차가 진행되는 동안 조인식장은 침묵에 잠겼다. 정적을 깨는 것은 여러 대의 카메라 셔터 소리뿐이었다. 그 소리는 제주도에서 일본 제국의 시대가 끝났음을 확인하는 증언처럼 울렸다.

오전 10시 59분, 그린 대령은 모든 절차의 종료를 선언했다. 이어진 실무협의에서는 일본군 병력과 시설, 무기 폐기 등에 대한 논의와 조선인들과 일본군 간 마찰 가능성 등이 논의됐다. 일본군은 현재 큰 마찰은 없지만 향후 상황에 대한 우려를 표명하며 충돌 방지를 위한 게시문과 전단 제작을 요청했다. 이날 낮 12시 30분이 되어서야 모든 협의가 끝났다.

일정이 끝난 뒤, 그린 대령은 도야마 중장에게 "오늘 회동이 좋았고, 장군의 앞날에 행운이 함께하길 빈다"고 말했다. 이로써 제주도 주둔 일본군의 항복 절차는 공식적으로 마무리됐다.

제주도 주둔 일본군의 항복으로 제주는 전쟁의 위험에서 벗어났다. 그러나 무장해제와 점령, 권력 공백과 통치의 재편은 새로운 긴장을 가져오고 있었다. 일본군이 떠난 자리에는 미군정이 들어섰고, 해방의 기쁨과 불안은 동시에 섬을 감쌌다. 누구도 예상하지 못한 더 큰 폭풍은 아직 오지 않았다.

19451006

일본군 무장해제, 또 다른 격변의 시작 003

태평양전쟁 종전 직후 미군이 직면한 가장 시급한 과제 가운데 하나는 38선 이남에 주둔한 일본군의 무장해제였다. 미국의 초기 일본에 관한 정책은 1945년 9월 6일 대통령 재가를 받은 3부조정위원회SWNCC의 '항복 이후 미국의 대일본 초기 정책'에 드러난다. 이 문서는 이렇게 명시했다.

> "군사점령의 주요 임무는 무장해제와 비무장화이며, 신속하고 단호하게 실행해야 한다."

남한 주둔 일본군 병력은 미군에게 심각한 잠재적 위협이었다. 이에 따라 오키나와에 있던 제24군단 사령관 하지 중장은 남한 진주에 앞서 신속하게 38선 이남의 일본군 무기를 집결지로 모아 처리하는 계획을 세웠다. 이 과정에서 미군은 일본 제17방면군이 제출한 자료를 통해 제주도 주둔 제58군 규모가 예상보다 훨씬 크다는 사실을 확인했고, 제주도의 일

1945
10
06

본군 무장해제는 주요 의제로 떠올랐다.

패전 당시 제주도에는 일본군 6만 5천여 명(조선인 징병자 1만 5천여 명 포함)이 주둔했다. 제24군단은 9월 19일 제17방면군에 제주도 주둔 일본군의 필수 무기만을 제외한 무장해제와 모든 무기를 집결지로 모아놓도록 하는 내용이 담긴 지령문을 보냈다. 이에 따라 미군 무장해제단이 입도하기 전에 상당수의 무기를 제주도 연안 바다에 버려 폐기했다. 이 과정에서 9월 21일에는 모슬포부두에서 폭발물 처리 중 폭발 사고가 발생해 주민 1명이 숨지고 73명 이상이 중경상을 입고 어선이 파손되는 등 인적·물적 피해를 내기도 했다.

제7사단 파월G.F. Powell 대령이 지휘한 무장해제단은 항복접수단이 도착한 9월 28일 오전 8시 LSM 2척에 나눠 타고 산지항(제주항)에 상륙한 뒤 무장해제 절차에 들어갔다. 사전 무기 폐기에도 불구하고 탱크와 각종 포, 항공기 등 각종 무기가 여전히 많이 남아 있었다. 이들은 무기를 사용할 수 없게

1945년 10월 1일. 미군 무장해제단이 일본군을 동원해 일본군 탱크를 폭파시키기 위한 준비 작업을 벌이고 있다. NARA.

1945년 10월 1일. 일본군 장교들이 자국 전투기와 전폭기들이 소각되는 모습을 지켜보고 있다.

하고, 탱크와 항공기를 소각했다. 무장해제 모습이 담긴 영상에는 미군이 무기를 바다에 수장하는 모습과 탱크를 폭파하는 장면이 나온다. 10월 5일 제주읍내 무기를 처리한 무장해제단은 모슬포로 이동해 중화기들을 작동 불능 상태로 폐기했다. 이들의 작업은 10월 6일 마무리됐다.

『주한미군사』는 제주도 주둔 일본군에 대한 무장해제를 "오키나와와 거의 같은 크기로 중무장한 제주도의 무장해제는 당연히 중대한 문제였다"면서 "항복접수단이 도착하기에 앞서 무장해제가 효과적으로 이루어진 것은 다행이었다"고 기록했다. 그러나 제2의 오키나와가 될 운명이었던 제주도는 그로부터 3년 뒤 비극의 운명을 맞게 된다.

19451109

미군 제59군정중대, 제주에 오다

004

1945년 11월 9일 미군 제59군정중대가 제주도에 들어왔다. 같은 해 9월 17일 미국 캘리포니아 몬터레이 프리시디오에서 편성된 중대였다. 처음부터 제주도를 목표로 편성한 것은 아니다. 당시 미군은 일본 군정 운영을 위한 인력을 준비하고 있었다.

제59군정중대는 같은 해 8월 26일 편성된 제101군정단 및 군정중대들과 함께 9월 26일 수송선 마린 팔콘Marine Falcon 호를 타고 샌프란시스코의 금문교를 거쳐 태평양을 횡단했다. 정원 3천 명의 수송선에는 1,500여 명이 승선했다. 출항 당시 장교와 병사들이 인식한 목적지는 일본이었다.

마린 팔콘호가 10월 9일 도쿄만에 진입했지만, 항해 도중 명령이 변경됐다. 승선한 부대의 목적지는 조선으로 바뀌었고 인천에 상륙할 예정이라는 통보를 받았다. 그동안 일본 군정 운영을 전제로 훈련받고 일본에 관한 지역과 언어를 6개월 이상 준비해온 군인들에게 이는 '엄청난 충격'complete

1945
11
09

surprise으로 받아들여졌다.

이들은 일본 땅을 밟아보지도 못한 채 와카야마만을 거쳐 10월 19일 인천항에 도착했다. 이후 이동 경로는 부대별로 나뉘었다. 제101군정단 본부와 다수의 군정중대는 열차를 이용해 전라남도 광주로 이동했다.

제59군정중대는 인천에 잔류했다가 제주도를 위수지역으로 관할하는 미 제6사단 제20연대 L중대와 함께 LST를 타고 11월 9일 제주에 도착했다. 제59군정중대가 제주도에 진주한 때는 인민위원회가 제주도 내에서 실질적인 권위와 조직을 갖춘 상태였다. 반면 미군이 갖고 있던 제주도 관련 정보는 '단편적이고 개략적'인 수준이었다. "제주도에 대해 알려진 바가 거의 없다"는 문서 내용은 미군정의 인식 상태를 드러낸다.

제59군정중대는 제주도 입도 초기 광주에 주둔한 제101군정단의 예하 부대로 운영되다가 1946년 8월 1일 제주도

1948년 5월 1일 당시 제주도 주둔 미 제59군정중대 본부. NARA.

1948년 5월 1일 당시 항공 촬영한 제주도 주둔 미 제59군정중대 본부. NARA.

제 실시에 따라 중앙 미군정에 직접 보고하는 체계를 갖추게 됐다.

제주도에 대한 정보와 이해가 부족했던 군정중대는 제주 상황에 제대로 대응하지 못했다. 일부 군정 장교들은 부패세력과 결탁했다. 특히 1947년 3·1절 발포사건에 대한 미숙한 대응은 제주사회를 혼란 속으로 빠져들게 했다.

일본 군정을 전제로 출항한 군정중대가 사전 준비 없이 남한에 투입된 과정은 초기 지방 미군정 통치의 취약성을 보여준다. 섬이라는 지리적 특성과 언어·풍습의 차이를 지닌 제주에서는 이러한 한계가 더욱 선명하게 드러났다. 지역의 정치적 역동성을 이해하지 못한 제주도 미군정의 통치는 기존 질서와 긴장 속에서 갈등을 점차 증폭시켰다.

19460801

제주'도'島에서 제주'도'道로

005

제주도가 '섬'에서 행정체계상 '도'道로 승격된 것은 1946년 8월 1일이다. 미군정 시기였다. 군정장관 러취 소장은 7월 2일 법령 제94호(제주도道의 설치)를 공포하고, 8월 1일부터 시행에 들어갔다. 이 조치로 '전라남도 제주도島'는 독립된 '도' 행정체계를 갖추게 됐다.

미군정은 7월 12일 공보부 특별발표를 통해 "장기간에 걸친 일본의 조선 통치의 잔재가 또 하나 소멸됐다"며 제주도가 왕조시대 이후 처음으로 본래의 위상을 회복했다고 강조했다. 이어 "러취 소장의 결정은 결코 속단도 아니고 또는 도사島史에 있어서 일一 혁신도 아니다"라며 6개월 이상 조선인 유지와 도 관리들을 상대로 한 조사와 협의 끝에 이루어진 결정이라고 밝혔다. 제주도의 도道 승격은 해방 이후 우익진영 유지들의 도 승격 운동과 제주도 민군정의 요청 등을 통해 이루어졌다. 러취는 도제 승격에 앞서 5월 30일부터 6월 2일까지 제주도를 시찰한 뒤 "제주도가 지금이나 장래에나 중요한 곳이라는 점을 절실히 느꼈다"고 밝혔다.

제주도의 행정 지위는 1895년 5월 칙령 제29호를 통해 '제주부府'가 설치됐고, 이듬해 8월 13도로 정비되면서 제주군·정의군·대정군 등 3개군으로 바뀌었다. 이어 1914년 제주군으로 통합됐고, 1915년에는 도제島制 실시로 제주도島가 되어 해방 이후까지 이어져왔다.

미군정은 제주도 승격 이유로 주민 복리 증진, 중앙정부의 직접 관리, 농·공업 발전, 무역과 생산자 조직 육성 등을 들었다. 특히 섬 지역 특성상 전라남도를 경유하던 기존 행정체계가 비효율적이며, 중앙의 직접 관리가 효율성을 높일 것이라고 설명했다. 해초·어물·보리·감자 등 특산물과 주정 생산, 중국과 일본을 잇는 해상 교통로라는 지정학적 이점도 강조됐다.

그러나 도 승격은 제주사회에 찬반 논란을 가져왔다. 보수진영은 행정의 자율성과 지역 발전을 이유로 지지했지만,

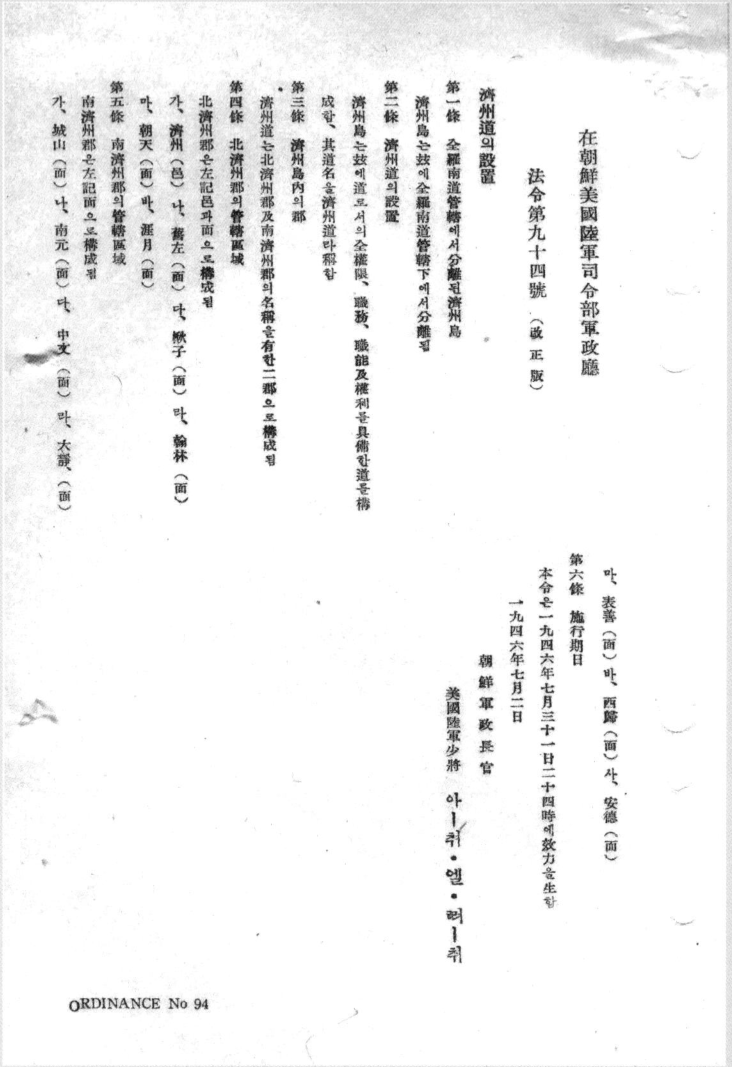

在朝鮮美國陸軍司令部軍政廳

法令第九十四號 （改正版）

濟州道의設置

第一條　全羅南道管轄에서分離된濟州島

濟州島는玆에全羅南道管轄下에서分離됨

第二條　濟州道의設置

濟州島는玆에道로서의全權限、職務、職能及權利를具備한道를構成함、其道名을濟州道라稱함

第三條　濟州島內의郡

濟州道는北濟州郡及南濟州郡의名稱을有한二郡으로構成됨

第四條　北濟州郡의管轄區域

北濟州郡은左記邑과面으로構成됨

가、濟州（邑）나、舊左（面）다、楸子（面）라、翰林（面）

마、朝天（面）바、涯月（面）

第五條　南濟州郡의管轄區域

南濟州郡은左記面으로構成됨

가、城山（面）나、南元（面）다、中文（面）라、大靜、（面）

마、表善（面）바、西歸（面）사、安德（面）

第六條　施行期日

本令은一九四六年七月三十一日二十四時에效力을生함

一九四六年七月二日

朝鮮軍政長官

美國陸軍少將　아ㅣ취・엘・러ㅣ취

ORDINANCE No 94

제주도島를 제주도道로 개편하는 '제주도의 설치'에 관한 1946년 7월 2일자 미군정 법령 제94호. NARA.

인민위원회와 상당수 도민은 반대 입장을 보였다. 이들은 도 승격은 미군정이 아닌 향후 수립될 우리 정부가 결정해야 한다고 주장했다. 이와 함께 본토와의 단절로 인한 식량과 물자 수급 문제, 행정기구 확대에 따른 세금 부담과 경찰력 증강, 미군기지 설치 가능성 등을 들어 반대했다. 같은 해 12월 제주도를 시찰한 기자들과 만난 도민들은 제주도 내 좌·우 진영을 막론하고 행정체계 복잡화와 도민 부담 증가, 엽관 인사와 부패 가능성 등에 대한 공통된 문제의식을 제기하기도 했다.

제주도 도제 승격을 둘러싼 논란은 계속됐다. 미군정이 "제주도는 본토에서 멀리 떨어져 타도 관리들보다 도민들이 제주도 내부 문제를 더 잘 인식할 수 있다"고 한 발상은 지역의 특수성과 자율성을 강조했다는 점에서 2006년 7월 1일 개편된 특별자치도의 출발점으로 평가할 수 있다. 그러나 미군정의 의도는 군정 통치 기간 내내 지켜지지 않았다. 미군정은 초대 도지사 박경훈을 제외한 행정과 경찰 고위직을 대부분 타도 출신 인사로 채웠고, 이는 민심의 이반을 가져왔다. 이들은 도민을 고압적으로 대하거나 제주도를 착취의 대상으로 여겼다. 육지에서 파견된 고위 경찰은 미군정, 제주도 내 이권세력과 짜고 불법행위를 함으로써 거센 비난 여론에 부딪혔다.

19460823

콜레라, 원자탄 이상의 공포

006

> "민간인들은 예방접종을 하거나 엿새 동안 격리되지 않는 한 제주도에 입도할 수 없다."

1946년 6월 미 제6사단 정보보고서는 제주도가 콜레라로 인해 사실상 봉쇄 상태였음을 보여준다. 다른 지역에서 제주도로 오는 뱃길은 검역과 격리로 차단됐고, 외부와의 이동은 통행증이 있어야 가능했다. 당시 제주로 향하던 사람들은 산지항에 곧바로 내릴 수 없었다. 전남에서 중학교에 다니던 한 거로 출신 주민은 성산면 신양리에서 백사장에 설치된 천막에서 며칠 동안 격리된 뒤, 제주읍내 거로마을까지 걸어왔다고 회고했다.

> "부락에서 공급해주는 식사를 하면서 며칠 살다가 겨우 집에 올 수 있었어요. 그런데 동네 부락 입구에 오니까 전염된다면서 가시나무를 둘러쳐서 출입하지 못하게 해서

고생했습니다.”

이해 여름 발생한 ‘호열자’(콜레라)는 전국을 공포 속으로 몰아넣었다. 팬데믹 이상이었다. 제주경찰감찰청장 강인수는 콜레라를 ‘원자탄 이상의 공포’라고 했고, 실제 전염병의 공포는 제주도민의 일상을 잠식했다. 6월 16일 처음으로 발생 18건에 사망자 7명이 집계된 뒤 6월 30일에는 발생 135건에 사망자 69명으로 급증했다. 백신과 방역 장비는 궂은 날씨로 지연됐다가 사망자가 수십 명에 이른 뒤인 6월 29일에야 도착했다. 콜레라의 만연은 단시일 내에 그치지 않았다.

같은 해 8월 하순 미군정 보건후생부장 이용설은 “제주도에서 매일 평균 50명의 새로운 환자가 발생하고 있으며, 이는 검역받지 않은 콜레라 보균자들이 비밀리에 들어오고 있기 때문”이라고 밝혔다. 8월 27일 현재 제주도 내 발생 건수 708건에 사망자 수는 369명에 이르렀다. 마지막 집계된 10월

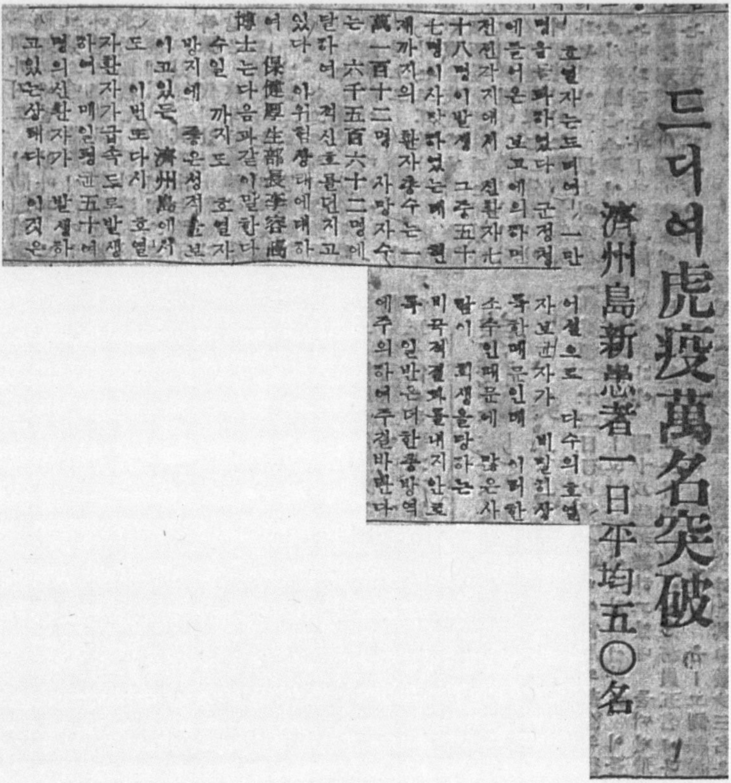

드디어 虎疫 萬名突破

濟州島新患者 一日平均五〇名

호열자는 드디어 一만 명을 돌파하였다 군정청에 들어온 보고에 의하면 전 각지에서 신환자 七十八명이 발생 그중 五十七명이 사망하였는데 一[illegible]제까지의 환자총수는 一萬一百十二명 사망자수는 六千五百六十二명에 달하여 적신호를 던지고 있다 이 위험상태에 대하여 保健厚生部長 李容卨 博士는 다음과 같이 말한다 수일까지도 호열자 방지에 좋은 성적을 보이고 있는 濟州島에서도 이번 또다시 호열자 환자가 급속도로 발생하여 매일 평균 五十여 명의 신환자가 발생하고 있는 상태다 이것은 어[illegible]으로 다수의 호열자 보균자가 비밀히 상륙한 때문인데 [illegible] 소수인 때문에 많은 사람이 희생을 당하는 비극적 결과를 내지 안토록 일반은 더한층 방역에 주의하여 주길 바란다

1946년 8월 23일 제주도에서 매일 평균 50여 명의 호열자(콜레라) 환자가 발생하고 있다는 『독립신보』 기사.

초 미군 정보보고서는 741건 발생에 390명이 사망한 것으로 나타나 치사율이 50퍼센트를 넘었다.

전염병은 제주사회를 안쪽에서부터 닫히게 만들었다. 콜레라가 맹위를 떨치자 각 마을은 청년들을 중심으로 외부인의 출입을 통제했다. 장례식도 제대로 치르지 못했다. 어민들은 출어를 못했고, 물질도 금지돼 큰 타격을 받았다. 1946년 8~10월의 제59군정중대 「주간 점령 활동 보고서」에는 냇물 음용 금지, 용천수 감시, 주민 격리 조치가 반복적으로 등장한다. 3개월여 동안 제주도 전역을 휩쓴 콜레라는 단순한 전염병이 아니라 해방공간 제주를 공포와 고립 속에 가두어놓은 재난이자 경계와 불신을 가져온 사회적 불안 요소였다. 제주도민들에게는 이동이 막히고, 마을이 닫히며, 서로를 경계해야 했던 기억으로 남아 있다.

19461022

"태평양의 지브롤터", 미국 언론인이 본 제주

007

미군이 해방공간 제주도를 군사기지화 할 것이라는 소문이 나돌았다. 이 소문의 근저에는 제주도의 지정학적 조건이 자리했다. 1946년 10월 22일 국내 신문들은 미국 『AP통신』이 시사평론가 화이트의 논평을 인용해 "제주도가 '서태평양의 지브롤터'가 될 가능성이 있다"고 보도한 기사를 일제히 내보냈다. 10월 22일 국내 신문들은 '군사적으로 중요한 제주도, 지부롤터화 할 가능성 있다'(『수산경제신문』), '군사적 기지로서 제주도는 중요'(『민주일보』), '제주도의 군사적 가치, 태평양 지부랄타화'(『자유신문』), '제주도는 군사적 요지'(『조선일보』), '제주도는 중요지대, 장래 지부랄타화 할 가능성 있다'(『한성일보』) 등 제주도의 군사적 중요성을 강조하는 외신 보도를 제목만 달리한 채 거의 동일한 내용으로 1면에 실었다. 제주도 부속도서 우도(6.1제곱킬로미터)보다 약간 큰 지브롤터(6.8제곱킬로미터·유럽 이베리아반도 남단)는 대서양과 지중해를 연결하는 해상교통 요지이자 전략적 요충지다.

1946
10
22

기사는 제주도의 위치가 일본·중국·대만·필리핀·러시아의 주요 거점과 가깝다는 점을 열거하며, 장거리 폭격기 시대에 군사적 가치가 크다고 주장했다. 특히 일제가 중·일전쟁 당시 제주도를 전진기지로 삼아 중국 본토에 대한 도양폭격을 감행했다는 사실을 덧붙여, 제주도가 '검증된 전략적 공간'이라는 인식을 강화했다. 제24군단이 편찬한 『주한미군사』도 "지도를 한번 보면 제주도가 지극히 전략적인 위치에 있음을 알 수 있다"고 기록했다.

국내 반응은 즉각적이고 예민했다. 『자유신문』은 다음 날 '제주도와 지브롤터'라는 제목의 1면 사설에서 제주도의 군사기지화를 경계했다. 제주도가 한국의 영토라는 점을 강조하며, 군사 요새가 아니라 세계적 관광지를 만들어야 한다고 주장했다.

미군정은 군사기지설 부인에도 논란이 가라앉지 않자 같은 해 12월 서울의 기자들을 제주에 초청해 직접 입증할 정

1946. 10. 22

水産經濟新聞

軍事的으로 重要한 濟州道

「지부랄타」化할 可能性 잇다

美의 評論家 見解

【뉴욕廿一日發 AP合同】 AP特派評論家 『화이트』氏는 朝鮮濟州島에 關하야 다음과 같은 見解를 披瀝하엿다 朝鮮濟州島는 將次 西部太平洋地區에 있어서의 『지부랄타』化할 可能性이 있다 濟州島가 今日과 같은 長距離爆擊時期에 있어서 그 軍事的 重要性을 듸우고 있음은 이 基地로부터 東洋各要地에 이르는 距離를 一瞥하면 能히 解得할 수 있는 것이다 卽 日本佐世保까지 百五十哩 東京까지 七百五十哩 臺灣까지 七百哩 大連까지 四百七十哩 上海까지 三百二十五哩 海參威까지 七百二十哩 「마니라」까지 一千四百哩 「카바라로후스크」까지 一千哩 「보르네오」까지는 二千哩이다 日本이 中日戰爭에서 最初渡洋爆擊을 한 것도 濟州島로부터 決行된 것이다

1946년 10월 22일 『수산경제신문』 기사.

군사적으로 중요한 제주도, 「지부랄타」화 할 가능성 잇다

미 평론가의 견해【뉴욕21일발 AP 합동】AP 시사평론가 『화이트』씨는 조선 제주도에 관하야 다음과 같은 견해를 피력하엿다. 조선 제주도는 장차 서부 태평양지구에 있어서의 『지부랄타』화 할 가능성이 있다. 제주도가 금일과 같은 장거리 폭격기 시기에 있어서 그 군사적 중요성을 듸우고 있음은 이 기지로부터 동양 각 요지에 이르는 거리를 일별하면 능히 해득할 수 있을 것이다. 즉 일본 사세보까지 150리(哩), 동경까지는 750리, 대만까지 700리, 대련까지 470리, 상해까지 325리, 해삼위까지 720리, 『마니라』까지 1400리, 『카바라로후스크』까지 1천리, 『보르네오』까지는 2천리이다. 일본이 중·일전쟁에서 최초 도양폭격을 한 것도 제주도로부터 결행된 것이다.

도로 이 사안에 민감했다. 1946년 12월 14일 『부산신문』은 "태평양과 아세아의 군사기지가 화제에 오를 때마다 이 섬은 민족적 불안한 대상이 되어"왔다고 했다. 1946년 12월 18일 『독립신보』는 "일본이 축출된 후 미군이 들어오자 또다시 이 섬을 군사기지화 한다는 소리에 섬사람들은 두 주먹을 쥐고 일어섰다. '그게 무슨 당치 않은 소리냐?'"며 제주도민들이 강한 거부감을 드러냈다고 전했다.

'제주의 지브롤터화'가 던진 파장은 쉽게 사라지지 않았다. 1년여 뒤 유엔총회에서는 미·소가 제주도의 군사기지화 소문을 놓고 논란을 벌였다. 외신이 보도한 이 기사는 제주도가 한반도의 변방의 섬을 넘어 동아시아의 전략지역이라는 인식을 갖게 하는 계기가 됐다.

19461214

입법의원 거부의 파장, 중앙과 다른 제주의 독자적 결정

008

"우리들은 30만 제주도민과 더불어 민주주의민족전선(민전) 산하에서 우리 민족의 완전 해방과 민주 독립 달성을 위해서 최후까지 투쟁할 것을 거듭 맹세하는 동시에 금일 입의 반대의 자유의사를 표명할 수 있게 돼 무한히 기뻐하는 바입니다."

1946년 12월 14일, 서울 남대문 민전회관에서 남조선과도입법의원 제주도 의원으로 당선된 문도배와 김시탁이 사퇴 성명을 발표했다. 전국 45명을 뽑는 입법의원 선거에서 우익이 압도적 승리를 한 가운데 제주도에서 좌익 후보 2명의 당선과 사퇴는 전국적 관심을 모았다.

입법의원은 미군정이 신탁통치 논쟁과 좌우 대립의 격화를 완화하기 위해 마련한 임시 입법기구다. 1946년 8월 24일 법령 제118호에 따라 전체 90명 가운데 45명은 선거로, 나머지 45명은 군정장관이 임명하도록 했다. 좌익 진영은 이를

1946
12
14

'일제하 중추원의 재판再版'이라고 비판하며 거부 방침을 세웠다.

그러나 제주도는 중앙의 거부 방침과 달리 선거에 참여했다. 제주도의 좌익은 '앉아서 하는 보이콧이 아니라 일어서서 싸우는 보이콧'을 내세워 '투쟁의 장'으로 활용하려 했다. 당시 선거에 참여했던 이운방의 회고에 따르면 선거 참여를 통해 당선은 거부하되 조직의 존재와 역량을 과시하는 한편 우익의 진출을 저지하려는 전략이었다.

간접 선거로 치러진 입법의원 선거 결과 10월 29일 구좌면 인민위원장 문도배와 조천면 인민위원회 문교부장 김시탁이 최종 당선됐다. 1946년 12월 18일 『자유신문』은 "애초 인민위원회 후보로 나온 3명 가운데 최고 득표를 한 인물은 대정면의 이신호였으나 기권하자 문도배와 김시탁이 당선됐다"고 했다. 이운방은 "이신호가 남제주군에서 당선된 뒤 곧바로 거부 선언을 했다"고 밝혔다.

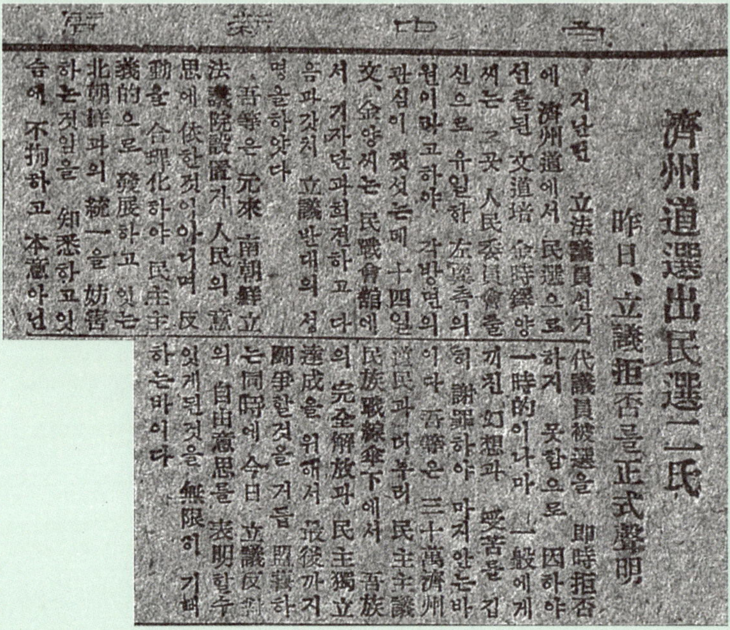

濟州道選出民選二氏
昨日、立議拒否를正式聲明

지난번 立法議員선거에 濟州道에서 民選으로 선출된 文道培 金時鐸 양씨는 그곳 人民委員會출신으로 유일한 左翼측의원이라고하야 각방면의 관심이 컷섯는데 十四일 文、金양씨는 民戰會館에서 기자단과회견하고 다음과갓치 立議반대의 성명을하얏다

吾等은 元來 南朝鮮立法議院設置가 人民의 意思에 依한것이아니며 反動을 合理化하야 民主主義的으로 發展하고 잇는 北朝鮮과의 統一을 妨害하는것임을 知悉하고잇슴에 不拘하고 本意아닌 代議員被選을 即時拒否하지 못함으로 因하야 一時的이나마 一般에게 끼친 幻想과 受苦를 깁히 謝罪하야 마지안는바이다 吾等은 三十萬濟州道民과 더부러 民主主義民族戰線傘下에서 吾族의 完全解放과 民主獨立達成을 위해서 最後까지 鬪爭할것을 거듭 盟誓하는 同時에 今日 立議反對의 自由意思를 表明할수 잇게된것을 無限히 기뻐하는바이다

1946년 12월 15일 『자유신문』 기사.

제주도 선출 민선 2씨 작일, 입의 거부를 정식 성명

지난번 입법의원 선거에 제주도에서 민선으로 선출된 문도배 김시탁 양씨는 그곳 인민위원회 출신으로 유일한 좌익측 의원이라고 하야 각 방면의 관심이 컷섯는데 14일 문 김 양씨는 민전회관에서 기자단과 회견하고 다음과 갓치 입의 반대의 성명을 하얏다.

오등은 원래 남조선 입법의원 설치가 인민의 의사에 의한 것이 아니며 반동을 합리화하야 민주주의적으로 발전하고 잇는 북조선과의 통일을 방해하는 것임을 지실(知悉)하고 잇슴에 불구하고 본의아닌 대의원 피선을 즉시 거부하지 못함으로 인하야 일시적이나마 일반에게 끼친 환상과 수고를 깁히 사죄하야 마지안는 바이다. 오등은 30만 제주도민과 더부러 민주주의민족전선 산하에서 오족(吾族)의 완전 해방과 민주독립 달성을 위해서 최후까지 투쟁할 것을 거듭 맹서하는 동시에 금일 입의 반대의 자유의사를 표명할 수 있게 된 것을 무한히 기뻐하는 바이다.

문제는 이후였다. 입법의원 개원이 11월 4일에서 12월로 연기되면서 두 사람의 거부 성명도 미루어졌다. 이는 제주도의 좌익세력은 입법의원을 지지하고 참여하려 했다는 빌미를 주었고, 선거를 '투쟁의 장'으로 활용하려던 전략이 오히려 역이용되는 결과를 가져왔다. 미군정은 12월 5일 유치장에 구금 중이던 문도배를 석방해 개원식 참석을 유도했고 두 당선자는 상경해 개원식 이틀 뒤에야 사퇴 성명을 발표했다.

제주도 입법의원 선거에서 좌익의 당선과 사퇴는 몇 가지 의미를 담고 있다. 첫째, 이운방의 회고처럼 좌익 진영의 조직력과 동원력을 보여주는 데 성공했다. 둘째, 미군정과 남한의 정치주도세력들은 이들의 당선을 계기로 제주도를 '좌익의 근거지'로 인식하게 됐다. 미군정은 이미 이해 5월 "제주도는 인민위원회가 제주도 전역을 강고한 블록으로 구축하고 있다"고 평가했는데 이들의 당선은 이를 입증하는 것이었다. 셋째, 선거 참여는 제주도 좌익 진영의 독자적 결정이었다. 이는 중앙의 방침을 전적으로 추종하지 않는 제주도 좌익 진영의 자율성을 보여준 것으로, 이후 4·3 무장봉기 결정 과정에서의 독자적 결정과 맥을 같이 한다.

19470111

해방공간의 권력형 부패, 복시환 사건의 전말

009

해방 직후 제주사회를 뒤흔든 복시환 사건은 이권세력(모리배)과 경찰·미군정이 결탁한 권력형 부패의 실상을 드러낸 대표적 사건이었다. 이 사건은 제주사회의 분노가 터져나오는 계기가 됐고, 3·1절 기념대회로 이어지는 과정에서 미군정과 경찰에 대한 사회적 불신의 근저를 형성했다.

사건은 1947년 1월 11일 일본 오사카에서 출항한 복시환이 서귀포 근해에서 해안경비대에 나포되면서 시작됐다. 복시환은 오사카에 거주하는 법환리 출신들의 모임인 법환리 건친회가 고향 마을에 전기를 공급하기 위한 전기자재와 생필품을 실은 배였다. 당시 금액으로 1천만 원 상당으로, 일제 강점기 일본에서 힘겹게 모은 삶의 자산이었다.

복시환은 나포돼 목포로 향하던 중 기계 고장을 이유로 제주 산지항에 기항했다. 기항 직후 모리배들은 하주荷主 대표에게 헐값 강매를 협박했다. 이 자리에는 신우균 제주감찰청장의 조카인 경찰관도 동석했다. 이후 서울에서 내려온 신

1947 01 11

우균의 친척과 지인, 나포 당시 해안경비대원(신우균의 또 다른 친척)까지 가담하며 제주경찰 책임자의 조직적 개입이 노골화됐다.

복시환 화물은 결국 1월 16일 밤 전기자재 일부만 남긴 채 다른 선박으로 옮겨져 트럭을 통해 반출됐다. 경찰은 현장에 출동했지만 바로 철수했다. 뒷배는 제주경찰 책임자였다. 모리배들은 하주 측에 관리와 경비대에 들어갈 교제비와 판매 이윤까지 요구해 관철시켰다.

검찰 조사 과정에서도 협박이 이어졌다. 하주 대표가 사실을 진술했다가 모리배들로부터 "아무리 조선인 관리가 권한이 있다 하더라도 미군에게 내가 한마디만 하면 당신 화물은 모두 압수될 것"이라는 협박을 받았고, 결국 화물 처리 권한을 넘겨야 했다. 제주물가감찰서는 1월 19일 화물을 회수해 보관했지만 이미 비단 등 고가의 물품은 사라진 뒤였다.

『제주신보』는 '복시환 사건'을 추적 보도했다. 사설을 통

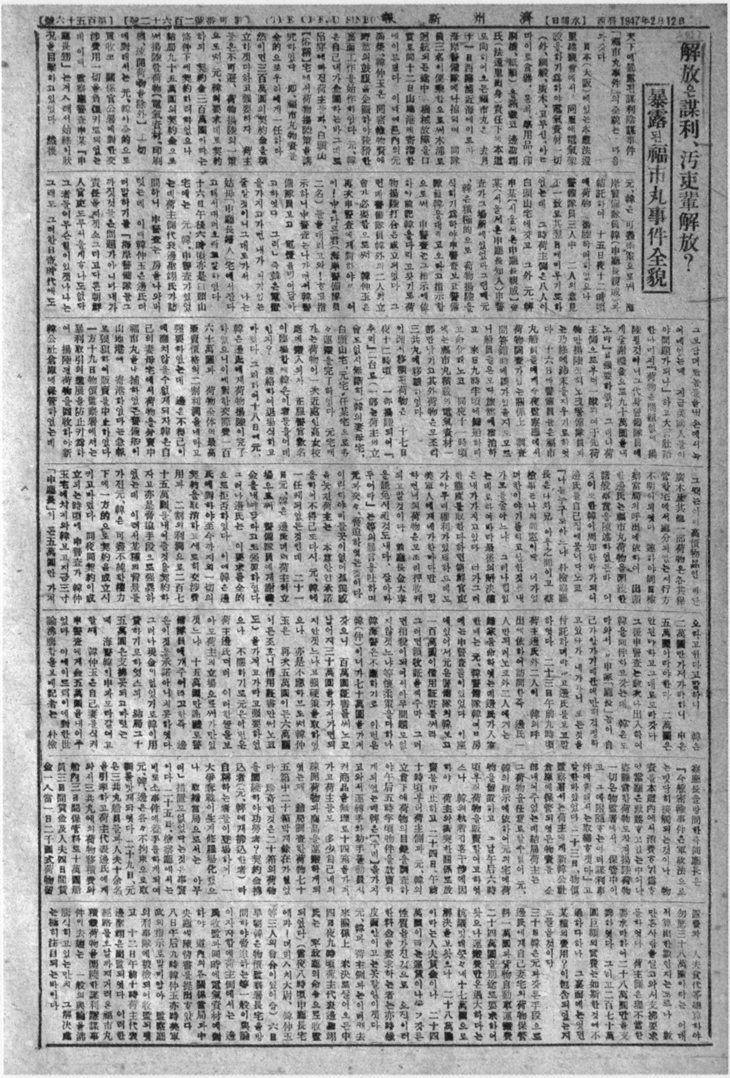
濟州新報 西紀1947年2月12日(水曜日)

解放은 謀利, 汚吏輩解放?

暴露된 福市丸事件全貌

1947년 2월 12일 '해방은 모리, 오리배 해방? 폭로된 복시환사건 전모'라는 제목으로 1개면에 걸쳐 자세하게 보도한 『제주신보』 기사.

해 모리배의 개입을 비판하자, 모리배들은 1월 26일 신문사에 난입해 협박했다. 제주 경찰의 최고 책임자인 신우균까지 나서 폐간을 위협할 정도였다. 경찰 고문관 파트리지 대위도 개입했다. 그는 2월 4일 신우균의 관사에서 모리배와 회동했는데, 그 뒤 하주 대표가 체포됐다. 모리배 가운데 1명은 같은 날 경찰에 체포됐지만 파트리지의 명령으로 석방됐다. 이런 상황에서 2월 5일에는 신우균의 여동생이 경찰의 제지에도 비단 17필과 고가의 물품을 갖고 유유히 제주를 떠났다. 1947년 2월 10일 『제주신보』는 "수많은 대중의 안전에서 이러한 장면이 연출되었으니 그 원성이 분분함은 물론"이라고 비판했다. 모리배와 신우균 청장, 제주도 미군정 경찰 고문관이 서로 짜고 불법 이권 행위에 가담한 것이다.

사건은 중앙으로 확산됐고, 경무부가 조사에 나섰다. 신우균은 2월 소환 조사를 받은 뒤 3월 파면됐다. 군정 재판에서는 복시환 사건 관계자들에게 집행유예와 벌금형이 선고됐지만, 대부분 감형으로 조기 석방됐다.

해방 이후 부패한 권력 카르텔이 어떻게 작동했는지를 보여주는 '복시환 사건'은 제주도민들이 미군정과 경찰을 불신하게 만든 상징적인 사건이었다.

19470216

후생식당 앞 한 끼를 구하려는 사람들

010

제주읍 후생식당 앞에는 이른 새벽부터 주민들이 길게 늘어섰다. 남녀노소가 뒤섞인 줄에는 갓난아기를 안은 여성들까지 찬바람에 몸을 웅크린 채 한 끼를 기다리고 있었다. 이들은 "찬바람에 안색이 변하다시피 추위에 떨며 그 귀한 한 끼를 구하려는 사람들"이었다. 1947년 2월, 해방공간 제주의 심각한 식량난이 일상에 스며든 모습을 보여주는 상징적 장면이다. 한쪽에는 모리배들이 경찰·미군정과 짜고 불법 이권행위를 하고, 다른 한쪽에서는 제주도민들이 굶주리고 있었다.

후생식당은 1946년 11월 10일 문을 연 공중식당으로, 무산계층과 봉급생활자, 학생들이 의지하는 최소한의 버팀목이었다. 그런데 이 식당 앞에 '차가운 한겨울 바람을 헤치며 수 시간 전부터 줄을 서는' 모습이 등장했다. 신문은 모리배와 오리배들의 농간으로 쌀값이 4~5일 사이 2배로 폭등한 가운데 "생지옥의 도탄에 신음하는 인민의 비참한 아우성이 날로 높아가고 있다"고 전했다. 모리배와 오리배들은 시장 혼란을 이용해 폭리를 취하고, 그 피해는 일반 대중에게 돌아갔다. 후생식당 앞의 줄은 배고픔의 묘사만이 아니라 제주사회의 부패상을 드러내는 장면이기도 했다.

위기는 1946년의 대흉작에서 비롯했다. 그해 제주도의 보리 수확량은 8만 3천 석에 불과해 일제 강점기인 1943년과 1944년 생산량의 41퍼센트와 31퍼센트에 지나지 않았다. 생산량은 급감했고, 귀환인구는 급증했다. 생산 감소만이 아니라 미군정의 미곡정책 실패도 영향을 끼쳤다. 미군정은 1945년 10월 '미곡 자유판매제'를 도입했지만 식량 재고 고갈과 미곡의 감소·인플레이션을 유발시켰고, 가격은 통제 불능 상태로 치달았다. 해방 이전보다 제주도 경제 상황은 극도로 열악했다. 미군정 시대보다 일제 때가 좋았다는 말이 절로 나왔다.

한 끼를 구하기 위해 후생식당 앞에 줄을 선 모습은 불과 몇 달 전 언론에 등장한 중앙 미군정 관리들의 태도와 뚜렷하게 대비됐다. 1946년 10월 중앙식량행정처장 지용은은

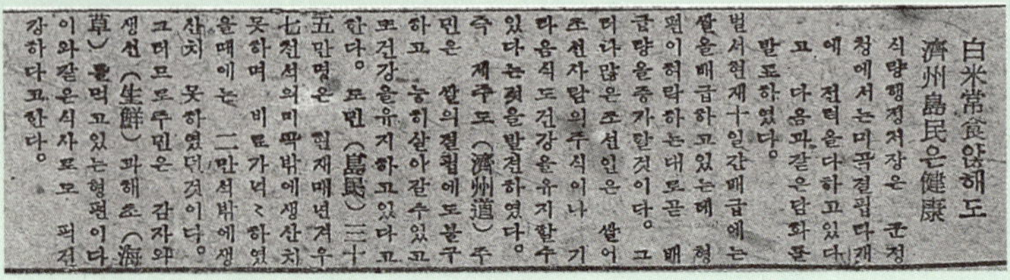

白米常食않해도 濟州島民은健康

식량행정처장은 군정청에서는미곡결핍타개에전력을다하고있다고다음과같은담화를발표하였다。

벌서현재十일간배급에는쌀을배급하고있는데형편이허락하는대로곧배급량을증가할것이다。그러나많은조선인은쌀이조선사람의주식이나기타음식도건강을유지할수있다는것을발견하였다。즉제주도(濟州道)주민은쌀의결핍에도불구하고능히살아갈수있고또건강을유지하고있다고한다。도민(島民)三十五만명은현재매년겨우七천석의미곡밖에생산치못하며비료가넉넉하였을때에는二만석밖에생산치못하였던것이다。그러므로주민은감자와생선(生鮮)과해초(海草)를먹고있는형편이다이와같은식사로도퍽건강하다고한다。

1946년 10월 31일 『대동신문』 기사.

백미 상식 않해도 제주도민은 건강

식량행정처장은 군정청에서는 미곡 결핍 타개에 전력을 다하고 있다고 다음과 같은 담화를 발표하였다.

벌서 현재 10일간 배급에는 쌀을 배급하고 있는데 형편이 허락하는 대로 곧 배급량을 증가할 것이다. 그러나 많은 조선인은 쌀이 조선사람의 주식이나 기타 음식도 건강을 유지할 수 있다는 것을 발견하였다. 즉 제주도 주민은 쌀의 결핍에도 불구하고 능히 살아갈 수 있고 또 건강을 유지하고 있다고 한다. 도민 35만 명은 현재 매년 겨우 7천석의 미곡 밖에 생산치 못하며 비료가 넉넉하였을 때에는 2만석 밖에 생산치 못하였던 것이다. 그러므로 주민은 감자와 생선과 해초를 먹고 있는 형편이다. 이와 같은 식사로도 퍽 건강하다고 한다.

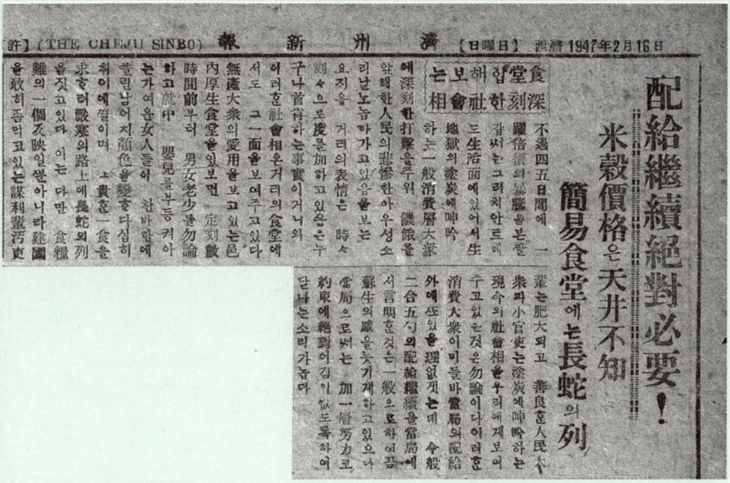

濟州新報 (THE CHEJU SINBO) (日曜日) 西曆 1947年 2月 16日

配給繼續絶對必要!
米穀價格은 天井不知 簡易食堂에는 長蛇의 列

食堂압해보는 深刻한 社會相

不過四五日間에 一躍倍價의 暴騰을 본 쌀갑씨는 그러치안트레도 生活面에 있어서 生地獄의 塗炭에 呻吟하는 一般消費層大衆에 深刻한 打擊을 주워 饑餓를 압해한 人民의 悲慘한 아우성 소리 날노 놉하가고 있음을 보는 요지음 거리의 表情은 時々刻々으로 度를 加하고 있음은 누구나 首肯하는 事實이거니와 이러한 社會相은 거리의 食堂에서도 그 一面을 보여주고 있다 無産大衆의 愛用을 보고 있는 邑內厚生食堂을 엿보면 定刻數時間前부터 男女老少를 勿論하고 就中 嬰兒를 부등켜아는 가여운 女人들이 찬바람에 쏠린 남어지 顔色을 變하다십히 취이에 썰이며 그 貴한 一食을 求하려 嚴寒의 路上에 長蛇의 列을 짓고 있다 이는 다만 食糧難의 一個反映일뿐 아니라 建國을 敢히 좀먹고 있는 謀利輩汚吏輩는 肥大되고 善良한 人民大衆과 小官吏는 塗炭에 呻吟하는 現今의 社會相을 우리에게 보여주고 있는 것은 勿論이다 이러한 消費大衆이 미듬바 當局의 配給 外에 또 있을理 없겟는데 今般 二合五勺의 配給繼續을 當局에서 言明한 것은 一般으로 하여곰 蘇生의 感을 늣기게 하고 있으나 當局으로써는 加一層努力코 約束에 絶對 어김이 없도록 하여 달나는 소리가 놉다

1947년 2월 16일 『제주신보』 기사.

배급 계속 절대 필요!

미곡 가격은 천정부지 간이식당에는 장사의 열

식당 압해 보는 심각한 사회상 불과 4, 5일 간에 일약 배가(倍價)의 폭등을 본 쌀갑씨는 그러치안트레도 생활면에서 있어서 생지옥의 도탄에 신음하는 일반 소비층 대중에 심각한 타격을 주워 기아를 앞해한 인민의 비참한 아우성 소리 날노 높하가고 있음을 보는 요지음 거리의 표정은 시시각각으로 도를 가(加)하고 있음은 누구나 수긍하는 사실이거니와 이러훈 사회상(社會相)은 거리의 식당에서도 그 일면을 보여주고 있다. 무산대중의 애용(愛用)을 보고 있는 읍내 후생식당을 엿보면 정각 수시간 전부터 남녀노소를 물론하고 취중(就中) 영아를 부둥켜아는 가여운 여인들이 찬바람에 쏠린 남어지 안색을 변ᄒᆞ다십히 취이에 썰이며 그 귀훈 일식(一食)을 구ᄒᆞ려 엄한(嚴寒)의 노상에 장사의 열을 짓고 있다. 이는 다만 식량난의 일개 반영일뿐 아니라 건국을 감히 좀 먹고 있는 모리배 오리배는 비대되고, 선량훈 인민대중과 소(小)관리는 도탄에 신음하는 현금의 사회상을 우리에게 보여주고 있는 것은 물론이다. 이러훈 소비대중이 미듬바 당국의 배급 외에 또 있을리 없겟는데 금반 2합5작의 배급 계속을 당국에서 언명한 것은 일반으로 하여곰 소생(蘇生)의 감을 늣기게 하고 있으나 당국으로써는 가일층 노력코 약속에 절대 어김이 없도록 하여 달나는 소리가 높다.

"제주도민들은 쌀이 부족해도 능히 살아갈 수 있는 건강을 유지하고 있다"며 "감자와 생선, 해초를 먹고 있지만 퍽 건강하다"는 궤변을 늘어놓았다. 반면 1947년 1월 『제주신보』는 후생식당 밥이 "늘 생쌀 같다"며 싼 값에 공급하는 공중식당의 설립 취지와는 다른 운영 부실을 비판했다.

중앙 관리들의 낙관적 담화와 달리 주민들은 겨울철 세찬 바람을 맞아가며 한 끼 식사를 위해 줄을 늘어섰다. 누적된 사회적 불만과 생계의 압력을 받고 있던 제주도민들의 관심은 다가오는 제28주년 3·1절 기념대회로 자연스럽게 옮겨갔다. 그날 유난히 많은 도민이 모인 배경도 이 절박한 생활현실과 무관하지 않다.

19470223

제주 민전 결성, 3·1절을 앞둔 공개 결집 011

제주도 민주주의민족전선(제주 민전)이 1947년 2월 23일 제주읍 조일구락부에서 결성됐다. 결성대회는 사회단체 대표와 읍·면 대의원, 방청객 등 500여 명으로 가득 메운 가운데 열렸다.

제주도 좌익 진영 결집체인 제주 민전의 결성은 좌익 진영이 합법적 정치활동의 공간을 확보하려 한 공개적 정치 결집의 시도이자, 일주일 앞둔 제28주년 3·1절 기념대회를 성공적으로 치러내기 위한 것이었다.

제주 민전 결성은 중앙 민전보다 1년여 늦었다. 해방 공간 지방 인민위원회 활동이 역동적이었던 제주도에서 민전 결성이 늦어진 이유는 무엇일까. 이는 제주도의 '도제 승격'과 연관지어 유추해볼 수 있다. 앞서 민전은 1946년 2월 15일 좌파 정당과 사회단체를 망라한 전국적 통일전선조직으로 출범했다. 전남 민전은 이해 3월 9일 결성됐다. 1946년 3월 13일 『광주민보』는 이 대회에 "도내 21군 2부, 1도島가 빠짐없이

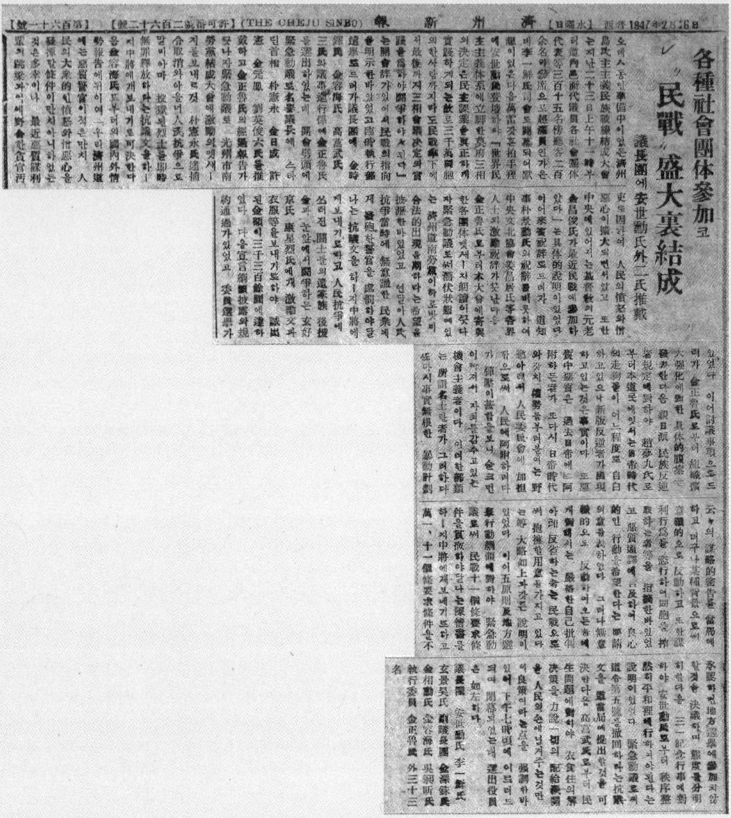

濟州新報 (THE CHEJU SINBO)

各種社會團体參加코

〃民戰〃盛大裏結成

議長團에 安世勳氏外二氏推戴

1947년 2월 26일 제주도 민주주의 민족전선 결성을 알리는 『제주신보』 기사.

참가"했다고 보도했다. 제주도島 역시 참가했음을 알 수 있다. 당시 제주도는 전라남도 소속이어서 독자적 민전 주도의 준비위 결성의 필요성이 없었을 뿐 민전 내에서 활동했다.

이후 민전은 1년 이상 전국의 지역과 각 단위 조직 결성을 이어갔다. 서울에서도 1947년 2~3월 여러 구위원회가 결성됐는데, 제주 민전 결성과 비슷하거나 늦은 시기였다.

중앙 민전은 제28주년 3·1절 기념행사를 거족적으로 치른다는 방침 아래 2월 2일 3·1기념준비위원회를 결성했다. 중앙의 움직임 속에서 제주에서도 전남 민전 소속이 아닌 독자적인 제주 민전 주도의 준비위 결성 필요성이 대두됐다. 특히 1946년 8월 '도 승격' 이후 민전도 전남도위원회의 한 지부에서 벗어나 독자적인 민전 주도의 준비위 결성의 필요성이 제기된 것으로 보인다.

이에 따라 제주에서는 1947년 2월 17일 각계 대표가 모여 안세훈을 위원장으로 하는 3·1투쟁기념준비위원회를 결성하고, 이 자리에서 민전 결성 필요성에 의견을 모았다. 제주 민전 결성대회에서는 박헌영 체포령 취소, 인민항쟁 당시 발포 경찰 처벌 및 이로 인한 투옥자 즉각 석방 등을 요구하는 항의문을 채택했다. 대회 참가자들은 또 "잠복 상태의 제주도 남로당이 합법적으로 출현하기를 희망한다"는 동의안을 채택해 좌익의 공개적인 정치활동 확대를 시도했다. 유가족 지원 민생문제 해결, 배급제 개혁 등 생활과 밀착된 과제들도 결의했다.

제28주년 3·1절 기념대회를 일주일 앞두고 열린 결성대회는 그 자체로 기념행사의 조직 동원 기반을 확인하는 자리이기도 했다. 그러나 제주 민전은 3·1절 기념대회 이후 활동이 위축됐다. 민전은 사건 직후 진상조사단 구성을 시도했으나 경찰의 저지로 무산됐다. 대신 "책임 소재를 확실히 해야 한다"는 성명서만 발표했을 뿐 3·1절 발포사건과 총파업 전개 과정에서 위기 수습 능력을 보여주지 못했다. 이는 3·1절 발포사건 이후 경찰의 대대적인 검거와 그에 따른 지도부의 도피 때문이기도 했다.

그 이후 민전의 활동은 급속히 위축됐다. 같은 해 7월 제2차 미·소공동위원회 개최를 앞두고 박경훈 전 도지사가 의장에 추대되며 재정비 움직임이 일시적으로 나타났지만, 도지사 유해진의 극우강화정책 및 경찰의 탄압으로 제주도의 좌파 진영은 수면 아래로 들어갔다.

1947년 2월의 제주 민전 결성은 좌파 진영의 결집만이 아니라 3·1절을 계기로 한 제주도민의 공개적인 결집의 장이었다. 그날 조일구락부의 함성은 해방공간 제주 정치의 뜨겁고도 불안한 순간이었다.

19470301

미 제6사단 보고서로 본 3·1절 발포사건

012

1947년 3월 1일 발생한 이른바 '3·1절 발포사건'은 4·3의 직접적 전사前史로 평가된다. 『정부 보고서』는 이 사건을 다루며 기마경관이 어린이를 말로 치는 사고 이후 군중의 야유와 돌 투척이 이어졌고, 이를 경찰서 습격으로 오인해 발포에 이르렀다는 경위를 목격자 증언과 당시 언론의 보도를 바탕으로 비교적 상세히 기술한다. 이를 통해 발포 직전 현장 분위기와 경찰의 대응 과정을 생생하게 복원했다. 그러나 『정부 보고서』에는 사건 당일 미군정과 경찰 지휘부 활동에 대한 서술은 거의 보이지 않는다. 특히 제주도 민정장관 스타우트 소령과 경찰 고문관 파트리지 대위의 구체적인 동선과 역할은 빠져 있어 발포에 이르는 과정에서 미군정의 책임과 판단을 입체적으로 파악하는 데 한계가 있다.

이 공백을 보완해주는 자료가 1947년 3월 15일자 미 제6사단 정보보고서(제6사단 보고서)다. 미군정과 경찰의 시각에서 사건을 정리하고 있지만, 스타우트 소령과 파트리지 대위의

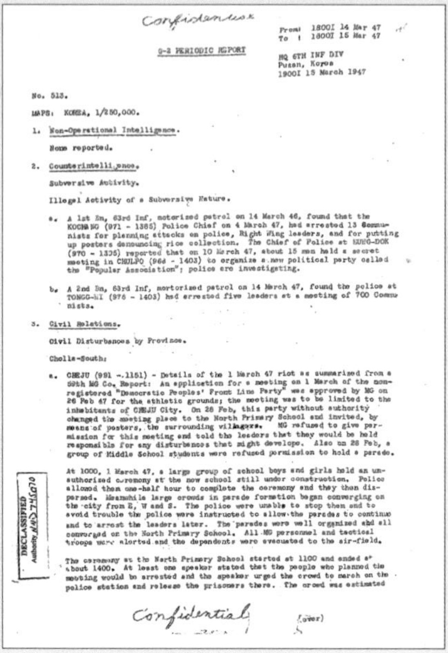

Confidential

From: 1800I 14 Mar 47
To : 1800I 15 Mar 47

G-2 PERIODIC REPORT

HQ 6TH INF DIV
Pusan, Korea
1900I 15 March 1947

No. 513.

MAPS: KOREA, 1/250,000.

1. Non-Operational Intelligence.

None reported.

2. Counterintelligence.

Subversive Activity.

Illegal Activity of a Subversive Nature.

a. A 1st Bn, 63rd Inf, motorized patrol on 14 March 46, found that the KOCHANG (971 - 1365) Police Chief on 4 March 47, had arrested 13 Communists for planning attacks on police, Right Wing leaders, and for putting up posters denouncing rice collection. The Chief of Police at HUNG-DOK (970 - 1335) reported that on 10 March 47, about 15 men held a secret meeting in CHULPO (968 - 1403) to organize a new political party called the "Popular Association"; police are investigating.

b. A 2nd Bn, 63rd Inf, mortorized patrol on 14 March 47, found the police at TONGG-NI (976 - 1403) had arrested five leaders at a meeting of 700 Communists.

3. Civil Relations.

Civil Disturbances by Province.

Cholla-South:

a. CHEJU (991 - 1151) - Details of the 1 March 47 riot as summarized from a 59th MG Co. Report: An application for a meeting on 1 March of the non-registered "Democratic Peoples' Front Line Party" was approved by MG on 26 Feb 47 for the athletic grounds; the meeting was to be limited to the inhabitants of CHEJU City. On 28 Feb, this party without authority changed the meeting place to the North Primary School and invited, by means of posters, the surrounding villagers. MG refused to give permission for this meeting and told the leaders that they would be held responsible for any disturbances that might develope. Also on 28 Feb, a group of Middle School students were refused permission to hold a parade.

At 1000, 1 March 47, a large group of school boys and girls held an unauthorized ceremony at the new school still under construction. Police allowed them one-half hour to complete the ceremony and they then dispersed. Meanwhile large crowds in parade formation began converging on the city from E, W and S. The police were unable to stop them and to avoid trouble the police were instructed to allow the parades to continue and to arrest the leaders later. The parades were well organized and all converged on the North Primary School. All MG personnel and tactical troops were alerted and the dependents were evacuated to the air-field.

DECLASSIFIED
Authority NND 745070

The ceremony at the North Primary School started at 1100 and ended at about 1400. At least one speaker stated that the people who planned the meeting would be arrested and the speaker urged the crowd to march on the police station and release the prisoners there. The crowd was estimated

Confidential

(over)

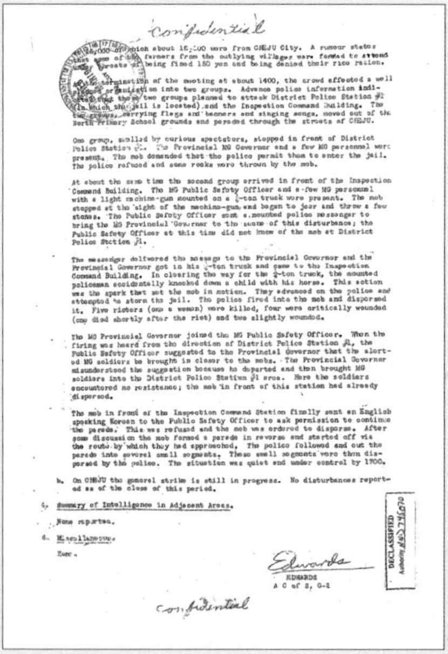

Confidential

[…] which about 16,000 were from CHEJU City. A rumour states that some of the farmers from the outlying villages were forced to attend under threats of being fined 150 yen and being denied their rice ration.

At the termination of the meeting at about 1400, the crowd effected a well planned organization into two groups. Advance police information indicated that these two groups planned to attack District Police Station #1 (in which the jail is located) and the Inspection Command Building. The two groups, carrying flags and banners and singing songs, moved out of the North Primary School grounds and paraded through the streets of CHEJU.

One group, swelled by curious spectators, stopped in front of District Police Station #1. The Provincial MG Governor and a few MG personnel were present. The mob demanded that the police permit them to enter the jail. The police refused and some rocks were thrown by the mob.

At about the same time the second group arrived in front of the Inspection Command Building. The MG Public Safety Officer and a few MG personnel with a light machine-gun mounted on a ¼-ton truck were present. The mob stopped at the sight of the machine-gun and began to jeer and throw a few stones. The Public Safety Officer sent a mounted police messenger to bring the MG Provincial Governor to the scene of this disturbance; the Public Safety Officer at this time did not know of the mob at District Police Station #1.

The messenger delivered the message to the Provincial Governor and the Provincial Governor got in his ¼-ton truck and came to the Inspection Command Building. In clearing the way for the ¼-ton truck, the mounted policeman accidentally knocked down a child with his horse. This action was the spark that set the mob in motion. They advanced on the police and attempted to storm the jail. The police fired into the mob and dispersed it. Five rioters (one a woman) were killed, four were critically wounded (one died shortly after the riot) and two slightly wounded.

The MG Provincial Governor joined the MG Public Safety Officer. When the firing was heard from the direction of District Police Station #1, the Public Safety Officer suggested to the Provincial Governor that the alerted MG soldiers be brought in closer to the mobs. The Provincial Governor misunderstood the suggestion because he departed and then brought MG soldiers into the District Police Station #1 area. Here the soldiers encountered no resistance; the mob in front of this station had already dispersed.

The mob in front of the Inspection Command Station finally sent an English speaking Korean to the Public Safety Officer to ask permission to continue the parade. This was refused and the mob was ordered to disperse. After some discussion the mob formed a parade in reverse and started off via the route by which they had approached. The police followed and cut the parade into several small segments. These small segments were then dispersed by the police. The situation was quiet and under control by 1700.

b. On CHEJU the general strike is still in progress. No disturbances reported as of the close of this period.

4. Summary of Intelligence in Adjacent Areas.

None reported.

5. Miscellaneous.

None.

Edwards
EDWARDS
A C of S, G-2

DECLASSIFIED
Authority NND 745070

Confidential

1947년 3월 15일 제주도 3·1절 발포사건을 보고한 미 제6사단 정보참모부 일일보고서 제513호. NARA.

활동과 시위행렬에 대한 반응, 제주감찰청과 제1구경찰서 일대의 상황 등을 담고 있다. 『정부 보고서』에서는 확인되지 않는 미군정의 현장 동선과 판단을 엿볼 수 있다는 점에서 사료적 가치를 지닌다. 그러나 미군정의 입장에 서술하고 있는 만큼 군중을 '폭도'로 규정하고 경찰의 발포를 질서 회복을 위한 불가피한 대응으로 설명하는 한계도 있다.

제6사단 보고서에 따르면 제주도 미군정은 2월 26일 민전이 신청한 3·1절 기념대회를 조건부로 승인했다. 대회 장소는 '운동장'stadium이라고 적혀 있다. 서비행장(제주비행장)일 가능성이 크다. 참가자는 제주읍내 주민으로 한정했다. 민전은 행사 전날인 2월 28일 군정청 승인 없이 장소를 제주북국민학교로 변경했고, 읍내 인근 마을 주민들의 참가를 독려했다.

3월 1일 오전 10시, 학생들은 신축 중이던 오현중학교에서 기념식을 거행했다. 제6사단 보고서는 이를 '무허가 기념식'으로 규정했지만, 이후 군정재판에서 파트리지 대위는 이미 집회가 진행 중이어서 조기 종료를 충고했다고 말했다. 사실상 묵인했다는 것이다.

정오를 전후해 제주읍내 동·서·남쪽에서 대열을 이룬 도민들이 제주북교로 집결했고, 기념대회는 오전 11시 시작해 오후 2시께 끝났다. 제6사단 보고서는 집회 참가자 수를 2만 5천여 명으로 추산했으며, 이 가운데 1만 8천여 명이 제주읍

내 주민이라고 기록했다. 일부 주민은 불참 시 150엔의 벌금과 쌀 배급 중단 위협을 받았다는 '소문'을 전제해 동원 가능성도 언급했다.

핵심은 발포 직전 미군정의 위치와 동선이다. 3·1절 기념대회 이후 시위대열은 두 갈래로 나뉘어 거리로 나와 이동하기 시작했다. 미군정은 제1구경찰서와 제주감찰청을 공격할 가능성이 있다고 여겼다. 제1구경찰서 앞에는 스타우트 소령과 미군정 소속 미군이 있던 것으로 기록했다. 『정부 보고서』에는 등장하지 않는 내용이다. 제6사단 보고서는 또 군중이 경찰에 유치장 진입을 요구했는데 경찰이 이를 거부하자 군중이 돌을 던졌다고 기술한다. 그러나 이러한 정황을 뒷받침하는 목격자 증언이나 언론 보도는 확인되지 않는다.

한편 다른 대열이 도착한 제주감찰청 앞에는 경찰 고문관 파트리지 대위와 미군이 기관총이 장착된 쓰리쿼터 차량과 함께 배치되어 있었다. 시위행렬이 이를 보고 야유하며 돌을 던지자 파트리지는 상황이 심각하다고 판단해 제1구경찰서 앞에 있던 스타우트 소령을 불러오기 위해 기마경찰을 전령으로 보냈다. 제주감찰청과 제1구경찰서 사이 거리는 300여 미터에 불과했다. 이 과정에서 제주감찰청으로 가기 위해 스타우트가 탄 쓰리쿼터의 이동 경로를 확보하던 기마경찰의 말발굽에 어린아이가 채여 넘어지는 사고가 발생했다. 그러나 기마경찰이 아무런 조치를 취하지 않으면서 시위대를 자극했다. 이는 발포의 직접적 계기가 제주도 미군정 수뇌부의 이동과 연결될 가능성을 시사한다. 반면 『정부 보고서』는 기마경관이 제1구경찰서로 이동하던 중 아이가 채였다고 설명하지만, 기마경관의 이동 이유에 대한 설명은 없다.

제6사단 보고서는 시위대의 행동을 '경찰서 습격 시도'로, 참가자들을 '폭도'로 규정하며 경찰의 발포를 정당방위로 서술한다. 목격자 증언과 당시 언론 보도를 종합하면, 군중의 반응은 야유와 국지적인 돌 투석에 그쳤고 경찰서를 습격하려는 집단적 행동은 확인되지 않는다.

제6사단 보고서는 사실 기록인 동시에 발포 책임을 군중에게 전가하고 미군정과 경찰의 대응을 합리화하는 양면적 성격을 지닌다. 다시 말해 이 보고서는 당시 제주도 민정장관(스타우트)과 경찰 고문관(파트리지)의 위치와 판단 등 그동안 보이지 않았던 미군정의 움직임을 보여주는 사료이자, 이 사건을 '폭동'으로 규정해 발포를 정당화하는 미군정의 인식이 담겼다. 『정부 보고서』가 민간인의 시선으로 사건 현장을 재구성했다면, 제6사단 보고서는 미군정의 시각으로 사건 현장을 재구성했다. 두 자료를 함께 읽으면, 3·1절 발포사건의 구조와 책임 문제를 훨씬 입체적으로 파악할 수 있다.

19470310

민·관 총파업, 분출된 제주사회의 분노

013

1947년 3월 10일, 제주도에서 남한 사회 유례없는 민·관 총파업이 벌어졌다. 3·1절 발포사건에 대한 진상조사와 책임자 처벌을 내건 총파업에는 관공서와 학교, 금융, 통신, 교통은 물론 일부 경찰까지 동참했다.

해방 이후 사회·경제적 조건이 타지역에 비해 상대적으로 열악했던 제주에서 민·관 총파업이 가능했다는 사실은 조직 동원력을 넘어 제주사회의 분노가 그만큼 컸다는 의미이기도 했다.

총파업의 직접적 계기는 3월 1일 발생한 경찰의 발포사건이었다. 제주사회는 발포 책임자 처벌과 진상조사를 요구했지만, 미군정은 침묵했다. 사과도, 공식 발표도 없었다. 대신 육지에서 경찰이 증파됐고, 청년 학생들에 대한 대대적인 검거와 고문이 뒤따랐다.

도민의 분노가 폭발했다. 3월 10일 제주도청 직원들은 경찰의 무장과 고문 즉시 폐지, 발포 책임자 및 발포 경찰 처벌, 경찰 수뇌부의 인책 사임, 희생자 유가족 및 부상자의 생활 보장, 3·1사건 관련자 검거 중단 등을 내걸고 총파업에 들어갔다. 총파업은 제주도민들이 선택할 수 있는 가장 강력한 항의 방식이자 미군정에 대한 직접적이고 집단적 항의의 표시였다.

파업이 확산되는 가운데 1947년 3월 14일 『제주신보』는 제주도 민정장관 스타우트의 인터뷰 기사를 내보냈다. 총파업을 바라보는 제주도 미군정의 인식을 보여주는 거의 유일한 기록이다. 3월 12일 이루어진 인터뷰에서 스타우트는 관계官界의 진상조사보고서가 제출됐는데도 "누락된 내용이 많아 조사단의 보고서를 반려하고 재조사를 명령했다"며 "서울 중앙청에서 파견된 카스틸 대령이 조사하고 있다"고 말했다. 그러나 '관계' 중심의 조사와 중앙 미군정의 조사 결과는 공개되지 않았다.

스타우트는 총파업 관련 제주도민들의 요구 사항에 대

濟州新報 (THE CHEJU SINBO) 1947年3月12日

三一事件의 反響!

道廳各學校를爲始로 官公署會社等罷業斷行

姜監察廳長의 聲明에對하야

中等敎生聲明書

카大佐來道 調査에着手

吊慰金으로壹萬圓

高碩祚氏本社에寄託

1947년 3월 12일 『제주신보』 기사. [화보02]

3·1사건의 반향! 도청·각 학교를 위시로 관공서·회사 등 파업 단행

3·1날 불상사가 발생된 후 항간에는 암운이 저미(低迷)하고 잇든 차 10일에 이르러 도청 직원을 비롯하야 신한공사 종업원, 운수노조(제주, 남일, 조흥빠스, 조화(朝貨) 각 종업원), 제농, 제중, 오중, 교양 생도 및 교원, 동·남·북국민학교 교원, 항무서원, 측후소 직원이 총파업을 단행하였고, 11일에는 식량사무소 직원, 군청, 읍사무소 직원, 우편국 직원, 남진운수사 종업원, 무선국 종업원, 상호은행지점, 고녀(高女), 전매서, 금융조합 역시 파업을 단행하였는데 각 투쟁위원회에서는 각기 요구조건 및 결의문, 성명서를 도 스타으트 군정장관과 러치 군정장관에 제시하야 요구조건이 관철될 때까지 파업을 계속하리라 한다. 지난 10일 정오에 본도 도청에서는 청원들이 좌담회를 개최코 3·1사건진상조사단에게 진상보고를 요청하엿는데 조사단에서는 지금 발표할 수 없다고 거부함으로, 이 3·1사건만은 청원들이 발포하는 현장에서 목격한 바도 있는 사건인 만큼 인민의 공복이 되는 관공리로써 공수방관할 수 없다는 취지 하에서 하오 1시부터 박 지사와 총무국장 김두현씨를 비롯한 청원 100여명이 정식으로 청원대회를 개최하야 3·1대책위원회를 구성하고, 다음과 갓튼 6개 조목의 요구조건을 지방장관과 하-지 중장에게 보내기로 결의하고, 차 요구조건이 관철될 때까지 청원 140여명은 사무를 중지할 것을 가결한 다음 3·1사건에 쓰러진 희생자 유가족에 대한 구호금을 1인당 100원씩을 거출할 것을 만장일치 박수로써 가결하였다.

요구조건

1. 민주경찰 완전 확립을 위하야 무장과 고문을 즉시 폐지할 것. 2. 발포책임자 급(及) 발포경관은 즉시 처벌할 것. 3. 경찰 수뇌부는 인책 사임할 것. 4. 희생자 유가족 급(及) 부상자에 대한 생활를 보장할 것. 5. 3·1사건에 관련한 애국적 인사를 검속치 말 것. 6. 일본경찰의 유업적 계 승활동을 소탕할 것.

성명서 요지

과거 3·1운동은 조선민족이 다가치 조국을 찾고 민족해방을 위한 투쟁이었음에도 불구하고 일제 잔학무도한 탄압과 지도자층의 미약한 일제와의 타협적 태도와 당시 국제정세의 불리로 말미아마 허다한 희생자만을 내고 실패에 귀(歸)하고 마렀다. 이러한 과거 3·1운동을 회상할 때 감격과 새로운 희망에서 해방 후 3·1운동을 민족독립 전취에로 옴길 단계임을 자각함과 동시에 과거의 선배를 추모하기 위하야 제주읍의 기념행사는 3만 대중이 모힌 가운데 엄숙한 식을 거행하고 평화와 질서 있는 행렬를 하였음에도 불구하고 일부 포악한 경관의 불법 발포로 인하야 6명의 사망자와 다수의 중경상자를 내게 되였음은 역사적 시일을 모독하고 민족적 이념마저 상실한 탄압이라고박게 볼 수 없다. 평화군중에 대한 발포는 과거의 역사에 유례가 없으며 일제시대에도 볼 수 없었든 포학이요, 해방된 조선에 있어서 볼 수 없는 현상이다. 우리는 여사한 현실을 일관할 때 허다한 모순 당착이 내포하여 있음을 지적함과 동시에 30만 도민의 충실한 공복으로써 냉정한 입장에서 고찰하고 선량한 인민과 더부러 그 진두에서 용감히 최후까지 투쟁할 것을 성명한다.

중등교생 성명서

친애하는 동포여. 우리들은 지금까지 온갖 모순된 환경 속에서 부자연한 경제 혼란을 무리치고 오직 진리를 탐구하기 위하야 정의와 자유를 사랑하고 암흑세계에서 탈출하지 못한 우리 민족의 계몽투사가 되기 위한 학도이였었다. 연(然)이나 해방이란 오늘날 우리들의 생활이란 것은 일제시대와 무엇이 다르며 무었이 해방이요? 특권 권력은 날이 갈수록 학원의 연구와 발표의 자유란 것은 숨쉬지도 못할 견지에 도달함은 말할 것도 없다. 더구나 금반 3·1기념행사를 도라보면 온순하고 순박한 다수 민중들에게 잔학무도한 발포, 난사로 수다한 희생자를 내움과 동시에 평화적이고 진리를 탐구하는 학도들에게 노상에서 혹은 기숙사에서 불법 검속을 하고 고금동서에 예를 볼 수 없는 야수적인 고문을 가하야 이번 살인죄를 학도들에게 책임을 전가시키려는 악질경관의 만행에 대해서는 피 있는 청년학도로서 수수방관할 수 없으며 자유학원에 대한 부정한 외부 간섭이 날로 심하야 감은 실로 유감천만이다. 따라서 우리들은 민주학원 건설과 미래의 완전을 기하기 위하야 다음의 요구조건이 관철될 때까지 맹휴(盟休)를 단행함.

요구조건

1. 발포한 책임자 강동효 급(及) 발포한 경관을 살인죄로써 즉시 처형하라. 1. 경찰 관계의 수뇌부는 인책 사임하라. 1. 피살당한 유가족에 대한 생활을 전적으로 보장하며, 피상자에게 충분한 치료비와 위로금을 즉시 지불하라. 1. 경찰의 무장을 즉시 해제하라. 1. 경찰 내의 친일파, 민족반역자를 즉시 축출하라. 1. 3·1사건에 관련되여 피검된 인사를 즉시 무조건 석방하라. 1. 경찰의 학원 간섭 절대 하지 말라. 1. 교원과 생도의 최저의 생활을 보장하라. 1. 국립대학안을 즉시 취소하라. 1. 고문한 경관에 대하여 철저히 처형하라. 1. 교정과 관사를 반환하라.

생도합동대책위원회 카스티어 대좌 내도, 조사에 착수

3·1기념일 불상사로 말미아마 일반 여론이 자자하야 암운이 저미한 요지금 지난 8일에는 중앙 하-지 사령부에서 「카스틔어」 대좌가 내도하야 3·1사건 진상조사를 하게 되였는데 10일 오전 11시에는 스타우트 군정장관을 비롯하야 기존 조사단 일행과 내도한 「카스틔어」 대좌와 박 도지사 등 10여명이 발포로 인하여 즉사한 장소 (아직도 혈흔이 사라지지 않은 칠성로의 장소)와 도립병원 앞에서 경관이 발포한 현장 조사를 목격인 입회 하에 조사한 바 있었다. 이어 오후에는 군정장관실에서 3·1기념식전(式典) 집행부원을 초청하야 3·1기념사건의 유래를 청취하는 등 착착 조사는 진행 중인데 그 귀추는 크게 주목되고 있다.

해 "파업할 원인이 되지 않는다"고 선을 그었다. 오히려 파업을 중단하지 않으면 모든 기관을 폐쇄하겠다고 위협했다. "파업은 조선인에게 그 영향이 돌아가는 것이며, 미군정엔 아무런 영향이 없다. 파업으로 문제를 해결할 수 없다"며 무조건 파업 해제를 요구했다.

총파업이 이어지면서 제주사회 전반이 마비되는 가운데 식량 배급도 차질이 빚어지는 등 도민 생활에 직접적인 타격이 가해졌다. 그러나 스타우트는 민·관 총파업을 감행한 도민들이 감수해야 할 결과라고 인식했다. 사태를 수습해야 할 지방 군정 책임자의 이런 태도는 사태를 오히려 악화시켰다.

제주도 미군정이 제주도민들의 요구에 부응해 대대적인 검거 대신 진상조사와 책임자 처벌 등 사후 처리를 했더라면 제주사회의 분위기는 달라졌을 것이다. 이들의 침묵과 현실 인식 결핍은 사태를 악화시켰다. 지방 미군정이 민중의 경고를 외면한 결과가 어떤 방향으로 흘러갔는지를 보여준다.

19470314

포고문, 저항을 폭동으로 규정하다

014

제28주년 3·1절 기념대회가 열린 1947년 3월 1일 오후, 기념식을 마치고 거리시위에 나선 이들을 구경하던 주민 6명이 제주읍 관덕정 광장 주변에서 경찰의 발포로 목숨을 잃고 수명이 부상을 입었다. 그러나 제주도 미군정이나 경찰은 진상조사는커녕 사과도 하지 않았고, 오히려 집회 참가자들에 대한 검거에 들어갔다. 분노한 제주도민들은 진상조사와 책임자 처벌을 요구하며 3월 10일 제주도청을 시작으로 민·관 총파업에 들어갔다. 총파업에는 좌·우가 없었다. 파업은 날로 확산됐고 제주도가 멈췄다.

그러나 경찰은 제주사회의 요구를 '무질서'로, 총파업이라는 형태로 나타난 저항을 '폭동'으로 규정했다. 그 상징적 장면이 경무부장 조병옥이 3월 14일 제주도 입도 직후 발표한 포고문이다.

조병옥은 포고문을 통해 "기만적 선전과 파괴적 모략으로 제주사회를 무질서 상태에 빠지게 하였고, 빠지게 할 근본적 요소를 제거할 근본 방침이 수립됐다"며 3·1사건과 민·관 총파업을 '기만적 선전', '파괴적 모략'으로 간주했다. 포고문 어디에도 3·1절 발포사건 희생자와 부상자에 대한 언급은 없었다. 경찰은 사태의 원인을 경찰 발포가 아닌 좌익의 '선전'과 '모략'으로 규정함으로써, 도민들의 집단 저항을 사회적 무질서로 낙인찍었다. 무고하고 억울한 죽음들에 대한 최소한의 애도나 유감은 없었다. 조병옥은 나아가 "폭동의 빈발은 조선 민족의 자치력과 도덕적 자율성의 결여를 세계에 폭로하는 것"이라고 주장했다. 총파업으로 분출된 도민들의 분노와 항의를 조선의 자치력과 도덕성의 결핍으로 바꿔버린 것이다.

포고문 발표 다음 날, 미군정은 '응원경찰'이라는 이름으로 육지에서 경찰력을 증파했고, 이어 3·1사건과 총파업 관련자들에 대한 대대적인 검거에 들어갔다. 외부의 물리력 앞에서 총파업은 외형상 가라앉았으나 분노의 불씨가 되어 더

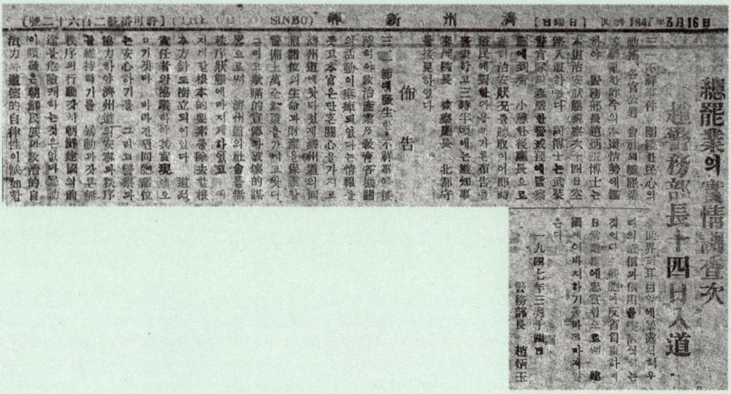
總罷業의 實情調査次
趙警務部長十四日入道

1947년 3월 16일 『제주신보』 기사.

총파업의 실정 조사차 조 경무부장 14일 입도

3·1 불상사건을 위요한 민심의 동요, 각 관공서, 회사의 총파업 등 소란한 작금의 본도 정세에 감(鑑)하야 경무부장 조병옥 박사는 본도 치안상태 시찰차 14일 공로 입도하였다. 동 박사는 무장경관대의 삼엄한 경계리에 감찰청에 도착, 소게(小憩)한 후 청장으로부터 치안 상황을 청취, 이어 즉시 도민에 대한 다음과 가튼 포고를 발표하고 3시반경에는 도지사, 심리원장, 검찰청장, 북군수를 접견하였다.

포고

3·1절에 발생한 불상사에 접종(接踵)하야 정치, 산업 급(及) 교육 각 기관의 활동이 마비되였다는 정보를 듣고 본관은 만흔 관심을 가지고 제주도에 왓다. 쳣재, 제주도의 동포제위의 생명과 재산을 보호할 경비상 만전대책을 가지고 왓다. 그리고 기만적 선전과 파괴적 모략으로써 제주도의 사회를 무질서 상태에 빠지게 하였고, 빠지게 할 근본적 요소를 제거할 근본방침도 수립되여 있다. 도정 책임자와 협의하야 그 실현에 옴기겟다. 바라건덴 동포제위는 안심하기를. 그리고 경찰과 협력하야 제주도의 안녕과 질서를 유지하기를. 폭동과 갓튼 무질서의 행동갓치 조선 건국의 전도를 위험케 하는 것은 없다. 폭동의 빈발은 조선민족의 정치적 자치력과 도덕적 자율성이 결여함을 세계의 이목 앞에 폭로식혀 우리의 위신과 신용을 추락식히는 것이다. 동포여, 반성자중하여 일상업무에 충실함으로써 건국에 이바지하기를 바라마지 않은다.

1947년 3월 14일

경무부장 조병옥

욱 타들어갔다. 검거와 탄압이 심해질수록 민중의 분노와 불신은 깊어갔고, 4·3 무장봉기로 폭발할 사회적 조건을 키워 나갔다.

조병옥은 총파업의 원인을 찾아 해결하기 위해 입도한 것이 아니었다. 그의 해결책은 포고문에 언급한 바와 같이 "근본적 요소를 제거"하는 것이었고, 이는 경찰력 증원을 통한 관련자 검거였다. 조병옥은 더 나아가 "반성 자중하여 일상 업무에 충실해 건국에 이바지하라"고 요구했다.

그의 포고문은 사실상 '경고문'이었다. 사태의 책임을 도민에게 돌리고, 이를 요구하는 제주사회의 저항을 폭동으로 규정하는 포고문에는 제주도민의 억울한 죽음과 유족에 대한 애도 대신 제주사회의 요구와 민중의 분노를 '건국'을 위협하는 '폭동'으로 바라보는 인식이 담겼다. 그의 포고문은 미군정 경찰의 현실 인식이 얼마나 제주사회와 괴리됐는지를 증언하는 텍스트이자, 4·3 무장봉기로 이어지는 제주도민과 경찰·미군정 간 갈등의 전조를 보여주는 상징적 기록이다.

19470412

‘이승만 절대 지지’, 탄원서를 보낸 이유 015

1947년 3·1절 발포사건 이후 제주사회는 혼란 속으로 빠져들고 있었다. 그러나 미군정의 미온적 대응은 도민의 분노를 폭발시켰고, 이는 진상조사와 책임자 처벌을 요구하는 3·10 민·관 총파업으로 이어졌다. 총파업은 좌·우익 진영이 함께 참여할 만큼 도민의 분노가 높았다. 그러나 미군정 경무부는 육지에서 경찰을 급파하고 대대적인 검거에 나섰다. 새로운 국면이 이어졌다.

혼란의 국면에서 전 제주도지사 박경훈을 포함한 제주도민 206명은 4월 초 ‘이승만 지지’를 내용으로 한 ‘하지 장군에게 올리는 탄원서’를 주한미국육군사령관 하지 중장에게 보냈다.

번역일이 4월 12일인 점으로 보아 탄원서 제출은 같은 달 초순으로 추정된다. 탄원서는 ‘이승만을 중심으로 한 정부 수립’을 무조건 지지하며, 정치적 권한을 조속히 조선인에게 넘겨야 혼란을 수습할 수 있다고 했다.

서명자 구성은 이 탄원서의 성격을 가늠하게 한다. 군수·면장·마을 유지 등 지역 지도층이 중심이며, 홍순녕과 양병직 등 훗날 국회의원이 된 이들과 도지사가 된 김충희의 이름도 있는 것으로 보아 서명에 참여한 인사들은 우익진영에 가까운 인사들로 여겨진다.

그러나 이 탄원서를 우익의 자발적 충성 선언으로 해석하기에는 고려해야 할 사항이 있다. 3·1절 발포사건과 총파업 이후 경찰의 대대적인 탄압이 이어지고 있었고, 미군정은 제주도를 좌익의 근거지로 보기 시작했다. 서명자들은 이러한 불신과 경찰의 조사가 확대되는 과정에서 위험에 노출될 수 있었다. 탄원서 제출은 오히려 자신들이 우익 성향이며, 미군정에 협력 가능한 지도층임을 알리는 한편 이를 근거로 대규모 검거를 멈추게 할 신호로 기능했을 가능성이 있다.

특히 전 도지사 박경훈이 서명 대표자로 나선 부분이 눈길을 끈다. 그가 탄원서를 제출한 시점은 도지사를 사퇴한 직

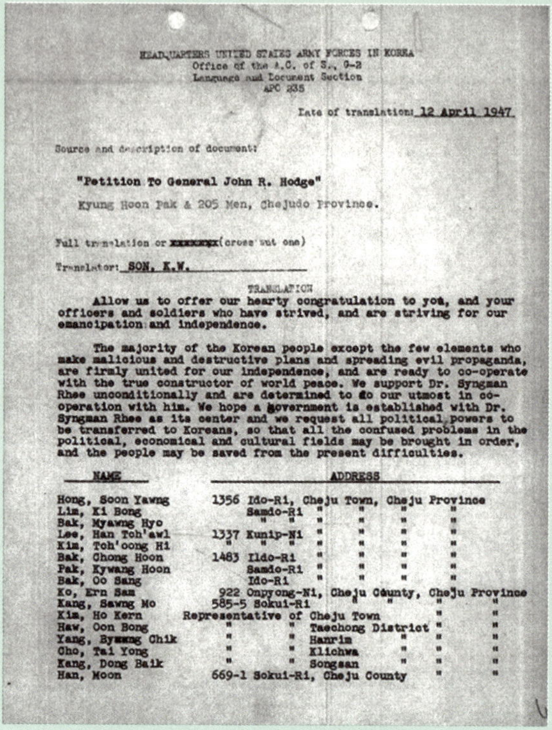

HEADQUARTERS UNITED STATES ARMY FORCES IN KOREA
Office of the A.C. of S., G-2
Language and Document Section
APO 235

Date of translation: 12 April 1947

Source and description of document:

"Petition To General John R. Hodge"

Kyung Hoon Pak & 205 Men, Chejudo Province.

Full translation or xxxxxxxx (cross out one)

Translator: SON, K.W.

TRANSLATION

Allow us to offer our hearty congratulation to you, and your officers and soldiers who have strived, and are striving for our emancipation and independence.

The majority of the Korean people except the few elements who make malicious and destructive plans and spreading evil propaganda, are firmly united for our independence, and are ready to co-operate with the true constructor of world peace. We support Dr. Syngman Rhee unconditionally and are determined to do our utmost in co-operation with him. We hope a government is established with Dr. Syngman Rhee as its center and we request all political powers to be transferred to Koreans, so that all the confused problems in the political, economical and cultural fields may be brought in order, and the people may be saved from the present difficulties.

NAME	ADDRESS
Hong, Soon Yawng	1356 Ido-Ri, Cheju Town, Cheju Province
Lim, Ki Bong	Samdo-Ri " " " "
Bak, Myawng Hyo	" " " " " "
Lee, Han Toh'awl	1337 Kunip-Ni " " " "
Kim, Toh'oong Hi	" " " " " " "
Bak, Chong Hoon	1483 Ildo-Ri " " " "
Pak, Kywang Hoon	Samdo-Ri " " " "
Bak, Oo Sang	Ido-Ri " " " "
Ko, Ern Sam	922 Onpyong-Ni, Cheju County, Cheju Province
Kang, Sawng Mo	585-5 Sokui-Ri " " " "
Kim, Ho Kern	Representative of Cheju Town " "
Haw, Oon Bong	" " Taechong District " "
Yang, Bywwng Chik	" " Hanrim " " "
Cho, Tai Yong	" " Klichwa " " "
Kang, Dong Baik	" " Songsan " " "
Han, Moon	669-1 Sokui-Ri, Cheju County " "

제주도 유지들이 이승만을 절대 지지한다며 하지 사령관에 보낸 탄원서. NARA. [화보03]

주한미국육군사령부 정보참모장실 문서·번역과
번역일 : 1947년 4월 12일

"존 R. 하지 장군에게 올리는 탄원서"
제주도 박경훈 외 205명.
우리는 우리 민족의 해방과 독립을 위해 애써오셨고 지금도 애쓰고 계신 귀하와 귀하의 장교 및 병사 여러분께 뜨거운 경하를 드립니다.
조선 국민 대다수는 악의적이고 파괴적인 계획을 꾸미며 해로운 선전을 퍼뜨리는 일부 세력을 제외하고는, 우리 독립을 위해 굳게 단결하고 있으며, 진정한 세계 평화의 건설자들과 협력할 준비가 되어 있습니다. 우리는 이승만 박사를 무조건적으로 지지하며, 그와 협력하는 데 최선의 노력을 다할 것을 결심하고 있습니다. 우리는 이승만 박사를 중심으로 한 정부가 수립되기를 희망하며, 모든 정치적 권한이 한국인에게 이양되어야 한다고 요청하는 바입니다. 그렇게 되어야만 정치·경제·문화 분야의 모든 혼란스러운 문제가 정리될 수 있으며, 국민이 현재의 곤경에서 구제될 수 있을 것입니다.(*탄원서 내용 하단에는 이름과 주소가 6매에 걸쳐 적혀 있다.)

후다. 그러나 3개월여 뒤인 같은 해 7월 그는 좌익진영의 결집체인 '제주도 민주주의민족전선' 의장으로 등장한다. 정치적 성향으로 보면 정반대의 모순적 변화다. 그러나 이는 제주사회의 민심의 흐름에 보조를 맞추면서도 미군정과의 관계를 우호적으로 유지해야 하는 직전 도지사로서의 고민이 묻어난 것으로 해석된다.

제주사회에 대대적인 검거 선풍이 몰아치는 가운데 나온 이 탄원서는 자신들과 공동체의 안전을 확보하는 일종의 정치적 대안이었을 것으로 보인다. 동시에 친미·반공 노선의 이승만을 중심으로 한 정부 수립을 지지하는 표명은 향후 정국을 대비하려는 판단에서 나온 전략적 선택일 수도 있다.

제주도민들이 연명으로 하지에게 보낸 이 탄원서는 정치적 신념, 정세 불안, 향후 정세 대응 등이 복합적으로 얽혀 나온 결과물이다. 그러나 탄원서에 서명한 인사들 가운데 일부는 4·3 전개과정에서 오히려 군·경의 희생양이 됐다. 그만큼 이 탄원서에는 당시 제주사회의 복잡한 불안과 모순이 담겨 있다.

19470524

밀항, 죽기를 각오하고 삶을 구하다

016

제주사람들은 4·3을 전후해 목숨을 걸고 현해탄을 건넜다. 삶과 죽음의 경계에 선 이들은 부모와 자식과 이별다운 이별을 하지 못한 채 밀항선에 몸을 실었다. 어떤 이들은 자식을 살리려고 재산을 처분한 부모 손에 이끌려 한밤중 작은 배의 선창에 몸을 맡기기도 했다. 1947년 5월 24일 『제주신보』는 제주 함덕포구를 떠난 밀항선이 5월 20일께 일본 쓰시마 부근에서 폭풍우에 파선, 배에 타고 있던 40여 명 가운데 20여 명이 한꺼번에 목숨을 잃었다는 기사를 실었다. 3·1절 발포 사건과 총파업 이후 경찰의 대대적인 검거가 이루어지던 시기 제주를 출항한 밀항선이었다. 두려움과 빈곤의 덫에서 벗어나기 위해 혹은 희망을 찾아 떠난 길은 돌아올 수 없는 길이 됐다.

일본 고쿠라와 규슈를 관할하던 미 제24사단이 1948년 1월 군단 사령부에 보고한 일본 밀입국에 대한 통계는 당시 조선인들의 밀항이 빈번했음을 보여준다. 일본 경찰과 군정,

1947
05
24

범죄수사대 등이 올린 보고서를 토대로 작성한 정보보고서를 보면, 1947년 5월부터 같은 해 12월까지 제주도에서 출항했다가 붙잡힌 선박은 11척, 탈출한 선박은 5척이며, 387명이 붙잡히고, 83명이 도망친 것으로 집계됐다. 그러나 제주사람들은 부산이나 남해안 등지를 통해 일본으로 건너가는 경우도 있어 이보다 훨씬 많을 것으로 추정한다. 이 시기 부산에서 출항한 경우에는 체포 선박 22척, 탈출 선박 66척에 1,032명이 붙잡히고, 413명이 도주했다.

같은 시기 제주도에서 출항한 선박들은 모지-고쿠라-와카마쓰 방면에서 1척, 37명이 붙잡혔고, 하카다 방면에서는 2척이 도주했지만 10명이 붙잡혔다. 마에바루-가라쓰 방면에서는 1척이 검거돼 1명이 잡혔으나 나머지 14명은 도주했다. 요부코-이마리 방면에서는 1척, 77명이 체포됐으며, 이키시마 방면에서는 1척, 3명이 체포됐다. 쓰시마 방면에서는 2척, 4명이 체포됐고, 사세보-나가사키 방면에선 2척이 달아나고

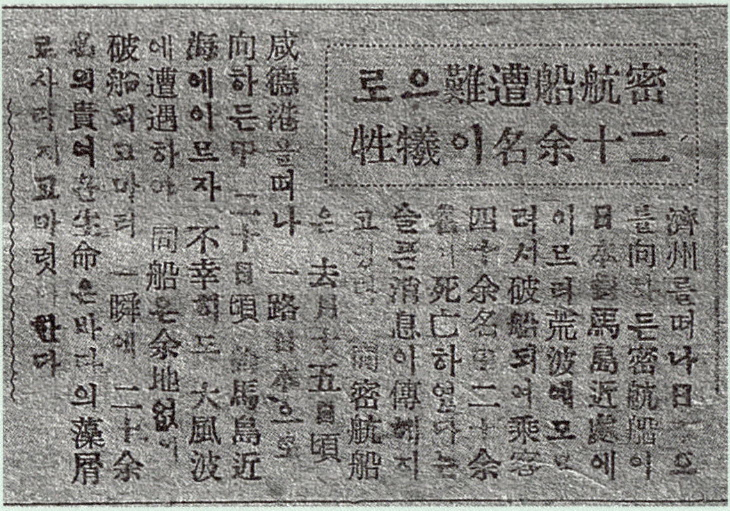

密航船遭難으로 二十余名이犧牲

濟州를떠나日本으로向하든密航船이日本對馬島近處에이르러荒波에모러서破船되어乘客四十余名中二十余名이死亡하엿다는슬픈消息이傳해지고잇다 同密航船은去月十五日頃咸德港을떠나一路日本으로向하든中二十日頃對馬島近海에이르자不幸히도大風波에遭遇하야同船은余地업시破船되고마러一瞬에二十余名의貴여운生命은바다의藻屑로사라지고마럿다한다

1947년 5월 24일 『제주신보』 기사.

밀항선 조난으로 20여 명이 희생

제주를 떠나 일본으로 향하든 밀항선이 일본 대마도 근처에 이르러 풍파에 몰려서 파선되여 승객 40여명 중 20여명이 사망하였다는 슬픈 소식이 전해지고 있다. 동 밀항선은 거월(去月) 15일경 함덕항을 떠나 일로 일본으로 향하든 중 20일경 대마도 근해에 이르자 불행히도 대풍파에 조우하야 동선은 여지없이 파선되고 마러 일순에 20여명의 귀(貴)여운 생명은 바다의 조설(藻屑)로 사라지고 마렀다 한다.

20명이 붙잡혔으며 68명은 도주했다. 구마모토 방면에서는 2척 체포, 1척 도주에 83명이 붙잡히고 1명은 달아났으며, 가고시마 방면에서도 2척, 152명이 붙잡혔다.

밀항은 상시 이루어졌다. 제주도민들은 일제 강점기부터 일본을 자주 왕래해 바닷길이 익숙했다. 다양한 항로를 통해 밀항했고, 일본 땅 어디든지 목적지가 됐다.

미군정은 1945년 12월부터 남해안의 많은 항·포구에서 밀항이 빈번하게 이루어지자 단속에 나섰고, 이듬해 2월에는 5톤 이상의 선박은 모두 미군정에 등록하도록 했지만 역부족이었다.

"해방과 독립은 말뿐으로 희망은커녕 살길이 막연하여 먹을 것을 구하나 없으며 직업을 구하나 여의치 않으므로 다시 조국을 등지고 영별한 왜국 땅으로 돌아가려는 비극의 현상"이 줄을 이었다. 밀항 도중에도 익사자, 아사자가 속출했고 밀항에 성공해도 단속에 걸려 수용소에 갇힌 뒤 콜레라 등으로 숨지기도 했다. 1947년 5월의 이 기사는 밀항하다 떼죽음을 당한 비극의 한 장면이다.

19470907

백색테러와 그 배후

017

"테러는 드디어 평화로운 제주도에까지 파급해 민심은 극도의 전율과 공포에 둘러싸이고 있다."

1947년 9월 10일 『제주신보』는 '정체 불명의 청년에 민전 현씨 댁 등 피습'이라는 제목의 기사를 내보내며 첫 문장을 이렇게 썼다. 신원 미상의 청년들에 의해 연이틀 발생한 2건의 야간 테러사건은 제주사회의 긴장 상태를 단번에 드러냈다. 신문은 민심이 "극도의 전율과 공포에 휩싸이고 있다"고 전했지만, 충격의 핵심은 사건의 배후에 있다.

첫 번째 테러는 9월 6일 오후 8시30분께 일어났다. 신원을 알 수 없는 청년 6~7명이 식량 배급 등 식량 행정 책임자인 제주도식량사무소장 박태훈(전 제주도지사 박경훈의 동생)의 자택을 침입해 전등을 부수고 집에 있던 박태훈의 얼굴을 무수히 구타하고 달아났다. 이 사건 얼마 뒤인 9월 27일 식량사무소 직원 11명이 좌익 혐의로 체포됐다.

1947
09
07

두 번째 테러는 9월 7일 일어났다. 민전 집행부의 1명이자 제주중학교 교장 현경호를 표적으로 했다. 처음에는 누군가가 현 교장의 집 앞에서 문을 열어달라고 했지만 부인 최윤순은 남편이 집에 없다는 이유로 거절했다. 10여 분이 지난 오후 8시30분께 "가택수색을 하겠다"며 어디선가 '제주경찰감찰청 직원'을 사칭하는 전화가 걸려왔다. 이어 청년 7~8명이 들이닥쳐 최씨와 어린 식모까지 폭행했다. 이들은 최씨를 몽둥이로 내리쳐 중상을 입히고, 가재도구와 창문 등을 닥치는 대로 부수고 사라졌다.

다음 날 오전, 방첩대 제주파견대장 메리트는 조사를 통해 전화 발신지가 유해진 지사의 관사라는 사실을 확인했다. 첫 번째 전화로는 현 교장의 주소를 묻고, 두 번째는 현 교장 자택으로 직접 전화를 했다. 메리트는 전화국 교환수를 통해 이런 사실을 확인했지만, 유해진은 전화한 사실조차 모른다며 전면 부인했다. 2건의 테러사건과 관련한 '정체 불명의 청

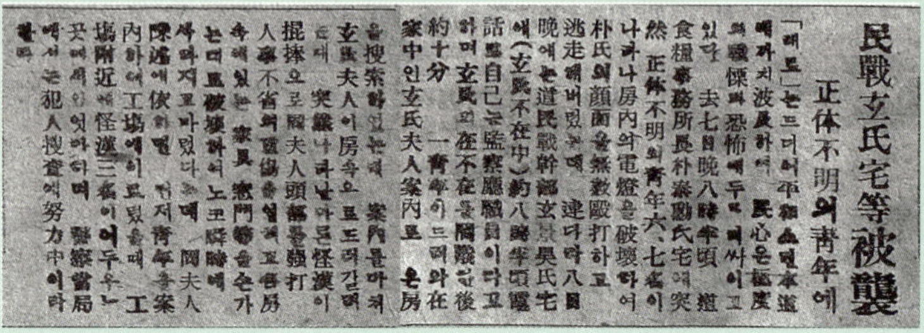

民戰玄氏宅等被襲
正体不明의青年에

「테로」는드디어平和스런本島에까지波及하여 民心은極度의戰慄과恐怖에두떼싸이고있다 去七日晩八時半頃道食糧事務所長朴泰勳氏宅에突然正体不明의青年六、七名이나타나房內의電燈을破壞하여朴氏의顔面을無數毆打하고逃走해버렸는데 連다라八日晩에는道民戰幹部玄景昊氏宅에(玄氏不在中)約八時半頃電話로自己는監察廳職員이라고하며玄氏의在不在를問議한後約十分 一青年이드러와在家中인玄氏夫人案內로온房을搜索하였는데 案內를마쳐玄氏夫人이房속으로드려갈려는데 突然나타난怪漢이棍棒으로同夫人頭部를强打人事不省의重傷을입히고各房속에있는家具 窓門等을손가는대로破壞하여노코瞬時에사라지고마렀다는데 同夫人陳述에依하면 먼저靑年을案內하여工場에이르렀을때 工場附近에怪漢三名이어두운곳에서있었다하며 警察當局에서는犯人搜査에努力中이라한다

1947년 9월 10일 『제주신보』 기사.

민전 현씨댁 등 피습, 정체불명의 청년에

「태로」는 드디어 평화스런 본도에까지 파급하여 민심은 극도의 전율과 공포에 둘러싸이고 있다. 거(去) 7일 만(晩) 8시반경 도 식량사무소장 박태훈씨 댁에 돌연 정체불명의 청년 6, 7명이 나타나 방내(房內)의 전등을 파괴하여 박씨의 안면을 무수 구타하고 도주해 버렸는데 연다라 8일 만(晩)에는 도 민전 간부 현경호씨 댁에(현씨 부재중) 약 8시 반경 전화로 자기는 감찰청 직원이라고 하며 현씨의 재(在)·부재(不在)를 문의한 후 약 10분 [후] 일(一) 청년이 드러와 재가 중인 현씨 부인 안내로 온 방을 수색하였는데, 안내를 마쳐 현씨 부인이 방 속으로 드려갈려는대 돌연 나타난 다른 괴한이 곤봉으로 동 부인 두부(頭部)를 강타, 인사불성의 중상을 입히고 각 방 속에 있는 가구, 창문 등을 손가는대로 파괴하여 노코 순시(瞬時)에 사라지고 마렀다는데 동 부인 진술에 의하면 먼저 청년을 안내하여 공장에 이르렀을 때 공장 부근에 괴한 3명이 어두운 곳에 서 있었다하며 경찰 당국에서는 범인 수사에 노력 중이라 한다.

21 November 1947

SUBJECT: Governor RYU, Hai Chin, Activities of.

TO : Lt. Col. Nelson, OSI

1. I arrived on Cheju-Do in June 1947 and have been OIC of the CIC Sub-Det. since that time. I have known Governor RYU, Hai Chin since my arrival.

Governor Ryu is an extreme rightist and is active in many right wing groups. RYU has been elected as advisor to the Kwangbok Youngmen's Association and the Daidong Youth Corps. Governor RYU was chairman of the Korean Independence Party a right wing party but resigned to become chairman of the Deomcratic Independence Party called a middle of the road party. Governor RYU was elected as advisor to the Kwangbok Youngmen's Association on 31 July 1947. On 23 July 1947 Governor RYU requested air transportation for a man who was not even a member of the Provincial Government and stated the man had to deliver messages for him in Seoul.

On 6 September 1947 PAK, Tai Hoon, head of Provincial food service was beaten by a group of six or seven unknown persons. When questioned by me he said the he of only three possible reasons he was beaten. 1st. He might have been mistaken for his brother who is head of the Min Chun, 2nd. He had refused to falsify a grain report to the Military Government for the Governor, 3rd. Persons might have said he was a leftist.

On 7 September 1947, a woman, CHOI, Yoon Soon was beaten by a group of six or seven persons. CHOI is the wife of the principal of the Cheju Middle School, HYUN, Kyung Ho. HYUN was at one time one of the leading leftist on Cheju-Do. Mrs. CHOI was first called upon to open the gate to her home but had refused as her husband was not home. About ten or fifteen minutes later Mrs. CHOI received a phone call telling her that the call was from the Police Inspection Command Office and the police wanted to search her home. A few minutes later several persons came to her door and she opened the house to them. The men entered the home and beat Mrs. CHOI and a little servant girl. The following morning I checked the telephone office in regards to the telephone and the operator reported that the call had come from Governor RYU's home. The reason that the call had made such an impression on the operator was that she had talked to the lady for not answering the phone immediately. The operator reported that she had handled two calls from Governor RYU's house close together. The first call had been to the Middle School asking the address of the principal and the other to his home. Governor RYU denied knowing anything about the calls.

Since my arrival on Cheju-Do I have known of Leftist groups asking permission to hold meetings but never once has permission been granted. This automatically makes all leftist meetings illegal. Rightist Groups have but to ask for permission and it is granted without any question.

Governor RYU is in my estimation very dictatorial and if any person does not agree with him one hundred percent he is very apt to be automatically classed as a strong leftist.

There have been occasions when rightist youngmen's groups have beaten men who are supposed to be or have been members of leftist parties but the police take no action. If a rightist is beaten by Leftist immediate action takes place and arrests are made.

/s/ Henry C. Merritt
/t/ HENRY C. MERRITT
SA CIC

CERTIFIED TRUE COPY:

LAWRENCE A. NELSON
Lt. Col., TC

유해진 도지사의 테러 개입 가능성을 조사한 방첩대 메리트의 진술서.
1947년 11월 21일 기록이다. NARA.

년들'은 10월 제1구경찰서에 6명이 체포됐고, 이들 가운데 2명은 검찰로 넘겨졌다.

이 사건은 우익단체의 잇단 테러 표적이 좌익단체와 직간접적으로 관련이 있는 사회 지도층 인사들이어서 세간의 주목을 받았다. 그러나 테러의 배후가 도지사였다는 사실은 민심을 동요시켰다. 메리트는 같은 해 11월 중앙 미군정 특별감찰실에 제출한 '도지사 유해진의 활동' 보고서에서 이들 우익청년단체의 테러를 언급하며 이렇게 적었다.

> "유 지사는 매우 독단적이며, 자신과 의견이 완전히 일치하지 않으면 그 사람은 자동적으로 좌익인사로 분류되기 쉽다. 우익청년단체들이 좌익단체 회원 또는 회원으로 보이는 사람들을 폭행해도 경찰이 아무런 조처를 취하지 않은 사례들이 있다. 반면 우익 인사가 좌익 인사로부터 폭행을 당하면 곧바로 조처가 이루어지고 체포된다."

2건의 테러는 바로 이런 상황에서 발생했다. 이는 제주도 미군정이 중앙 미군정청에 제주도의 정치 상황에 대한 특별감찰을 요구한 이유이기도 했다.

19471104

유엔 총회에 소환된 제주도 군사기지설, 미·소의 설전

018

1947년 11월 4일 미국 뉴욕의 유엔총회에서 소련 대표 안드레이 그로미코는 남한 정세를 비판하는 연설을 했다. 그로미코는 미국의 한반도 문제의 유엔 상정을 비난하며, 미국의 제안이 "조선의 내정에 간섭하려는 시도이자 한반도를 두 개의 지역으로 영구 분단시키려는 음모"라고 주장했다. 이어서 "미국은 '퀠파트'에 군사기지를 설치하려 한다"고 주장했다. 퀠파트는 제주도를 가리킨다. 느닷없이 제주도가 유엔총회에 소환되었다.

이에 대해 미국 대표 존 덜레스는 소련 측 연설이 "미·소공동위원회를 작동하지 못하게 만든 전형적인 지루하고도 끝없는 논쟁"에 불과하다고 일축했다. "미국은 조선에서 군대를 철수하려는 확고하고도 절대적인 의지를 갖고 있으며, 조선에 어떠한 군사기지나 군사적 지배력을 확보할 의도도 없다"고 강조했다. 그러나 냉전체제 형성기 미국과 소련 대표의 이 짧은 공방이 던지는 함의는 적지 않다.

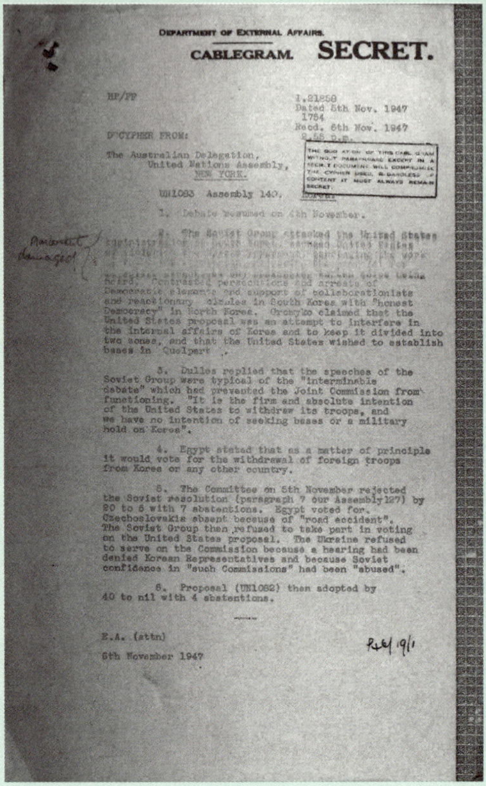

DEPARTMENT OF EXTERNAL AFFAIRS.

CABLEGRAM. SECRET.

HP/PP

I.21858
Dated 5th Nov. 1947
1754
Recd. 6th Nov. 1947
2.58 p.m.

D'CYPHER FROM:

The Australian Delegation,
United Nations Assembly,
NEW YORK.

UN1083 Assembly 140. [illegible]

1. Debate resumed on 4th November.

2. The Soviet Group attacked the United States [illegible] heard. Contrasted persecutions and arrests of Democratic elements and support of collaborationists and reactionary [illegible] in South Korea with "honest Democracy" in North Korea. Gromyko claimed that the United States proposal was an attempt to interfere in the internal affairs of Korea and to keep it divided into two zones, and that the United States wished to establish bases in Quelpart.

3. Dulles replied that the speeches of the Soviet Group were typical of the "interminable debate" which had prevented the Joint Commission from functioning. "It is the firm and absolute intention of the United States to withdraw its troops, and we have no intention of seeking bases or a military hold on Korea".

4. Egypt stated that as a matter of principle it would vote for the withdrawal of foreign troops from Korea or any other country.

5. The Committee on 5th November rejected the Soviet resolution (paragraph 7 our Assembly127) by 20 to 6 with 7 abstentions. Egypt voted for. Czechoslovakia absent because of "road accident". The Soviet Group then refused to take part in voting on the United States proposal. The Ukraine refused to serve on the Commission because a hearing had been denied Korean Representatives and because Soviet confidence in "such Commissions" had been "abused".

6. Proposal (UN1082) then adopted by 40 to nil with 4 abstentions.

E.A. (attn)

6th November 1947

1947년 11월 5일 뉴욕
유엔 총회 파견
오스트레일리아 대표부가
본국 외교부에 보낸 전문.
오스트레일리아 국립기록원.
[화보04]

전문

유엔1083 총회 104. 조선문제

1. 11월 4일 총회에서 조선문제에 대한 토론이 재개됐다.

2. 소련 측은 남한에 대한 미국의 운영을 비난했다. [문장 3줄 독해 불능] 소련 대표들은 남조선에서는 민주인사들을 탄압하고 체포하는 반면 부역자와 반동분자들에 대해서는 지원하고 있다며, 북조선에서의 '정직한 민주주의'와 대조시켰다. 그로미코는 미국의 제안이 조선의 내정에 간섭하려는 시도이자, 한반도를 두 개의 지역으로 영구 분단시키려는 시도라고 비난했다. 그로미코는 또 미국이 퀠파트(제주도) 에 군사기지를 설치하기를 바라고 있다고 주장했다.

3. 덜레스는 소련 측 연설은 미·소공동위원회를 작동하지 못하게 만든 '끝없는 논쟁'의 전형이라고 반박했다. "미국은 조선에서 군대를 철수하려는 확고하고도 절대적인 의지를 갖고 있으며, 조선에 기지나 군사력을 유지할 의도가 없다."

그로미코의 발언은 제주도가 처음으로 국제무대에서 공개적으로, 그리고 공식적으로 다루어진 장면이었다. 그는 왜 갑자기 제주도를 언급했을까. 돌발적인 발언이 아니었다. 소련 대표가 유엔총회에서 제주도를 호명한 데는 이보다 1년 전 형성된 '전략적 상상력'이 자리했다. 1946년 10월 미국 『AP통신』의 시사평론가 화이트는 중·일 전쟁기 일본이 제주도를 중국 침략을 위한 도양 폭격기지로 활용한 사례를 들며, 제주도가 장거리 폭격기지로 활용될 수 있다고 주장했다. 해방 직후의 미군정 체제, 사회경제적 혼란, 좌·우 갈등 상황에서 언론이 언급한 '제주도 군사기지화설'은 한·중·일의 한가운데 있는 섬이라는 지정학적 조건과 태평양전쟁 시기 제주도의 군사기지화 경험, 징용·징병에 대한 기억과 맞물려 '민족적 불안'을 증폭시켰다. 미군정이 그해 12월 언론인들을 초청해 군사기지화설은 사실무근이라고 밝혔는데도 전략적 공간으로서의 제주도 이미지는 쉽게 사라지지 않았다.

소련이 유엔총회에서 제주도의 군사기지화설을 언급한 것은 이러한 국내외 여론을 국제무대에 올려 미국의 남한 점령 의도를 비판하는 상징적 공간으로 활용하려는 시도로 읽힌다. 또한 소련 대표의 이런 언급은 제주도가 냉전 질서 속에 편입돼 가는 것을 의미했다.

남한의 유력 정치 지도자 이승만도 이듬해 3월 28일, 방한 중인 미국 육군부 차관 드레이퍼를 만난 자리에서 제주도를 해군기지로 제공할 수 있다며 제주도의 군사기지설을 꺼냈다. 이에 대한 드레이퍼의 반응은 나타나지 않았지만, 이 발언은 국내 주요 정치 지도자들도 제주도를 전략적 지역으로 인식했음을 보여준다.

유엔 총회에서 미·소가 제주도의 군사기지설을 둘러싸고 벌인 논쟁의 여진은 제주도가 냉전과 전략적 상상력이 결합된 공간으로 바뀌어 4·3 시기까지 이어진다.

19471121

제주도 민정장관 비망록에 등장한 도지사의 독선

019

제주도 민정장관 배로스 중령이 1947년 11월 21일 중앙 미군정 특별감찰실에 낸 비망록에는 제주사회의 긴장과 균열이 고스란히 담겨 있다. 당시 제주도민의 정서, 육지 출신 관리들과의 갈등, 경찰 내부의 균열, 제주도지사 유해진의 비협조적 태도까지 구체적으로 기록하고 있다.

비망록의 첫 문제 제기는 도지사 교체 과정이었다. 배로스는 부임 전 러치 군정장관으로부터 "박경훈 전 지사가 특별한 문제가 없기 때문에 교체하지 않을 것이라는 말을 들었다"고 했다. 그러나 부임한 지 일주일 만에 새로운 도지사가 나타났다. 제주도 미군정에는 사전 통보되지 않았다. 유해진의 부임 자체가 제주도 미군정에는 의외로 받아들여졌음을 보여준다.

배로스는 제주도민과 육지에서 파견된 관리들 간의 갈등을 눈여겨봤다. 그는 "군정 체제의 제주 상황이 일제 강점기 때보다 나쁘다"며 "제주도민들로부터 일본인들은 제주사

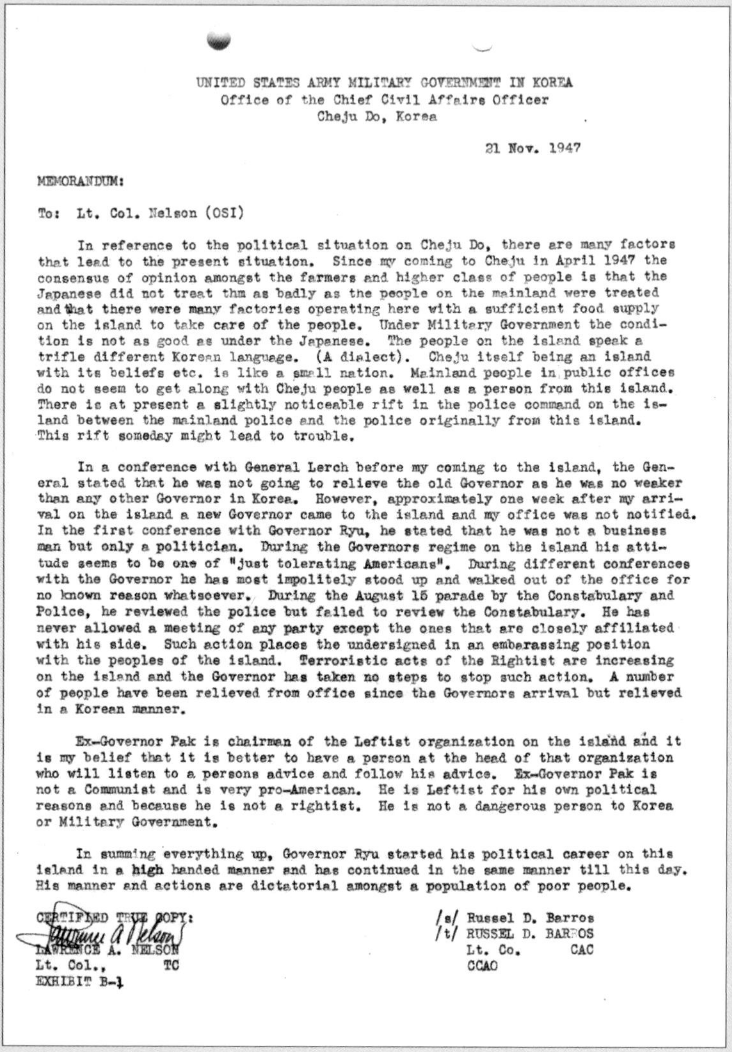

UNITED STATES ARMY MILITARY GOVERNMENT IN KOREA
Office of the Chief Civil Affairs Officer
Cheju Do, Korea

21 Nov. 1947

MEMORANDUM:

To: Lt. Col. Nelson (OSI)

In reference to the political situation on Cheju Do, there are many factors that lead to the present situation. Since my coming to Cheju in April 1947 the consensus of opinion amongst the farmers and higher class of people is that the Japanese did not treat thm as badly as the people on the mainland were treated and that there were many factories operating here with a sufficient food supply on the island to take care of the people. Under Military Government the condition is not as good as under the Japanese. The people on the island speak a trifle different Korean language. (A dialect). Cheju itself being an island with its beliefs etc. is like a small nation. Mainland people in public offices do not seem to get along with Cheju people as well as a person from this island. There is at present a slightly noticeable rift in the police command on the island between the mainland police and the police originally from this island. This rift someday might lead to trouble.

In a conference with General Lerch before my coming to the island, the General stated that he was not going to relieve the old Governor as he was no weaker than any other Governor in Korea. However, approximately one week after my arrival on the island a new Governor came to the island and my office was not notified. In the first conference with Governor Ryu, he stated that he was not a business man but only a politician. During the Governors regime on the island his attitude seems to be one of "just tolerating Americans". During different conferences with the Governor he has most impolitely stood up and walked out of the office for no known reason whatsoever. During the August 15 parade by the Constabulary and Police, he reviewed the police but failed to review the Constabulary. He has never allowed a meeting of any party except the ones that are closely affiliated with his side. Such action places the undersigned in an embarassing position with the peoples of the island. Terroristic acts of the Rightist are increasing on the island and the Governor has taken no steps to stop such action. A number of people have been relieved from office since the Governors arrival but relieved in a Korean manner.

Ex-Governor Pak is chairman of the Leftist organization on the island and it is my belief that it is better to have a person at the head of that organization who will listen to a persons advice and follow his advice. Ex-Governor Pak is not a Communist and is very pro-American. He is Leftist for his own political reasons and because he is not a rightist. He is not a dangerous person to Korea or Military Government.

In summing everything up, Governor Ryu started his political career on this island in a high handed manner and has continued in the same manner till this day. His manner and actions are dictatorial amongst a population of poor people.

CERTIFIED TRUE COPY:
Lawrence A. Nelson
LAWRENCE A. NELSON
Lt. Col., TC
EXHIBIT B-1

/s/ Russel D. Barros
/t/ RUSSEL D. BARROS
Lt. Co. CAC
CCAO

제주도 민정장관 배로스 중령의 유해진 도지사에 대한 비판적 내용을 담은 진술서.
1947년 11월 21일 기록이다. NARA.

람들을 심하게 대하지 않았다는 말을 들었다"고 밝혔다. 식량 사정도 지금보다 나았다는 평가가 많다고 언급했다. 배로스는 제주도가 언어·문화적으로 본토와는 다른 '소국'小國에 가깝다고 평가하며, 본토 출신 관리들이 제주도민과 조화를 이루지 못한다고 지적했다. 특히 본토 출신 경찰과 제주 출신 경찰 간의 균열이 언젠가는 문제를 일으킬 수 있다고 경고했다.

도지사 유해진에 대한 평가는 매우 비판적이다. 배로스는 유해진의 정치적 태도를 배타적이고 독선적이라고 규정했다. 그는 유 지사가 '어쩔 수 없이' 미군정 관리들을 대하고, 회의를 할 때도 여러 차례 이유 없이 자리를 박차고 나가는 등 매우 무례하게 행동했다고 지적했다. 또 자신과 관련된 단체가 아니면 어떠한 정당 활동도 허용하지 않았으며, 이는 배로스 자신을 포함해 제주도 미군정 관계자들을 난처하게 만들었다고 했다. 특히 그는 제주도에서 우익의 테러 행위가 증가하고 있지만 유해진은 이를 중단시킬 아무런 조처도 취하지 않았고, 그가 부임한 뒤 많은 사람이 임의대로 해임됐다고 밝혔다.

배로스의 비망록에서 흥미로운 부분은 전 도지사 박경훈에 대한 평가다. 배로스는 박경훈이 좌익 조직(제주 민전) 대표인데도 "공산주의자가 아니며 매우 친미적"이라고 평가했다. 그는 "박경훈이 조선이나 군정에 위험한 인물이 아니"라며 "타인의 조언에 귀를 기울이는 박경훈과 같은 인사가 좌익 조직 대표로 있는 것이 오히려 낫다"고 말했다. 이는 배로스가 제주도의 정치세력을 단순히 좌·우익의 대립 구도로만 판단하지 않고, 실제 제주도 내의 현실 정치적 역학 속에서 민심에 기반해 평가했음을 보여준다. 반면 배로스는 유해진을 '고압적', '독재적' 태도를 가졌다며, 그의 도정 수행이 제주도민들에게 억압적으로 작용하고 있다고 비판했다.

이 비망록은 제주도정 책임자의 우익편향적이고 독단적인 행태가 제주사회의 정치·사회적 긴장을 높이는 배경이 됐음을 보여준다.

19471118

"제주는 조선의 작은 모스크바", 서청이 규정한 '붉은 섬'

020

> "제주도는 조선의 작은 모스크바입니다. 이를 입증해 보이겠습니다."

극우단체 서북청년회(서청) 제주도본부 조직부장 안철이 1947년 11월 중순 방첩대 제주파견대에 찾아가 이렇게 말했다. 미군 정보보고서에 나온 이 발언은 4·3이 본격화하기 이전부터 서청이 제주도를 '붉은 섬'으로 규정하고 있음을 보여준다.

제주도에 대한 서청의 선입견이 드러나는 이 문서는 이후 이들이 제주도에서 일으킨 폭력의 정당화 논리를 형성한 자료로 평가된다. 이해 중·하반기 접어들어 제주지역에서는 3·1절 기념대회 및 민·관 총파업 관련 청년 학생에 대한 경찰의 대대적 검거가 이루어지고 있었다. 이와 함께 극우파 도지사 유해진의 우익강화정책에 힘입어 서청과 대동청년단 등 우익단체가 폭력적으로 세력을 넓혀가고 있었다. 이런 상

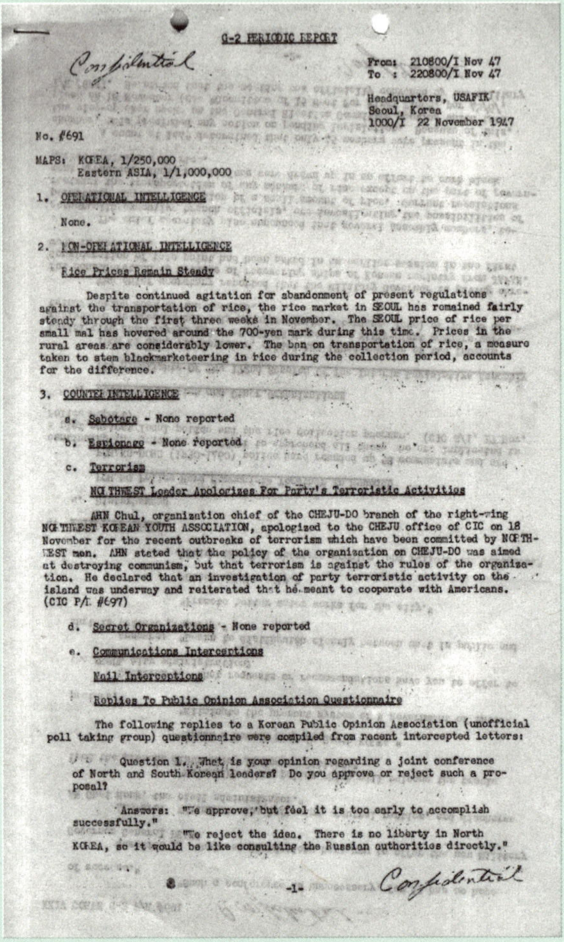

G-2 PERIODIC REPORT

Confidential

From: 210800/I Nov 47
To : 220800/I Nov 47

Headquarters, USAFIK
Seoul, Korea
1000/I 22 November 1947

No. #691

MAPS: KOREA, 1/250,000
Eastern ASIA, 1/1,000,000

1. OPERATIONAL INTELLIGENCE

None.

2. NON-OPERATIONAL INTELLIGENCE

Rice Prices Remain Steady

Despite continued agitation for abandonment of present regulations against the transportation of rice, the rice market in SEOUL has remained fairly steady through the first three weeks in November. The SEOUL price of rice per small mal has hovered around the 700-yen mark during this time. Prices in the rural areas are considerably lower. The ban on transportation of rice, a measure taken to stem blackmarketeering in rice during the collection period, accounts for the difference.

3. COUNTER INTELLIGENCE

a. Sabotage - None reported

b. Espionage - None reported

c. Terrorism

NORTHWEST Leader Apologizes For Party's Terroristic Activities

AHN Chul, organization chief of the CHEJU-DO branch of the right-wing NORTHWEST KOREAN YOUTH ASSOCIATION, apologized to the CHEJU office of CIC on 18 November for the recent outbreaks of terrorism which have been committed by NORTHWEST men. AHN stated that the policy of the organization on CHEJU-DO was aimed at destroying communism, but that terrorism is against the rules of the organization. He declared that an investigation of party terroristic activity on the island was underway and reiterated that he meant to cooperate with Americans. (CIC P/I #697)

d. Secret Organizations - None reported

e. Communications Interceptions

Mail Interceptions

Replies To Public Opinion Association Questionnaire

The following replies to a Korean Public Opinion Association (unofficial poll taking group) questionnaire were compiled from recent intercepted letters:

Question 1. What is your opinion regarding a joint conference of North and South Korean leaders? Do you approve or reject such a proposal?

Answers: "We approve, but feel it is too early to accomplish successfully."

"We reject the idea. There is no liberty in North KOREA, so it would be like consulting the Russian authorities directly."

-1-

Confidential

1947년 11월 22일 주한미국육군 사령부 정보참모부 일일보고서 제691호. NARA.

서청 간부, 단체 테러 활동 사과

우익 서북청년회 제주도본부 조직부장 안철은 11월 18일 방첩대 제주파견대를 찾아 최근 서청회원들이 저지른 테러 사건들에 대해 사과했다. 안철은 서청 제주도지부의 정책은 공산주의 파괴에 있지만, 테러는 조직 규정에 어긋난다고 밝혔다. 그는 현재 제주도에서 발생한 서청회원들의 테러 활동에 대해 조사 중이며, 미국인과 협력하겠다는 입장을 거듭 강조했다.

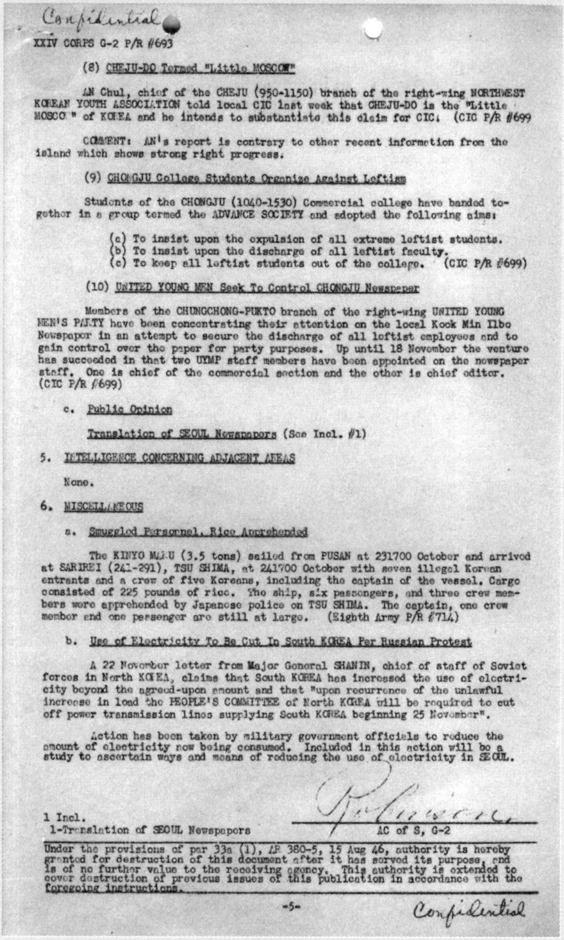
Confidential

XXIV CORPS G-2 P/R #693

(8) CHEJU-DO Termed "Little MOSCOW"

AN Chul, chief of the CHEJU (950-1150) branch of the right-wing NORTHWEST KOREAN YOUTH ASSOCIATION told local CIC last week that CHEJU-DO is the "Little MOSCOW" of KOREA and he intends to substantiate this claim for CIC. (CIC P/R #699)

COMMENT: AN's report is contrary to other recent information from the island which shows strong right progress.

(9) CHONGJU College Students Organize Against Leftism

Students of the CHONGJU (1040-1530) Commercial college have banded together in a group termed the ADVANCE SOCIETY and adopted the following aims:

(a) To insist upon the expulsion of all extreme leftist students.
(b) To insist upon the discharge of all leftist faculty.
(c) To keep all leftist students out of the college. (CIC P/R #699)

(10) UNITED YOUNG MEN Seek To Control CHONGJU Newspaper

Members of the CHUNGCHONG-PUKTO branch of the right-wing UNITED YOUNG MEN'S PARTY have been concentrating their attention on the local Kook Min Ilbo Newspaper in an attempt to secure the discharge of all leftist employees and to gain control over the paper for party purposes. Up until 18 November the venture has succeeded in that two UYMP staff members have been appointed on the newspaper staff. One is chief of the commercial section and the other is chief editor. (CIC P/R #699)

c. Public Opinion

Translation of SEOUL Newspapers (See Incl. #1)

5. INTELLIGENCE CONCERNING ADJACENT AREAS

None.

6. MISCELLANEOUS

a. Smuggled Personnel, Rice Apprehended

The KINYO MARU (3.5 tons) sailed from PUSAN at 231700 October and arrived at SARIREI (241-291), TSU SHIMA, at 241700 October with seven illegal Korean entrants and a crew of five Koreans, including the captain of the vessel. Cargo consisted of 225 pounds of rice. The ship, six passengers, and three crew members were apprehended by Japanese police on TSU SHIMA. The captain, one crew member and one passenger are still at large. (Eighth Army P/R #714)

b. Use of Electricity To Be Cut In South KOREA Per Russian Protest

A 22 November letter from Major General SHANIN, chief of staff of Soviet forces in North KOREA, claims that South KOREA has increased the use of electricity beyond the agreed-upon amount and that "upon recurrence of the unlawful increase in load the PEOPLE'S COMMITTEE of North KOREA will be required to cut off power transmission lines supplying South KOREA beginning 25 November".

Action has been taken by military government officials to reduce the amount of electricity now being consumed. Included in this action will be a study to ascertain ways and means of reducing the use of electricity in SEOUL.

1 Incl.
1-Translation of SEOUL Newspapers

Robinson
AC of S, G-2

Under the provisions of par 33a (1), AR 380-5, 15 Aug 46, authority is hereby granted for destruction of this document after it has served its purpose, and is of no further value to the receiving agency. This authority is extended to cover destruction of previous issues of this publication in accordance with the foregoing instructions.

-5-

Confidential

1947년 11월 25일 주한미국육군 사령부 정보참모부 일일보고서 제693호. NARA.

제주도는 '작은 모스크바'

우익 서북청년회 제주도본부 간부 안철은 지난주 방첩대 제주파견대에 제주도는 조선의 '작은 모스크바'라며, 이런 주장을 방첩대에 입증하겠다 말했다.

논평: 안철의 이러한 보고는 제주도에서 우익 세력이 강하게 발전하고 있음을 보여주는 최근의 다른 정보들과 상반된다.

황에서 서청은 제주도를 '작은 모스크바'로 규정했다. 안철이 방첩대에 찾아가기에 앞서 같은 달 2일 제주극장에서 서청 제주도본부(위원장 장동춘)가 결성됐다.

서청은 1947년 4월 신임 제주도지사 유해진의 부임과 함께 들어오기 시작해 제주도민들을 상대로 테러를 일삼았다. 민·관 총파업 직후 경찰 2인자인 경무부 차장 최경진은 "제주도 주민의 90퍼센트가 좌익 색채를 띠었다"고 발언했고, 이 발언은 미군 정보보고서 등을 통해 미군정에도 재생산됨으로써 제주도를 '좌익의 근거지'라는 시각을 갖게 했다.

안철은 11월 18일 방첩대에 서청 단원들이 저지른 폭행 사건들에 대해 사과했으나 이 시기 그들의 폭력은 일상적이었다. 서청 순회조는 제주도 내 마을을 순회하며 조직 운영비 모금을 명분으로 태극기나 이승만 사진을 강매하고 주민들을 테러했다. 방첩대는 11월 21일 정보보고서에서 이들에 의한 10여 건의 폭행과 협박사건이 일어났다고 밝혔다.

이런 상황에서 나온 것이 '작은 모스크바' 발언이었다. 방첩대에 자신들의 폭력행위를 사과하면서도 제주도를 '모스크바'라고 규정한 것은 폭력을 정당화하는 근거로 작동했다. 또한 이러한 인식은 사태가 확대되는 과정에서 제주도민을 '적'으로 대하게 만든 배경이 됐다.

서청은 좌익을 찾아낸다는 명분을 내세웠지만 제주도민들의 눈에 서청은 외부에서 들어온 폭력 집단일 뿐이었다.

4·3 무장봉기 이전부터 제주사회에는 서청의 폭력에 대한 도민들의 반감이 깊게 자리 잡고 있었다.

제주에서 벌어진 폭력의 기원은 '좌익에 의한 폭력'이 아니라 경찰과 극우단체가 제주도민을 좌익으로 규정한 '좌익 낙인찍기'였고, 이러한 인식은 4·3이 본격화되는 과정에서 미군정과 군·경, 우익단체에 의해 강화됐다. 이는 폭력의 합리화와 정당화를 가져왔으며 그 폭력은 제주도를 '비명의 섬'으로 만들었다.

19471213

정의를 요구하는 민심의 경고

021

미군 정보보고서는 1947년 12월 13일 방첩대 제주파견대가 올린 제주사회의 긴박한 분위기를 한 문장으로 기록한다.

> "방첩대는 최근 한 정보원으로부터 제주 경찰에 대해 조속히 정의(법적 조치)가 취해지지 않으면 여론 상황으로 보아 모든 조직이 제주경찰감찰청을 공격할 것이라는 보고를 받았다."

당시 제주 민심이 불만이나 동요를 넘어 폭발 직전의 분노로 응축되어 있음을 보여준다. 방첩대에 이러한 정보를 제공한 정보원은 제주지역 사정을 잘 아는 도민이었을 가능성이 크다. 그렇다면 제주도민들은 왜 '정의(법적 조치) 실현'을 요구하며, 이런 경고를 했을까.

3·1절 발포사건 이후 경찰의 대대적인 검거와 고문, 우익단체의 폭력은 제주사회 전반에 깊은 상처를 남겼다. 도지

1947
12
13

사의 우익강화정책과 서청의 횡포는 일상 속에서 도민들의 삶을 옥죄었다. 청년 학생들은 3·1절 기념대회나 민·관 총파업에 동참했다는 이유로 체포당해 고문을 받거나 추적을 받았다.

제주도 민정장관 배로스는 극우파 도지사나 경찰, 우익단체의 폭주를 제지하기에는 역부족이었다. 청년 학생들은 경찰의 검거를 피해 도주했고, 잡히면 고문이 다반사였다. 어디에도 제주도민의 울타리가 된 기관은 없었다.

날이 갈수록 도민들의 민심은 격앙됐고, 그 분노의 끝에서 나온 것이 "정의(법적 조치)가 취해지지 않으면 모든 조직이 제주경찰을 공격할 것"이라는 경고였다. 이는 특정 세력의 위협이 아니라 1947년 말 제주사회 전반에 공유된 집단적 분노의 방향을 가리키는 신호였다.

중앙 미군정 특별감찰실 넬슨 중령의 '제주도 정치 상황' 특별감찰보고서에는 이미 이러한 위기가 나타나고 있었다.

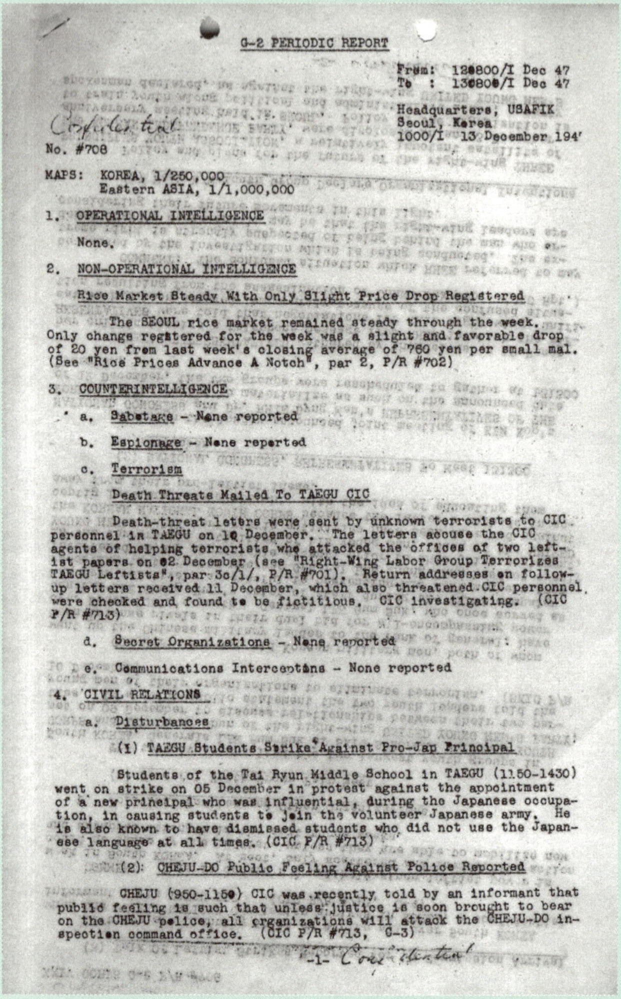

G-2 PERIODIC REPORT

From: 120800/I Dec 47
To : 130800/I Dec 47

Headquarters, USAFIK
Seoul, Korea
1000/I 13 December 194'

Confidential

No. #708

MAPS: KOREA, 1/250,000
Eastern ASIA, 1/1,000,000

1. OPERATIONAL INTELLIGENCE

None.

2. NON-OPERATIONAL INTELLIGENCE

Rice Market Steady With Only Slight Price Drop Registered

The SEOUL rice market remained steady through the week. Only change registered for the week was a slight and favorable drop of 20 yen from last week's closing average of 760 yen per small mal. (See "Rice Prices Advance A Notch", par 2, P/R #702)

3. COUNTERINTELLIGENCE

a. Sabotage - None reported

b. Espionage - None reported

c. Terrorism

Death Threats Mailed To TAEGU CIC

Death-threat leters were sent by unknown terrorists to CIC personnel in TAEGU on 10 December. The letters accuse the CIC agents of helping terrorists who attacked the offices of two leftist papers on 02 December (see "Right-Wing Labor Group Terrorizes TAEGU Leftists", par 3c/1/, P/R #701). Return addresses on follow-up letters received 11 December, which also threatened CIC personnel were checked and found to be fictitious. CIC investigating. (CIC P/R #713)

d. Secret Organizations - None reported

e. Communications Interceptions - None reported

4. CIVIL RELATIONS

a. Disturbances

(1) TAEGU Students Strike Against Pro-Jap Principal

Students of the Tai Ryun Middle School in TAEGU (1150-1430) went on strike on 05 December in protest against the appointment of a new principal who was influential, during the Japanese occupation, in causing students to join the volunteer Japanese army. He is also known to have dismissed students who did not use the Japanese language at all times. (CIC P/R #713)

(2) CHEJU-DO Public Feeling Against Police Reported

CHEJU (950-1150) CIC was recently told by an informant that public feeling is such that unless justice is soon brought to bear on the CHEJU police, all organizations will attack the CHEJU-DO inspection command office. (CIC P/R #713, G-3)

-1- Confidential

1947년 12월 13일 주한미국육군사령부 정보참모부 일일보고서 제708호. NARA.

제주도 경찰에 대한 민심 악화 보고

방첩대는 최근 한 정보원으로부터 제주 경찰에 대해 조속히 정의(법적 조치)가 취해지지 않으면 여론 상황으로 보아 모든 조직이 제주경찰감찰청을 공격할 것이라는 보고를 받았다.

제주도 미군정 법무관 스티븐슨 대위는 11월 21일 넬슨에게 제출한 비망록에서 다음과 같이 지적했다.

> "경찰은 제주도민들에게 좌익을 동정하고 좌익 정서를 불러일으키는 데 많은 책임이 있다. 극우단체에 의한 폭력이 일어나고 있으며, 중도 및 온건 단체에 대한 지속적인 탄압은 이들을 극좌로 몰아 파괴 활동으로 내몰게 될 것이다."

경찰과 우익단체의 부정과 폭력이 계속 방치되면 제주 공동체는 더 이상 참을 수 없다는 인식이 드러난다. 그러나 도지사 유해진이나 경찰, 우익단체 어느 곳도 이 경고에 귀를 기울이지 않았다. 제주도 미군정은 상황을 통제하지 못했다. 1947년 12월 제주 민심의 경고를 무시한 대가는 제주사회 전체가 감당해야 할 비극으로 다가오고 있었다.

19480123

"제주도 좌파는 공산주의자가 아니다" 022

1947년 하반기부터 제주사회의 경고음이 계속해서 울린 가운데 해가 바뀌었다. 1948년 1월 23일 미군 정보보고서는 제주의 정치 동향과 관련해 기존의 인식을 뒤집는 평가를 담았다. 보고서는 이렇게 기록했다.

> "제주도가 좌·우익 양 진영으로 나뉘지만 사회 지도층이나 일반 대중은 어느 한쪽으로 치우치지 않는다."
> "이른바 좌익인사 대부분은 공산주의자가 아니다."
> "제주도의 좌익은 반미가 아니며, 최근 테러는 우익의 사주에 따른 것이다."

3·1절 발포사건 이후 '좌익의 근거지'로 규정해온 미군정과 극우 도지사, 경찰, 서북청년회의 인식과는 전혀 다르다. 보고서 작성 시점은 제주도의 긴장이 폭발 직전으로 치닫던 때였다. 5·10 선거가 가시화됐고, 도지사 유해진과 우익단

체는 '좌익 색출'을 명분으로 제주사회를 압박하고 있었다. 경찰은 3·1절 발포사건과 민·관 총파업 이후 육지 경찰들을 파견해 관련자들을 대대적으로 검거하고 있었다.

이런 상황에서 작성된 보고서는 미군정 내부에서도 '좌익 낙인찍기'가 실제 제주도의 현실과 배치되는 장면을 보여준다. 첫째, 보고서는 제주도의 좌파는 반미 세력이 아니라고 밝혔다. 제주도민들의 문제의식은 생계와 빈곤 문제의 해결, 경찰과 우익단체의 폭력으로부터의 안전이었지 '반미'를 주장하지 않았다. 둘째, 보고서는 우익이 '빨갱이 공포'Red scare를 명분삼아 공직에서 좌익을 축출하고 있다고 지적한다. 셋째, 문서는 당시 일어난 일련의 테러 사건이 좌익이 아닌 우익의 선동에 기인했다고 적시했다. 이는 경찰과 우익이 그동안 좌익의 폭력을 강조해온 주장과 배치되며, 폭력의 상당 부분이 우익에 의한 것임을 분명히 했다. 이는 향후 4·3 무장봉기의 발발 배경을 이해하는 데 중요한 시사점이 된다. 넷째, 보고

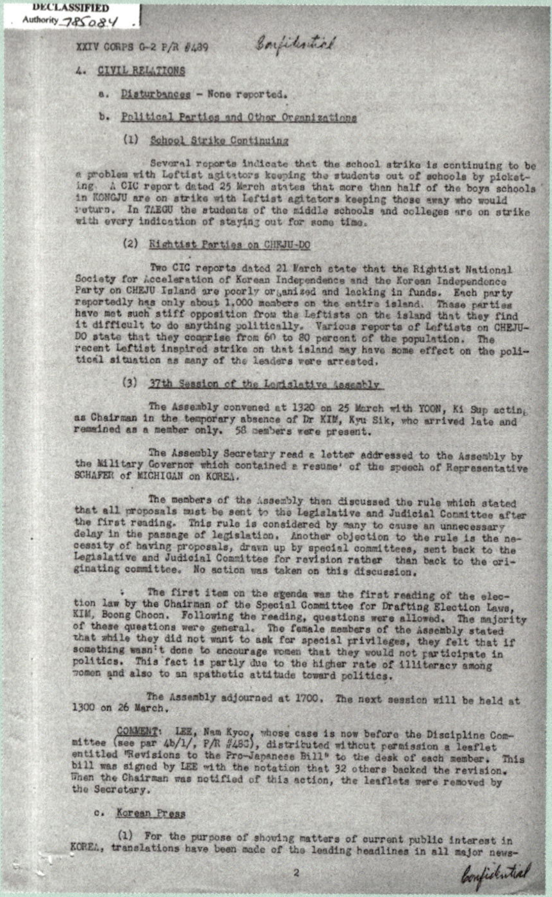

DECLASSIFIED
Authority 785084

XXIV CORPS G-2 P/R #489 Confidential

4. CIVIL RELATIONS

a. Disturbances - None reported.

b. Political Parties and Other Organizations

(1) School Strike Continuing

Several reports indicate that the school strike is continuing to be a problem with Leftist agitators keeping the students out of schools by picketing. A CIC report dated 25 March states that more than half of the boys schools in KONGJU are on strike with Leftist agitators keeping those away who would return. In TAEGU the students of the middle schools and colleges are on strike with every indication of staying out for some time.

(2) Rightist Parties on CHEJU-DO

Two CIC reports dated 21 March state that the Rightist National Society for Acceleration of Korean Independence and the Korean Independence Party on CHEJU Island are poorly organized and lacking in funds. Each party reportedly has only about 1,000 members on the entire island. These parties have met such stiff opposition from the Leftists on the island that they find it difficult to do anything politically. Various reports of Leftists on CHEJU-DO state that they comprise from 60 to 80 percent of the population. The recent Leftist inspired strike on that island may have some effect on the political situation as many of the leaders were arrested.

(3) 37th Session of the Legislative Assembly

The Assembly convened at 1320 on 25 March with YOON, Ki Sup acting as Chairman in the temporary absence of Dr KIM, Kyu Sik, who arrived late and remained as a member only. 58 members were present.

The Assembly Secretary read a letter addressed to the Assembly by the Military Governor which contained a resume' of the speech of Representative SCHAFER of MICHIGAN on KOREA.

The members of the Assembly then discussed the rule which stated that all proposals must be sent to the Legislative and Judicial Committee after the first reading. This rule is considered by many to cause an unnecessary delay in the passage of legislation. Another objection to the rule is the necessity of having proposals, drawn up by special committees, sent back to the Legislative and Judicial Committee for revision rather than back to the originating committee. No action was taken on this discussion.

The first item on the agenda was the first reading of the election law by the Chairman of the Special Committee for Drafting Election Laws, KIM, Boong Choon. Following the reading, questions were allowed. The majority of these questions were general. The female members of the Assembly stated that while they did not want to ask for special privileges, they felt that if something wasn't done to encourage women that they would not participate in politics. This fact is partly due to the higher rate of illiteracy among women and also to an apathetic attitude toward politics.

The Assembly adjourned at 1700. The next session will be held at 1300 on 26 March.

COMMENT: LEE, Nam Kyoo, whose case is now before the Discipline Committee (see par 4b/1/, P/R #483), distributed without permission a leaflet entitled "Revisions to the Pro-Japanese Bill" to the desk of each member. This bill was signed by LEE with the notation that 32 others backed the revision. When the Chairman was notified of this action, the leaflets were removed by the Secretary.

c. Korean Press

(1) For the purpose of showing matters of current public interest in KOREA, translations have been made of the leading headlines in all major news-

2

Confidential

1947년 3월 26일
주한미국육군사령부
정보참모부
일일보고서
제489호. NARA.

제주도의 우익정당들

3월 31일자 2건의 방첩대 보고서에 따르면 제주도의 우익 대한독립촉성국민회와 한국독립당 제주도지부는 조직이 빈약하고 자금도 충분치 못하다. 각 당은 제주도 전체에 1000여명의 당원이 있을 뿐이다. 두 당은 좌익분자들의 강력한 반대에 부딪혀 정치 활동을 하기 어렵다고 한다. 제주도의 좌익에 관한 여러 보고서들은 좌익이 전체 인구의 60-80%에 이르고 있음을 보여준다. 제주도에서 파업을 불러일으켰던 최근의 좌익진영은 지도부가 상당수 검거되면서 정치 상황에 어느 정도 영향을 받을 수 있다.

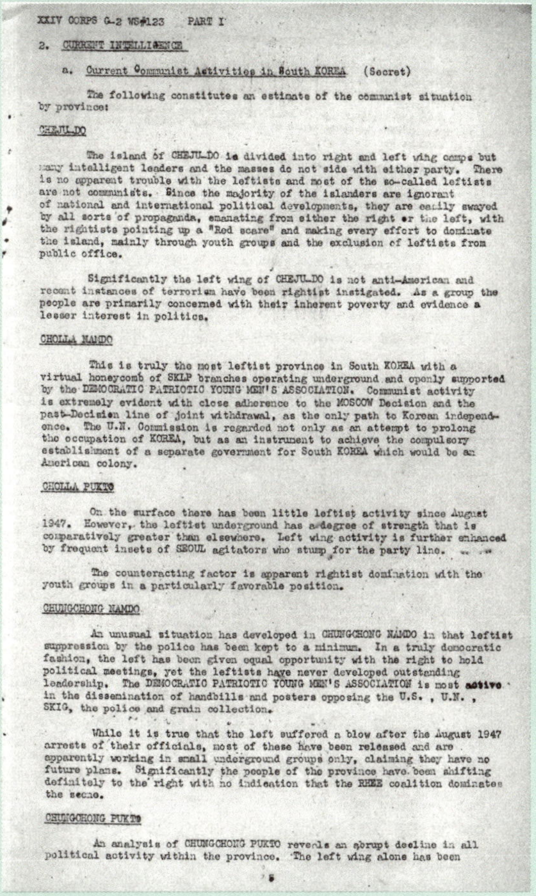

XXIV CORPS G-2 WS#123 PART I

2. CURRENT INTELLIGENCE

a. Current Communist Activities in South KOREA (Secret)

The following constitutes an estimate of the communist situation by province:

CHEJU-DO

The island of CHEJU-DO is divided into right and left wing camps but many intelligent leaders and the masses do not side with either party. There is no apparent trouble with the leftists and most of the so-called leftists are not communists. Since the majority of the islanders are ignorant of national and international political developments, they are easily swayed by all sorts of propaganda, emanating from either the right or the left, with the rightists pointing up a "Red scare" and making every effort to dominate the island, mainly through youth groups and the exclusion of leftists from public office.

Significantly the left wing of CHEJU-DO is not anti-American and recent instances of terrorism have been rightist instigated. As a group the people are primarily concerned with their inherent poverty and evidence a lesser interest in politics.

CHOLLA NAMDO

This is truly the most leftist province in South KOREA with a virtual honeycomb of SKLP branches operating underground and openly supported by the DEMOCRATIC PATRIOTIC YOUNG MEN'S ASSOCIATION. Communist activity is extremely evident with close adherence to the MOSCOW Decision and the past-Decision line of joint withdrawal, as the only path to Korean independence. The U.N. Commission is regarded not only as an attempt to prolong the occupation of KOREA, but as an instrument to achieve the compulsory establishment of a separate government for South KOREA which would be an American colony.

CHOLLA PUKTO

On the surface there has been little leftist activity since August 1947. However, the leftist underground has a degree of strength that is comparatively greater than elsewhere. Left wing activity is further enhanced by frequent insets of SEOUL agitators who stump for the party line.

The counteracting factor is apparent rightist domination with the youth groups in a particularly favorable position.

CHUNGCHONG NAMDO

An unusual situation has developed in CHUNGCHONG NAMDO in that leftist suppression by the police has been kept to a minimum. In a truly democratic fashion, the left has been given equal opportunity with the right to hold political meetings, yet the leftists have never developed outstanding leadership. The DEMOCRATIC PATRIOTIC YOUNG MEN'S ASSOCIATION is most active in the dissemination of handbills and posters opposing the U.S., U.N., SKIG, the police and grain collection.

While it is true that the left suffered a blow after the August 1947 arrests of their officials, most of these have been released and are apparently working in small underground groups only, claiming they have no future plans. Significantly the people of the province have been shifting definitely to the right with no indication that the RHEE coalition dominates the scene.

CHUNGCHONG PUKTO

An analysis of CHUNGCHONG PUKTO reveals an abrupt decline in all political activity within the province. The left wing alone has been

5

1948년 1월 23일
주한미국육군사령부
정보참모부
주간정보요약
제123호. NARA.

남한 내 공산주의 활동 제주도

제주도는 우익과 좌익 진영으로 나누어지지만 많은 사회 지도층 인사와 일반 대중은 어느 쪽에도 치우치지 않는다. 좌익과의 눈에 보이는 충돌은 없으며, 이른바 좌익인사 대부분은 공산주의자들이 아니다. 제주도민 대다수는 국내외 정치 상황에 어두워, 우익이든 좌익이든 어느 쪽에서 나오든 온갖 선전에 쉽게 휩쓸린다. 우익은 '빨갱이 공포(Red scare)'를 강조하며, 주로 청년단체와 좌익인사의 공직 배제를 통해 제주도를 장악하려고 총력을 기울이고 있다. 주목할 점은 제주도 좌익이 반미가 아니며, 최근의 테러 사건들은 우익의 사주에 따른 것이다. 전체적으로 볼 때 제주도민들은 타고난 빈곤 문제에 더 관심을 두고 있으며, 정치에는 상대적으로 관심을 덜 보인다.

서는 제주도민들은 국내외의 정치적 문제보다 먹고 사는 문제에 더 관심 있다고 밝혔다. 사실 해방공간 제주도는 귀환인구의 급증, 산업시설의 파괴와 흉작 등으로 경제적으로 심각한 어려움에 처한 상태였다. 이런 점에서 보고서는 제주도의 현안이 이념 갈등이 아니라 주민들의 생계 문제가 더 시급하다는 의미를 담고 있다.

그러나 이러한 문제들을 개선하기 위한 노력은 보이지 않았고, 오히려 경찰과 서청 등 우익단체들은 지속적으로 폭력을 행사했다.

19480304

냉전의 시선으로 바라본 제주, 유엔조위 대표의 인식

023

유엔조선임시위원단(UNTCOK·유엔조위) 위원으로 남한을 방문했던 필리핀 상원의원 아란즈Melecio Arranz는 제주도의 지정학적 위치에 주목했다. 그는 1948년 2월 귀국 직후 가진 일련의 연설과 인터뷰에서 "소련이 남한에 침투하려는 궁극적 목적은 제주도를 장악하기 위한 것"이라고 공개적으로 표명했다.

이러한 발언의 기원은 1946년 10월 미국 『AP통신』 시사평론가 화이트가 제주도를 '서부 태평양의 지브롤터화 할 가능성'이 있는 군사적 요충지로 지목한 보도에서 이미 형성된 담론과 맞닿아 있다. 당시 미군정은 같은 해 12월 서울의 기자들을 제주도로 초청해 군사기지화 계획이 없음을 해명했지만 이 보도는 국내외의 주목을 끌기에 충분했다. 이러한 의구심은 1년 뒤인 1947년 11월 유엔 총회에서 미·소 대표들이 제주도의 군사기지화 문제를 놓고 설전을 벌이면서 더욱 증폭됐다.

이런 맥락 속에서 1948년 2월 아란즈의 발언이 등장한

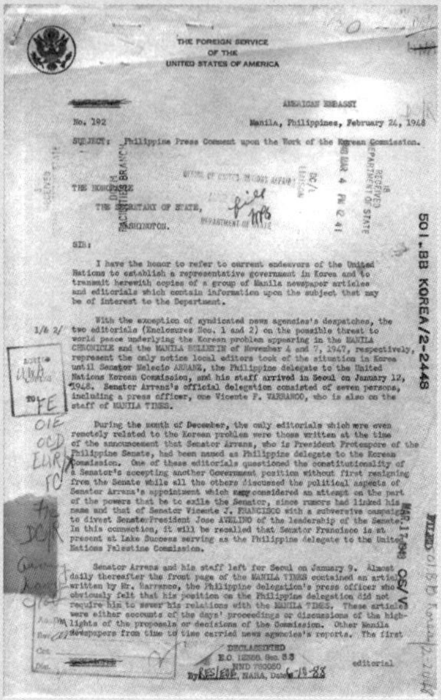

THE FOREIGN SERVICE
OF THE
UNITED STATES OF AMERICA

AMERICAN EMBASSY

No. 192 Manila, Philippines, February 24, 1948

SUBJECT: Philippine Press Comment upon the Work of the Korean Commission.

THE HONORABLE

THE SECRETARY OF STATE,

WASHINGTON.

501.BB KOREA/2-2448

SIR:

I have the honor to refer to current endeavors of the United Nations to establish a representative government in Korea and to transmit herewith copies of a group of Manila newspaper articles and editorials which contain information upon the subject that may be of interest to the Department.

With the exception of syndicated news agencies's despatches, the
1/& 2/ two editorials (Enclosures Nos. 1 and 2) on the possible threat to world peace underlying the Korean problem appearing in the MANILA CHRONICLE and the MANILA BULLETIN of November 4 and 7, 1947, respectively, represent the only notice local editors took of the situation in Korea until Senator Melecio ARRANZ, the Philippine delegate to the United Nations Korean Commission, and his staff arrived in Seoul on January 12, 1948. Senator Arranz's official delegation consisted of seven persons, including a press officer, one Vicente F. VARRANCO, who is also on the staff of MANILA TIMES.

During the month of December, the only editorials which were even remotely related to the Korean problem were those written at the time of the announcement that Senator Arranz, who is President Protempore of the Philippine Senate, had been named as Philippine delegate to the Korean Commission. One of these editorials questioned the constitutionality of a Senator's accepting another Government position without first resigning from the Senate while all the others discussed the political aspects of Senator Arranz's appointment which many considered an attempt on the part of the powers that be to exile the Senator, since rumors had linked his name and that of Senator Vicente J. FRANCISCO with a subversive campaign to divest Senate President Jose AVELINO of the leadership of the Senate. In this connection, it will be recalled that Senator Francisco is at present at Lake Success serving as the Philippine delegate to the United Nations Palestine Commission.

Senator Arranz and his staff left for Seoul on January 9. Almost daily thereafter the front page of the MANILA TIMES contained an article written by Mr. Varranco, the Philippine delegation's press officer who obviously felt that his position on the Philippine delegation did not require him to sever his relations with the MANILA TIMES. These articles were either accounts of the days' proceedings or discussions of the highlights of the proposals or decisions of the Commission. Other Manila newspapers from time to time carried news agencies's reports. The first

editorial

DECLASSIFIED
E.O. 12356 Sec. 3.3
NND 760050
By NARA, Date 6-19-88

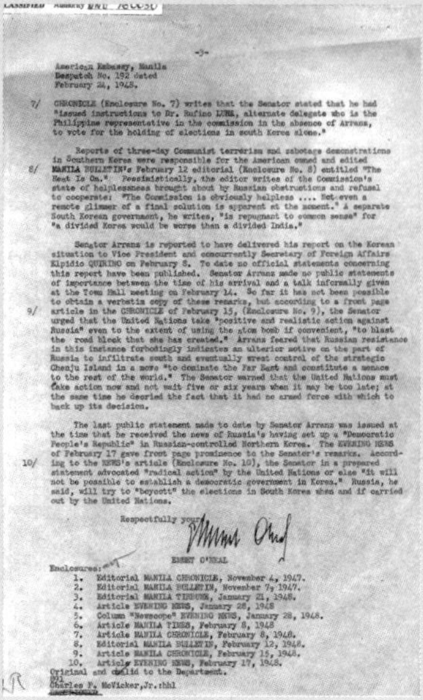

-3-

American Embassy, Manila
Despatch No. 192 dated
February 24, 1948.

7/ CHRONICLE (Enclosure No. 7) writes that the Senator stated that he had "issued instructions to Dr. Rufino LUNA, alternate delegate who is the Philippine representative in the commission in the absence of Arranz, to vote for the holding of elections in south Korea alone."

Reports of three-day Communist terrorism and sabotage demonstrations in Southern Korea were responsible for the American owned and edited
8/ MANILA BULLETIN's February 12 editorial (Enclosure No. 8) entitled "The Heat Is On." Pessimistically, the editor writes of the Commission's state of helplessness brought about by Russian obstructions and refusal to cooperate: "The Commission is obviously helpless .... Not even a remote glimmer of a final solution is apparent at the moment." A separate South Korean government, he writes, "is repugnant to common sense" for "a divided Korea would be worse than a divided India."

Senator Arranz is reported to have delivered his report on the Korean situation to Vice President and concurrently Secretary of Foreign Affairs Elpidio QUIRINO on February 8. To date no official statements concerning this report have been published. Senator Arranz made no public statements of importance between the time of his arrival and a talk informally given at the Town Hall meeting on February 14. So far it has not been possible to obtain a verbatim copy of these remarks, but according to a front page
9/ article in the CHRONICLE of February 15, (Enclosure No. 9), the Senator urged that the United Nations take "positive and realistic action against Russia" even to the extent of using the atom bomb if convenient, "to blast the road block that she has created." Arranz feared that Russian resistance in this instance forbodingly indicates an ulterior motive on the part of Russia to infiltrate south and eventually wrest control of the strategic Chenju Island in a move "to dominate the Far East and constitute a menace to the rest of the world." The Senator warned that the United Nations must take action now and not wait five or six years when it may be too late; at the same time he decried the fact that it had no armed force with which to back up its decision.

The last public statement made to date by Senator Arranz was issued at the time that he received the news of Russia's having set up a "Democratic People's Republic" in Russian-controlled Northern Korea. The EVENING NEWS of February 17 gave front page prominence to the Senator's remarks. Accord-
10/ ing to the NEWS's article (Enclosure No. 10), the Senator in a prepared statement advocated "radical action" by the United Nations or else "it will not be possible to establish a democratic government in Korea." Russia, he said, will try to "boycott" the elections in South Korea when and if carried out by the United Nations.

Respectfully yours,

EMMET O'NEAL

Enclosures:
1. Editorial MANILA CHRONICLE, November 4, 1947.
2. Editorial MANILA BULLETIN, November 7, 1947.
3. Editorial MANILA TRIBUNE, January 21, 1948.
4. Article EVENING NEWS, January 28, 1948
5. Column "Newscope" EVENING NEWS, January 28, 1948.
6. Article MANILA TIMES, February 8, 1948
7. Article MANILA CHRONICLE, February 8, 1948.
8. Editorial MANILA BULLETIN, February 12, 1948.
9. Article MANILA CHRONICLE, February 15, 1948.
10. Article EVENING NEWS, February 17, 1948.

Original and ozalid to the Department.
801
Charles F. McVicker,Jr.:hhl

1948년 2월 24일 필리핀 주재 미국대사관이
국무부에 보낸 전문 제192호. NARA.

9. 아란즈 상원의원은 2월 8일 한국 정세에 관한 자신의 보고서를 당시 부통령이자 외무장관을 겸하고 있던 엘피디오 퀴리노(Elpidio Quirino)에게 제출한 것으로 보고되었다. 현재까지 이 보고서와 관련된 공식 성명은 발표되지 않았다. 아란즈 상원의원은 귀국 이후 2월 14일 타운홀 미팅에서 비공식적으로 행한 연설에 이르기까지, 중요하다고 할 만한 공개 발언을 하지 않았다. 지금까지 이 발언의 전문을 입수하는 것은 불가능했으나, 2월 15일자 『크로니클』(*CHRONICLE*) 1면 기사(첨부문서 제9호)에 따르면, 아란즈는 유엔이 러시아에 대해 "적극적이고 현실적인 행동"을 취할 것을 촉구하면서, 필요하다면 소련이 만들어 놓은 "장벽을 폭파하기 위해" 원자폭탄을 사용하는 것까지도 배제해서는 안 된다고 주장했다. 아란즈는 이번 사안에서 드러난 소련의 저항이, 소련이 남한으로 침투하고 궁극적으로는 극동을 지배하고 세계의 나머지 지역을 위협하기 위해 전략적 요충지인 제주도를 장악하려는 숨은 의도를 갖고 있음을 보여주는 불길한 징후라고 우려했다. 그는 유엔이 지금 즉각 행동에 나서야 하며, 5년이나 6년 뒤에 가서야 움직인다면 이미 너무 늦을 수 있다고 경고했다. 동시에 그는 유엔이 자국의 결정을 뒷받침할 무장된 군사력을 갖고 있지 않다는 사실을 강하게 비판했다.

DECLASSIFIED Authority NND 760050

American Embassy, Manila
Encl. No. 9 to Desp. No. 192
dated February 24, 1948.

Says US-Soviet Accord Remote

Arranz Urges Positive Action Against Russia

Speaking at the weekly Town Hall meeting yesterday, Senator Melecio Arranz, Philippine Delegate to the Korean Commission, suggested that the United Nations take "positive and realistic action against Russia," adding "if found convenient, use the atom bomb to blast the road block that she has created."

Arranz who recently arrived for a brief furlough from his diplomatic mission in Korea, said that the UN body in Seoul is tackling an explosive issue which may ignite the fuse of another world armaggedon.

Recounting his experiences with the UN body, Arranz said that Russia has conspicuously played a recalcitrant role, declaring that the Korean problem now is "between the United Nations and the Russian government." The Cagayan solon observed that Russian opposition at the UN Korean body seems to indicate her ulterior motive to squat in Northern Korea and slide down to the southern areas to wrest control of strategic Chenju Island "to dominate the Far East and constitute a menace to the rest of the world."

The Cagayan diplomat minced no words in enumerating Russian opposition to attempts of the commission to intervene in her occupied areas. He asked the UN to to take positive and immediate action to stop Russia now. "Five or six years later may be too late, and the result of such long delay of decisive action with Russia will be disastrous to all peoples. It will only enhance the seriousness of the question," he added.

Arranz, however, bewailed that the world organization lacks the means, "such as an armed force to back up its decision."

Calling the Korean problem as an explosive issue, Arranz said that "Korea is a big block on the road to peace. It is unfortunately torn between two extremely opposing ideologies between the ideology of might and the opposing ideology of might."

Dr. Adela Planas-Paterno, Philippine delegate to another UN conference, in Paris, urged for the moral rehabilitation of the youth to be undertaken by competent instructors. She said that moral decadence brought about as a consequence of the war must be immediately attended seriously by the government.

1948년 2월 15일 『마닐라 크로니클』*Manila Chronicle* 기사.

"(전략)카가얀 출신 상원의원(아란즈)은 유엔 한국 관련 기구에서의 러시아의 반대가 극동을 지배하고, 세계의 나머지 지역을 위협하기 위해 북한에 거점을 확보한 뒤 남쪽으로 서서히 내려와 전략적 요충지인 제주도를 장악하려는 숨은 의도를 시사하는 것으로 보인다고 지적했다.(하략)"

다. 아란즈는 소련이 남한으로의 팽창에 눈을 돌리는 이유로 '남한이 한반도의 곡창지대'라는 경제적 이유와 함께, 군사 전문가들이 전략적 요충지로 평가해온 제주도의 지정학적 위치를 군사적 이유로 제시했다. 그는 나아가 유엔이 즉각 '적극적이고 현실적인 행동'에 나서야 하며 필요하다면 원자폭탄 사용 가능성조차 배제해서는 안 된다고 언급했다.

그는 필리핀에서 가진 여러 차례의 연설과 인터뷰에서 제주도를 '서태평양의 지브롤터'로 규정하고, 유엔총회 결의안을 반대한 소련의 의도를 설명하며 제주도를 논란의 한복판으로 끌어들였다. 그는 소련의 의도는 "북한에 영구 주둔을 원하고 장차 남한으로 남하해 미국의 군사 전략가들이 '서태평양의 지브롤터'로 간주하는 제주도를 장악하려는 데 있다"고 주장했다. 그는 이어 "소련이 이 전략적 섬을 장악하도록 놔두면 소련은 극동을 지배하게 되고, 세계의 나머지 지역에 중대한 위협이 될 것"이라고 우려했다.

그가 제주도를 왜 이렇게 중요한 전략적 지역으로 간주했는지에 대한 설명은 나와 있지 않지만, 냉전체제 형성기 유엔조위 대표의 인식 속에 제주도는 중요한 전략적 위치에 있었다. 주필리핀 미국대사관이 그의 발언과 관련 자료를 국무부에 상세히 보고한 이유도 여기에 있다.

19480314

두 건의 고문치사, 인내의 한계를 넘어서다

024

조천중학원생 김용철이 1948년 3월 6일 조천지서에서 숨졌다. 전년 일어난 3·1절 기념대회에 연루됐다는 이유로 1년 넘게 경찰의 검거와 수배를 피해 지내다 3월 4일 새벽 조천면 대흘리 2구에서 체포됐다. 지서에 연행된 지 이틀 만에 유치장에서 숨진 채 발견됐다. 경찰은 '급사'라고 발표했지만, 그 발표를 신뢰하는 사람은 없었다.

『정부 보고서』에 따르면 김용철은 거꾸로 매달린 채 곤봉으로 맞았다. 부검의로 사인을 조사한 의사 장시영은 경찰의 집요한 방해에도 "타박으로 인한 뇌출혈이 치명적인 사인으로 인정된다"는 감정서를 제출했다. 언론의 보도처럼 '돌연 급사'가 아니라 고문에 의한 죽음임을 명확히 했다. 우발적 사고가 아닌 폭력의 필연적 결과였다.

22살 조천중학원생이 고문치사를 당했다는 분노가 조천면을 넘어 제주도 전역으로 삽시에 퍼져나갔다. 학생과 주민들은 지서 앞에서 "김용철을 살려내라", "고문경관 처단하라"

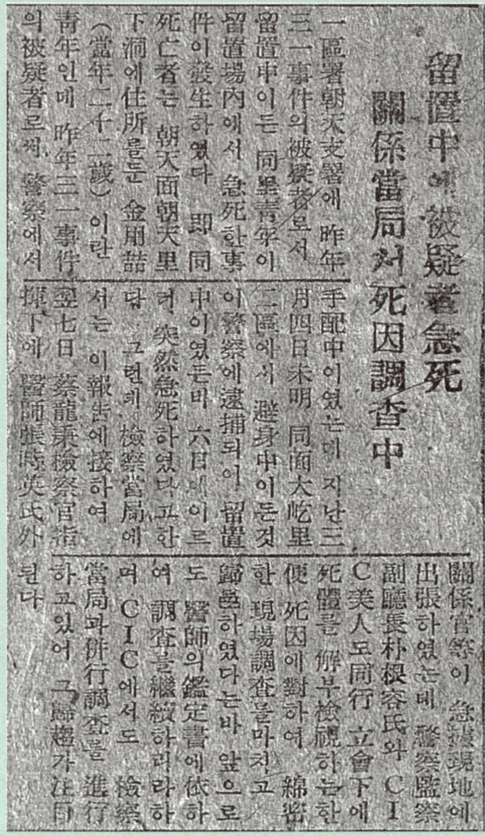

留置中의 被疑者急死
關係當局서 死因調査中

一區署朝天支署에 昨年三一事件의被疑者로서 留置中이든 同里青年이 留置場內에서 急死한事件이發生하였다 即同死亡者는 朝天面朝天里下洞에住所를둔 金用喆(當年二十二歲)이란 青年인데 昨年三一事件의被疑者로써 警察에서 手配中이였는데 지난三月四日未明 同面大屹里二區에서 避身中이든것이警察에逮捕되어 留置中이였든바 六日에이르러 突然急死하였다고한다 그런데 檢察當局에서는 이報告에接하여 翌七日 蔡龍秉檢察官指揮下에 醫師張時英氏外 關係官等이 急據現地에 出張하였는데 警察監察副廳長朴根容氏와 CIC美人도同行 立會下에 死體를 解부檢視하는 한便 死因에對하여 綿密한 現場調査를마치고 歸邑하였다는바 앞으로도 醫師의鑑定書에依하여 調査를繼續하리라하며 CIC에서도 檢察當局과併行調査를進行하고있어 그歸趨가注目된다

1948년 3월 12일
『제주신보』 기사.

유치 중에 피의자 급사, 관계당국서 사인 조사중

1구서 조천지서에 작년 3·1사건의 피의자로서 유치 중이든 동리(同里) 청년이 유치장 내에서 급사한 사건이 발생하였다. 즉 동 사망자는 조천면 조천리 하동에 주소를 둔 김용철(당년 22세)이란 청년인데 작년 3·1사건의 피의자로써 경찰에서 수배 중이였는데 지난 3월 4일 미명 동면 대흘리 2구에서 피신 중이든 것이 경찰에 체포되어 유치 중이였든바 6일에 이르러 돌연 급사하였다고 한다. 그런데 검찰 당국에서는 이 보고에 접하여 익(翌) 7일 채용병 검찰관 지휘 하에 의사 장시영씨 외 관계관 등이 급거 현지에 출장하였는데 경찰감찰청 부청장 박근용씨와 CIC 미인(美人)도 동행, 입회 하에 사체를 해부 검시하는 한편 사인에 대하여 면밀한 현장조사를 마치고 귀읍(歸邑)하였다는바 앞으로도 의사의 감정서에 의하여 조사를 계속하리라 하며 CIC에서도 검찰 당국과 병행 조사를 진행하고 있어 그 귀추가 주목된다.

摹瑟浦支署에 不祥事
被疑者 一名傷害致死 加害警官은 拘束取調中

지난六日 朝天支署에 檢束中인 一靑年의 急死한事件에 對하야 아직 그 眞相이 判明되지 못한 關係로 一般의 臆測이 區々하고 있는 이때 또다시 모슬浦支署에서 檢束中에 있는 一靑年이 昨十四日 아참 突然 急死한 事實이 있었다 卽 大靜面 永樂里에 居住하는 梁銀河(二七)란 靑年은 布告令 違反 被疑로써 모실浦支署에 檢束되어 있던中 昨十四日 아침 四時 突然 急死하였다는데 이 急報에 依하야 濟州檢察廳 朴廳長 및 濟州警察監察廳 搜查課長과 十字醫院 文鍾厚醫師가 急據現場에 出張하야 檢視한 結果「고丸」(불알)이 傷해서 急死한 것으로 判明되어 擔當取調警官 高膺春(巡警) 및 邊太文(刑事) 二名을 警察廳長名義로 卽席에 檢束하고 方今 嚴重取調中에 있다 한다

嚴重處斷 朴副廳長 談

이러한 事件이 發生을 본 것은 本官으로서 大端遺憾이 아닐수 없다 同靑年을 傷害致死케 한 擔當警官은 當場에 逮捕코 取調中에 있음으로 事實이 判明되는데로 嚴重處斷할 方針이다

1948년 3월 16일 『제주신보』 기사.

모슬포지서에 불상사 피의자 1명 상해치사, 가해 경관은 구속 취조중

지난 6일 조천지서에 검속 중인 일(一) 청년이 급사한 사건에 대하야 아직 그 진상이 판명되지 못한 관계로 일반의 억측이 구구하고 있는 이때 또다시 모실포지서에서 검속 중에 있는 일 청년이 작(昨) 14일 아침 돌연 급사한 사실이 있었다. 즉 대정면 영락리에 거주하는 양은하(27)란 청년은 포고령 위반 피의로써 모실포지서에 검속되어 있던 중 작(昨) 14일 아침 4시 돌연 급사하였다는데 이 급보에 의하야 제주검찰청 박 청장 및 제주경찰감찰청 수사과장과 십자의원 문종후 의사가 급거 현장에 출장하야 검시한 결과 「고환」(불알)이 상해서 급사한 것으로 판명되어 담당 취조경관 고응춘(순경) 및 변태문(형사) 2명을 경찰청장 명의로 즉석에 검속하고 방금 엄중 취조 중에 있다 한다.

엄중 처단, 박 부청장 담

이러한 사건이 발생을 본 것은 본관으로써 대단 유감이 아닐 수 없다. 동 청년을 상해치사케 한 담당 경관은 당장에 체포코 취조 중에 있음으로 사실이 판명되는데로 엄중 처단할 방침이다.

며 연좌농성을 벌였다. 한 청년의 죽음에 대한 항의가 아니라 3·1절 발포사건 이래 지속해온 경찰과 우익단체의 폭력에 대한 분노와 항의의 표출이었다.

3월 14일 오전 4시, 이번에는 모슬포지서에서 또 한 건의 고문치사 사건이 벌어졌다. 대정면 영락리 출신의 27살 청년 양은하가 포고령 위반 혐의로 검거돼 취조를 받다가 숨진 채 발견됐다. 현장 조사 결과 고문에 의해 사망한 것으로 나타났다. 더욱이 경찰이 양은하의 시신을 몰래 매장해 사건을 은폐하려 했다는 충격적인 사실이 드러나면서 지역사회는 격렬하게 요동쳤다.

모슬포에서 분출된 분노는 조천의 분노와 맞물려 섬 전체로 확산됐다. 2건의 고문치사 사건은 제주사회로 하여금 더 이상 물러설 여지를 없게 만들었다. 이 무렵 무장봉기 결정회의에서는 결국 이런 말이 나온 것으로 전해진다.

> "앉아서 죽으나 서서 싸우다 죽으나 마찬가지다. 제주도의 청년으로서 싸우다 죽자."

5·10 선거를 앞두고 일어난 사건은 유엔조위의 주목을 끌어 4월 17일 열린 위원단 회의에서는 프랑스 대표 마네가 한국 경찰의 문제에 관심을 유도하기 위해 제주도의 고문치사 문제를 제기했고, 딘 군정장관은 재판 중이거나 조사 중이

라고 답변했다.

2건의 고문치사 사건 관련 군정재판에서는 조천지서 지서장 포함 5명의 경찰관, 모슬포 사건 관련 6명의 경찰관에게 징역 3~5년의 실형을 선고했다. 그러나 두 청년의 비극적 죽음은 민심 폭발 직전 마지막 임계점이자, 무장봉기를 결정한 직접적 기폭제였다.

19480403

1948년 4월 3일 새벽

025

1948년 4월 3일 새벽 2시, 남로당 제주도위원회 산하 제주도 인민유격대(무장대)가 제주도 내 경찰지서와 대동청년단 등 우익단체원 사무실과 집을 공격했다. 어느 누구도 이날의 공격이 수 년에 걸친 대규모 유혈사태로 이어질 것이라고는 예상하지 못했다. 사건 발생 사실이 서울에 보고된 것은 4월 5일이었다.

미군 정보보고서는 무장봉기 첫날에는 제주 상황을 포착하지 못했다. 4월 3일 오전 10시 보고에는 관련 내용이 없었다. 이틀 뒤인 4월 5일 작성된 보고서에 제주 상황에 관한 내용이 기록됐다. '경찰 보고'를 인용한 이 보고는 3일 새벽부터 4일 정오까지 일어난 '폭동'으로 사망 16명, 행방불명 7명, 부상 21명 등 모두 44명의 사상자 및 행방불명자가 발생했으며, 무장대가 미제 카빈총 6정과 일본제 카빈총 1정, 실탄 119발을 탈취했다고 했다.

국내 언론 보도는 미군 정보보고가 이루어진 다음 날 이루어졌다. 4월 6일 언론은 경무부장 조병옥의 발표를 기사화하며, 11개 지서 피습, 경찰관 사망 4명, 청년 사망 8명이라는 내용의 간단한 피해 사실만 전했다. 모두 조병옥의 말을 기사화한 것으로, 경찰관서 '피습'일을 '4월 2일'이라고 할 정도로 부정확했다. 당시 통신망의 취약성 때문인지 기사는 너무 간단했고, 경무부 발표를 그대로 받아쓴 것에 불과했다. 언론은 1947년 3·1절 발포사건 직후 총파업 때도 통신 취약성 때문에 사태의 강도를 정확히 파악하지 못했다.

보도의 어조는 4월 7일이 되자 달라지기 시작했다. '제주도에 민·경 간 대충돌, 양측에 사상자 40여 명 발생'(『독립신보』), '제주도에 폭동 발생, 사상자 다수, 파괴도 수십처'(『자유신문』) 등의 보도가 잇따라 나왔다. 하지만 이 기사들도 경무부와 제주경찰감찰청 발표를 그대로 옮긴 수준이었다. 봉기 주체세력이 누구인지, 봉기 원인이 무엇인지에 대한 보도는 없었다. 『정부 보고서』는 4월 3일 상황을 조사한 결과 제주도

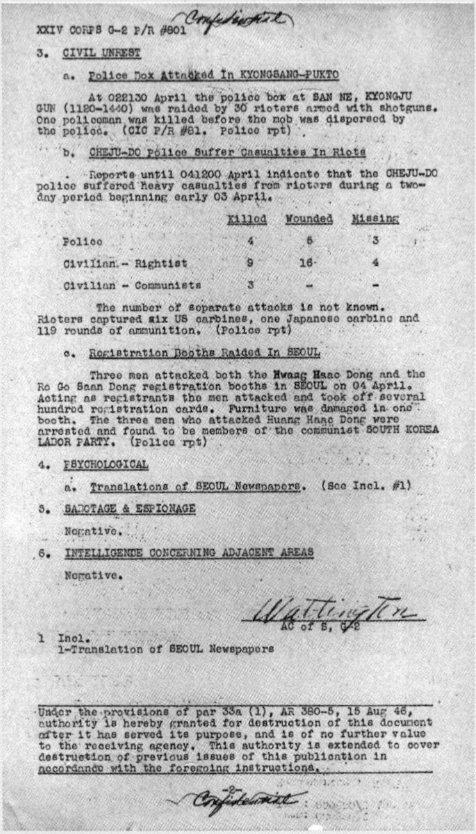

XXIV CORPS G-2 P/R #801 Confidential

3. CIVIL UNREST

a. Police Box Attacked In KYONGSANG-PUKTO

At 022130 April the police box at SAN NE, KYONGJU GUN (1120-1440) was raided by 30 rioters armed with shotguns. One policeman was killed before the mob was dispersed by the police. (CIC P/R #81. Police rpt)

b. CHEJU-DO Police Suffer Casualties In Riots

Reports until 041200 April indicate that the CHEJU-DO police suffered heavy casualties from rioters during a two-day period beginning early 03 April.

	Killed	Wounded	Missing
Police	4	5	3
Civilian - Rightist	9	16	4
Civilian - Communists	3	-	-

The number of separate attacks is not known. Rioters captured six US carbines, one Japanese carbine and 119 rounds of ammunition. (Police rpt)

c. Registration Booths Raided In SEOUL

Three men attacked both the Hwang Haac Dong and the Ro Go Saan Dong registration booths in SEOUL on 04 April. Acting as registrants the men attacked and took off several hundred registration cards. Furniture was damaged in one booth. The three men who attacked Huang Haac Dong were arrested and found to be members of the communist SOUTH KOREA LABOR PARTY. (Police rpt)

4. PSYCHOLOGICAL

a. Translations of SEOUL Newspapers. (See Incl. #1)

5. SABOTAGE & ESPIONAGE

Negative.

6. INTELLIGENCE CONCERNING ADJACENT AREAS

Negative.

Wattington
AC of S, G-2

1 Incl.
1-Translation of SEOUL Newspapers

Under the provisions of par 33a (1), AR 380-5, 15 Aug 46, authority is hereby granted for destruction of this document after it has served its purpose, and is of no further value to the receiving agency. This authority is extended to cover destruction of previous issues of this publication in accordance with the foregoing instructions.

-2-
Confidential

1948년 4월 5일
4·3 봉기를 최초 보고한
주한미국육군사령부 정보
참모부 일일보고서
제801호. NARA.

제주경찰
폭동으로 사상자 발생

4월 4일 정오까지 보고에 따르면 제주도 경찰은 4월 3일 새벽부터 시작해 이틀 동안 폭도들의 공격으로 많은 사상자를 냈다.

	사망	부상	실종
경찰	4	5	3
민간인-우익	9	16	4
민간인-공산주의자	3	-	-

개별 습격 건수는 알려지지 않았다. 폭도들은 미제 카빈총 6정과 일제 카빈총 1정, 실탄 199발을 탈취했다.(경찰 보고)

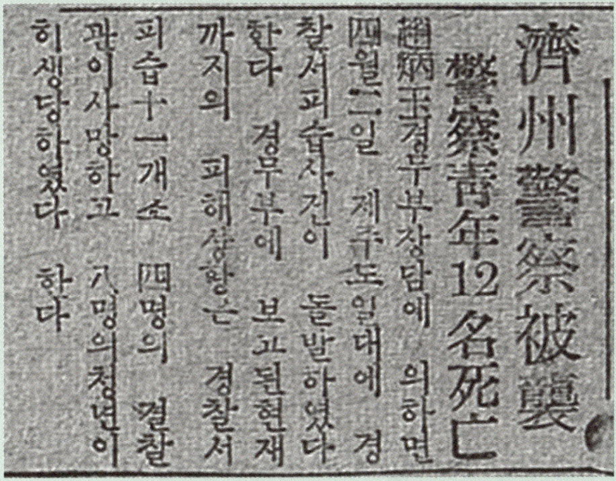

濟州警察被襲
警察靑年12名死亡

趙炳玉경무부장담에 의하면
四월二일 제주도일대에 경
찰서피습사건이 돌발하였다
한다 경무부에 보고된현재
까지의 피해상황은 경찰서
피습十一개소 四명의 결찰
관이사망하고 八명의청년이
히생당하였다 한다

1948년 4월 6일 4·3 봉기를 최초 보도한 『한성일보』 기사.

제주경찰 피습

경찰 청년 12명 사망

조병옥 경무부장담에 의하면 4월 2일 제주도 일대에 경찰서 피습사건이 돌발하였다 한다. 경무부에 보고된 현재까지의 피해상황은 경찰서 피습 11개소, 4명의 결찰관이 사망하고 8명의 청년이 희생당하였다 한다.

내 24개 경찰지서 가운데 제1구(제주)경찰서 관내 9개 지서와 제2구(서귀포)경찰서 관내 3개 지서 등 모두 12개 지서가 습격을 받았고, 4월 3일 하루 동안 경찰 4명 사망, 부상 6명, 행방불명 2명, 민간인 우익은 8명 사망, 19명 부상, 무장대는 사망 2명, 생포 1명이 발생했다고 밝혔다.

작은 균열처럼 보였던 충돌은 이후의 대규모 학살과 파괴로 이어지는 서막이었다. 그 누구도 이날 새벽의 봉기가 제주사회를 폐허로 만들고, 그 여파가 세대를 넘어 오랜 세월 지속될 것이라고는 예상하지 못했다.

19480418

‘제주도 작전’ 문서가 보여주는 미군정의 개입 026

1948년 4월 18일 미군정의 ‘제주도 작전’이라는 제목의 문서는 4·3 초기 미군정의 직접 개입을 보여주는 자료다. 딘 군정장관이 서명하고, 제주도 주둔 제59군정중대 사령관(제주도 민정장관) 맨스필드 중령에게 전달됐다.

딘 군정장관이 맨스필드에게 이 문서를 보내기 사흘 전인 4월 15일, 유엔조선위원단의 일부 대표는 제주도에서 경찰의 구타행위를 문제 삼으며 딘 군정장관에게 주위원회 참석을 요구했다. 이에 따라 딘 군정장관은 17일 덕수궁으로 유엔조선임시위원단을 방문해 5·10 선거를 앞둔 남한의 제반 문제에 대해 논의했고, 다음 날 경비대를 포함한 제주도의 진압작전을 현지 민정장관이 직접 지휘하도록 하는 내용의 ‘제주도 작전’ 문서를 맨스필드 중령에게 보냈다.

문서는 연락기 지원, 병력 증파, 파괴 분자 제거, 무장대 지도부와의 접촉, 포로 처리 방식, 일일 상황 보고 등 모두 7개 항의 지침을 담고 있다. L-5 연락기 2대를 제주도에 배치

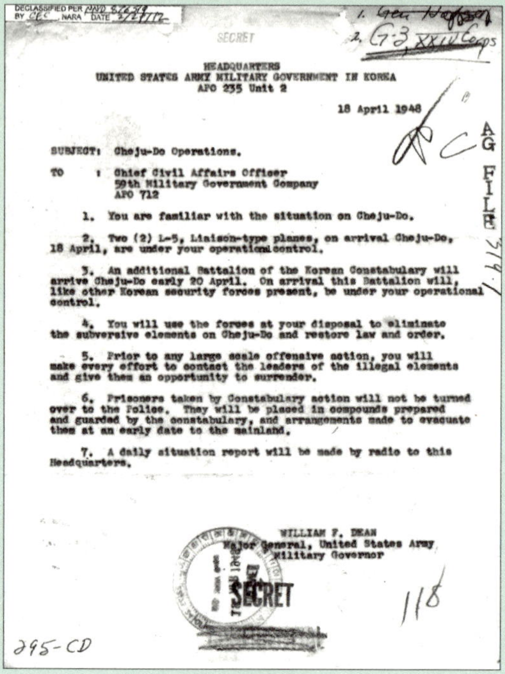

SECRET

HEADQUARTERS
UNITED STATES ARMY MILITARY GOVERNMENT IN KOREA
APO 235 Unit 2

18 April 1948

SUBJECT: Cheju-Do Operations.

TO : Chief Civil Affairs Officer
59th Military Government Company
APO 712

1. You are familiar with the situation on Cheju-Do.

2. Two (2) L-5, Liaison-type planes, on arrival Cheju-Do, 18 April, are under your operational control.

3. An additional Battalion of the Korean Constabulary will arrive Cheju-Do early 20 April. On arrival this Battalion will, like other Korean security forces present, be under your operational control.

4. You will use the forces at your disposal to eliminate the subversive elements on Cheju-Do and restore law and order.

5. Prior to any large scale offensive action, you will make every effort to contact the leaders of the illegal elements and give them an opportunity to surrender.

6. Prisoners taken by Constabulary action will not be turned over to the Police. They will be placed in compounds prepared and guarded by the constabulary, and arrangements made to evacuate them at an early date to the mainland.

7. A daily situation report will be made by radio to this Headquarters.

WILLIAM F. DEAN
Major General, United States Army
Military Governor

SECRET

1948년 4월 18일
제59군정중대 군정관
앞으로 보낸
'제주도 작전' 관련 문건.
NARA.

제주도 작전
수신: 제59군정중대 군정관
발신: 군정장관 딘 소장

1. 귀관은 제주도의 상황을 숙지하고 있다.
2. 4월 18일 제주도에 도착하는 L-5 연락기 2대는 귀관의 작전 통제하에 둔다.
3. 4월 20일 새벽, 국방경비대 1개 대대가 추가로 제주도에 도착한다. 도착 후 이 부대는 현지 진압부대와 마찬가지로 귀관의 작전 통제하에 놓인다.
4. 귀관은 지휘 하에 있는 병력을 활용하여 제주도의 파괴분자들을 제거하고 법과 질서를 회복한다.
5. 대규모 공격 작전을 개시하기 전에, 불법 세력의 지도자들과 접촉하여 항복할 기회를 부여하도록 모든 노력을 기울여야 한다.
6. 경비대 작전에서 체포된 포로는 경찰에 인계하지 않는다. 그들은 경비대가 마련해 경비하는 수용소에 수용하고, 가능한 한 조기에 본토로 이송할 수 있도록 조치를 취한다.
7. 귀관은 매일 상황 보고서를 사령부에 무선으로 제출한다.
미국 육군 소장, 군정장관 윌리엄 F. 딘

하고, 4월 20일 도착하는 경비대 1개 대대를 타 경비대와 마찬가지로 맨스필드 중령의 작전 통제 아래 두도록 했다. 제주도 주둔 경비대 병력이 미군정의 명령 체계 아래 있었다는 점을 보여준다. 딘 군정장관은 이어 맨스필드 지휘 하에 있는 경비대 병력을 활용해 파괴 분자들을 제거하도록 지시함으로써 경비대의 작전 목표와 방법까지 미군정이 직접 설정했다.

제5항 '평화협상' 관련 부분 중 "대규모 공격에 앞서 불순세력의 지도부와 접촉하기 위해 모든 노력을 기울이고 항복할 기회를 준다"는 조항은, 4월 30일 안덕면의 한 농가에서 제9연대장 김익렬과 제주도인민유격대 사령관 김달삼 간의 '평화협상'으로 구체화됐다. 문서는 포로 처리 방식도 세세히 규정했다. 경비대가 체포한 인원은 경찰에 넘기지 말고 경비대가 관리하는 수용소에 수용한 뒤 조속히 본토로 이송하도록 지시했다.

이 문서는 4·3 초기 경비대가 미군정의 직접 명령 아래 움직였다는 사실을 확인해줄 뿐만 아니라, 미군정이 5·10 선거라는 정치 일정과 맞물려 제주도의 작전을 조기에 종결시키겠다는 의지를 보여주는 중요한 1차 사료다. 문서에 담긴 조항들은 미군정의 4·3 당시 직접적인 개입과 책임의 실체를 담고 있다.

19480429

사령관 하지의 4대 진압 지침

027

주한미국육군사령부 작전참모부 슈M.W. Schewe 중령이 4월 27일 낮 12시 제주도에 도착했다. 딘 군정장관이 맨스필드 중령에게 작전문서를 보낸 지 9일 만에 주한미국육군사령부 작전참모부 소속 영관급 장교의 방문은 미군정이 제주도 사태를 심각하게 인식하고 있음을 보여준다. 작전참모 타이첸A. C. Tychsen 대령의 지시에 따른 슈의 방문 목적은 제주도 상황을 평가하고, 작전 계획을 점검하는 것이었다. 그가 이틀 뒤 제출한 「제주도 활동 보고서」는 하지 사령관이 제주도 사태를 어떻게 인식하고 처리하려 했는지를 보여준다.

슈 중령은 도착 직후 제59군정중대 사령관 맨스필드 중령, 제6사단 제20연대장 브라운 대령, 경비대 제5연대 고문관 드 루스 대위 등과 만나 상황을 논의했다. 이 자리에서 브라운 대령은 맨스필드 중령에게 경비대의 즉각적인 작전 투입, 일체의 시민 소요 중단, 게릴라 활동 축소를 위한 군·경 간 협조체계 구축, 미군 병력의 불개입 등 하지 사령관의 4대 지침을 전달했다. 이 가운데 '미군 병력의 불개입'은 당시 5·10 선거를 감시하기 위해 들어온 유엔조선임시위원단 등 국제 여론을 의식하는 한편 미군의 직접 개입 없이 경비대를 앞세워 진압하겠다는 하지 사령관의 판단 때문으로 보인다.

딘 군정장관의 명령에 따라 파견된 경비대 제5연대는 27일 오후 작전에 들어갔다. 상공에서는 미 제6사단 연락기가 작전을 관찰했고, 드 루스 대위는 차량을 타고 현장에 들어갔다. 슈 중령은 작전 중 미군의 과도한 노출이 바람직하지 않다는 맨스필드와 드 루스의 조언에 따라 현장에 동행하지 않았다.

경비대는 마을 포위와 도로 차단, 가옥 수색, 주민 집결 등의 소탕작전을 전개했으나 실질적인 성과는 없었다. 다음 날인 28일 오전 10시부터 실시한 제2차 작전은 제5연대장 김 대령과 문 소령, 드 루스 대위, 군정청 경찰 고문관 번스 대위, 방첩대 제주파견대장 메리트가 사전 논의했다. 이 회의에 배

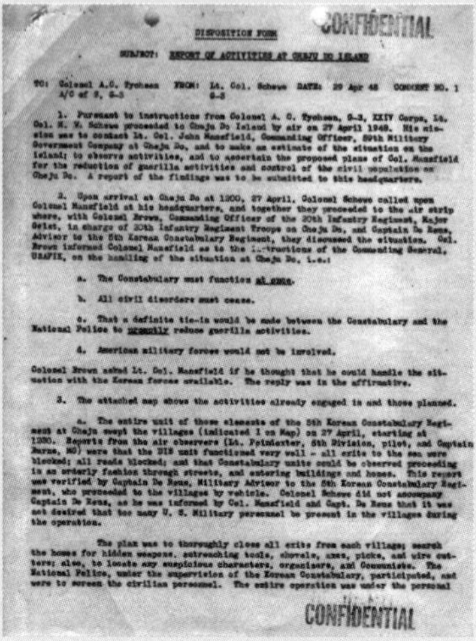

CONFIDENTIAL

DISPOSITION FORM

SUBJECT: REPORT OF ACTIVITIES AT CHEJU DO ISLAND

TO: Colonel A.C. Tychsen A/C of S, G-3 FROM: Lt. Col. Schewe G-3 DATE: 29 Apr 48 COMMENT NO. 1

1. Pursuant to instructions from Colonel A. C. Tychsen, G-3, XXIV Corps, Lt. Col. M. W. Schewe proceeded to Cheju Do Island by air on 27 April 1948. His mission was to contact Lt. Col. John Mansfield, Commanding Officer, 59th Military Government Company at Cheju Do, and to make an estimate of the situation on the island; to observe activities, and to ascertain the proposed plans of Col. Mansfield for the reduction of guerilla activities and control of the civil population on Cheju Do. A report of the findings was to be submitted to this headquarters.

2. Upon arrival at Cheju Do at 1200, 27 April, Colonel Schewe called upon Colonel Mansfield at his headquarters, and together they proceeded to the air strip where, with Colonel Brown, Commanding Officer of the 20th Infantry Regiment, Major Geist, in charge of 20th Infantry Regiment Troops on Cheju Do, and Captain De Reus, Advisor to the 5th Korean Constabulary Regiment, they discussed the situation. Col. Brown informed Colonel Mansfield as to the instructions of the Commanding General, USAFIK, on the handling of the situation at Cheju Do, i.e.:

a. The Constabulary must function at once.

b. All civil disorders must cease.

c. That a definite tie-in would be made between the Constabulary and the National Police to promptly reduce guerilla activities.

d. American military forces would not be involved.

Colonel Brown asked Lt. Col. Mansfield if he thought that he could handle the situation with the Korean forces available. The reply was in the affirmative.

3. The attached map shows the activities already engaged in and those planned.

a. The entire unit of those elements of the 5th Korean Constabulary Regiment at Cheju swept the villages (indicated 1 on Map) on 27 April, starting at 1230. Reports from the air observers (Lt. Poindexter, 6th Division, pilot, and Captain Burns, MG) were that the DIS unit functioned very well - all exits to the sea were blocked; all roads blocked; and that Constabulary units could be observed proceeding in an orderly fashion through streets, and entering buildings and homes. This report was verified by Captain De Reus, Military Advisor to the 5th Korean Constabulary Regiment, who proceeded to the villages by vehicle. Colonel Schewe did not accompany Captain De Reus, as he was informed by Col. Mansfield and Capt. De Reus that it was not desired that too many U. S. Military personnel be present in the villages during the operation.

The plan was to thoroughly close all exits from each village; search the homes for hidden weapons, entrenching tools, shovels, axes, picks, and wire cutters; also, to locate any suspicious characters, organizers, and Communists. The National Police, under the supervision of the Korean Constabulary, participated, and were to screen the civilian personnel. The entire operation was under the personal

CONFIDENTIAL

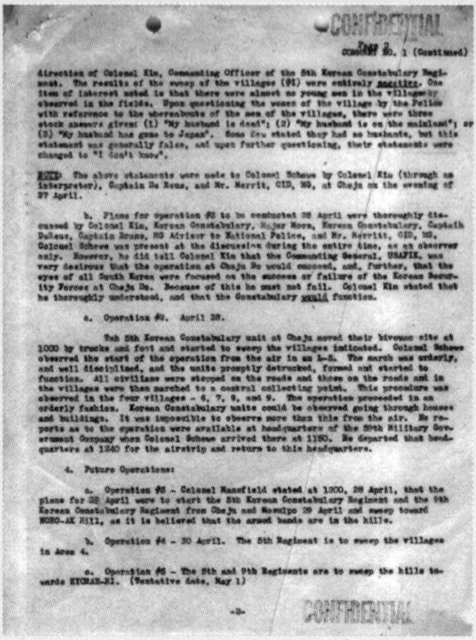

CONFIDENTIAL

Page 2
COMMENT NO. 1 (Continued)

direction of Colonel Kim, Commanding Officer of the 5th Korean Constabulary Regiment. The results of the sweep of the villages (#1) were entirely negative. One item of interest noted is that there were almost no young men in the villages or observed in the fields. Upon questioning the women of the village by the Police with reference to the whereabouts of the men of the villages, there were three stock answers given: (1) "My husband is dead"; (2) "My husband is on the mainland"; or (3) "My husband has gone to Japan". Some few stated they had no husbands, but this statement was generally false, and upon further questioning, their statements were changed to "I don't know".

NOTE: The above statements were made to Colonel Schewe by Colonel Kim (through an interpreter), Captain De Reus, and Mr. Merrit, CID, MG, at Cheju on the evening of 27 April.

b. Plans for operation #2 to be conducted 28 April were thoroughly discussed by Colonel Kim, Korean Constabulary, Major Moon, Korean Constabulary, Captain DeReus, Captain Bruns, MG Advisor to National Police, and Mr. Merritt, CID, MG. Colonel Schewe was present at the discussion during the entire time, as an observer only. However, he did tell Colonel Kim that the Commanding General, USAFIK, was very desirous that the operation at Cheju Do would succeed, and, further, that the eyes of all South Korea were focused on the success or failure of the Korean Security Forces at Cheju Do. Because of this he must not fail. Colonel Kim stated that he thoroughly understood, and that the Constabulary would function.

c. Operation #2. April 28.

Teh 5th Korean Constabulary unit at Cheju moved their bivouac site at 1000 by trucks and foot and started to sweep the villages indicated. Colonel Schewe observed the start of the operation from the air in an L-5. The march was orderly, and well disciplined, and the units promptly detrucked, formed and started to function. All civilians were stopped on the roads and those on the roads and in the villages were then marched to a central collecting point. This procedure was observed in the four villages - 6, 7, 8, and 9. The operation proceeded in an orderly fashion. Korean Constabulary units could be observed going through houses and buildings. It was impossible to observe more than this from the air. No reports as to the operation were available at headquarters of the 59th Military Government Company when Colonel Schewe arrived there at 1150. He departed that headquarters at 1240 for the airstrip and return to this headquarters.

4. Future Operations:

a. Operation #3 - Colonel Mansfield stated at 1200, 28 April, that the plans for 29 April were to start the 5th Korean Constabulary Regiment and the 9th Korean Constabulary Regiment from Cheju and Mosulpo 29 April and sweep toward NORO-AK Hill, as it is believed that the armed bands are in the hills.

b. Operation #4 - 30 April. The 5th Regiment is to sweep the villages in Area 4.

c. Operation #5 - The 5th and 9th Regiments are to sweep the hills towards KYORAE-RI. (Tentative date, May 1)

-2-

CONFIDENTIAL

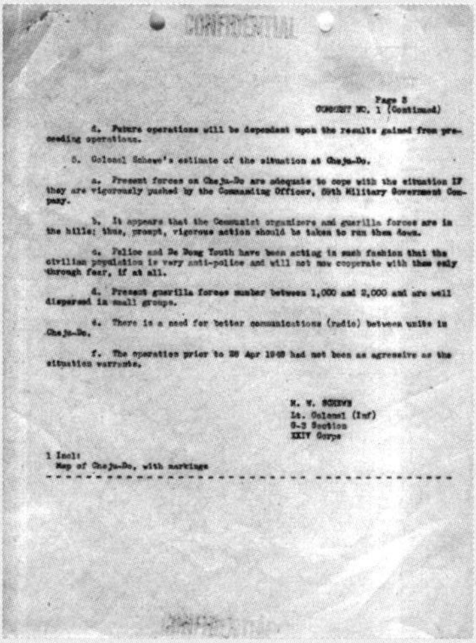

CONFIDENTIAL

Page 3
COMMENT NO. 1 (Continued)

d. Future operations will be dependent upon the results gained from preceding operations.

5. Colonel Schewe's estimate of the situation at Cheju-Do.

a. Present forces on Cheju-Do are adequate to cope with the situation IF they are vigorously pushed by the Commanding Officer, 59th Military Government Company.

b. It appears that the Communist organizers and guerilla forces are in the hills; thus, prompt, vigorous action should be taken to run them down.

c. Police and De Dong Youth have been acting in such fashion that the civilian population is very anti-police and will not now cooperate with them only through fear, if at all.

d. Present guerilla forces number between 1,000 and 2,000 and are well dispersed in small groups.

e. There is a need for better communications (radio) between units in Cheju-Do.

f. The operation prior to 28 Apr 1948 had not been as agressive as the situation warrants.

M. W. SCHEWE
Lt. Colonel (Inf)
G-3 Section
XXIV Corps

1 Incl:
Map of Cheju-Do, with markings

- -

1948년 4월 29일 M. W. 슈 중령이
타이첸 대령에게 보낸 '제주도 활동' 보고서.
대외비 문서다. NARA.

석한 슈 중령은 경비대 김 대령에게 "하지 사령관이 제주도 작전이 성공하기를 열망하고 있으며, 더 나아가 남한 전체의 이목이 제주도에서의 토벌대 성패에 집중되어 있어 결코 실패해서는 안 된다고 강조했다"는 뜻을 전했다. 제주도 사태 진압에 대한 하지의 의지가 드러난다.

제주도 방문 뒤 슈가 4월 29일 제출한 보고서는 제주도의 현 상황을 대처하기에는 제주도 주둔 경비대 병력으로 충분하지만 제59군정중대 사령관이 공세적으로 밀어붙여야 한다며, 무장대를 추적·섬멸하기 위한 신속하고 강력한 조치를 요구했다. 슈는 이어 4월 28일 이전까지의 작전은 공세적이지 않았다고 평가했다. 그의 보고서는 단순한 시찰이 아니라 공세적 작전으로의 방향 전환을 요구하는 것이었다.

5·10 선거를 책임진 하지로서는, 한 달 가까이 소용돌이 치며 국내외 언론과 유엔조선임시위원단의 주목을 받는 제주도 사태를 하루빨리 진압해야 할 필요성이 있었다. 이 문서는 그가 제주도 사태를 5·10 선거와 직결된 위기상황으로 보고, 대처했음을 보여준다.

19480429

'평화협상'을 속속들이 파악한 미군정

028

딘 군정장관이 1948년 4월 18일 맨스필드에게 보낸 '제주도 작전' 문서에 따라 제9연대장 김익렬과 제주도 인민유격대 사령관 김달삼 간에 이른바 '평화협상'이 열렸다. 협상의 한쪽 당사자인 김익렬은 같은 해 6월 협상의 전후 과정에 대한 글을 쓰고 8월 6~8일 3차례에 걸쳐 『국제신문』에 '동란의 제주 참전기'를 기고했다.

협상 전날인 4월 29일 정오, 광목 잠뱅이에 밀짚모자를 쓴 34~35세의 중년 농부들이 무장대 연락병으로 모슬포의 제9연대 정보부를 찾아왔다. 제9연대 보초 앞을 '유유히' 지나 정보부에 나타난 이들을 본 김익렬은 호감을 느꼈다. 그는 "비록 반란군이기는 하나 남아의 호연지기가 있음을 칭찬할 만하였다"고 적었다. 이날 미군정은 제주도에 있던 미군 가족들을 서울로 탈출시켰다. 이날의 상황을 자세하게 정리한 8월 6일자 기고문에는 2장의 사진이 실려 있다. 한 장은 김 연대장 일행이 평화협상을 하러 가던 중 만난 여성들과 아이 사진이다. 땔감 등을 지고 걷던 여성들이 평화협상을 하러 가는 연대장 일행의 사진 포즈를 취해달라는 요청에 응한 듯한 모습으로 카메라를 향하고 있다.

신문 속 또 다른 사진은 무장대의 모습을 담고 있다. 무장대와 경비대 간부 들이 마주 앉아 이야기하는 모습의 사진은 이것이 유일하다. 사진에는 '산사람 연락원과 문답하는 기지사령부'라는 설명이 붙었다. 사진에는 모두 10명이 등장한다. 8명은 군인이고, 2명은 '산사람 연락원'이다. 이 사진은 '산사람 연락원들' 바로 뒤에서 찍었다.

군인들 가운데 뒷줄 3명은 선 채로 이들 산에서 온 무장대를 바라보는 모습이고, 앞줄 5명은 책상 앞에 앉아 이들과 대화를 하고, 무엇인가 적으며 쳐다보고 있다. 등을 보인 채 의자에 앉아 있는 사람은 2명이다. 한 명은 갈중이, 또 다른 한 명은 광목잠뱅이를 입은 것으로 보인다. 이들은 서로 간단한 인사를 나눴고, 바로 본론에 들어가 "30일 상오 12시에 안

제9연대장 김익렬 일행이 평화협상을 하러 가는 도중 만난 여인들이 등짐을 진 채 사진 촬영에 응하고 있는 모습이다. 1948년 8월 7일 『국제신문』에 실렸다.

제9연대장 김익렬과 제주도인민유격대 사령관 김달삼의 '평화협상'을 위해 1948년 4월 29일 오전 제9연대 본부에 나타난 무장대원들의 모습이 실린 1948년 8월 7일 『국제신문』 기사. 사진 뒷줄 왼쪽 첫 번째 개리슨캡을 쓴 채 서 있는 이가 미군이다.

덕면 산간 부락에서 회견"하기로 합의했다. 김익렬은 이들의 제안에 대해 "어떠한 일이 있더라도 만나야 평화적인 해결이 될 것을 잘 알고 있었기 때문"에 응했다고 밝혔다.

사진 속에는 미군 고문관이 1~2명 보인다. 뒷줄 맨 왼쪽에 서 있는 군인은 개리슨 캡(측모)을 쓴 미군 고문관이다. 그가 4월 20일 진압을 지원하기 위해 딘 군정장관의 명령에 따라 제주도에 도착한 제3여단 고문관 드 루스 대위인지는 확인할 수 없다. 그러나 미군이 이 자리에 있다는 것은 '평화협상'의 모든 과정을 파악하고 있었다는 의미이다. 이는 평화협상의 진행이 미군정의 고도의 전략적 판단 아래 진행됐음을 보여준다. 협상을 추진한 쪽도, 협상을 깨뜨린 쪽도 미군정이었다. 김익렬과 김달삼만 평화협상의 이면을 모르고 있었다.

19480430

'4·30평화협상', 김익렬의 의지와 미군정의 전략

029

1948년 4월 30일 정오 무렵, 제주도 안덕면 중산간 지역의 한 농가에서 제9연대장 김익렬과 무장대 지도자 김달삼이 마주 앉았다. 제주사회가 무력 충돌의 소용돌이 속으로 빨려 들어가는 상황에서 이루어진 이 만남은 대규모 유혈사태로 치닫기 직전 접촉이었다. 흔히 '4·28 평화협상'으로 불리고 있지만, 당시 기록과 『정부 보고서』 발간 이후 발굴된 1차 사료를 종합하면 협상 날짜는 1948년 4월 30일이다.

'평화협상'은 미군정이나 무장대의 의도가 무엇이었든지 간에 유혈사태를 조기에 수습할 수 있는 분기점이었다. 『정부 보고서』는 4월 28일 평화협상이 대정면 구억리에서 이루어졌고, 이후 5월 1일 우익단체의 오라리 마을을 방화하는 이른바 '오라리 사건'으로 합의가 파기됐다고 설명하지만, 미군 자료를 보면 같은 시기 군사작전이 계속 진행되고 있었다. 주한미국육군사령부 작전참모부 슈 중령은 4월 28일 제주 작전 현장을 직접 시찰했고, 4월 29일에는 딘 군정장관이 제6사

1948
04
30

단장 워드 소장과 함께 제주도를 방문해 함께 연락기를 타고 경비대의 작전 상황을 점검했다. 같은 날 미군 가족의 서울 철수도 이루어졌다. 이러한 상황 속에서 4월 30일 김익렬과 김달삼의 협상이 열렸다.

서로의 탐색전을 끝낸 협상은 긴장 속에서 시작됐다. 김익렬의 신문 기고에 따르면 그는 세 가지 조건을 제의했다.

> 첫째, 완전 무장해제.
> 둘째, 살인·방화·강간범과 지도자의 전면 자수.
> 셋째, 인민군 간부 일체를 인질로 구금.

그리고 이 세 조건은 조약일로부터 7일간 이행하라고 못 박았다. 이에 김달삼은 얼굴을 붉히며 첫번째와 두 번째 조건은 복종할 수 있으나, 세 번째 조건은 복종할 수 없다고 반발했다. 그것은 자신들을 범인 취급하는 것이며, 경찰과 사설단

動亂의濟州參戰記

當時의司令官 前第九聯隊長 金益烈中領記

彼我의一張一弛

平和手段의解決策드디어水泡

萬事休矣!

1948년 8월 7일 『국제신문』 지면. '4·30 평화협상'과 전후의 협상 성사 과정을 자세하게 쓴 김익렬의 글은 8월 6~8일 『국제신문』에 '동란의 제주참전기'라는 제목으로 3차례 연재됐다. 김익렬은 이 글을 6월에 썼다고 밝혔다.

체의 살인·방화·강간·약탈은 왜 범죄가 되지 않느냐고 따졌다고 김익렬은 적었다. 김달삼은 이렇게 말했다.

> "이번 사건의 책임은 경찰과 사설 청년단체들에게 있다. 우리는 인민 대중의 고혈을 기부로써 강요하거나 자기들에 대한 환영만 잘못해도 좌익이니 빨갱이니 하며 구금하거나 폭행을 감행하여 왔으니 이를 정당방위하기 위하여 제주도 인민은 봉기한 것이다. 이것을 범인으로 취급한다는 것은 뜻밖이다."

김달삼은 무장대 측 조건도 제시했다.

> 첫째, 단정 반대.
> 둘째, 제주도민의 절대 자유 보장.
> 셋째, 경찰 무장해제.
> 넷째, 제주도 내 고급관리 전면 경질
> 다섯째, 고급관리 수회자 엄중 처단(명부 제출).
> 여섯째, 도외 청년단체의 산간부락 출입 금지.

그러나 김익렬은 이를 전면 거부했다고 썼다. 협상 과정에서는 논쟁과 의견 대립이 계속됐다고 한다. 양측 요구는 성격 자체가 달랐고 협상 결과에 대한 기록도 서로 다르게 남아 있다.

김익렬이 『국제신문』에 기고한 글에는 무장대가 자신의 조건을 수용한 것처럼 서술하며 사실상 '투항'에 가까운 분위기를 강조했다. 반면 말년에 작성된 유고 「4·3의 진실」에서는 일부 요구가 조정됐고 일정 기간 전투 중지를 약속하는 상호 합의가 있었다고 기술한다. 김익렬은 1947년 9월 제9연대 부연대장(소령)으로 제주에 배속된 뒤 같은 해 12월 연대장(중령)으로 진급했다. 이어 1948년 5월 5일 미군정의 제주도 대책회의 뒤 여수 주둔 14연대장으로 전출됐고, 같은 해 8월에는 충북 온양의 제13연대장으로 또다시 전출됐다. 이 과정에서 그는 제11연대 연대장 박진경이 암살된 뒤 1개월 가까이 구금돼 조사를 받았다. 1969년 1월 중장으로 전역한 그는 말년에 자신이 경험한 4·3에 대한 기록을 정리하다가 마무리 짓지 못한 채 1988년 12월 작고했다. 그의 기록들은 4·3 무장봉기 초기 평화협상의 실태와 미군정의 전략을 알 수 있는 중요한 자료다. 그럼에도 유고와 수기 사이에는 사실의 서술에 있어 차이가 있다. 동일 인물의 기록임에도 시기와 맥락에 따라 협상 성격이 다르게 묘사된 것이다. 기록 작성 시점에 따른 기억과 상황 차이가 반영된 것으로 보인다.

그러나 협상 자체가 실재했고, 그것이 4월 30일 이루어졌다는 점은 당시 기록에서 확인된다. 그럼에도 '4·28 평화협상'이라는 명칭이 널리 쓰였다. 이는 후대 자료의 영향이 크다. 날짜와 장소를 특정한 것은 장창국의 『육사졸업생』이다. 이 책에는 이렇게 나와 있다.

> "1948년 4월 28일 오전 11시였다. 장소는 반도 측이 안내키로 했다. (중략) 저들끼리 신호를 보내고는 저쪽 국민학교로 가라고 안내했다. 그곳은 구억국민학교였다."

4·3의 전개과정에서 유혈사태의 분수령으로 알려진 '4·28 평화협상'은 이렇게 나왔다.

이후 여러 연구와 저술에서 이를 인용하면서 '4·28 평화협상'이라는 명칭이 널리 사용됐다. 심지어 『정부 보고서』 또한 이를 인용하고 있다. 하지만 김익렬 본인은 이 저작이 자신의 자료와 검증되지 않은 정보를 혼합해 작성됐다고 비판한 바 있다.

그는 신문 기고에서 협상 날짜를 명확히 4월 30일로 밝혔고, 장소 역시 안덕면 중산간으로 적시했다. 사건 발생 직후의 기록이라는 점에서 후대 회고나 2차 저작보다 사료적 신뢰도가 높다고 볼 수 있다. 이와 함께 당시 슈 중령이 목격한 경비대의 군사작전 상황, 딘 군정장관과 워드 사단장의 동시 제주도 방문 및 작전 시찰, 미군 가족 철수 시점 등을 종합하면 협상은 4월 30일에 열렸다. 결국 '4월 28일설'은 후대 정리 과정에서 형성된 날짜 혼선으로 이해하는 것이 타당하다.

협상의 성격 역시 단순한 평화 모색으로만 보기는 어렵다. 김익렬 유고에 따르면 그는 협상에 앞서 맨스필드와 딘의 명령으로 4월 20일 제5연대 고문관 드 루스와 함께 '폭도 분리작전'을 실시한 뒤 무력으로 토벌에 나서는 작전계획을 수립했다. 협상은 군사작전을 앞둔 회유·분리 전략의 일부였다. 실제 미군정 문서에서도 협상이 진행되던 시기 이미 경비대 작전이 병행되고 있었음이 확인된다. 김익렬 역시 훗날 재판 증언에서 당시 군사 행동의 상당 부분이 미군 고문관 드 루스의 지휘 아래 이루어졌다고 밝혔다.

평화협상이 5·10 선거를 앞둔 시기에 열렸다는 점도 협상을 이해하는 중요한 배경이다. 제주도 사태가 확대될 경우 선거 자체가 차질을 빚을 가능성이 있었다. 특히 유엔조위가 국내에 들어와 활동하고 있었고, 제주도 사태에 대해 인지한 시점에서 국제적 여론 형성과 선거에 영향을 끼칠 우려가 제기됐다.

이 점에서 4월 30일 평화협상은 두 가지 성격을 동시에 지닌다. 한편으로는 현장 지휘관 차원에서 유혈사태의 확대를 막으려는 시도가 확실히 존재했다. 김익렬 스스로도 합의가 유지됐다면 사태 악화를 막을 수 있었을 것이라는 인식을 갖고 있었다. 그러나 다른 한편에서 4월 18일 군정장관의 작전 지시, 4월 27일 작전참모부 참모의 시찰, 4월 29일 미군정 수뇌부의 시찰, 4월 30일 협상 개최라는 흐름을 종합하면 협상은 단순한 연대장 개인의 판단이 아닌 미군정의 전략 속에서 추진된 조치로 해석하는 것이 타당하다. 협상 직후 총공격 명령이 내려졌다는 김익렬의 기고문은 이를 단적으로 보여준다.

결국 4월 30일 평화협상은 4·3의 전개 과정에서 결정적 분기점이었다. 협상이 성실히 이행됐다면 이후 4·3의 전개 양상은 달라졌을 가능성이 있다.

평화협상 날짜를 바로잡는 일은 단순한 사실 확인에 그치지 않는다. 이는 4·3의 전개 과정과 미군정 정책, 그리고 당시 정치 상황을 보다 정확히 이해하기 위한 작업이며, 제주가 본격적인 유혈 국면으로 넘어가는 과정을 재구성하는 데 필요한 기초 작업이기도 하다. 4월 30일 평화협상은 제주의 비극을 막을 수 있었던 하나의 기회였지만, 동시에 미군정의 전략적 구도 속에서 추진된 협상이었다.

19480501

빈약한 무기, 과장된 무장대의 실체

030

『국제신문』 1948년 8월 7일자에 실린 김익렬의 기고문에는 당시 무장대의 실태를 보여주는 사진이 실려 있다. 평화협상을 위해 김달삼을 만나러 가던 이해 4월 30일 찍은 사진이다. 10명의 농민복 차림 인물이 돌담을 배경으로 카메라를 향해 서 있다. 앞줄 5명은 앉아 있고, 뒷줄 5명은 서 있는데 전형적인 농민들이다. 대부분 갈중이를 입고 패랭이(밀짚모자)와 옛 일본군 철모를 섞어 쓰고 있다.

이들의 무장 상태는 앞줄의 3명이 일본도, 2명이 죽창, 뒷줄 3명이 일본도, 1명이 죽창을 들고 있는 게 전부다. 그나마 1명은 빈손이다. '반란군'이라는 호칭과는 거리가 먼, 이들의 무장 정도가 얼마나 빈약한지를 알 수 있다.

김익렬이 이 사진을 찍은 다음 날인 5월 1일, 미군 사진병 무츠가 찍은 사진에서도 사정은 비슷하다. 죽창과 철창, 도끼, 일본도 칼집 등이 보이는데 칼집에는 일본도 대신 직접 만든 조악한 칼이 들어 있다. 살인 무기치고는 너무 빈약한 수준이다.

당시 제주도 파견 경찰 형사대 일행의 발언은 실제와 거리가 멀다. '폭동 사건의 규모'를 묻는 질문에 "인원 수 2천여 명이 조직적·계획적 무장봉기를 하고 있고, 무기는 죽창·일본도· 기관총·장총·소총·지뢰·수류탄 등을 가지고 있으며 독가스까지 가지고 있는 것으로 추측된다"고 주장했다. 과장과 추측을 뒤섞은 발언이다.

1947년 3·1절 기념대회 때까지 남로당 대정면책이었던 이운방은 "당시 대정면 유격대가 보유한 총기는 3정뿐이었다"고 증언했다. 4월 3일 경찰지서를 습격했던 인민유격대 중대장 출신도 "훈련은 전혀 없었고, 총도 왜놈들이 떠나면서 묻어뒀던 두 자루뿐이었다"고 했다.

이처럼 무장봉기 초기 무장대의 무기는 빈약했지만, 당국은 이를 왜곡·과장했고 언론은 그들의 발언을 그대로 옮겨 적음으로써 사실과는 다른 '엄청난 무기를 가진 대규모 무장

제9연대장 김익렬이 김달삼과 평화협상을 하러 가는 길에 마주친 무장대.
이들을 촬영한 사진이 1948년 8월 6일 『국제신문』에 실렸다. 이들이 가진 무기는 죽창과 일본도가 전부다.

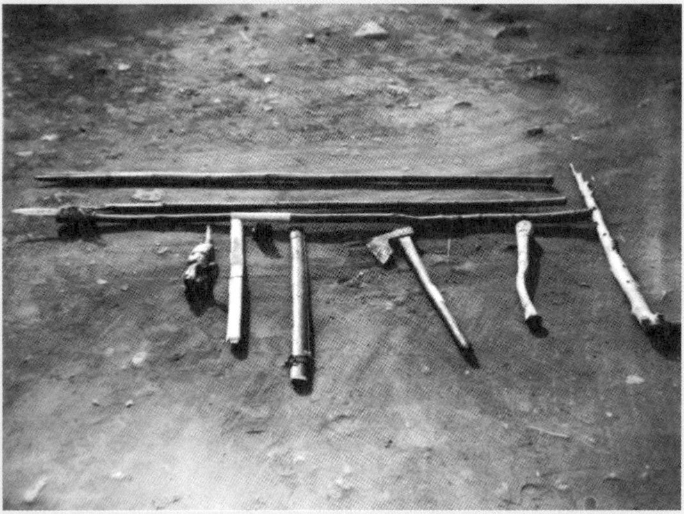

무장대로부터 압수한 무기들. 죽창과 도끼, 칼 등이 전부일 정도로 빈약하다.
사진은 1948년 5월 1일 제123통신사진파견대 사진병 무츠가 찍었다. NARA.

세력'의 이미지를 만들어냈다.

경비대가 5월 31일 대정면당 본부를 공격한 뒤 이곳을 찾은 『조선통신』 기자 조덕송은 이렇게 한탄했다.

> "토벌군이 '대정면 인민군사령부'를 습격해서 압수했다는 무기를 살펴봤더니 곤봉, 구시대의 엽총, 일본도, 죽창, 철창 등이었다. 빈약하기 짝이 없는 그들의 무기, 이로써 최신 무기에 생명을 걸고 버티고 나서야 할 절대성을 도대체 어디에서 찾아야 할 것인가."

19480501

도지사 박경훈 재임명을 카드로?

031

1948년 5월 10일 제헌국회를 구성하기 위해 치러질 국회의원 총선거를 앞두고 미군정은 제주도 사태 진압을 위해 모든 노력을 기울였다. 이런 가운데 당시 작성된 문서 한 건은 미군정이 전 제주도지사 박경훈을 다시 도지사에 임명하는 방안을 검토했음을 보여준다.

박경훈의 도지사 재임명 검토는 도민 사회는 물론 제주도 시찰 관리들의 여론 때문이었다. 이미 1947년부터 제주도 미군정에서는 육지 출신 고위 관리들에 대한 제주도의 여론 악화를 경고해왔다. 언론도 제주도를 다녀간 서울의 관리와 변호사들이 제주도의 유능한 인재들을 사법과 행정 책임자로 임명해 사태 해결에 나서야 한다는 의견을 내놓고 있다고 보도했다. 이런 분위기 속에서 1948년 5월 1일 주한미국육군사령부는 제주도 제59군정중대 방첩대 제주파견대장 메리트에게 전문을 보내 박경훈의 도지사 재임명 가능성 여부를 물었다. 이는 다시 말해 당시 하지 사령부가 박경훈의 도지사 재임명을 검토했음을 보여준다.

미군정청이 보낸 전문은 박경훈의 도지사 재임명 여부를 둘러싼 검토 절차를 넘어 당시 미군정 내부의 고민을 보여주는 사료적 의미를 갖는다. 또한 민전 의장이라는 정치적 부담에도 도민의 신망과 지역 미군정 실무자들의 긍정적 평가를 받고 있던 박경훈이 극우적 정책으로 제주도를 소용돌이에 빠져들게 한 유해진과 대비되는 인물로 도지사 후보군의 중심에 있었음을 확인시켜준다. 박경훈은 1947년 3·1사건과 민·관 총파업의 책임을 지고 도지사직을 사퇴했지만, 도민으로부터 신망을 얻고 있었다. 박경훈의 뒤를 이은 유해진의 부임 이후 제주도는 정치·사회적으로 혼란에 빠졌고, 경찰과 서청 등 우익단체의 제주도민에 대한 억압은 4·3 무장봉기로 이어졌다.

제59군정중대 민정장관 배로스 중령은 1947년 11월 그를 "매우 친미적 인물"로 평가했다.

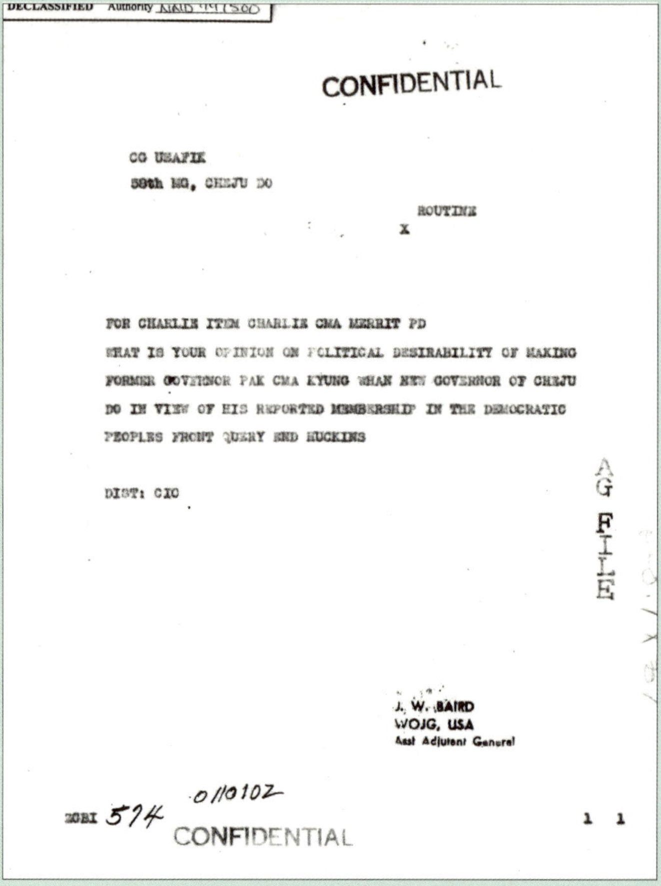

DECLASSIFIED Authority NND 9?1560

CONFIDENTIAL

CG USAFIK
59th MG, CHEJU DO

ROUTINE
X

FOR CHARLIE ITEM CHARLIE CMA MERRIT PD
WHAT IS YOUR OPINION ON POLITICAL DESIRABILITY OF MAKING
FORMER GOVERNOR PAK CMA KYUNG WHAN NEW GOVERNOR OF CHEJU
DO IN VIEW OF HIS REPORTED MEMBERSHIP IN THE DEMOCRATIC
PEOPLES FRONT QUERY END HUCKINS

DIST: CIC

AG FILE

J. W. BAIRD
WOJG, USA
Asst Adjutant General

0110102
ZGBI 574 CONFIDENTIAL 1 1

주한미국육군사령부가 제주도 제59군정중대에 보낸 문서. NARA.

발신: 부관보 J. W. 베어드 원사.
수신: 제주도 제58군정중대((59군정중대의 오기)
3급비밀
방첩대 메리트에게
민주주의민족전선 가입 사실이 보고된 점을 고려할 때, 전 제주도지사 박경훈을 신임 제주도지사에 임명하는 것이 정치적으로 바람직한지에 대한 귀하의 의견은 무엇인가?
헉킨스(Huckins) 배포: 방첩대

주한미국육군사령부는 이런 여론을 의식해 5월 1일 방첩대에 박경훈의 도지사 임명에 대해 정치적 판단을 요청했다. 그러나 박경훈 도지사 재임명은 성사되지 않았다. 미군정이 좌익단체 민전 의장을 도지사로 임명하는 데 대한 부담이 작용했을 것으로 보인다.

미군정청이 보낸 전문에는 문서 발신 일시가 '011010Z'로만 표시되어 있고, 월·연도 등은 생략했다. 그러나 미군정은 5월 28일 제주도청 산업국장 임관호를 유해진의 후임 도지사로 임명했다. 또 6월 3일 그의 임명 소식을 알리는 '호외' 삐라가 뿌려진 점을 감안하면 5월 1일 발신한 것으로 보인다. 그러나 임관호의 도지사 공식 임명 발표는 2개월이 지난 7월 13일에야 남조선 과도정부 공보부가 발표하면서 알려졌다.

19480505

'5·5대책회의', 강경 진압으로 돌아서다

032

5·10 선거를 닷새 앞둔 1948년 5월 5일 미군정 최고 책임자 딘 군정장관이 조선인 고위 관리들을 대동하고 제주에 도착했다. 그는 앞서 4월 29일에도 제주도를 방문해 미 제6사단장 워드 소장과 함께 경비대의 작전 모습을 공중 시찰했다. 선거를 총괄하는 군정장관이 선거를 앞두고 2차례나 제주도를 방문한 것은 사태의 중대성을 보여준다.

조선인 수뇌부를 대동한 딘 장관의 제주 방문은 언론의 비상한 관심을 모았다. 이들은 이날 오전 7시 김포비행장을 출발해 제주에 도착한 뒤 관련 기관별로 개별 조사를 벌였다. 이어 오후 1시 대책회의를 열어 사태 수습 방안을 논의한 뒤 상경했다. 딘은 제주도 민정장관 맨스필드를, 안재홍은 제주도지사 유해진을, 조병옥은 제주경찰감찰청장 최천을, 송호성은 제9연대장 김익렬을 상대로 제주도 사태의 상황을 파악했다.

언론은 일부 날짜나 세부 경위는 다르지만 이 대책회의

1948
05
05

에서 '무력 진압' 대 '선무 방침'이 충돌했다고 보도했다. 김익렬의 유고에도 같은 내용이 나온다. 1948년 6월 16일 『세계일보』는 5월 하순 제주도 현지 취재를 통해 "경찰은 무차별 토벌주의, 경비대는 화평진압책을 주장했다"고 보도했다. 경비대가 귀순·투항을 유도하려 했던 반면, 경찰은 사살주의를 고수했다는 것이다. 딘이 경찰의 손을 들어주면서 제9연대장 교체와 혼성 제11연대 편성이 이루어졌다고 밝혔다. 1948년 6월 8일 『대한일보』도 같은 맥락이다. 경찰은 경비대를 '적색 폭도의 보호자'라고 비난하고, 경비대는 삐라 살포 등 평화적 해결을 모색했다고 보도했다. 도민들의 신뢰가 경찰보다 경비대에 모였다는 설명도 등장한다. '5·5 제주도 대책회의' 모습에 대해서 신문은 "회의석상에서 조병옥은 '무차별 사살'을, 김익렬은 선무공작을 주장했으나, 딘의 명령으로 5월 8일 연대장 경질과 동시에 무력 행동을 개시하였다"고 밝혔다. '경비대와 경찰 수뇌부의 사건 시찰 광경'이라는 설명을 붙인

1948년 5월 5일 현지 대책회의를 위해 제주도를 찾은 인사들.
왼쪽 두 번째부터 딘 군정장관, 통역관, 유해진 도지사, 맨스필드 제주도 민정장관, 안재홍 민정장관, 송호성 경비대 총사령관, 조병옥 경무부장, 김익렬 제9연대장, 최천 제주경찰감찰청장 등이다. NARA.

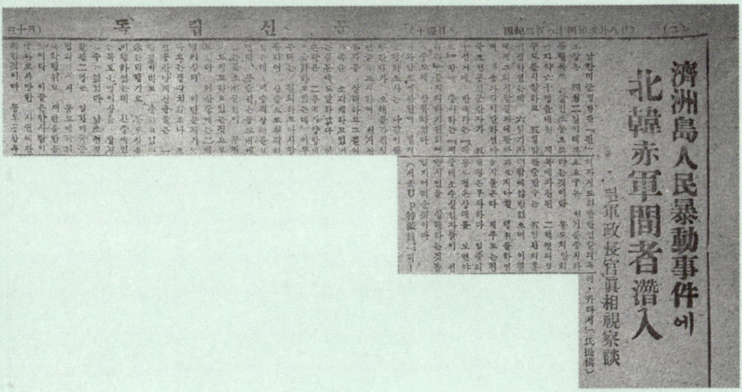

독립신문

濟洲島人民暴動事件에
北韓赤軍間者潛入
딘軍政長官眞相視察談

1948년 8월 6일 『독립신문』 기사.

제주도 인민폭동사건에
북한 적군 간자 잠입
딘 군정장관 진상시찰담

남한 미군정장관 「딘」 소장은 4월 2일 이래로 류혈 폭동 살인소동으로 사자 약 60명을 내인 제주도를 시찰하고 5일 밤 귀경하였는데 6일 기자에게 그의 시찰 결과에 관하여 다음과 같이 말하였다.

북조선 공산군 간자가 5·10선거에 반대하는 『테로』전에 종사하는 『게리라』를 지원하기 위하여 제주도에 상륙하였다. 나와 남조선 관헌이 별개로 행한 조사는 다같이 웨부 간자가 오해를 가진 청년들을 교사하여 선거 찬동자를 살해하고 그들의 가족을 소각케 하고 있다는 결론에 도달하였다. 한 촌락은 2부대가 양방에서 습격하고 있는데 이 두 부대는 철퇴하고 다시 합류하여 산중으로 퇴각하였는데 이 습격 상태를 보건데, 동 습격은 동도 내에 있는 북조선 군인이 무전으로 지도하고 있는 것으로 보인다. 이 산중에는 200명 이상의 이단분자가 있다고 생각지 않으나 조선공산당계 신문들은 1만명이라고 칭하고 있다. 여(余)는 비행기로 동도상을 비행하였는데 산중에 있는 폭도 7명 이상을 발견할 수는 없었다. 남조선 경찰관 2명은 일간 미국 군법회의에서 재판을 받을 것이다. 이들은 한 사람이 구타로 사망한 사권에 관계한 것이다. 동도 공산주의자 지도 하 반란인들의 주요 요구는 선거를 중지하라는 것이다. 동도 치안 회복에 파견된 200명의 경관 중 반수는 5일간의 훈련 밖에 않받었으며 이 결과로 지나친 행위를 하였을지 몰은다. 제주도는 현재 평온 무사하다. 일 중의 동도 평온상태를 보면 야 중에 소수 살인자들이 선량시민을 살해하는 것을 믿기 어려운 것이다.(서울UP특파원 「피-터 카라서」씨 제공)

사진도 실었다.

김익렬의 유고에 따르면 이 자리에서 최천 제주경찰감찰청장은 제주도 사태는 국제공산주의자에 의해 사전에 계획한 폭동이며, 군·경 합동작전으로 토벌해야 한다고 주장했다. 조병옥은 김익렬을 가리키며 공산주의 청년이고, 5살 때 작고한 부친을 들먹이며 현재 이북에서 공산당 간부로 활동하고 있다고 주장했다. 이에 김익렬이 흥분해 조병옥과 난투극이 벌어졌다.

조병옥 일행과 서울로 상경해 다음날 기자회견을 한 딘 군정장관의 말은 전혀 달랐다. 그는 이렇게 밝혔다.

> "북조선 공산군 간자가 5·10 선거에 반대하는 테러전에 종사하는 게릴라를 지원하기 위해 제주도에 상륙하였다."
> "나와 남조선 관헌이 별개로 행한 조사는 다같이 외부 간자가 오해를 가진 청년들을 교사해 선거 찬동자를 살해하고 그들의 가족을 소각케 하고 있다는 결론에 도달하였다."

조병옥의 주장을 받아들이고, 김익렬의 주장을 배척한 딘 군정장관의 발언은 제주도 진압 정책을 강경 노선으로 전환시키는 계기가 됐다.

19480510

그리스와 제주, 서로 닮은 비극

033

1944년 12월 3일 그리스 아테네 중심지 신타그마광장에는 새벽부터 많은 시민이 모여들었다. 나치 독일과 싸운 좌파 저항단체를 해산하고 새 군대로 대체하려는 정부 결정에 항의하기 위해서였다. 애초 허가됐다가 금지됐지만 예정대로 집회를 강행한 참가자들은 나치 부역자 처벌과 민족통일정부 수립을 요구하며 평화적 시위를 벌였다.

시위대가 경찰이 설정한 경비선에 접근하자 갑자기 경찰관 1명이 청사 밖으로 나와 발포했고, 이어 경비를 서던 20여 명의 경찰이 일제히 발포했다. 30여 분 간의 사격으로 최소 12명의 비무장 민간인이 희생됐다. 이 사건은 다음날부터 한 달 가까이 이어진 총파업의 도화선이 됐고, 좌·우익의 충돌을 폭발시켰다. 영국군이 개입해 시가전으로 확대되면서 아테네의 24개 경찰서 가운데 21곳을 장악했던 좌파 민족인민해방군은 결국 패퇴해 철수했다. 그 뒤 우익단체의 그리스 전역에서 자행된 백색테러는 내전 상태로 빠져들게 했다. 이

1948년 5월 10일 조선과 그리스 사태가 유사하다고 보도한
『UP통신』 기사를 실은 『자유신문』.

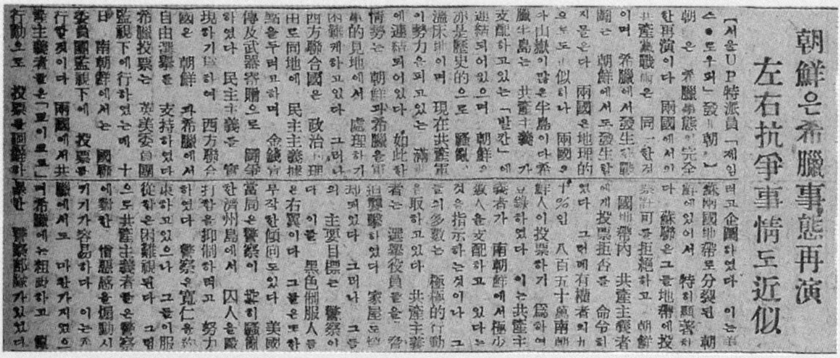

1948년 5월 10일 조선과 그리스 사태가 유사하다고 보도한
『UP통신』 기사를 실은 『대동신문』.

를 '데켐브리아나'(Dekemvriana · 12월의 사건들)라고 한다.

그리스의 데켐브리아나가 남한의 5·10선거와 제주도 사태에 소환됐다. 1948년 5월 10일, 남한 총선거가 치러진 날, 국내 신문들은 서울의 『UP통신』 특파원 제임스 로퍼의 기사를 일제히 실었다. 로퍼는 기사에서 "조선은 희랍사태의 완전한 재연"이라고 전제한 뒤 남한과 그리스의 지정학적 조건과 정세를 비교했다. 두 지역이 모두 산악지형의 반도 국가이고, 각각 발칸과 만주와 연결되어 있다며 지리적·정치적 유사성을 강조했다. 그는 이러한 비교를 통해 남한 문제를 '소련 팽창'이라는 국제적 냉전 구도 속에서 해석했다.

로퍼는 이 기사에서 제주도를 거론했다. 그는 "미국 당국이 특히 소란한 제주도에서 수감자들을 구타하는 경찰의 행위를 막으려고 노력했다"면서 "경찰은 관인寬仁을 약속했지만 복종하지 않을 것"이라고 지적했다. 그는 이어 "이 때문에 공산주의자들은 경찰에 대한 증오감을 선동시키기 쉽다. 이는 그리스에서도 마찬가지였으며 그리스에는 난폭한 경찰부대가 있었다"며 그리스와 제주의 유사성을 찾았다. 로퍼의 기사는 나아가 "하지 사령관이 그리스와 조선의 사태가 유사하다는 데 놀라고 있다"고 전했다. 좌·우익 충돌과 좌익의 선거 거부, 경찰과 우익의 민중 탄압 등으로 내전에 빠져든 그리스와 남한의 상황, 특히 제주도가 비슷하다고 한 것이다.

그리스 내전을 계기로 미국이 내놓은 대외정책 방향인

트루먼 독트린은 전후 냉전체제의 서막을 알리는 신호탄이었다. 로퍼의 기사는 4·3을 국내 정치의 틀을 넘어 국제적 맥락에서 해석한 초기 기록 가운데 하나다.

19480515

미군 고문관이 가리키는 작전 지도

034

전국적으로 치른 5·10 선거에서 유일하게 제주도에서만 원하는 결과를 얻지 못한 미군정은 강경 대응에 나섰다. 미군 구축함이 제주 연안에 급파됐고, 경비대가 작전에 나섰다. 제123통신사진파견대 무츠는 5월 15일 미군정의 제주도 작전 개입 장면을 사진으로 남겼다. 권총을 찬 경비대 제9연대 고문관 리치 대위와 경비대 장교들이 제주도 지도를 펴놓고 마을 공격 계획을 논의하고 있는 모습을 담았고, 뒷면에는 이렇게 적었다.

> "제주도 주둔 경비대 미군 고문관 리치 대위와 경비대 장교 오 소령이 공산주의자들이 활개치는 마을 공격 계획을 논의하고 있다."

제9연대장은 김익렬에서 박진경으로 교체된 직후였다. 5·10 선거 이후 미군정의 전면 공세 속에 경비대가 제주도

1948년 5월 15일 연대 고문관 리치 대위가 경비대 오 소령과 마을 공격 계획을 논의하고 있는 모습이다. 1948년 5월 10일 총선거가 치러진 가운데 제주도에서만 선거가 실패하자 미군정은 강경 대응에 나섰다. 미군 구축함이 제주 연안에 급파됐고, 경비대가 작전에 나섰다. 제123통신사진파견대 무츠가 5월 15일 촬영한 여러 장의 사진 가운데 이 사진은 미군정의 제주도 작전 개입을 상징적으로 보여준다. NARA. [화보05]

중산간 지역의 주민들을 대대적으로 검거하던 시점이다.

사진 촬영 전날인 5월 14일 오전에는 한림면 저지지서와 주택 130여 채가 불에 탔다. 7명 사망, 7명 납치, 1명이 행방불명되는 인명피해도 있었다. 앞서 새벽에는 한림리 주택 6채가 불에 타고, 면장 부인이 피살됐다. 오후에는 무장대 3개 집단이 한림리를 공격했으나 경찰과 경비대의 합동 작전으로 격퇴했다.

이런 상황에서 사진 속 리치는 무릎을 구부리고 손가락으로 땅바닥에 펼쳐놓은 지도의 한 지점을 가리키고 있다. 한림면의 중산간 지역으로 보인다. 그 옆에 마찬가지로 앉아 있는 경비대 오 소령은 몸을 기울인 채 리치의 손가락을 따라 지도를 응시하고 있고, 앞에는 또 다른 흙 묻은 군화를 신은 경비대 장교로 보이는 군인이 서서 지도를 보는 듯하다. 그들의 표정과 자세는 긴박한 작전회의의 순간임을 시사한다. 이들 뒤로는 병사들의 움직임이 흐릿하게 잡힌다.

1948년 5월 초 제11연대 고문관으로 파견돼 7월께까지 근무한 리치 대위는 자신을 포함해 미군 고문관 3명과 미군 사병 3명 등 6명이 있었으며, 연락기 2대와 낡은 소해정을 해안 감시선으로 개조한 2척의 선박을 지휘했다고 말했다. 그의 부임 당시 제주도에는 미 제6사단 제20연대장 브라운 대령과 포티어스 소령이 있었다. 리치는 자신의 임무에 대해 이렇게 말했다.

> “경비대 고문관으로서 나의 임무는 산간 내륙 지역에 숨어서 소규모 집단으로 움직이는 공산주의 동조자들의 습격과 혼란을 종식시키는 것이었다.”

경비대 작전이 미군의 직접적인 자문과 지도 아래 진행됐음을 보여주는 이 사진은 미군이 4·3 시기 관찰자가 아니라, 작전의 방향 설정과 공격 목표 선정 과정에까지 깊이 개입했음을 보여준다.

19480515

선거를 피해 중산간으로 오른 주민들

035

제주 중산간의 한 소나무 숲에서 촬영한 한 장의 사진에는 50여명 가까이 되는 아이와 부녀자가 빽빽하게 모여 있다. 성인 남성은 거의 보이지 않는다. 풀밭 위에 앉아 있거나 서 있는 이들 가운데는 두세 살 난 유아에서부터 허름한 교복 차림의 초등학생과 중학생으로 보이는 아이들, 단발머리 어린 소녀, 등에 작은 짐을 멘 소녀, 아기를 업거나 안은 부녀자도 눈에 띈다. 미군 카메라 앞에서 신기한 듯 바라보거나 정면으로 응시하고 있다. 5·10 선거를 피해 산에 올라간 주민들이다. 이들은 며칠 동안 이곳에서 지냈다.

1948년 5월 15일, 봄볕이 비추는 숲속에서 잠시 멈춰 선 주민들의 모습이 미군 사진병 무츠의 카메라에 고스란히 담겼다. 얼핏 평화롭게 보이기도 하지만 그 이면에는 불안감이 더 컸을 것이다. 무츠는 사진 뒷면에 이렇게 적었다.

"최근 제주도에서 벌어진 공산주의자들의 테러로 인해

1948년 5월 15일 산에 오른 주민들. NARA. [화보06]

강제로 집을 떠난 마을 주민들이 며칠 동안 머물렀던 중산간 지역에 모여 있다. 주민들은 떠나기를 거부할 경우 죽임을 당한다는 협박을 받았다. 그러나 이제 경비대와 경찰이 상황을 완전히 장악했고, 주민들은 서서히 집으로 돌아가고 있다."

이 설명글에는 당시 주민들이 실제로 마주했을 공포와 혼란, 저항은 담기지 않았다. 5·10 선거를 앞두고 무장대의 선거 반대 활동이 이어졌다. 주민들의 자발적 불참 움직임도 있었다. 무장대의 강요나 협박에 의한 이들, 영구 분단은 안 된다는 신념을 가진 이들이 서로 다른 이유로 산으로 올랐다. 이들은 대부분 며칠만 피하면 상황이 진정될 것이라고 같은 생각을 했다.

바로 그때, 피신과 검거의 경계에 놓인 이들이 카메라에 담겼다. 카메라 렌즈는 아이들의 얼굴에 멈췄지만, 그들 뒤편으로 폭력의 기운이 다가오고 있었다. 생존을 위한 피신의 시간이자 조만간 닥칠 폭력 직전의 시간, 봄볕 속 평온함은 그 앞에서 잠깐 멈춰선 장면이다. 저 얼굴들 가운데 살아남은 아이들은 과연 얼마나 될까.

19480515

하산의 길, 평화와 비극의 갈림길

036

중산간 들녘 한 가운데로 사람들의 행렬이 이어진다. 수백 명은 족히 되어 보인다. 1948년 5월 15일의 또다른 장면이다. 5·10 선거를 피해 중산간 들녘에서 며칠을 보낸 뒤 하산하는 주민들이다. 교복이나 교모도 보이고, 10대 초반으로 보이는 소녀의 등짐, 중년 여성과 남성의 등에 진 땔감도 보인다. 20~30대로 보이는 한 여성은 두 아이의 손을 잡고, 포대기에 싼 어린애를 등에 업었다.

4월 3일 이후 토벌대와 무장대의 충돌은 날로 격화됐다. 경찰과 서북청년단의 횡포와 탄압은 강도를 더해갔다. 산에서 내려온 무장대는 '단선 반대'를 외쳤다. 이런 시국에서 곧 치러질 선거를 앞두고 "해방된 땅에서 영구 분단을 가져올 단독선거가 웬말이냐"며 선거 거부를 위해 자발적으로 입산을 결심한 이들이 있었다. 선거 거부 동참을 위해 며칠만 산으로 피신하라는 무장대의 요구에 응한 이들도 있었다. 사진 뒷면에는 이렇게 적혀 있다.

1948 05 15

"제주도 마을주민들이 최근 공산주의자들의 테러 통치 때문에 떠났던 마을에 있는 자신들의 빈 집으로 줄을 지어 돌아가고 있다. 이 테러 통치는 유엔 감시 하의 선거를 방해하려는 시도로 제주도 전역에 퍼졌다. 주민들은 마을을 떠나기를 거부하면 죽이겠다는 협박을 받았지만, 이제 경비대가 상황을 장악했다."

한라산과 오름이 뒤로 보이는 사진 속 장소는 제주읍 해안리로 추정된다. 미군 정보보고서는 경찰이 5월 13일 오전 8시부터 14일 오전 8시까지 24시간 동안 해안리 지경에서 25명을 체포했고, 2천여 명의 주민들이 숲속 피신처에 머물렀다가 한림과 애월의 집으로 돌아가기 시작했다고 기록했다. 사진과 보고서가 서로 관련이 있는 것으로 보인다. 미군 사진병이 어떻게 주민들이 하산하는 장소를 찾아 촬영했는지는 나와 있지 않다. 경찰이나 미군정 요원들과 함께 주민들의 피

1948년 5월 15일 산에 올랐다가 귀가하는 주민들. NARA.

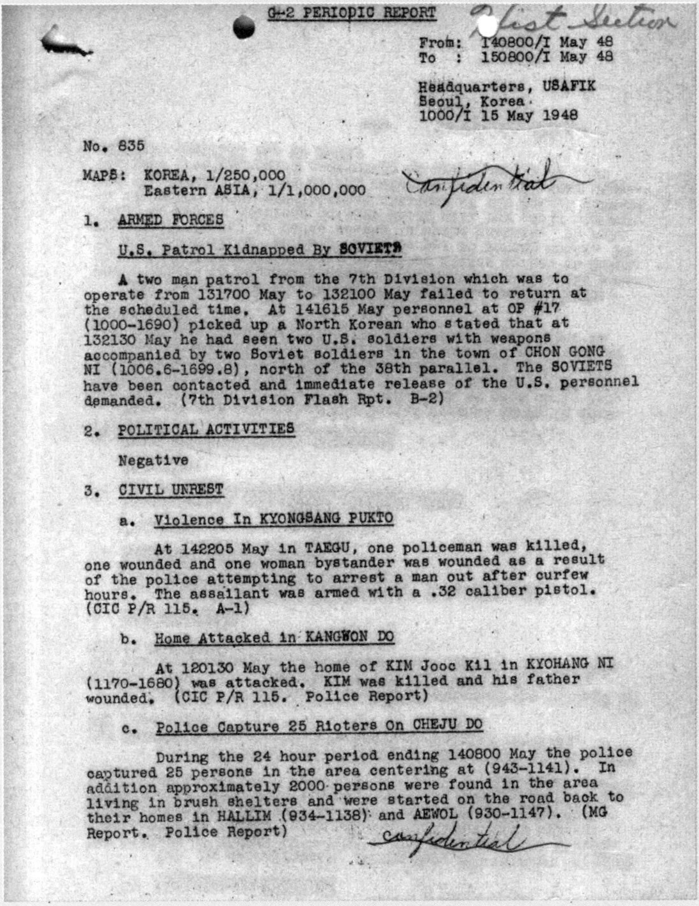

G-2 PERIODIC REPORT

From: 140800/I May 48
To : 150800/I May 48

Headquarters, USAFIK
Seoul, Korea
1000/I 15 May 1948

No. 835

MAPS: KOREA, 1/250,000
Eastern ASIA, 1/1,000,000

confidential

1. ARMED FORCES

U.S. Patrol Kidnapped By SOVIETS

A two man patrol from the 7th Division which was to operate from 131700 May to 132100 May failed to return at the scheduled time. At 141615 May personnel at OP #17 (1000-1690) picked up a North Korean who stated that at 132130 May he had seen two U.S. soldiers with weapons accompanied by two Soviet soldiers in the town of CHON GONG NI (1006.6-1699.8), north of the 38th parallel. The SOVIETS have been contacted and immediate release of the U.S. personnel demanded. (7th Division Flash Rpt. B-2)

2. POLITICAL ACTIVITIES

Negative

3. CIVIL UNREST

a. Violence In KYONGSANG PUKTO

At 142205 May in TAEGU, one policeman was killed, one wounded and one woman bystander was wounded as a result of the police attempting to arrest a man out after curfew hours. The assailant was armed with a .32 caliber pistol. (CIC P/R 115. A-1)

b. Home Attacked in KANGWON DO

At 120130 May the home of KIM Jooc Kil in KYOHANG NI (1170-1680) was attacked. KIM was killed and his father wounded. (CIC P/R 115. Police Report)

c. Police Capture 25 Rioters On CHEJU DO

During the 24 hour period ending 140800 May the police captured 25 persons in the area centering at (943-1141). In addition approximately 2000 persons were found in the area living in brush shelters and were started on the road back to their homes in HALLIM (934-1138) and AEWOL (930-1147). (MG Report. Police Report)

confidential

1948년 5월 15일 주한미국육군사령부 정보참모부 일일보고서 제835호. NARA.

경찰

제주도에서 폭도 25명 체포

5월 14일 오전 8시까지의 24시간 동안 경찰은 제주읍 해안리를 중심으로 한 지역에서 25명을 체포했다. 또한 2천여 명이 해당 지역에서 수풀로 만든 임시 거처에서 생활하는 있는 모습이 확인됐으며, 이들은 한림과 애월의 자신들의 집으로 돌아가기 시작했다.(군정 보고, 경찰 보고)

난 장소를 찾은 것으로 추측한다.

사진 속 주민들의 무표정한 모습에서 불안이 엿보인다. 산에서 내려온 이들은 곧 경찰과 토벌대의 무차별 검거로 수용소에서 조사를 받게 될 것이다. 어떤 이들은 집으로 돌아갈 것이다. 또 어떤 이들은 수용소에 갇혀 지내게 될 것이다. 산에서 내려오는 이 길 끝에 저들이 마주할 운명은 과연 어떤 것이었을까.

19480521

기마경찰과 구덕을 멘 여인

037

제주읍 삼성혈 인근 도로 위다. 돌담 안쪽 울창한 노송과 잘 정비된 돌담은 유서 깊은 장소임을 말해준다. 작은 돌멩이들이 어지럽게 널린 도로는 아직 비포장이다. 사진을 찍은 미 공군 정훈장교는 이렇게 설명을 적었다.

> "제주도 기마경찰-기마나 도보로 활동하는 국방경비대는 미군정과의 협력을 통해 그들의 효율성과 신뢰를 입증해왔다. 이들 기마경찰은 제주도에 주둔하고 있으며, 사진 속에는 어깨끈으로 짐을 메고 가는 한국 여인의 모습도 담겨 있다."

밋밋한 설명이다. 사진은 훨씬 더 많은 이야기를 품고 있다. 말을 탄 경찰관 4명이 도로를 점령하듯 서 있다. 다들 카메라를 의식한 듯, 말고삐를 단단히 쥔 채 권위적이고 무표정한 모습이다. 군화로 말의 옆구리를 누르고, 허리를 꼿꼿이

위압감을 주는 기마경찰과 돌담 옆으로 구덕을 지고 고개를 숙인 채 걸어가는 여인의 모습이 대비된다. 사진은 미공군 공보실 검토 기록상 1948년 5월 21일 이전 촬영한 것으로 보이며, 촬영자는 미공군 공보 관련 사진요원으로 추정된다. NARA. [화보07]

세웠다. 기마경찰 옆으로는 군용 지프가 살짝 보인다. 'HQ 6'이라고 적힌 표식은 당시 제주도를 관할하던 미 제6사단 사령부 차량임을 시사한다. 딘 군정장관의 명령에 따라 제6사단 제20연대장 로스웰 브라운 대령이 제주도 최고 지휘관으로 부임한 것도 이 사진이 촬영된 무렵이다.

오른쪽 여인은 광목 치마저고리 차림에 무거워 보이는 구덕을 등에 진 채 고개를 숙이고 돌담을 따라 걷고 있다. 맨발에 초신을 신고 조심스레 땅을 더듬듯 걷는다. 어깨와 허리는 구덕의 무게를 감당하느라 자연스레 굽어 있다. 여인은 눈을 들지 않는다. 말 위 경찰이나 지프를 향해 고개를 돌리지 않는다. 그저 땅바닥만 보면서 걷는다. 한창 토벌작전이 강화되던 시기였다. 하루에 수십, 수백여 명이 무차별적으로 검거를 당했다. 눈만 마주쳐도 죄인이 되던 시절이다. 땅만 바라보고 있는 여인을 통해 당시의 공포와 긴장을 엿볼 수 있다.

등에 진 무거운 구덕은 공포 속에서도 삶을 이어가야 했던 제주 여성들이 짊어진 삶의 무게이기도 하다. 그 시절 많은 이가 총소리와 군홧발 소리에 오그라드는 심장을 부여잡고 일상을 이어갔다. 오죽하면 신문은 "경찰과 경비대의 주력이 주둔하는 제주읍은 밤이 되면 죽음의 거리로 화"하고 "인적 없는 마을에 때때로 자동차 소리만이 크게 들리며 군대·경찰관의 군화 가죽소리만이 요란"하다고 했을까. 여인은 고개를 숙이고, 두려움에 발걸음을 재촉했다.

이 사진을 찍은 미 공군 장교는 아마도 사진 속 지프를 타고 삼성혈을 둘러보다가 순간을 포착했을 것이다. 그 포착된 순간에 폭력과 생존이 교차한 시기, 삶을 이어가는 제주 여성의 모습이 담겼다. 4·3의 또다른 얼굴이 거기에 담겼다.

19480524

5·10 선거 실패의 파장

038

4월 3일 무장봉기 이후 소요가 계속 이어졌다. 군·경의 진압이 강화되면서, '자유 분위기' 속에서 선거를 치를 조건이 형성되지 못했다. 딘 군정장관과 하지 사령관의 작전 지침 전달, 제주도 군정장관의 진압 지휘와 딘 군정장관의 연이은 방문에도 소요는 진정되지 않았다.

이런 가운데 5월 10일 선거가 치러졌다. 제주도 3개 선거구 중 남제주군 선거구에서는 투표율 86.6퍼센트로 오용국이 당선됐으나 북제주군 갑과 을 선거구는 각각 43퍼센트, 46.5퍼센트의 투표율을 보여 과반수에 미달했다. 미군정이 투표함을 직접 호송하고 투표소 감시에 나서고, 경비대를 동원해 작전을 벌였으나 2개 선거구에서 투표율이 절반을 넘지 못한 것이다.

실패로 끝난 제주도 선거 결과는 일주일이 지나 공개됐다. 제주도 선거위원 홍순재는 5월 17일 항공편으로 서울을 방문해 국회선거위원회에 선거 결과를 보고했고, 국회선거위원회는 이를 검토한 뒤 5월 19일 딘 군정장관에게 '제주도

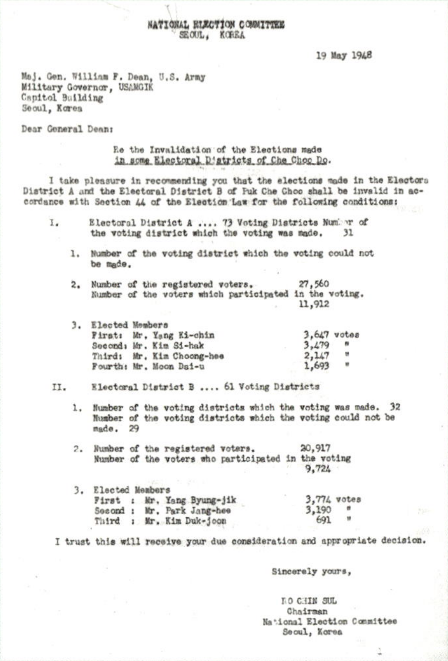

NATIONAL ELECTION COMMITTEE
SEOUL, KOREA

19 May 1948

Maj. Gen. William F. Dean, U.S. Army
Military Governor, USAMGIK
Capitol Building
Seoul, Korea

Dear General Dean:

Re the Invalidation of the Elections made
in some Electoral Districts of Che Choo Do.

I take pleasure in recommending you that the elections made in the Electora District A and the Electoral District B of Puk Che Choo shall be invalid in accordance with Section 44 of the Election Law for the following conditions:

I. Electoral District A .... 73 Voting Districts Number of the voting district which the voting was made. 31

1. Number of the voting district which the voting could not be made.

2. Number of the registered voters. 27,560
Number of the voters which participated in the voting. 11,912

3. Elected Members

First:	Mr. Yang Ki-chin	3,647 votes
Second:	Mr. Kim Si-hak	3,479 "
Third:	Mr. Kim Choong-hee	2,147 "
Fourth:	Mr. Moon Dai-u	1,693 "

II. Electoral District B .... 61 Voting Districts

1. Number of the voting districts which the voting was made. 32
Number of the voting districts which the voting could not be made. 29

2. Number of the registered voters. 20,917
Number of the voters who participated in the voting 9,724

3. Elected Members

First :	Mr. Yang Byung-jik	3,774 votes
Second :	Mr. Park Jang-hee	3,190 "
Third :	Mr. Kim Duk-joon	691 "

I trust this will receive your due consideration and appropriate decision.

Sincerely yours,

NO CHIN SUL
Chairman
National Election Committee
Seoul, Korea

1948년 5월 19일
국회선거위원회가 딘 군정장관에 보낸 제주도 일부 선거구의 무효 건의. NARA.

딘 장군 귀하

제주도 일부 선거구에서 실시된 선거의 무효에 관한 건

본 위원회는 제주도 북제주군 갑구와 북제주군 을구에서 실시된 선거가 선거법 제44조에 따라 무효로 처리되어야 함을 건의 드립니다. 그 이유는 아래와 같습니다.

I. 북제주군 갑구-투표구 73곳 중 투표가 실시된 투표구 수 31곳

1. 투표가 실시되지 못한 투표구 수
2. 유권자 수: 27,560명 투표자 수: 11,912명
3. 당선자 제1위: 양귀진-3,647표 제2위: 김시학-3,479표 제3위: 김충희-2,147표 제4위: 문대유-1,693표

II. 북제주군 을구-투표구 61곳.

1. 투표가 실시된 투표구 수: 32곳 투표가 실시되지 못한 투표구 수: 29곳
2. 유권자 수: 20,917명 투표자 수: 9,724명
3. 당선자 제1위:양병직-3,774표 제2위: 박창희-3,190표 제3위: 김덕준-691표

귀하의 충분히 검토와 적절한 결정을 받을 수 있기를 믿습니다.
국회선거위원회 위원장 노진설

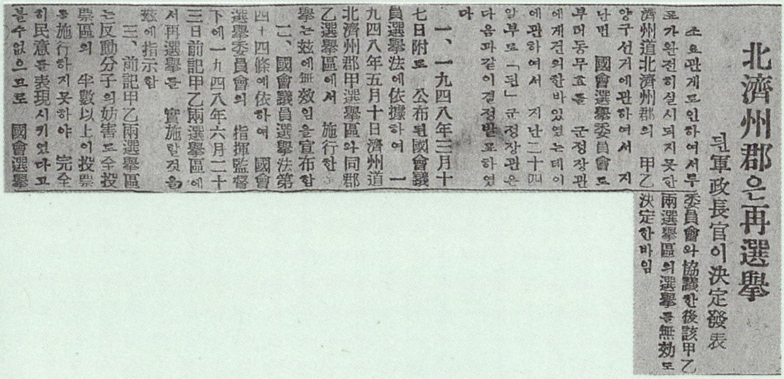

北濟州郡은再選擧

딘軍政長官이決定發表

소요관계로인하여서투표가완전히실시되지못한濟州道北濟州郡의 甲乙양구선거에관하여서 지난번 國會選擧委員會로부터동무효를 군정장관에게건의한바있엇는데이에관하여서 지난二十四일부로「딘」군정장관은다음과같이결정발표하엿다

一、一九四八年三月十七日附로 公布된國會議員選擧法에依據하여 一九四八年五月十日濟州道北濟州郡甲選擧區와同郡乙選擧區에서 施行한選擧는玆에無效임을宣布함

二、國會議員選擧法第四十四條에依하여 國會選擧委員會의 指揮監督下에一九四八年六月二十三日前記甲乙兩選擧區에서再選擧를 實施할것을玆에指示함

三、前記甲乙兩選擧區는反動分子의妨害로全投票區의 半數以上이投票를施行하지못하야 完全히民意를表現시키엿다고볼수없으므로 國會選擧委員會와協議한後該甲乙兩選擧區의選擧를無效로決定한바임

1948년 5월 27일 『대동신문』 기사.

북제주군은 재선거

딘 군정장관이 결정 발표

소요관계로 인하여서 투표가 완전히 실시되지 못한 제주도 북제주군의 갑·을 양구 선거에 관하여서 지난번 국회선거위원회로부터 동 무효를 군정장관에게 건의한 바 있었는데 이에 관하여서 지난 24일부로 「딘」 군정장관은 다음과 같이 결정 발표하였다.

1. 1948년 3월 17일부로 공포된 국회의원선거법에 의거하여 1948년 5월 10일 제주도 북제주군 갑 선거구와 동군 을 선거구에서 시행한 선거는 자에 무효임을 선포함.

2. 국회의원선거법 제44조에 의하여 국회선거위원회의 지휘감독 하에 1948년 6월 23일 전기 갑·을 양 서거구에서 재선거를 실시할 것을 자에 지시함.

3. 전기 갑·을 선거구는 반 동분자의방해로 전 투표구의 반수 이상이 투표를 시행하지 못하야 완전히 민의를 표현시키였다고 볼 수 없으므로 국회선거위원회와 협의한 후 해(該) 갑·을 양 선거구의 선거를 무효로 결정한 바임.

5·10 선거 실패 뒤 미군이 5월 12일 제주 연안에 급파한 구축함 크레이그호. NARA.

일부 선거구 선거 무효에 관한 건'이라는 제목의 건의문을 제출해 양 선거구의 선거 무효를 건의했다. 같은 날, 철도관구 경찰관 350명과 제6, 8관구 경찰관 100명 등 모두 450명이 전투응원대로 제주도에 파견됐다.

제주도 선거 결과 처리에 고심한 미군정 수뇌부는 국회선거위원회의 건의 닷새 뒤인 5월 24일 선거 무효를 선언하기에 이른다. 딘 군정장관은 "양 선거구는 반동분자의 방해로 전 투표구의 반수 이상이 투표를 시행하지 못하여 완전히 민의를 표현시켰다고 볼 수 없다"며 선거 무효 선언과 함께 6월 23일 재선거 실시 계획을 발표했다.

이에 앞서 선거 직후인 12일 하지 사령관은 "좌익의 대대적인 선거 반대 공작에도 불구하고 만고 미증유의 민주주의의 승리"라며 찬사 섞인 성명을 발표했지만 한편에서는 강력한 대응에 나섰다. 미군정은 같은 날 미해군 구축함을 제주도 연안으로 급파했다. 경비대는 5월 14일부터 21일까지 송당리와 교래리에서 소탕작전을 벌여 200여 명을 체포하고 7명을 사살했다.

미군정이 점령 기간 최대의 노력을 기울인 선거의 실패는 미군정과 미국의 위신에 흠집을 내는 상징적인 사건이었다. 6·23 재선거를 앞두고 미군정의 전면적이고 강력한 진압작전이 전개되기 시작했다. 제주도 사태는 걷잡을 수 없는 국면으로 접어들었다.

일본도를 잡고 있는 대대장

039

무표정하고 다부진 체격의 경비대 장교가 선글라스를 쓰고 쌍안경을 목에 건 채 군용 지프 앞에 정면으로 서 있다. 당시 제주도에서 활동한 경비대 장교를 단독으로 포착한 드문 기록이다. 사진에는 붉은 글씨로 적힌 'Capt. KO. 1st BATTALION, 9Th REGT, KC'를 통해 사진 속 인물이 제주도 주둔 '경비대 제9연대 제1대대장 고 대위'임을 알 수 있다. 이름은 나와 있지 않아 알 수 없다.

고 대위는 왼쪽 손으로 일본도를 짚고 서 있다. 칼자루가 흰 천으로 감겨 있고 꽤 닳은 모습으로 보아 장식용이 아니라 실제 사용했던 무기임을 알 수 있다. 무장대들은 일본군이 폐기하고 간 일본도를 찾아내 습격 때 사용하곤 했다. 토벌작전 지휘관이 총기가 아닌 일본도를 들고 다닌 사례는 많지 않지만 사용했다. 1948년 12월 애월면 신엄리에서 무장대 기습으로 제9연대 제7중대장 등 제9연대 병사들이 사망했다. 이에 대한 '척살' 보복 당시 총기를 사용하지 않고 칼로 살해한 사례가 있다. 경비대원들이 작전 현장에서 일본도를 가지고 다닌 장면은 또 볼 수 있다. 제11연대 고문관 소장 사진에도 철모를 쓴 군인이 손잡이를 천으로 싼 일본도를 짚고 서 있다. 주위에는 머리를 깎고 패랭이를 쥔 채 경직된 자세로 갈중이 차림의 3명이 서 있다.

고 대위의 사진 배경은 주정공장 굴뚝과 동산이 보이는 점으로 보아 제주주정공장 앞 산지항으로 추정한다. 산지항은 제주의 관문으로, 당시 육지에서 파견한 경비대와 경찰 병력이 입도한 뒤 작전지역으로 이동하던 장소였다.

고 대위는 여러 곳에서 모습을 드러낸다. 1948년 4월 말~5월 초 미군정이 촬영한 동영상 〈메이데이〉에서도 선글라스를 쓴 채 제주도민들과 앉아 이야기하고 있다. 같은 해 7월께 촬영한 것으로 추정되는 제11연대 간부들 기념사진에서는 철모를 쓰고 선글라스를 쓴 모습으로 나타난다.(049번 참조) 철모 위에는 영어 알파벳으로 'KO'(고)라고 적혀 있다. 여러

제주 산지항 앞에서 선글라스를 쓴 채 일본도를 잡고 있는 1948년 5월 제9연대 제1대대장 고 대위. 사진 속 글씨는 연대 고문관이 쓴 것이다.

미군 무성흑백영상 〈메이데이〉에 나온 장면. 노인 옆에 앉아 있는
선글라스의 경비대원도 고 대위의 모습이다. NARA.

민간인 3명 앞에 선 철모를 쓴 경비대원이 일본도를 짚고 있다.
제11연대 고문관이 소장한 이 사진은 1948년 7~9월경 찍은 것으로 추정된다.

기록 속에 반복적으로 등장하는 것으로 볼 때 고 대위는 1948년 봄부터 여름까지 제9연대와 제11연대로 연대 옷을 바꿔가며 제주도 토벌작전을 주도했던 지휘관 가운데 한 명이다. 그는 누구이며, 왜 일본도를 휴대했고, 어디에, 어떻게 사용했는가. 4·3 진압의 실체를 재구성하기 위해 풀어야 할 또 하나의 숙제다.

19480606

"상공에는 미군기, 해상에는 미군함" 040

> "상공에는 미군 정찰기가 날고 제일선에는 전투를 지휘하는 미군의 지프가 질주하고 있으며 해양에는 근해를 경계하는 미군함의 검은 연기가 그칠 사이 없다."

1948년 6월 6일 『조선통신』 기자 조덕송의 기사 일부다. 비슷한 내용의 기사가 '보리는 익어가는데 농부의 그림자도 안 보이는 들판, 상공에는 미군기, 해안가에는 미군함'(『조선중앙일보』), '상공에는 정찰기, 기아의 위기 불원 도래'(『한성일보』), '해상에 미군함 부유, 농번기 들판은 무인지경'(『수산경제신문』), '해상에는 미군함 부유'(『민주일보』) 등 여러 지면에 대대적으로 보도됐다. 기사의 제목들은 한결같이 4·3 진압에 미군이 직접 개입했음을 보여준다.

브라운 대령은 제주도 최고 지휘관으로 파견된 뒤 경비대와 경찰력을 총동원해 섬 곳곳을 누비며 토벌전을 강화했다. 그는 지프를 타고 전역을 순회하고 경비대와 경찰의 작전

보리는 익어 가는데
농부의 그림자도 안보이는 들판
상공에는 미군기, 해안에는 미군함
제주도 현지보고

【제주도에서 조덕송특파원=조선】 직접 전투지구인 한라산록을 살핀 기자단 일행은 2군 12명으로 된 소란의 제주도를 주야를 무릅쓰고 일주하였다. 비교적 남군이 북군에 비하여 피해가 적은 편이나 어느 한 마을이고 평온한 곳은 한 곳도 없다. 가장 경찰의 경비가 잘되었고 군 소재지에 가까워서 피해가 적었다 하는 성산면이 6명의 사자를 내었으며, 3동의 가옥이 파괴되어 있다. 격심한 곳으로서는 부락이 전소한 데가 있으며 부락민이 소위 인민군과 합류하여 아직 도라오지 않는 곳도 있다. 12면을 통하여 제주 전도에 걸쳐 한 군데도 전주가 제대로 서 있는 곳이라고는 없다. 제주도 명물인 석다의 돌과 바위는 폭도들의 삐라 게시판화하고 도로 장애물 구축에 이용되고 있다. 마을을 지날 때마다 소각된 경찰지서, 면사무소, 주민 가옥 등의 잔해가 이곳저곳에 험상한 꼴로 나타난다. 경찰의 보호 아래 향보단이 조직되어 철야 경계를 하고 있으나 폭도들은 모르는 사이에 내습하여 바람같이 사라진다고 한다. 경찰의 응원대는 날로 증가되고 있으며 희생된 경찰의 유골과 부상자를 실은 배가 육지로 도라간다 한다. 상공에는 미군 정찰기가 날르고 제일선에는 전투를 지휘하는 미군의 찝이 질주하고 있으며 해양에는 근해를 경계하는 미군함의 검은 연기가 끌칠사이 없다. 지금 농번기인 제주도에는 황금빛 같이 익어가는 보리가 그대로 말라가고 농부의 그림자조차 보이지 않는 들판은 한산하기 짝이 없다. 폭동으로 불안한 이곳에 또한 두고도 못먹는 기아의 위협이 닥쳐오고 있는 것이다.

보리는익어가는데
농부의그림자도안보이는들판
上空에는美軍機海岸에는美軍艦
濟州島現地報告

1948년 6월 6일
『조선중앙일보』 기사.

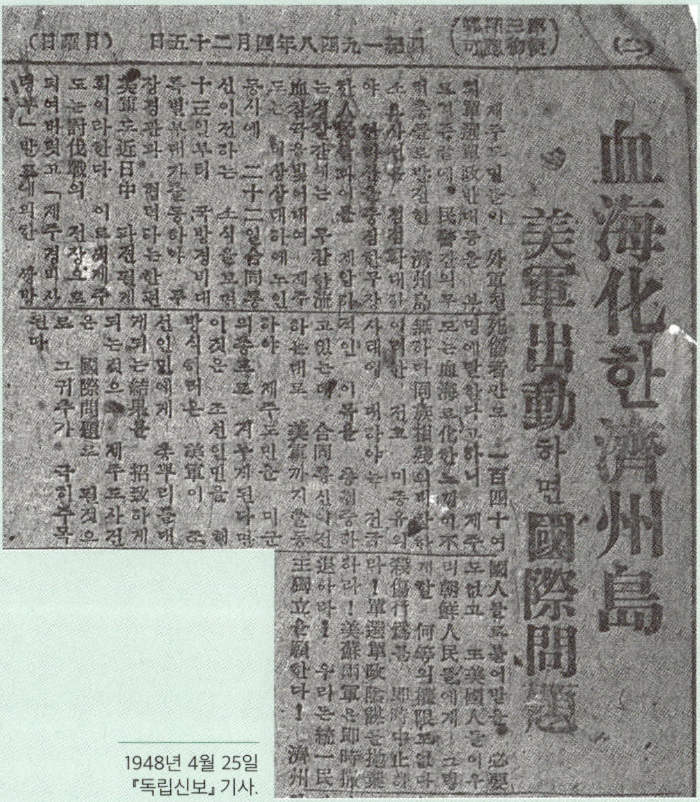

血海化한 濟州島

美軍出動하면 國際問題

1948년 4월 25일
『독립신보』 기사.

혈해화한 제주도 미군 출동하면 국제문제

제주도민들이 외군 철퇴, 단선·단정 반대 등을 부르지즌 끝에 민·경 간의 무력 충돌로 발전한 제주도 소요사건은 점점 확대하야 한라산을 중심한 무장한 인민들과 이를 제압하는 경찰 간에는 무참한 유혈 참극을 빚어내여 제주도는 비상 상태 하에 노인 동시에 22일 합동통신이 전하는 소식을 보면 13일부터 국방경비대 특별부대가 출동하야 무장경관과 협력하는 한편 미군도 근일중 파견될 계획이라 한다. 이로써 제주도는 토벌전의 전장으로 되여버릿고 「제주경비사령부」 발표에 의한 쌍방 사상자만도 140여명에 달한다고 하니 제주도는 혈해(血海)로 화한 느낌이 불무(不無)하다. 동족상잔의 비참한 이러한 전고 미증유의 사태에 대하야는 전국적인 이목을 총집중하고 있는데 합동통신이 전하는대로 미군까지 출동하야 제주도민을 미군의 총포로 겨누게 된다면 이것은 조선인민을 해방식히러온 미군이 조선인민에게 총뿌리를 대게 되는 결과를 초치하게 되는 것으로 제주도 사건은 국제문제로 될 것으로 그 귀추가 극히 주목된다.

을 독려했다. 4월 하순 미군이 개입해서는 안 된다는 하지 사령관의 지침은 5월 중순에 접어들면서 파기됐다.

> "미군까지 출동하여 제주도민을 미군의 총으로 겨누게 된다면 이것은 조선인민을 해방시키러 온 미군이 조선인민에게 총부리를 대게 되는 결과를 초치하게 되는 것으로 제주도 사건은 국제문제로 될 것으로 그 귀추가 극히 주목된다."

1948년 4월 25일 『독립신보』 기사다. 그러나 5·10 선거 실패 이후 미군정은 강경 대응에 나섰다. 제주도 사태를 진압하기 위한 미군 지프의 질주, 미군 정찰기 비행, 미군함 경계 관련 기사가 이어졌다. 현지 취재를 위해 5월 29일 제주도에 입도한 『세계일보』 기자 임광빈은 직접 목격한 모습을 이렇게 보도했다.

> "본부와의 연락이 안 돼 작전을 중지하고 돌아오는 병사들에게 사령부에서 출동한 미군 장교가 지프를 타고 현지에 달려와서 새로운 명령을 전달해 오던 길을 되돌아 산속으로 행군하는 등의 곤란한 실정을 볼 수 있었다."

한편으로, 기사는 밭으로 갈 수 없는 제주도민들의 삶을 대조적으로 보여준다.

> "지금 농번기인 제주도에는 황금빛같이 익어가는 보리가 그대로 말라가고 농부의 그림자조차 보이지 않는 들판은 한산하기 짝이 없다. 폭동으로 불안한 이곳에 또한 두고도 못 먹는 기아의 위협이 닥쳐오고 있는 것이다."

19480607

브라운 대령 이름으로 뿌려진 하산 촉구 삐라

041

미군정은 5·10 선거 실패로 6월 23일 실시 예정인 재선거를 반드시 성공시키려 했다. 이를 위해 제주도 최고 지휘관으로 제6사단 제20연대장 브라운 대령을 파견해 경비대와 경찰을 통솔하도록 했다. 브라운의 지휘 아래 경비대와 경찰은 중산간과 해안에서 주민들을 상대로 무차별 검거에 나섰다. 검거가 강화될수록 주민들은 산 속으로 피신했다.

브라운 대령은 딘 군정장관을 대신해 자신의 이름으로 하산을 촉구하는 삐라를 뿌렸다. 삐라는 6월 2일 작성돼 6월 7일 7천여 부를 공중 살포했다고 수기로 표시되어 있다.

"때는 왔습니다. 여러분의 보리는 노랗게 익었습니다"로 시작하는 삐라가 뿌려진 시기는 때마침 보리 수확철이었다. 곳곳이 황금색 보리 물결로 출렁였다. 제주도민들에게 보리는 쌀 만큼이나 중요했다. 가족의 생계와 직결된 문제였다. 삐라에는 "딘 소장이 제주도에 대해서는 보리 수집을 하지 않겠다고 약속했다"고도 적었다. 일제 강점기 '보리 공출'의 기억까지 겹쳐 제주도민들이 보리 수확 문제에 민감하다는 점을 미군정은 알고 있었다.

브라운은 또한 삐라에서 "여러분들을 지켜주는 것은 박진경 연대장 하의 경비대와 최천 청장 하의 경찰의 일"이라며 경비대와 경찰을 '주민의 보호자'라고 주장하고, "경비대와 경찰은 공산주의자들을 축출할 것"이라며 "제주도를 나쁜 습격자(산엣놈)들로부터 해방시키기 위하여 경비대와 경찰에 협력하고, 전봇대와 전선·통신기관의 수리에 협력하라"고 요구했다.

그러나 도민들로서는 공감하기 어려웠다. 경비대와 경찰은 공포와 두려움의 대상이었고, 마을 주민들은 군·경의 각종 부역 요구에 강제동원됐다.

브라운은 또한 "서울에서는 새 민주주의 정부를 세우려고 회의를 하고 있다. 여러분들은 700만여 명 이상이 참여해 선출한 새 정부를 지지하여야 한다"며 하산 후 선거 참여를

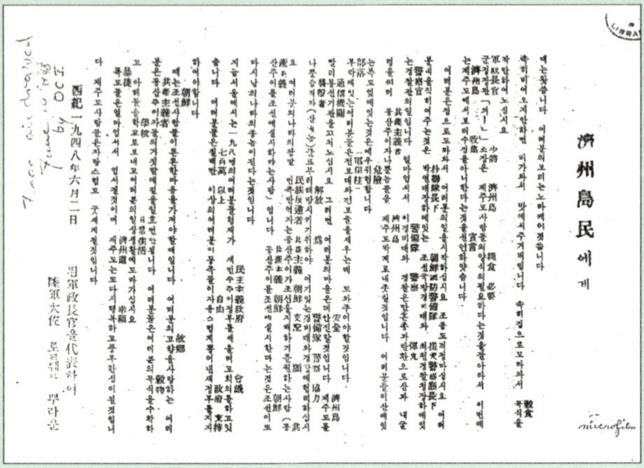

濟州島民에게

西紀一九四八年六月二日

軍政長官을代表하여

陸軍大佐 로-ㅌ웰 뿌라운

1948년 6월 2일
브라운 대령이
배포한
하산 촉구 삐라.

제주도민에게

때는 왓씀니다. 여러분의 보리는 노라케 이것씀니다. 속히 비여 오지 안하면 비가 와서 밧에서 주거버립니다. 속히 집으로 도라와서 곡식을 작만하여 노심시요. 군정장관 「듸-ㄴ」 소장은 제주도 사람들이 양식이 필요하다는 것을 잘 아라서 이번에는 제주도에서 보리수집을 아니한다는 것을 선언하얏슴니다. 여러분은 집으로 도라와서 여러분의 일을 시작하십시요. 조곰도 걱정 마십시요. 여러분네을 직히여주는 것은 박 연대장 하에 잇는 조선국방경비대와 최천 경찰청장 하에 잇는 경찰관의 일임니다. 얼마업서서 이 경비대와 경찰은 만흔 총과 탄환으로 산과 내, 굴렁을 씨러 공산주이자 나뿐 놈들을 제주도 박게로 내좃칠 것임니다. 여러분들이 산에 잇는 폭도 엽에 잇는 것은 매우 위험함니다. 부락에 잇는 여러분들은 전보대와 전보줄을 세우는데 도와주어야 할 것임니다. 빨리 통신기관을 고쳐 노십시오. 그러면 여러분의 마을은 더 안전할 것임니다. 제주도를 나뿐 습격자(산네놈)들로부터 해방시키기 위하야 여기 잇는 경비대와 경찰에 협력하십시요. 여러분의 나라의 참말 민족 반역자는 공산주이가 조선을 지배하기를 원하는 사람(공산주이를 조선에 실시하랴는 사람)입니다. 공산주이를 조선에 실시한다는 것은 조선이 또다시 남의 나라의 종놈이 된다는 것임니다. 지금 서울에서는 198명의 여러분들 형제가 새 민주주이 정부를 세울려고 회의를 하고 잇슴니다. 여러분들은 칠백만 이상의 여러분이 동족들이 자유스럽게 뽑어낸 새 정부를 지지하여야 합니다.

때는 조선사람들이 튼튼한 마음을 가져야 할 때임니다. 여러분의 고향을 사랑하는 여러분은 공산주이자들의 거짓말에 길을 일흐면 안 됩니다. 여러분들은 여러분의 곡식을 수확하고 아해들을 학교로 보내고 여러분의 일상생활에 도라가십시요. 폭도들은 얼마업서서 업서질 것이며, 제주도는 또다시 행복하고 풍부한 섬이 될 것임니다. 제주도 사람들은 자랑스럽고 굿세게 될 것임니다. 서기 1948년 6월 2일 된 군정장관을 대표하여 육군 대좌 로ㅌ웰 뿌라운

유도했다. 그는 마지막으로 "폭도들은 얼마 없어서 없어질 것이며, 제주도는 행복하고 풍부한 섬이 될 것이다. 제주도 사람들은 자랑스럽고 굳세게 될 것이다"라고 끝을 맺었다.

그러나 시간이 갈수록 '행복하고 풍부한 섬'은 멀어졌고, 무장대와 군·경 토벌대 사이에서 도민들의 고통은 더욱 커져 가기만 했다.

19480608

"원인에는 흥미가 없다, 나의 사명은 오직 진압뿐!" 042

군·경 토벌대의 강경진압이 강도를 더해가던 1948년 6월 초, 제주도 현지 취재에 나선 기자들은 4·3의 발발 원인과 진압 정책을 취재하기 위해 '제주도 최고 지휘관' 브라운 대령을 찾았다. 그의 인터뷰는 자신감이 넘쳤다. "일반 여론은 소요 사태가 장기화할 것이라는 데 어떻게 생각하느냐"는 기자들의 질문에 "나의 작전 계획대로라면 2주일이면 평정될 것"이라고 큰소리쳤다. 인터뷰가 끝날 무렵, 한 기자가 "금번 사건의 원인과 진상을 규명해 근본적으로 그 화근을 제거하는 것이 사태를 수습하는 현명하고 빠른 대책이 아닌가?"하고 물었다. 그러나 그의 답변은 뜻밖에도 강경했다.

> "나는 원인에 대하여서는 흥미가 없다. 나의 사명은 진압을 시키는 것뿐이다. 내가 평정에 성공한 다음 다시 폭동이 일어나면 그것은 나의 책임이 아니고 조선인 행정기관의 책임이다."

1948
06
08

사태의 원인과 배경을 무시한 그의 답변에 기자들은 충격을 받은 듯, 현장에 있던 한 기자는 "당국자의 답변으로 우리는 당국자들의 사건에 대한 태도를 알 수 있었다"고 전했다.

미군정의 브라운 대령 파견은 제주도 진압정책의 전환과 함께 미군의 직접 개입을 의미했다. 태평양전쟁 당시 중국-버마-인도전구에서 전차부대 사령관으로 활약했던 브라운은 "사태는 6월 23일까지는 진압될 것이다"라고 자신하며, 자신의 제주도 파견 의미가 6·23 재선거를 성공적으로 실시하는 데 있다고 밝혔다.

그가 기자들에게 첫째, 경찰은 한라산을 중심으로 한 주변 도로에서 4킬로미터까지 치안을 확보하고 둘째, 국방경비대는 제주도의 서쪽으로부터 동쪽 끝까지 모조리 휩쓸어버리는 작전을 진행시키고 있으며 셋째, 해안경비대는 1일 2회 제주도 주변 해안을 순회하며 밀선의 출입을 막는 한편 국방경비대의 수송을 담당하고 있다는 작전계획을 언급한 것도

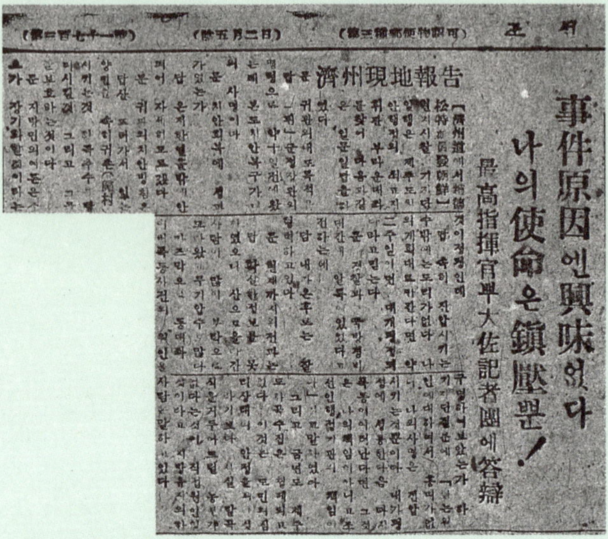
濟州現地報告

나의使命은鎭壓뿐!

1948년 6월 8일 『조선중앙일보』 기사.

사건원인엔 흥미 없다. 나의 사명은 진압뿐!
최고지휘관 브라운 대좌 기자단에 답변 제주 현지보고

【제주도에서 조덕송특파원=조선】 현지 시찰 기자단 일행은 제주도 치안행정의 최고 지휘관 부라운 대좌를 찾아 다음과 같은 일문일답을 하였다. **문.** 귀관의 내도목적은. **답.** 「띈」 군정장관의 명령으로 약 10일전에 왔는데 본도 치안복구가 나의 사명이다. **문.** 치안회복에 성과가 있는가. **답.** 온 지 한 열흘밖에 안되어 자세히 모르겠다. **문.** 귀관의 치안 방침은. **답.** 산에 드러가서 있는 양민을 속히 귀촌시키는 것, 하곡추수를 빨리시킬 것, 그리고 그 곡식을 보호하는 것이다. **문.** 지방민의 여론은 소요가 장기화할 것이라는 것이 정평인데. **답.** 속히 진압시키는 수밖에는 도리가 없다. 나의 계획대로만 나간다면 약 2주일이면 대개 평정되리라고 믿는다. **문.** 경찰과 국방경비대 간에 알륵이 있었다고 전하는데. **답.** 내가 온 후로는 잘 협력하고 있다. **문.** 현재까지의 전과는. **답.** 확실한 정보를 못하였으나 산으로 올라간 사람이 많이 부락으로 도라왔고 무기 압수도 많다. 마즈막으로 동 대좌는 이번 폭동사건의 원인을 구명하여 보았는가 하는 기자단의 질문에 「나는 원인에 대하여 흥미가 없다. 나의 사명은 진압시키는 것 뿐이다. 내가 평정에 성공한 다음 다시 폭동이 이러난다면 그것은 나의 책임이 아니고 조선인 행정기관의 책임이다」라고 말하였다. 그리고 금년도 제주도 하곡수집은 철폐되고 있다. 이것은 도민의 심리상태의 안정을 꾀한 것이라기보다 사실 탈곡식을 거두어드릴 농부가 없다는 것이 직접 원인일 것이라고 지방 유지의 한 사람이 말하고 있다.

이런 자신감을 보여준다.

그러나 무장봉기의 직접적인 원인을 해결하지 않고 제주도민들의 목숨을 건 분노와 저항, 상처를 수습할 수는 없었다. 『세계일보』 기자 임광빈은 브라운의 발언을 비판하며 서울에서 파견된 변호사의 말을 인용해 이렇게 썼다.

> "어린아이가 울면 왜 울게 됐는지 그 이유를 밝혀 배가 아파 울면 그에 맞는 약을 줘서 울지 않도록 병을 고쳐주는 것이 상식이다. 운다고 때려 울음을 그치게 하는 것은 일시적 미봉책은 될망정 병균은 결코 없어지지 않을 것이다."

『조선통신』 기자 조덕송도 "기자들이 취재한 도민 여론의 종합 보고"라며 이렇게 적었다.

> "금번 사건의 도화선은 순전히 도민의 감정 악화에 있다. 무엇 때문에 제주도에 서북계열의 사설청년단체가 필요하였던가. 경찰당국은 치안의 공적도 알리기 전에 먼저 도민의 감정을 촉발시키는 점이 불소하였다. 왜 고문치사 하지 않으면 안 되었던가. 거리에 놀고 있는 어린 아이를 말굽으로 밟아 죽이고도 말 없는 순경에 도민의 눈초리는 매서워진 것이다. 직접 원인의 한 가지로 당국자는

공산계열의 선동모략을 지적하고 있다. 물론 이것은 원인의 한가지로 긍정할 수 있다. 그러나 33만 전도민이 총칼 앞에 제가슴을 내밀었다는 데에서 문제는 커진 것이다. 원인 없는 결과는 없다."

19480610

행정명령 제22호, 재선거의 무기한 연기

043

1948년 6월 10일, 미군정은 6·23 재선거를 무기한 연기했다. 딘 군정장관은 제주도 사태가 가라앉지 않자 재선거가 불가능하다고 보고 행정명령 제22호를 통해 '제주도 재선거의 무기연기'를 발표했다.

5·10 선거에서 북제주 갑과 을 선거구 선거가 무효화 된 뒤 미군정은 6·23 재선거를 성공적으로 치르기 위해 하지 사령관의 '미군 불개입' 지침을 파기하고 브라운 대령을 제주도 최고 지휘관으로 파견하면서까지 사태 진압에 총력을 기울였다. 포로로 분류된 주민은 5월 27일 3,126명에서 6월 초순에는 6천여 명으로 늘었다. 이 숫자는 그만큼 주민들을 대대적으로 검거했음을, 사태 진압의 강경함의 정도를 가늠하게 한다.

선거위원회가 딘 군정장관에게 제주도 선거 무효를 건의한 5월 19일, 제주도에서 선거 관련 업무를 한 뒤 상경한 인사는 이미 "제주도 사태는 더욱 악화하고 있다. 선거가 무효

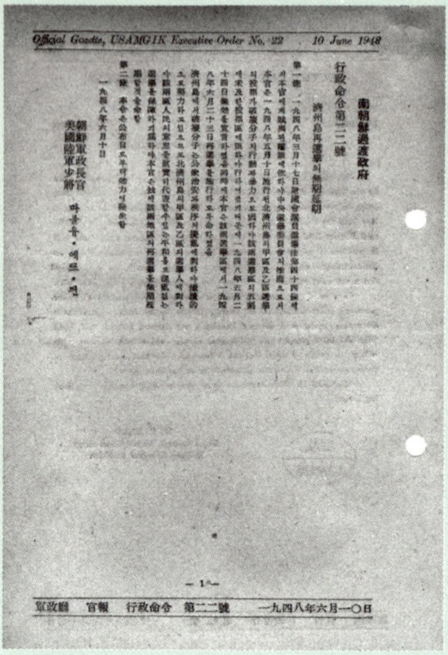
Official Gazette, USAMGIK Executive Order No. 22 10 June 1948

南朝鮮過渡政府

行政命令第二二號

濟州島再選擧의無期延期

一九四八年六月十日

朝鮮軍政長官
美國陸軍少將 따불유·에프·띤

— 1 —

軍政廳 官報 行政命令 第二二號 一九四八年六月一〇日

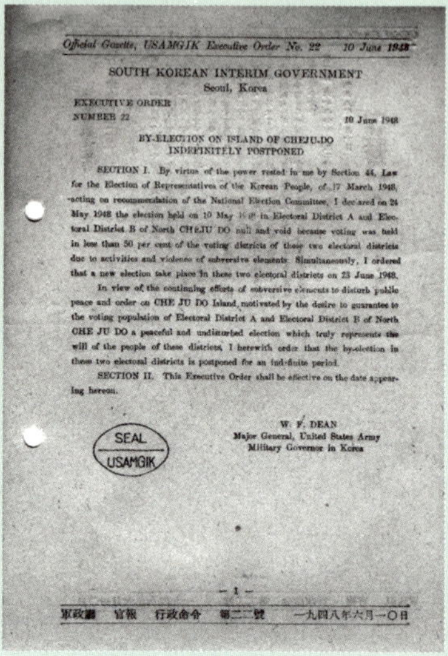
Official Gazette, USAMGIK Executive Order No. 22 10 June 1948

SOUTH KOREAN INTERIM GOVERNMENT
Seoul, Korea

EXECUTIVE ORDER
NUMBER 22

10 June 1948

BY-ELECTION ON ISLAND OF CHEJU-DO
INDEFINITELY POSTPONED

SECTION I. By virtue of the power vested in me by Section 44, *Law for the Election of Representatives of the Korean People*, of 17 March 1948, acting on recommendation of the National Election Committee, I declared on 24 May 1948 the election held on 10 May 1948 in Electoral District A and Electoral District B of North CHEJU DO null and void because voting was held in less than 50 per cent of the voting districts of these two electoral districts due to activities and violence of subversive elements. Simultaneously, I ordered that a new election take place in these two electoral districts on 23 June 1948.

In view of the continuing efforts of subversive elements to disturb public peace and order on CHE JU DO Island, motivated by the desire to guarantee to the voting population of Electoral District A and Electoral District B of North CHE JU DO a peaceful and undisturbed election which truly represents the will of the people of these districts, I herewith order that the by-election in these two electoral districts is postponed for an indefinite period.

SECTION II. This Executive Order shall be effective on the date appearing hereon.

SEAL
USAMGIK

W. F. DEAN
Major General, United States Army
Military Governor in Korea

— 1 —

軍政廳 官報 行政命令 第二二號 一九四八年六月一〇日

1948년 6월 10일 제주도 재선거의 무기연기에 관한 행정명령 제22호. NARA.

남조선과도정부
행정명령 제22호
제주도 재선거의 무기연기

제1조. 1948년 3월 17일부 국회의원 선거법 제44조에서 본관에게 부여된 권한에 의하야 중앙선거위원회의 추천으로서 본관은 1948년 5월 10일 시행된 북제주도(北濟州島)의 갑구 급 을구 선거구의 투표가 파괴분자의 행동과 폭력으로 인하야 해(該) 양선거구의 5할에 미급한 투표구에 한하야 행하여졌기 때문에 1948년 5월 24일 무효를 선언하였음. 동시에 본관은 해 양 선거구에서 1948년 6월 23일 재선거를 시행하도록 명하였음.

제주도에서 파괴분자는 공중치안과 질서의 교란에 대하야 계속적으로 노력하고 있으므로 북제주도의 갑구 급 을구의 선거인에 대하야 해 양구 인민의 의사를 진실히 대표할 수 있는 평화롭고 혼란 없는 선거를 보장하기 위하야 본관은 자에 해 양 지구의 재선거를 무기 연기할 것을 명함.

제2조. 본령은 공포일로부터 효력이 발생함.

1948년 6월 10일
조선군정장관 미국육군소장 따불유·에프·띤

선언된다면 재선은 현 상태로 보아도 도저히 불가능하다"고 말했다. 그의 예측은 들어맞았다. 사태는 개선되지 않았고, 포로로 붙잡히는 주민은 급증했다. 통위부 참모총장 이형근 대령은 경비대 제9연대와 제11연대 혼성부대가 6월 4일부터 7일까지 험한 밀림지대에서 악조건을 극복하면서 무장대 소탕전을 계속하는 노력이 '언어에 절'할 정도라고 자평했다.

그러나 군·경 토벌대의 강경 진압작전은 주민들을 더 깊은 산속으로 내몰았고, 토벌대의 공세적 작전에 무장대도 대응했다. 제주도 선거위원회는 6월 초순 6·23 재선거가 불가능하다며 중앙선거위원회에 연기를 요청했다. 선거위원의 인명 피해가 심각하고, 북제주군 관내 133개 투표소의 선거인 명부 가운데 절반 이상이 탈취나 방화로 소실됐지만, 새로 작성할 형편이 아니며 후보자 간 조정이 이루어지지 않아 무투표 선거로 대체할 수도 없다는 것을 이유로 들었다. 결국 제주도 재선거는 무기한 연기되었고, 이후 미군정과 군·경의 토벌 강도는 더욱 높아졌다.

19480616

제주는 조선의 축도판, "무력만으로 해결할 수 없다" 044

혼란은 더욱 깊어지고 있었다. 1948년 6월, 국내 언론들은 제주도 출장을 다녀온 법조인들의 발언을 잇따라 소개했다. 서로 다른 자리에서 나온 발언이었지만 제주도 사태를 바라보는 원인과 처방은 같았다. 사태의 본질은 이념보다 경찰과 행정에 대한 도민의 불신이며, 이 때문에 무력만으로는 사태를 수습할 수 없다는 점이었다.

제주도 법정을 지켜본 변호사는 제주가 미군정의 미숙한 통치, 경찰과 행정의 부패, 좌·우익 대립, 빈곤과 사회 혼란 등의 전국적 모순이 가장 응축된 '조선의 축도판'이라고 지적했다. 법정은 "매일이 울음의 바다"였고, "도민의 고통은 절정에 이르고 있다"고 전했다. 법정에 서는 이들은 "19~25세의 아무 것도 모르는 청년들"이 대부분이었고, 주민들은 무장대와 경찰 사이에서 양쪽의 강요와 보복을 당하고 있었다. 그는 외지에서 들어온 서북청년회 등 우익단체의 해산, 제주도 출신 신망 있는 인사의 기용과 처벌 최소화를 제안하며,

1948
06
16

"근본 원인을 제거하지 않으면 무력만으로는 해결할 수 없다"고 밝혔다.

5월 23일부터 6월 10일까지 제주에 체류한 서울지방법원·검찰청의 판·검사들도 같은 판단을 내렸다. 박근영 검사는 "사건 원인은 경찰이 민심과 유리된 데 있다"며 "육지 경찰들이 제주도의 언어와 풍속에 대한 이해 없이 기존 방식대로 하면서 경찰과 민중 간 대립이 심화됐다"고 말했다. 그는 "해결책은 무력이 아닌 민심 수습이고, 제주도의 덕망 있는 인사가 경찰과 행정을 통괄해야 한다"고 제안했다.

검찰총장 이인 역시 제주도 사태가 악화한 것은 "시정방침에 신축성이 없고, 관공리가 부패했기 때문"이라며 "고름이 제대로 든 것을 좌익계열이 바늘로 터뜨린 것이 제주도 사태의 진상"이라고 분석했다. 그는 사태를 해결하기 위한 시급한 과제로 "사법·행정·경찰 책임자를 교체하되 양심적이고 덕망 있는 사람으로 개편해야 한다"고 강조했다.

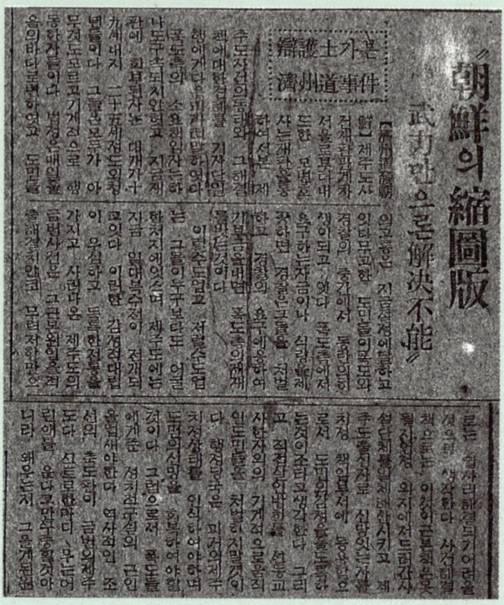

朝鮮의 縮圖版

武力만으론 解決不能

辯護士가 본 濟州道事件

1948년 6월 12일
『서울신문』 기사.

“조선의 축도판, 무력만으론 해결 불능” 변호사가 본 제주도 사건

【제주도발 조선】 제주도사건 재판 관계차 서울로부터 내도한 모변호사는 재판을 통하여서 본 제주도 사건의 동태와 그 해결책에 대한 견해를 기자단 일행에게 다음과 가티 말하엿다.

폭도측의 소요 책임자는 하나도 구속되자 안헛고 지금 재판에 회부된 자는 대개가 19세 내지 25세 정도의 청년들이다. 그들은 모두가 아무 것도 모르고 기게적으로 행동한 자들이다. 법정은 매일 울음의 바다로 변하엿고 도민들의 고통은 지금 절정에 달하고 잇다. 무고한 도민들이 폭도와 경찰의 중간에서 동란의 히생이 되고 잇다. 폭도 측에서 요구하는 자금이나 식량을 제공하면 경찰은 그들을 처벌하고 경찰의 요구에 응하여 기부금을 내면 폭도 측의 제재를 밧는 것이다. 이럴 수도 업고 저럴 수도 업는 그들이 누구보다도 어굴한 처지에 잇스며 제주도에는 지금 일대 복수전이 전개되고 잇다. 이러한 감정적 대립이 우심하고 독특한 전통을 가지고 사러나온 제주도의 금번 사건은 그 근본 원인을 적출해결치 안코 무력 저항만으로는 쉽사리 해결되기 어려울 것으로 생각한다. 사건 해결책으로는 이것이 근복책은 못될지언정 외지에서 드러간 사설단체를 일체 해산시키고 제주도 출신자로 신망 잇는 자를 치정 책임부서에 등용하으로서 도민의 감정을 풀도록 하는 것이 조타고 생각한다. 그리고 직접 살인 방화를 선동 교사한 자 외의 기게적으로 움직인 도민들을 처벌하지 말 것이다. 행정당국은 과거의 제주 치정 상태를 인식하여야 하며 도민의 신망을 회복하여야 할 것이다. 그럼으로서 폭도들에게 준 정치적 구실의 근인을 업새야 한다. 역사적인 조선의 축도판이 금번의 제주도다. 끄트로 한마디. 우는 어린애를 운다고만 수중할 것이 아니라 왜 우는지 그 울게 된 원인을 업새 주어야 할 것이다.

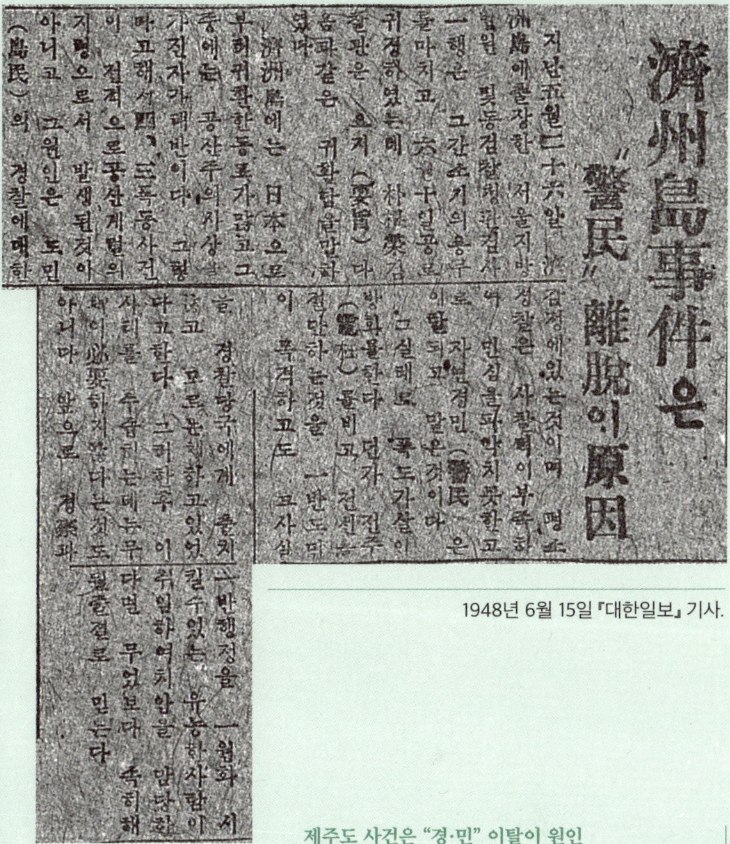

濟州島事件은 "警民" 離脫이 原因

지난五월二十六일濟州島에出장한 서울지방법원 및동검찰청판검사一행은 그간소기의용무를마치고六월十일공로귀경하였는데 朴根榮검찰관은 요지(要旨)다음과같은 귀환담을말하였다 濟州島에는 日本으로부터귀환한동포가많고그중에는 공산주의사상을가진자가태반이다 그렇다고해서 四·三폭동사건이 전적으로공산계렬의지령으로서 발생된것이아니고 그원인은 도민(島民)의 경찰에대한감정에있는것이며 평소경찰은 사찰력이부족하여 민심을파악치못한고로 자연 경민(警民)은이탈되고 말은것이다 그실례로 폭도가살인방화를한다든가 전주(電柱)를비고 전선을절단하는것을 일반도민이 목격하고도 그사실을 경찰당국에게 주지않고 모르는체하고있었다고한다 그러한후 이사태를 수습하는데는무력이必要하지않다는것도아니다 앞으로 경察과 一반행정을 一원화시킬수있는 유능한사람이 취임하여치안을 담당한다면 무엇보다 속히해결될결로 믿는다

1948년 6월 15일 『대한일보』 기사.

제주도 사건은 "경·민" 이탈이 원인

지난 5월 26일 제주도에 출장한 서울지방법원 및 동검찰청 판검사 일행은 그간 소기의 용무를 마치고 6월 10일 공로 귀경하였는데 박근영 검찰관은 요지 다음과 같은 귀환담을 말하였다. 제주도에는 일본으로부터 귀환한 동포가 많고 그 중에는 공산주의 사상을 가진 자가 태반이다. 그렇다고 해서 4·3 폭동사건이 전적으로 공산계렬의 지령으로서 발생된 것이 아니고 그 원인은 도민의 경찰에 대한 감정에 있는 것이며 평소 경찰은 사찰력이 부족하여 민심을 파악치 못한 고로 자연 경·민(警·民)은 이탈되고 말은 것이다. 그 실례로 폭도가 살인 방화를 한다든가 전주를 베고 전선을 절단하는 것을 일반 도민이 목격하고도 그 사실을 경찰당국에게 주지않고 모르는체하고 있었다고 한다. 그러한 후 이 사태를 수습하는데는 무력이 필요하지 않는다는 것도 아니다. 앞으로 경찰과 일반 행정을 일원화 시킬 수 있는 유능한 사람이 취임하여 치안을 담당한다면 무엇보다 속히 해결될 결로 믿는다.

법조인들의 발언을 종합하면, 제주도 사태의 원인은 '좌익세력 대 당국'이라는 단순한 구도가 아니라 당국이 민심과 유리된 상태에서 무력을 앞세운 대응이 사태를 더 확산시키는 결과를 초래했다는 비판적 인식으로 모아진다.

"원인을 제거하지 않고 무력만으로는 해결할 수 없다"는 법조계 인사들의 지적에도 경무부장 조병옥은 아랑곳하지 않고, 제주도 사태의 원인을 '좌익의 선동과 모략'으로만 치부했다. 그는 6월 23일 담화에서 "행정·경찰의 과오가 아니라 남조선 파괴를 노린 공산당의 치밀한 총선거 방해공작"이며, 종전의 강경 노선을 그대로 유지하겠다는 입장을 분명히 했다. 그러나 그의 이런 태도는 사태를 더욱 악화시킬 뿐이었다.

19480618

한밤중에 일어난 제11연대장 피살

045

1948년 6월 18일 새벽. 경비대 제11연대장의 숙소에서 나온 총소리가 어둠을 갈랐다. 연대장 박진경이 피살됐다. 연대 지휘본부에는 무전기와 기타 필요한 물품들이 있어 15~20명의 병력이 경비하고 있었지만 총을 쏜 이들의 움직임을 알아차리지 못했다.

박진경은 5월 5일 딘 군정장관 주재로 제주도에서 열린 대책회의 뒤 제9연대장 김익렬의 후임으로 5월 7일 부임했다. 일본 오사카외국어학교를 졸업한 그는 태평양전쟁 말기 일본군으로 제주도에 주둔한 경험이 있었다. 발탁의 배경이었다. 그의 부임 이후 경비대의 강경 진압이 계속되는 가운데 일부 병력이 탈영하자, 미군정은 제9연대의 존폐 문제를 검토한 끝에 잔여 병력을 제11연대로 통합하고, 박진경을 제11연대장으로 발령했다.

피살당하기 며칠 전인 6월 14일 박진경은 '제주도 폭동 진압의 공적'을 인정받아 중령에서 대령으로 진급했다. 6월

딘 군정장관이 1948년 6월 18일 제11연대 본부가 있는 제주농업학교에서 박진경 연대장의 시신을 서울로 운구하기에 앞서 발언하고 있다.

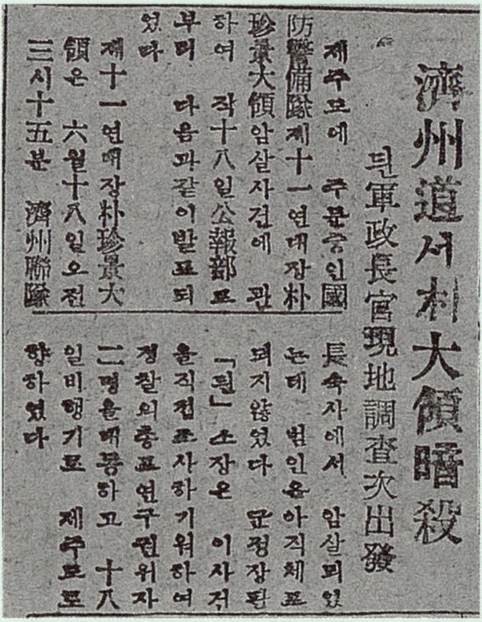

濟州道서 朴大領暗殺

딘軍政長官現地調査次出發

제주도에 주둔중인國防警備隊제十一연대장朴珍景大領암살사건에 관하여 작十八일公報部로부터 다음과같이발표되었다

제十一연대장朴珍景大領은 六월十八일오전三시十五분 濟州聯隊長숙사에서 암살되었는데 범인은아직체포되지않었다 군정장관「딘」소장은 이사건을직접조사하기위하여 경찰의총포권위자二명을대동하고 十八일비행기로 제주도로향하였다

1948년 6월 19일『대동신문』 기사.

제주도서 박 대령 암살 딘 군정장관 현지 조사차 출발

제주도에 주둔 중인 국방경비대 제11연대장 박진경 대령 암살사건에 관하여 작 18일 공보부로부터 다음과 같이 발표되었다. 제11연대장 박진경 대령은 6월 18일 오전 3시15분 제주 연대장 숙사에서 암살되었는데 범인은 아직 체포되지 않었다. 군정장관 「딘」 소장은 이 사건을 직접 조사하기 위하여 경찰의 총포 권위자 2명을 대동하고 18일 비행기로 제주도로 향하였다.

15일 제주도에서 열린 진급식에는 통위부 수석 고문관 로버츠 준장이 직접 참석해 계급장을 달아줬다. 6월 17일 저녁. 박진경은 제주읍내 갑종요리점 옥성정에서 열린 진급 축하연에 참석한 뒤 숙소로 돌아가 잠을 자다 부하들에게 피살됐다.

총소리를 들은 경비병들은 외부의 총성으로 알고 근방을 수색하다가 오전 4시께에야 박진경이 피살된 사실을 발견했다. 제11연대 고문관 리치 대위는 피살 사건 직후 가장 먼저 현장에 도착한 인물 가운데 한 명이다. 당일 새벽 경비대원이 달려와 연대 고문관 리치와 당시 제주도 최고 지휘관 브라운 대령에게 박진경의 저격 소식을 전하자 곧바로 둘은 현장으로 뛰쳐나갔다. 리치는 "우리가 달려가보니 총탄에 맞은 가련한 친구가 바닥에 쓰러져 있었다"고 말했다. 두 사람은 곧바로 딘 군정장관에 급보를 전했다.

딘 군정장관은 당일 오전 통위부 수석 고문관 로버츠 준장, 경무부장 조병옥과 함께 제주도에 내려왔다. 경찰의 탄도(총포) 조사관 2명도 대동했다. 일행은 제주도 현지 상황을 청취하는 한편 제11연대 본부가 있는 제주농업학교에서 간단한 운구 절차를 거친 뒤 당일 저녁 박진경의 유해와 함께 서울로 귀경했다. 박진경의 장례식은 6월 22일 오후 2시 서울 남산 경비대사령부 앞 광장에서 딘 군정장관, 유동열 통위부장, 송호성 사령관 등이 참석한 가운데 통위부장[葬]으로 치러졌다.

박진경 피살사건은 4·3 진압의 국면을 바꾸는 계기가 됐다. 미군정과 경비대는 이 사건을 계기로 경비대를 전면 재정비했다. 제11연대 중심의 토벌은 더욱 강경해졌다.

19480621

'강성의 무모한 이력', 미군정이 선택한 지휘관 조건

046

오늘날의 국방부 전신으로 미군정기의 국방과 경비를 전담하던 통위부 고문관 로버츠 준장은 1948년 6월 21일 제주도 최고 지휘관 브라운 대령에게 문서를 보낸다. 제11연대장 박진경 피살 사흘 뒤 작성한 이 문서는 4·3 진압 방향을 보여주는 기록으로서, 미군정이 제주에 어떤 성향의 지휘관을 의도적으로 투입했는지를 드러낸다.

문서는 첫 문장부터 의미심장하다. 브라운은 박진경이 피살되자 바로 신임 연대장과 부연대장의 파견을 요청했다. 로버츠 준장은 브라운 대령에게 "일요일(20일) 귀하의 요청을 고려할 때 새로 파견하는 장교들에게 '우리가 기대하는 임무'를 귀하가 알려줘야 한다"고 말한다. 브라운이 새로 부임하는 경비대 제11연대 지휘관들에게 미군정의 '진압 방침'을 직접 주입해야 한다는 뜻이다.

통위부는 연대장으로 최경록 중령, 부연대장으로 송요찬 소령을 선택했다. 로버츠는 최경록을 "모든 책임자들이 만

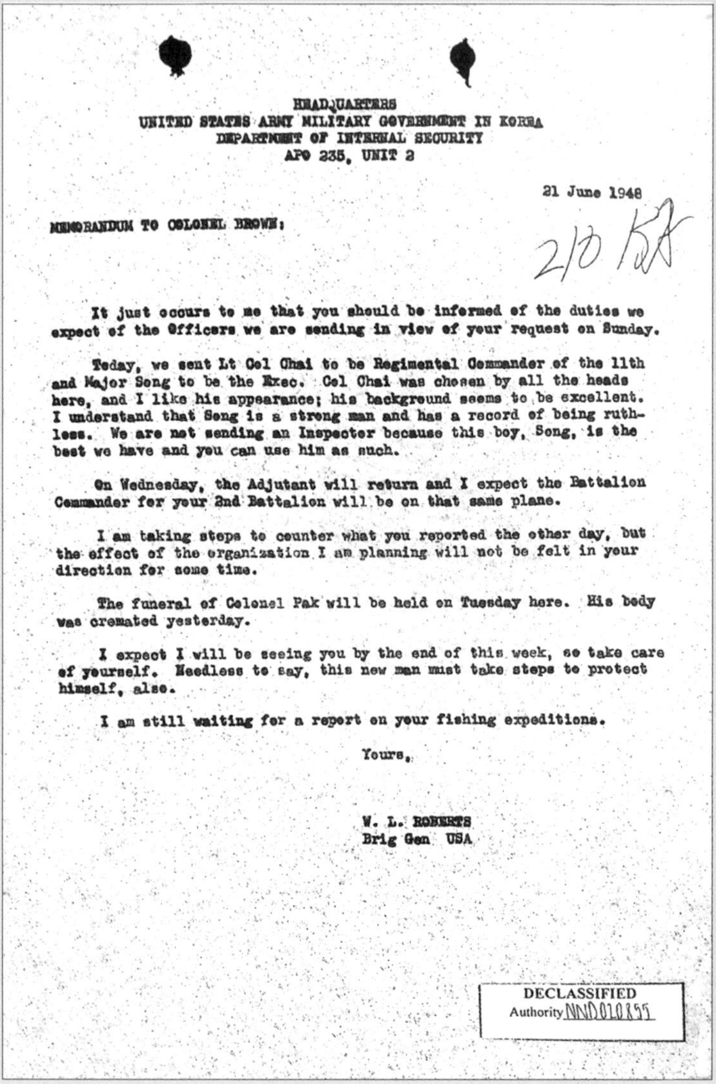
HEADQUARTERS
UNITED STATES ARMY MILITARY GOVERNMENT IN KOREA
DEPARTMENT OF INTERNAL SECURITY
APO 235, UNIT 2

21 June 1948

MEMORANDUM TO COLONEL BROWN:

It just occurs to me that you should be informed of the duties we expect of the Officers we are sending in view of your request on Sunday.

Today, we sent Lt Col Chai to be Regimental Commander of the 11th and Major Song to be the Exec. Col Chai was chosen by all the heads here, and I like his appearance; his background seems to be excellent. I understand that Song is a strong man and has a record of being ruthless. We are not sending an Inspector because this boy, Song, is the best we have and you can use him as such.

On Wednesday, the Adjutant will return and I expect the Battalion Commander for your 2nd Battalion will be on that same plane.

I am taking steps to counter what you reported the other day, but the effect of the organization I am planning will not be felt in your direction for some time.

The funeral of Colonel Pak will be held on Tuesday here. His body was cremated yesterday.

I expect I will be seeing you by the end of this week, so take care of yourself. Needless to say, this new man must take steps to protect himself, also.

I am still waiting for a report on your fishing expeditions.

Yours,

W. L. ROBERTS
Brig Gen USA

DECLASSIFIED
Authority NND020855

1948년 6월 21일 통위부 고문관 로버츠 준장이 제주도 최고 지휘관 브라운 대령에게 보낸 신임 지휘관 파견 관련 문서. NARA.

주한미군정청 사령부 통위부
1948년 6월 21일
브라운 대령에게 보내는 비망록

지난 일요일 귀하가 올린 요청을 고려해 새로 파견하는 장교들에게 우리가 기대하는 임무에 대해 귀하가 알려야 한다는 생각이 들었소.
오늘, 우리는 최 중령을 제11연대장으로, 송 소령을 선임장교로 파견했소. 최중령은 이곳 모든 책임자들이 만장일치로 추천한 인물이며, 인상이 좋고 신뢰감을 주는 인물이오. 그의 배경 역시 훌륭한 것 같소. 나는 송 소령이 강단 있는 사나이(strong man)이며, 무모할 정도의 이력(record of being ruthless)을 지닌 인물로 이해하고 있소. 이번에 감찰관을 따로 보내지 않는 이유는 바로 이 송이라는 친구(boy)가 우리가 가진 인물 중 가장 적임자이기 때문이오, 귀관이 그러한 점을 그대로 활용할 수 있소.
수요일에는 부관이 돌아올 예정이고, 귀하의 제2대대장도 같은 비행기로 도착할 예정이오.
며칠 전 귀하가 보고한 문제에 대응하기 위한 조치를 취하고 있지만, 내가 구상 중인 조직 개편의 효과는 귀하 쪽에서 그 효과를 느끼기까지는 다소 시간이 걸릴 것이오.
박 대령의 장례식은 화요일 이곳에서 치러질 예정이오. 시신은 어제 화장되었소.
이번 주가 끝나기 전에 귀하를 만나기를 기대하고 있소. 몸조심하시오. 새로 부임한 사람 역시 스스로를 지킬 방도를 강구해야 한다는 말은 더 할 필요도 없을 것이오.
아직도 귀하의 낚시 원정 보고서를 기다리고 있소.

로버츠 준장

1948년 7월 제11연대장 최경록.

제11연대 부연대장겸 선임장교 송요찬. 1950년 12월 24일 촬영한 사진이다. NARA.

장일치로 선택한 인물이며, 신뢰감 있고 훌륭한 배경을 가졌다"고 설명한다. 일본군 지원병 1기 출신인 최경록은 태평양전쟁 시기 남태평양 뉴기니에서 전쟁에 참전했던 '실전에 특히 경험'을 가졌다. 패전 당시 그의 계급은 준위였다.

그러나 더 주목해야 할 대목은 송요찬에 대한 평가다. 로버츠는 일본군 지원병 출신인 그를 "강단 있는 사나이strong man이며, 무모할 정도의 이력record of being ruthless을 가진 인물"이라고 소개했다. "송요찬이라는 친구boy가 우리가 보유한 인물 중 최고의 적임자이며, 그러한 성향 그대로 그를 활용할 수 있을 것"이라고 했다. 미군정이 제주도 사태 진압을 위해 선택한 인물은 '무모할 정도'로 진압에 나설 인물이었다.

문서는 이어 조직 개편·지휘관 도착 일정·박진경 장례식 일정 등을 언급한 뒤, 몸조심하라고 당부하다 갑자기 "아직도 귀하의 낚시 원정 보고서를 기다린다"는 문장으로 마무리된다. 제주의 긴박한 현실과는 동떨어진 인식을 드러내는 부분이다.

경비대는 신임 연대장과 부연대장 부임한 6월 21~27일 일주일 동안 '폭도' 429명과 '폭도 혐의자' 176명을 검거하는 등 박진경 피살 이후 진압의 강도를 더했다.

19480702

제주도는 울음의 바다, "죽을래야 죽을 수도 없다" 047

"산이 들 같고, 들이 산 같은 농경지가 이어진다. 밭과 밭 사이에는 돌담이 쌓여 있고, 울창한 덤불과 방목 중인 말과 소는 힘없게 보인다. 화전지대에서 일하는 사람들은 갈중이를 입은 늙은 제주의 '아주망'들이다. 전봇대는 밭고랑 사이 곳곳에 쓰러져 있고, 전선은 바람에 흩날리고 있었다. 태평양전쟁 때 일제가 제주도민을 강제동원해 구축한 인공동굴들이 눈에 들어왔다."

1948년 7월 2일 제주도를 둘러본 『호남신문』 기자 김상화는 7월 17일 신문에 제주의 풍경을 이렇게 기사에 담았다. 또 『조선통신』 기자 천길봉은 해녀들의 휘파람 소리로 가득 차던 바다에는 파도 소리만이 남아 있으며, 뱃사람들을 기다리던 가게는 찾아볼 수 없고, 경비대와 경찰만이 오갈 뿐이라고 했다.

기자들이 제주읍 화북포구에 들렀을 때, 자그마한 어선

1948
07
02

들은 서로 줄로 묶여 출어를 할 수 없는 상태였고, 지서 앞에는 바리케이드처럼 돌담이 높이 쌓였다. 마침 주민 40~50명이 경찰의 강요로 경비전화선을 복구하고, 지서 돌담을 쌓는 부역에 동원돼 종일 노동을 강요당하고 돌아오는 길이었다. 손에는 너도 나도 괭이를 들었고, 종일 시달린 표정으로 걸음걸이에는 힘이 없었다. 제주도 출신 기자가 "어디를 갔다 오느냐"고 묻자 주민들은 발걸음을 되돌려 순식간에 기자들을 에워쌌다. 억눌려왔던 감정이 터졌다.

> "이래서야 민중이 살 수가 있어야지요." "어떻게 하면 좋단 말이요." "제발 좀 살게 해주십서."

주민들은 애걸하는 듯 기자들에게 하소연했다. 공포 가득한 눈길로 주변을 두리번거리던 60대 여인은 손으로 문패가 떨어져 나간 집을 가리키며 북받쳐 말도 못하고 그저 자

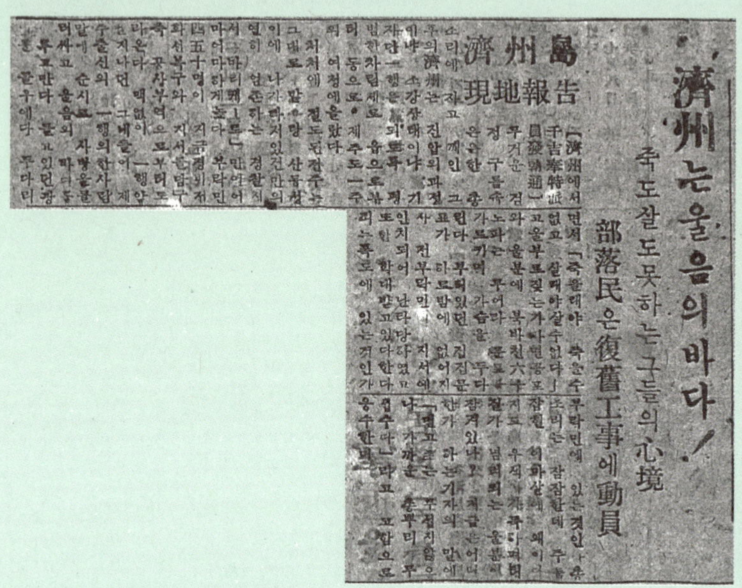

濟州는 울음의 바다!

죽도살도못하는 그들의 心境

部落民은 復舊工事에 動員

濟州島現地報告

1948년 7월 11일 『조선중앙일보』 기사.

제주는 울음의 바다!

죽도 살도 못하는 그들의 심경 부락민은 복구공사에 동원

제주도 현지보고

【제주에서 천길봉 특파원발 조통】 무거운 검정 구름 속 은은한 총소리에 자고 깨인 그 후의 제주는 진압의 과정이냐 소강상태이냐. 기자단 일행은 되도록 평범한 차림세로 읍으로부터 동으로 제주도 일주의 여정에 올랐다. 처처에 절도된 전주는 그대로 밭이랑 산등성이에 나자빠져 있건만 의연히 엄존하는 경찰지서의 「바리케-토」만이 어마어마하게 높다. 부락민 4,50명이 지금 경비전화선 복구와 지서 돌담 구축 공사부역으로부터 도라온다. 맥없이 일행 앞을 지나던 그네들이 제주 출신의 일행의 한 사람 말에 순시로 사방을 둘러싸고 울음의 바다를 이루고 만다. 들고 있던 광이를 돌 우에다 두다리면서 「죽을래야 죽을 수 없고 살래야 살 수 없다」고 울부르짖는가 하면 공포와 울분에 북바친 60노파는 무어라 문표를 가르키며 가슴을 두다린다. 부터있던 집집 문표가 하로 밤에 없어지자 전부락민이 지서에 인치되어 난타당하였고 또한 학대받고 있다 한다. 죄는 폭도에 있는 것인가, 부락민에 있는 것인가. 총소리는 잠잠한데 주름잡힌 이마살에 왜 이다지도 우색이 가득하며 터질가 념려되는 울분에 잠겨 있나? 지금은 어떠한가 하는 기자의 말에 「먼 고 초는 무섭지 않으나 가까운 총뿌리가 무섭수다」라고 고함으로 응수한다.

기 가슴을 치기만 했다. 누군가 6월 30일 한밤중에 마을 집들의 문패를 모두 뜯어갔다. 날이 밝은 뒤에는 지서에 끌려가 구타당하고 취조를 받았다. 주민들은 들고 있던 괭이를 돌에다 두드리면서 "죽을래야 죽을 수 없고 살래야 살 수 없다"고 외쳤다. 마을에는 공포가 짙게 깔려 있었다. 주민들은 하나같이 "먼 곳 총은 무섭지 않으나 가까운 총부리가 무섭다"고 입을 모았다. 주민들을 공포에 질리게 만드는 것은 눈 앞에 있는 경찰과 서북청년들의 총부리였다. 기자들은 주민들의 말을 듣고 한탄했다.

> "죄는 폭도에게 있는 것인가? 부락민에게 있는 것인가? 총소리는 잠잠한데 부락민들의 주름잡힌 이맛살에는 왜 이다지도 근심의 빛이 역력할까. 왜 이렇게 울분이 터질 듯 차올랐을까?"

이곳뿐일까. 제주도 곳곳은 폭력과 공포, 분노와 울분으로 가득 차 있었다. 그러나, 아직 초토화는 오기도 전이었다.

194807

농업학교 수용소의 '포로 아닌 포로들' 048

대형 천막이 여러 동 설치되어 있다. 수십 명이 허리춤에 손을 대거나 열중쉬어, 또는 차렷자세로 무엇인가에 집중한 채 서 있다. 그들 앞에는 한 경비대원이 손에 서류를 들고 섰다. 대부분 성인 남성들이고, 간혹 청소년으로 보이는 이들도 있다. 또 다른 사진에는 천막 앞에 4열 종대로 선 성인 남성들이 철모 쓴 경비대원의 손짓을 바라보고 있다. 이들의 눈에는 모두 불안이 가득하다. 1948년 4~7월 제주농업학교에 설치된 이른바 '포로수용소'에 수용된 포로들이다. 경비대는 천막을 '포로수용소'라고 불렀다.

비바람을 겨우 피할 수 있을 정도의 천막은 비가 오면 빗물이 새고 습기가 차올라 바닥에 깐 가마니는 축축했다. 산에서 체포된 게 아니라 마을에서 농사를 짓다 4월 중순 붙잡혀 들어온 이들은 보리농사도 포기한 채 하루하루 포로수용소에서 힘겨운 나날들을 보내고 있었다. 경비대원들이 감시하는 수용소 주변에는 수용된 남편, 아들들에게 사식을 넣기 위해 무더운 여름 날씨에도 가족들이 구덕을 웅켜안고 기다리고 있었다.

제주도 취재에 나섰던 기자들의 눈에 포로들은 어떤 이들이었을까. 5월 29일 경비대원들과 동행한 기자는 동굴에 '잠복'해 있던 '폭도' 63명을 체포해 포로수용소로 호송하는 트럭 2대를 목격했다. 그의 눈에 그들은 '폭도'나 '인민해방군'이 아닌 순수한 농민들이었다. 그는 '폭도'들에 대해 이렇게 적었다.

> "저들 병정들은 평범한 농민이요, 또는 그들의 자제들이다. 포로들의 얼굴에서 기자는 아무런 특색도 발견하지 못하였다. 벅찬 노동에 대한 인종忍從과 생활력, 그리고 흙냄새 풍기는 조선의 농민들이었다. 이들 어린 아이같이 순박하고 일밖에 모르는 농민들이 집권자를 향해 총검을 겨누고 봉기하지 않으면 안 될 이유가 무엇이었는가."

제주농업학교 천막수용소에 수용된 제주도민들. 1948년 7월경으로 추정한다. NARA.

제11연대장 최경록의 안내로 7월 1일 포로수용소를 본 또 다른 기자도 마찬가지였다. 그는 천막들을 가리켜 '적군 아닌 적군의 포로수용소'라며 이렇게 안타까워했다.

> "발발이 찢어진 감물 들인 농민복을 입은 농민들이었다. 어느 모로 보든지 소박한 농군이 저 잔악한 민족의 피를 뿌리게 하는 폭도로 보이지는 않는다."

최경록은 7월 15일 기자들에게 "포로수용소에 150여 명 정도 수용됐고, 이 중 여성들을 포함해 46명이 검찰에 송치됐다"고 말했다.

194807

제11연대 지휘부의 기념사진

049

1949년 여름 제주를 떠나기 직전 경비대 제11연대 간부들이 제주농업학교 건물 앞에 일렬로 모였다. 5·10 선거와 박진경 연대장 피살 사건을 거치면서 제주도 중산간에서 이루어진 대대적인 토벌작전을 집행한 지휘부의 모습이다. 제11연대가 7월 25일 수원으로 철수했다는 점을 고려하면 이 사진은 철수 직전 남긴 '작전 종료 기념사진'에 가깝다.

이들은 5·10 선거 실패 뒤 파견된 브라운 대령의 지휘 아래 대대적인 검거작전을 전개했다. 제주도 사태를 조기에 진압해 6월 23일 예정된 재선거를 성공적으로 치를 수 있도록 하는 것이 브라운의 임무였다. 미군정의 '중산간 지역 고립·검거작전'은 제주도민 대량 검거 사태를 불러왔다. 군·경 토벌대의 작전이 대대적으로 전개되면서 무차별 체포와 임의 심문, 즉결 처분이 뒤따랐다. 5월 22일부터 6월 30일까지 검거된 제주도민은 5천여 명에 이르렀다. 미군과 경비대 정보요원들은 5월 23일 현재 구금된 주민 432명에 대한 조사를 진행했다.

제주사회 전반을 뒤흔든 광범위한 폭력은 제11연대 본부가 주둔했던 장소와 맞닿아 있다. 사진 속 군인들은 그 작전의 실무 지휘자들이다. 연대 고문관 리치가 직접 손글씨로 이들의 이름을 적어두었다. 앞줄 왼쪽부터 연대 참모 백선진, 연대 고문관 리치 대위, 연대장 최경록, 연대 참모 김종면, 작전 고문관 웨스트, 부연대장 송요찬이 앉아 있다. 오른쪽 끝 선글라스 군인은 제9연대 서귀포지구 파견대장을 지낸 이수복이며, 뒷줄에서 김종면 뒤로 팔짱을 끼고 서 있는 이는 초토화 시기 제9연대 작전참모를 지낸 서종철이다. 리치 뒤에 선 검은 선글라스의 고 대위는 제9연대 제1대대장 출신으로 앞에서도 언급한 인물이다. (039번 참조)

제11연대의 대규모 검거 작전은 예고편이었다. 1948년 7월 하순, 제11연대 철수 이후 제주도 사태 진압은 제9연대로 넘어갔다. 더 큰 폭풍이 다가오고 있었다.

제11연대 간부들 기념사진. 앞줄 왼쪽부터 백선진, 리치, 최경록, 김종면, 웨스트, 송요찬, 한 사람 건너 이수복이고 뒷줄 왼쪽 여섯 번째부터 임선하, 최갑종, 서종철이다. [화보08]

194807

'육지 사는 제주사람들'의 애끓는 청원

050

제주도 사태가 무력 진압의 국면으로 치닫자 육지 사는 제주사람들은 고향에서 들려오는 소식에 피가 말랐다. 1948년 6~7월, 전국 각지 제주 출신 친목단체 '제우회'는 고향 제주에서 벌어지는 비극을 막기 위해 사태의 평화적 해결을 호소하고 나섰다. 이들 단체는 앞서 1947년 광주와 서울, 부산 등지에서 잇따라 결성돼 3·1절 발포사건 때는 희생자들을 위한 모금운동에도 나서기도 했다.

서울 제우회는 6월 21일 하지 사령관과 유엔조선임시위원단 등에 청원서를 보내 사태의 원인과 과정, 해결책을 제시했다. 제주 사태가 "소수 분자의 정치적 선동에 의한 것이 아니라 3·1절 발포사건에서 비롯된 비극"이라며 "경찰의 경솔한 발포 살상사건과 관공리 총파업 사건을 군정당국이 공정하고 건설적으로 해결했더라면 오늘의 사태는 일어나지 않았을 것"이라고 미군정의 실정을 비판했다. 이어 "군정이 제주도의 특수성을 이해하지 않은 채 관·민 전체를 파괴분자로

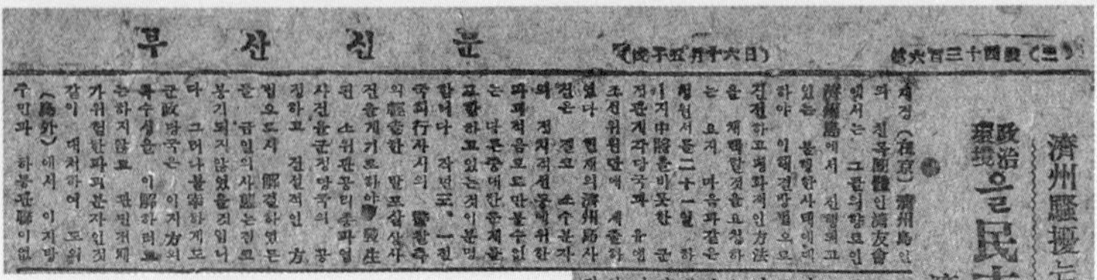

부산신문

濟州騷擾는 3.1節發砲事件에關聯

政治環境을 民主的으로 改革

濟友會서 關係當局에 陳情

1948년 6월 22일 『부산신문』 기사.

제주소요는 3·1절 발표사건에 관련
정치 환경을 민주적으로 개혁
제우회서 관계당국에 진정

재경 제주도인의 친목단체인 제우회에서는 그들의 향토인 제주도에서 진행되고 있는 불행한 사태에 대하야 이 해결방법으로 건전하고 평화적인 방법을 채택할 것을 요청하는 요지 다음과 같은 청원서를 21일 하-지 중장을 비롯한 군정관계 각 당국과 유엔조선위원단에 제출하였다. 현재의 제주도 사건은 결코 소수분자의 정치적 선동에 의한 파괴적 음모로만 볼 수 없는 다른 중대한 문제를 포함하고 있는 것이 분명합니다. 작년 3·1절 국회행사 시의 경찰측의 경솔한 발포 살상사건을 계기로 하야 발생된 소위 관공리 총파업사건을 군정당국의 공정하고 건설적인 방법으로서 해결하였든들 금일의 사태는 결코 봉기되지 않었을 것입니다. 그러나 불행하게도 군정당국은 이 지방의 특수성을 이해하려고는 하지 않고 관민 전체가 위험한 파괴분자인 것 같이 대처하여 도외(島外)에서 이 지방 주민과 하등 관련이 없는 인사와 청년단체를 대량으로 유입하여 각 부락에 배치하고 그들로 하여금 평화로운 도민 사생활에 간섭과 폭행들 감행케 하였던 것입니다. 물론 이러한 조치는 도내의 좋지 못한 분자를 소탕하려는 의도에서 추진된 것입니다마는 결과는 경찰과 청년단체의 박해로 말미아마 수만흔 청년과 주민으로 하여곰 한라산의 동굴에 피하게 한 것을 아러야 할 것입니다. 그럼으로 현재 진행되고 있는 토벌공작은 의연이 문제를 해결할 수 없읍니다. 토벌대측은 일반 주민에게 협력을 요구하고 이에 불응하는 주민을 폭동과 동일시하는 경향이 있으나 산중에 있는 폭도들은 이들의 혈연이며 친지인 이상 토벌에 적극적으로 참가할 수는 없을 것입니다. 이와 같은 무력공격의 방법에 포유(包有)하고 있는 결함과 이 사건의 특별한 원인을 고려하야 본회로서는 제주도의 정치적 환경을 민주적으로 개혁하는 것만이 금일의 혹렬(酷烈)한 사태를 수습하는 현명하고 유력한 방법임을 강조하는 동시에 문제해결의 중점을 평화적 방법에 의하고 현재와 같은 무력공세를 중지할 것에 격별(格別)한 유의 있기를 요청하는 바입니다.(서울 21일발 조통)

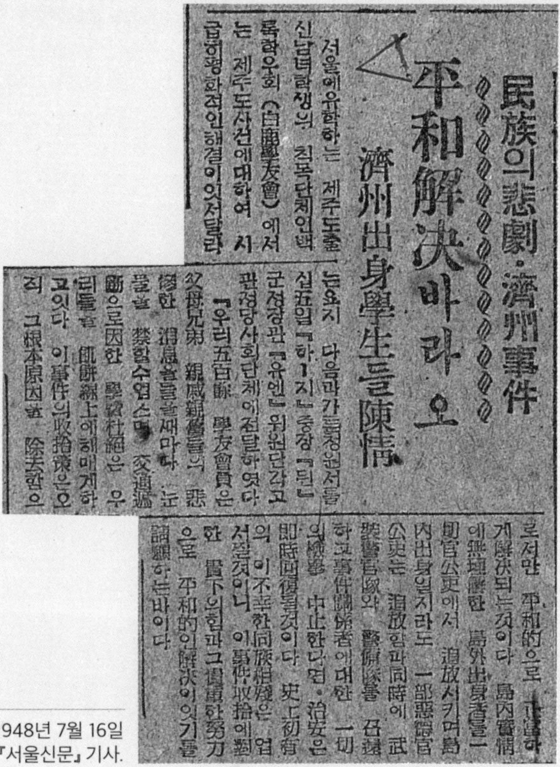

民族의悲劇·濟州事件
平和解決바라오
濟州出身學生들陳情

서울에유학하는 제주도출신남녀학생의 친목단체인백록학우회(白鹿學友會)에서는 제주도사건에대하여 시급히평화적인해결이잇서달라는요지 다음과가튼청원서를 십五일『하-지』중장『듼』군정장관『유엔』위원단각고관정당사회단체에전달하엿다

『우리五百餘 學友會員은 父母兄弟 親戚親舊들의 悲慘한 消息을들을째마다 눈물을 禁할수업스며 交通遮斷으로因한 學費杜絶은 우리들을 飢餓線上에헤매게하고잇다 이事件의收拾策은오직 그根本原因을 除去함으로서만 平和的으로 正當하게解決되는것이다 島內實情에無理解한 島外出身者를一切官公吏에서 追放시키며島內出身일지라도 一部惡德官公吏는 追放함과同時에 武裝警官隊와 警備隊를 召還하고事件關係者에대한 一切의檢擧 中止한다면·治安은 即時回復될것이다 史上初有의이不幸한同族相殘은 업서질것이니 이事件收拾에對한 貴下의힘과그貴重한努力으로 平和的인解決이잇기를 請願하는바이다』

1948년 7월 16일
『서울신문』 기사.

민족의 비극 제주사건 평화해결 바라오

제주 출신 학생들 진정

서울에 유학하는 제주도 출신 남녀학생의 친목단체인 백록학우회(白鹿學友會)에서는 제주도 사건에 대하여 시급히 평화적인 해결이 잇서달라는 요지 다음과 가튼 청원서를 15일 『하지』 중장, 『듼』 군정장관, 『유엔』 위원단 각 고관, 정당, 사회단체에 전달하엿다. 『우리 500여 학우회원은 부모형제 친척 친구들의 비참한 소식을 들을 째마다 눈물을 금할 수 업스며 교통 차단으로 인한 학비 두절은 우리들을 기아선상에 해매게 하고 잇다. 이 사건의 수습책은 오직 그 근본 원인을 제거함으로서만 평화적으로 정당하게 해결되는 것이다. 도내 실정에 무이해(無理解)한 도외 출신자를 일체 관공리에서 추방시키며 도내 출신일지라도 일부 악덕 관공리는 추방함과 동시에 무장경관대와 경비대를 소환하고 사건 관계자에 대한 일체의 검거를 중지한다면 치안은 즉시 회복될 것이다. 사상 초유의 이 불행한 동족상잔은 업서질 것이니 이 사건 수습에 대한 귀하의 힘과 그 귀중한 노력으로 평화적인 해결이 잇기를 청원하는 바이다.』

간주하고, 제주의 실정을 모르는 인사와 청년단체를 육지에서 대량 유입해 주민 생활에 간섭과 폭행을 자행했다"며 "무력 토벌을 중단하고 민주적 개혁만이 사태 수습을 위한 방법"이라고 지적했다. 7월 2일에도 40여 개 정당·사회단체에 제주도사건대책간담회 개최와 현지조사단 파견, 대책위 구성 등을 요청했다.

부산과 광주, 대전 등지의 제우회도 잇따라 무력 토벌 중지를 요청하는 청원서 제출에 동참했다. 부산 제우회는 7월 5일 재부산 5만여 명 제주도민의 이름으로 "제주사건은 경찰이 보는 견해와는 전혀 다르다"며 무력 토벌 중단을 요구했다. 광주 제우회도 제주경찰에 무력 수습 방침 포기, 도민의 생계 보장, 테러단체의 즉각 해체, 제주-목포 간 여행증명제도 철폐, 고문치사 및 폭행자에 대한 엄벌 등을 요구했다. 제우회는 제주도의 실정을 알리기 위해 진상조사단을 파견하거나 지역 기자들과 제주도를 답사했다.

서울에 유학하던 제주 출신 학생들의 친목단체 '백록학우회'도 평화적 해결을 호소하고 나섰다. 이들 역시 하지 사령관과 딘 군정장관, 유엔조선임위원단 및 여러 정당·사회단체에 보낸 청원서를 통해 "도내 실정을 모르는 도외 출신자를 관공서에서 추방하고, 도내 출신자도 일부 악덕 관공리는 추방하고 무장경찰과 경비대를 철수시키는 한편 사건 관계자에 대한 검거를 중지하면 치안을 즉각 회복될 것"이라고 주장했다.

각지 제우회와 학생들의 청원서 곳곳에는 제주도민을 살려달라는 절규가 담겼지만 미군정도, 국내의 정치지도자들도, 경찰도 모두 다 한결같이 애끓는 호소를 외면했다.

19480803

사진으로 남은 젊은 경비대원들의 마지막 순간

051

세 명의 젊은 경비대원이 총살되는 장면이 카메라에 연속적으로 포착됐다. 총살 집행은 몇 차례 보도된 적이 있지만 실제 장면을 순차적으로 기록한 것은 이 사진들이 유일하다. 미군 고문관이 소장한 이들 사진은 제주도 주둔 제11연대장 최경록으로부터 받은 사진첩에 들어 있다. 사진은 경비대원들이 유치장에서 나와 총살 이후까지 모두 20장이다.

1948년 8월 3일 오후, 수감 장소로 보이는 건물 앞에 철모를 쓰고 군복을 입은 세 명의 젊은 경비대원들이 카메라를 응시하고 있다. 20대 초반의 병사들이다. 눈빛은 두려움으로 가득 찼다. 짧은 생의 마지막 날이었음을 알았을 이들이다. 왼쪽에는 경비대원이, 오른쪽에는 권총을 찬 미군 대위가 허리에 양 손을 얹고 있다.

사형 집행 장소는 제주읍 교외로, 통위부장의 승인을 받았다. 소나무에 포승줄로 묶인 3명의 병사에게는 이승에서의 마지막 담배가 물려져 있다. 그 앞에는 연대장 송요찬이 권총을 찬 채 뒷짐을 쥐고 있으며, 옆의 장교는 집행 명령서류로 보이는 종이를 꺼내 읽는 모습이다. 그 옆에서 두 명의 미군 장교가 담배를 피운다.

총살 현장에는 주한미국육군사령부 정보참모부 소속 리드 대위와 제9연대 고문관 웨솔로스키 중위, 그리고 제주도내 신문기자들이 입회했다. 리드 대위가 1948년 8월 7일 작성한 보고서에는 현장의 혼란상이 고스란히 담겼다. 그는 총살이 8월 3일 오후 3시40분 제주읍 교외에서 집행됐으며, "사전 연습 부족으로 매우 허술하게 진행됐고, 일제 사격이 일곱 차례 반복됐다"고 기록했다.

현장에 있던 미군 고문관은 당시 상황을 이렇게 말했다.

> "당시는 미군이 입회해야 총살을 집행할 수 있었는데 총살조의 사격술이 형편없어 여러 차례 자리를 옮겨 사격해야 했다."

1948년 8월 3일 제주읍 교외에서 총살 직전 3명의 경비대원 모습.

SECURITY CLASSIFICATION (If any)

WAR DEPARTMENT

DISPOSITION FORM

FILE No.	SUBJECT		
333	Notes on G-2 Visit to Cheju Do 2-6 August		
TO	FROM	DATE	COMMENT No. 1
Capt Hausman	G-2 DIS	7 August 1948	

1. The execution of the three enlisted men convicted of treason, desertion, etc., took place at (952-1149) just out of Cheju Up at 1540 hours 3 Aug 1948. Very sloppily done as a result of lack of prior planning and/or "dry run". Seven volleys to kill three men.

2. Hq and 1st Bn (old Mosul Po Bn) of 9th Regt now located in Cheju Up. Area greatly improved in appearance since 19 July. Hard Stands being laid for supply storage. Tent areas clean and orderly. New American sgt has taken over the job of motor maintenance is making improvements despite the lack of motor tools, supplies, and equipment. Only SAE 10 oil is available on the island, SAE 30 and 90 are required. Enough SAE 90 has been borrowed from 59th MG group to take care of immediate needs. No figures available on arms and ammo in hands of troops 96,000 rounds Jap ammo available. "In 59th MG Ammo Dump" List of Vehicles and condition follows; ~~in MG (59th) area~~:

(K)
1 - 2 1/2 T Inoperative, lack of tire and tubes
2 - 1 1/2 T (Inoperative and in a salvage condition.
1 - 3/4 Tam (These vehicles will be re-assembled
1 - 3/4 WC (and turned in.
1 - 1/4 T (

AFIK 101
3 - 2 1/2 T 2 inoperative. Lack of tires, tubes, and 1 fuel pump.
2 - 1 1/2 T Operative .
6 - 3/4 T WC Four operative, 2 inoperaive, due to lack of tires and tubes.
2 - 1/4 T Operative.

All the above listed vehicles required replacement of tires and tubes. ~~The following lubricants are needed; Grease, SAE 30 oil as the oil available here is SAE 10.~~

Lt Wensclewsky, Regt'l Adviser, is inexperienced and does not handle Major Song well. Major Song was nine years a Japanese Sgt and is a very strong willed person. Quite capable of handling the Regt if properly guided.

3. 2nd Bn, (former 2nd Bn 5th Regt) is located between Song Dong Ni and Chongdu (978-1142) in defile from North, East, and South. The reverse slopes are entrenched by two and three man rifle trenches. Patrols within three mile radius are continuous. Site is located at a good water point. Bn commanded by a Captain advised by Lt Joseph.

WD AGO FORM 897
1 MAY 1946

U.S. GOVERNMENT PRINTING OFFICE

173

1948년 8월·7일 주한미국육군사령부 정보참모부 소속 리드 대위가 작성한 제주도 방문 기록 보고서. NARA.

수신: 하우스만 대위 발신: 리드 대위

제목: 8월 2~6일 정보참모부의 제주도 방문기록

반역, 탈영 등 혐의로 유죄 판결을 받은 경비대원 3명의 처형이 1948년 8월 3일 15시 40분 제주읍 교외에서 집행됐다. 사전 계획 및 또는 '예행연습'이 미흡해 매우 서툴게 집행되었으며, 3명을 총살하는 데 7차례의 일제 사격이 필요했다.

"정보참모부 리드 대위와 헌병 고문관이 총살형을 자문하고 감독했다."

당시 신문들은 '제주발 조선통신'을 인용해 "경찰서 습격과 살인·방화 등의 범죄사실로 이들이 고등군법회의에서 준전시 군법에 의해 총살형을 언도받았다"고 밝혔다. 그러나 사진들은 지금도 묻고 있다. 무엇이 이 젊은 병사들의 목숨을 한꺼번에 앗아갔는가.

19480814

"그는 양민의 원적이었소"

052

1948년 8월 9일 오전 9시 서울 남산 통위부 군기대사령부에 설치한 고등군법회의(재판장 이응준 대령)가 개정됐다. 피고인석에는 제11연대 소속 문상길 중위와 1등상사 신상우, 2등상사 양회천, 1등중사 강승규, 하사 손선호, 하사 배경용 등 6명이 앉았다. 이들은 장기 구금과 고문 탓에 여위었지만 태도는 의연했다. 검찰관은 이지형 중령 등 3명이었고, 변호인은 민선 김양 변호사, 관선변호인은 김흥수 소령 등 2명이 참여했다. 방청석은 기자들과 장교들, 유족들로 가득 찼다.

'왜 쏘았는가?'

재판은 이 한 가지 질문을 둘러싸고 8월 9일부터 14일까지 매일 진행됐다. 첫 재판에서 검찰관 이지형 중령은 다음과 같은 내용의 기소문을 낭독했다.

그는良民의怨敵이엿소

裵、孫等朴大領殺害動機를陳述

公判第四日

朴대령암살사건에대한 고등군법재판은 드디어 十四일오전十一시반 文相吉中尉(二七) 申尙雨(一等上士)(二七) 孫善鎬(下士)(二一) 裵敬用(下士)(二九)四명에 대하야 총살을 언도하고 또한 梁會千(一等上士)(二五)에 無期 姜鎔珥(一等中士)(二二)에 五개년징역을 언도하엿다

재四일째인 十一일피고文중위의 심리진술에이어 동일오후에는 직접하수자裵敬用, 孫善鎬에 대한 심문이잇섯다 피고裵는저격전후이의진상을 상세히진술한후 민족상잔을 감행한 朴대령의 암살은 당연하다고말하엿다

또한 孫善鎬는 태연자약하게 유창한말로 암살동기와 목격한 사실을 다음과가치 말하엿다

朴대령의 三十만도민에대한무자비한 작전공격은 전 연대장 金(益烈)중령의 선무작전에비하여 불때 그의작전에대하야 불만을 갓지안흘수업섯다 그러한그릇된 결과로 다음과가튼 사태가버러젓다

우리가 하북이란부락을 갓슬때 十五세가량되는 아이가 그아버지의시체를 껴안고잇는것을보고 무조건살해하엿다 또五월一일오라리란부락에 출동하엿슬때 수만흔 남녀노소의시체를 보앗슬뿐인데 이들은 자세한조사의결과 경찰의비행임을 알게되엿다 사격연습을 한다하고 부락의소(牛) 기타가축을 난살(亂殺)하엿스며 폭도의잇는곳을안다고 안내하랴민을 안내치에 폭도가 업스면 총살하고말엇다 또매일 한사람이 한사람의폭도를 체포해야한다는등 부하에대한 애정도전연업섯다 朴대령을 암살하고 도망할기회도 잇섯스나 三十만도민을위한일임으로 그럴필요도 업섯다 나하나의생명이 三十만의도민을 위한것이며 三十만민족을 위한것인만큼 달게처벌을 밧겟다

한편 이번언도된 총살형은 통위부장을거처 군정장관의인준이 잇슨후에 비로소 집행될것으로 보인다

1948년 8월 16일『국제신문』기사.

그는 양민의 원적(怨敵)이엿소
배·손 등 박 대령 살해 동기를 진술
공판 제4일

박 대령 암살사건에 대한 고등군법재판은 드디어 14일 오전 11시 반 문상길 중위(23), 신상우(일등상사)(20) 손선호(하사)(22) 배경용(하사)(19) 4명에 대하야 총살을 언도하고 또한 양회천(이등상사)(25)에 5개년 징역을 언도하엿다. 제4일째인 12일 피고 문 중위의 심리 진술에 이어 동일 오후에는 직접 하수자 배경용, 손선호에 대한 심문이 잇섯다. 피고 배는 저격 전후 이의 진상을 상세히 진술한 후 민족상잔을 감행한 박 대령의 암살은 당연하다고 말하엿다. 또한 손선호는 태연자약하게 유창한 말로 암살 동기와 목격한 사실을 다음과 가치 말하엿다.

박 대령의 30만 도민에 대한 무자비한 작전 공격은 전 연대장 김익렬 중령의 선무작전에 비하여 볼 때 그의 작전에 대하야 불만을 갓지 안을 수 업섯다. 그러한 그릇된 결과로 다음과 가튼 사태가 버러젓다.

우리가 하북이란 부락을 갓슬 쌔 15세 가량 되는 아이가 그 아버지의 시체를 써안고 잇는 것을 보고 무조건 살해하엿다. 또 5월 1일 오라리란 부락에 출동하엿슬 쌔 수만흔 남녀노소의 시체를 보앗슬 뿐인데 이들은 자세한 조사의 결과 경찰의 비행임을 알게 되엿다. 사격 연습을 한다 하고 부락의 소, 기타 가축을 난살하엿스며 폭도의 잇는 곳을 안다고 안내한 량민을 안내처에 폭도가 업스면 총살하고 말엇다. 또 매일 한 사람이 한 사람의 폭도를 체포해야 한다는 등 부하에 대한 애정도 전연 업섯다. 박 대령을 암살하고 도망할 기회도 잇섯스나 30만 도민을 위한 일임으로 그럴 필요도 업섯다. 나 하나의 생명이 30만의 도민을 위한 것이며 3천만 민족을 위한 것인 만큼 달게 처벌을 밧겟다.

한편 이번 언도된 총살형은 통위부장을 거처 군정장관의 인준이 잇슨 후에 비로소 집행될 것으로 보인다.

너무나酷甚한銃殺刑

朴大領事件에金養辯護人談

국방경비대 朴대령암살사건 군법회에서는 十四일 전 文相吉중위의 三명에대한 총살형언도로 폐정하였는데 동법정에 민간변호인으로 종사하였던 金養변호사는 동사건판결언도는 이행하기 곤난하다고 다음과 같이 소감을 말하였다

범죄에는 언제나 범행동기와 이유가 있는것이다 소위 법에의하여 범죄의 공정한 처단을 기할 목적으로 재판이 존재하는것이며 언제나 결과를 초래한 동기와 원인이 중심되어 심리되는것이다 금번암살사건 관계자의 범행동기가 추호의 사심사리에서 출발한것이아니고 민족정기에 살고죽으라는 국방경비대자체의 신조에서 우러나온 애족적 신념의 소치라는것은 피를토하는듯한 피고들의 진술로 명백하다 왜 朴대령을 살해하지 않으면 안되였던가하는 것은 朴대령의 참모관으로서 증인출두한 林富澤장교의 진출을 보면 알 수있을것이다 朴대령부임전 평화복구을 목적으로 도민을 선무하고 그들과 다정하여진 피고들은 다음과같은 朴대령의 명령에 복종할 수가없었던것이다 즉초 선유를 위하여서는 三十만도민을 전부희생시켜도 좋다 그리고 『산사람』루 벌을 주목적으로하는것보다 각부락을 수색하여서 부락민을 전부집저하여리 이때에 피하는자가세빈 정지명령에 불응하면 총살하여라 이상과같은 朴대령의 명령이 불복하는 피고들은 민족을위한 가사로 살해를 결에하였던것이다 저지명령에 불응한다고 총살당한 부락민이 전기林장교의 기억에 남은것만으로로 二、三十명이 넘는다고한다 일본군사상 히유의 대사건인 五、一五사건 주모군인에게도 사형이라는 판결은 없었다 항차 조선민족기리 애족애국적신념의 발로 결과가 이러한 사형으로 보상된다면 사람을 나무에 올려놓고 사다리를 메어버리는것이다 한편 金養씨는 동사건의 감형진정서를 통위부장 및 딘군정장관에게 제출코저 작성하고있다 한다

1948년 8월 19일 『수산경제신문』 기사.

너무나 혹심한 총살형

박 대령 사건에 김양 변호인담

국방경비대 박 대령 암살사건 군법회의에서는 14일 문상길 중위 외 3명에 대한 총살형 언도로 폐정하였는데 동 법정에 민간변호인으로 종사하였던 김양 변호사는 동사건 판결 언도는 이행하기 곤난하다고 다음과 같이 말하였다.

범죄에는 언제나 범행동기와 이유가 있는 것이다. 소위 법에 의하여 범죄의 공정한 처단을 기할 목적으로 재판이 존재하는 것이며 언제나 결과를 초래한 동기와 원인이 중심되어 심리되는 것이다. 금번 암살사건 관계자의 범행동기가 추호의 사심사리에서 출발한 것이 아니고 민족정기에 살고 죽으라는 국방경비대 자체의 신조에서 우러나온 애족적 신념의 소치라는 것은 피를 토하는 듯한 피고들의 진술로 명백하다. 왜 박 대령을 살해하지 않으면 안 되였던가 하는 것은 박 대령의 참모관으로서 증인 출두한 임부택 장교의 진술을 보면 알 수 있을 것이다.

박 대령 부임 전 평화복구을 목적으로 도민을 선무하고 그들과 다정하여진 피고들은 다음과 같은 박 대령의 명령에 복종할 수가 없었던 것이다. 즉 조선을 위하여서는 30만 도민을 전부 희생시켜도 좋다. 그리고 『산사람』 토벌을 주목적으로 하는 것보다 각 부락을 수색하여서 부락민을 전부 검거하여라. 이때에 피하는 자가 세 번 정지 명령에 불응하면 총살하여라. 이상과 같은 박 대령의 명령에 불복하는 피고들은 민족을 위한 거사로 살해를 결행하였던 것이다. 정지 명령에 불응한다고 총살당한 부락민이 전기 임 장교의 기억에 남은 것만으로도 2, 30명이 넘는다고 한다. 일본군사상 희유의 대사건인 5·15사건 주모 군인에게도 사형이라는 판결은 없었다. 항차 조선 민족기리 애족애국적 신념의 발로 결과가 이러한 사형으로 보상된다면 사람을 나무에 올려놓고 사다리를 떼어버리는 것이다.

한편 김양씨는 동 사건의 감형 진정서를 통위부장 및 딘 군정장관에게 제출코저 작성하고 있다 한다.

"제11연대 중위 문상길은 폭도대 대장 김달삼으로부터 박진경 대령을 살해할 지령을 받고 기회를 노리다 손선호 등 하사관들과 공모하여 1948년 6월 18일 오전 3시50분 박진경 대령을 살해하였다."

재판은 오후까지 이어져, 검찰 측이 문상길·손선호·배경용 등에 관한 청취서 낭독을 끝으로 마무리했다.

다음날 열린 2차 공판에서 변호인 측은 "검찰관이 낭독한 조서는 고문에 의한 진술"이라고 반박하면서 긴장감이 돌았다. 변호인들은 제11연대 군기대장 이풍우 중위 등에 대한 증인심문을 벌였으나 이들은 고문에 관한 증언을 거부했다.

제4차 공판이 열린 8월 12일 문상길은 검찰 측 기소 이유를 강력 부인했다. 그는 우선 '김달삼 지령설'에 대해 "김달삼이 '30만 도민을 위하여 박진경을 살해했으면 좋겠다'고 지령했지만, 절대 지령을 받지 않았다"고 반박했다. 오히려 그는 "전기고문을 받은 끝에 눈이 가려진 채로 조서의 내용을 모른 채 강제적으로 무조건 날인했다. 따라서 본 법정에서 진술한 것이 진실이다"라며 고문 사실을 폭로하고는 자신의 조서 내용을 정면으로 부인했다.

그는 김달삼과의 접촉에 대해 "처음에는 제9연대장 김익렬과의 만남을 주선하기 위한 것이었다. 두 번째로 김달삼을 만난 것은 박진경의 부임 후였다. 김달삼과 두 번이나 만난 것은 30만 도민을 동족상잔으로부터 건지기 위해 경비대의 근본이념인 국가지상·민족지상의 정신으로 원만한 해결책을 얻기 위한 것이었다"고 말했다.

그러나 제9연대장 김익렬이 박진경으로 바뀌면서 상황이 바뀌었다. 문상길은 "김(익렬) 중령 지휘 밑의 경비대는 도민을 선무하려고 노력해 신뢰를 받았다. 그러나 박(진경) 중령 부임 후로는 경찰과 협력하여 소요부대에 무조건 공격 명령을 내렸으며, 도민을 탄압하기 시작해 도민의 신뢰를 잃게 됐고, 경비대 내 공기도 동요했다"며 "나는 김 중령의 동족상잔을 피하는 해결 방침에 찬동했다"고 정연하게 밝혔다. 이어 박진경을 저격한 손선호는 재판관의 범행 동기를 묻는 말에 '태연자약하게 유창한 말'로 이렇게 답변했다.

> "박 대령의 30만 도민에 대한 무자비한 작전 공격은 전 연대장 김 중령의 선무작전과 비교해볼 때 불만을 갖지 않을 수 없었다. '3천만을 위해서는 30만 제주도민을 다 희생시켜도 좋다. 민족상잔은 해야 한다'고 역설했다. 실제 행동에 있어서도 무고한 양민을 압박하고 학살하게 한 박 대령은 반민족적이었다. 동포를 구하고 성스러운 우리 국방경비대를 건설하기 위해서는 박 대령을 희생시키는 수밖에 없다고 생각했다."

그는 이어 "나 하나의 생명이 30만 도민을 위한 것이며, 3천만 민족을 위한 것인 만큼 달게 처벌을 받겠다"고 말했다. 『국제신문』은 이날의 재판 기사 제목을 '그는 양민의 원적怨敵이었소'라고 붙였다.

재판에서는 관선 변호인 김흥수 소령도 "문 중위 이하 피고인들은 '산사람'의 지령을 받은 일도 없고, 사상적 배경도 없으며, 다만 민족애와 정의감에서 나온 범행이었으니 특별히 고려해달라"고 변론했다. 특히 김양 변호사의 최후 변론에 "방청객의 얼굴에는 눈물이 호수같이 밀리고 감개는 물 끓듯이 용솟음"쳤다.

> "해방된 이 땅에서 제주도민들이 가진 그 모든 불평과 본의 아닌 민족상잔으로 쓰러진 동포의 죽음을 본 이 젊은 이들이 어떻게 하면 이것을 방지하고 30만 도민을 구할 수가 있을까 하는 고민 끝에 어리석고 좁은 판단이나마 자기 생명을 희생시켜도 좋다는 뼈아픈 각오로 이러한 범행을 감행한 것이다."

그러나 재판은 6일 만에 종결됐고, 각계의 탄원에도 판결은 엄격했다. 8월 14일 오전 재판부는 문상길·손선호·신상우·배경용에게 사형을 선고하고, 다른 이들에게는 무기징역과 징역형 등을 선고했다. 김양 변호사는 재판이 끝난 뒤 다음과 같이 소회를 밝혔다.

"왜 박 대령을 살해하지 않으면 안 되었던가 하는 것은 박 대령의 참모관으로서 증인 출두한 임부택 장교의 진술을 보면 알 수 있을 것이다. 박 대령 부임 전 평화 복구를 목적으로 선무하며 그들과 다정하여진 피고들은 다음과 같은 박 대령의 명령에 복종할 수가 없었던 것이다. 즉 '조선을 위하여서는 30만 도민을 전부 희생시켜도 좋다', '산사람 토벌을 주목적으로 하는 것보다 각 부락을 수색하여서 부락민을 전부 검거하라. 이때에 피하는 자가 세 번 정지명령에 불응하면 총살하라'는 등 타국과의 전쟁을 연상케 한 박 대령의 명령에 피고들은 불응하였으며, 민족적 거사로서 살해를 결행하였던 것이다."

한 신문은 이렇게 제목을 달았다.

'너무나 혹심한 총살형.'

19481017

"통행금지 위반자는 총살", 제9연대장의 포고령

053

1948년 10월 17일 제9연대장 송요찬이 포고령을 공포했다. 같은 달 20일부터 발효된 포고령은 제주사회를 뿌리부터 뒤흔드는 분수령이 됐다. 겉으로는 '본도의 치안을 확보하고 민족의 영화를 보장한다'는 명분을 내세웠지만, 실제 내용은 재판 없는 즉결 처형과 주민 강제소개를 제도화하는 것이었다. 포고령은 또한 제주 공동체를 파괴하는 초토화 정책의 출발점이기도 했다.

"10월 20일 이후 군 행동 종료 기간 중 전도 해안서부터 5킬로미터 이외 지점 및 산악지대의 무허가 통행을 금지하고, 특별통행증 없이 드나드는 자에 대해서는 폭도로 간주해 총살한다"는 포고령의 핵심은 '포고 위반자에 대해서는 이유 여하를 불문하고 폭도배로 간주하고 총살에 처하겠다'는 것이었다. 1948년 10월 20일 신문들은 '폭도소탕전 본격화! 통금 위반 총살'(『수산경제신문』), '군 포고 위반자는 총살, 산악지대 등 무허가 통행은 금지'(『자유신문』), '산악지대 무허가 통행자 총살'(『남조선민보』), '무허가 통행자는 총살, 엄엄한 제주9연대장의 포고문'(『경향신문』)이라는 제목으로 '총살'이라는 단어를 스스럼없이 달았다.

중산간 일대를 사실상 '적성지대'로 간주한 포고령은 제주도 마을 공동체의 강제 해체를 의미했다. 중산간 일대는 조상 대대로 내려온 생활 터전이자 농경지와 소나 말의 방목지였다. 포고령은 주민들의 이런 삶의 기반을 송두리째 빼앗는 결과를 가져왔다.

포고령 이후 제9연대는 중산간 마을주민들을 해안마을로 강제소개했다. 마을이 불에 탔다. 일부 마을에는 소개령이 전달되지 않았거나 전달되기 전에 토벌대가 들이닥쳐 방화와 함께 학살을 자행했다. 해안마을로 내려가지 못한 주민들은 산속으로 피신했다.

반면 해안마을로 소개된 주민들은 군·경이 급조한 수용소에 집단 수용됐고, 열악한 환경 속에서 통제와 감시를 받았

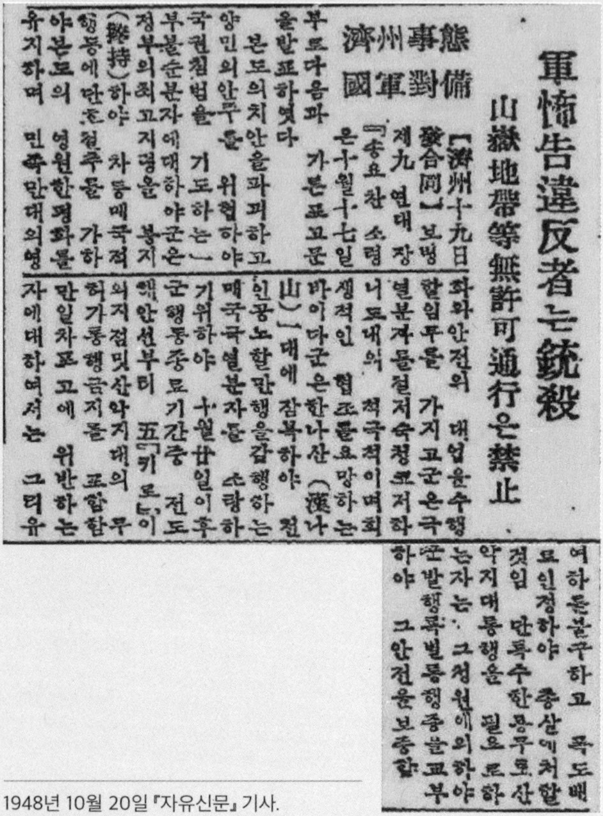

軍佈告違反者는銃殺

山嶽地帶等無許可通行은禁止

濟州事態 國軍對備

【濟州十九日發合同】보병 제九연대장 『송요찬 소령은 十월十七일부로 다음과 가튼 포고문을 발표하엿다 본도의 치안을 파괴하고 양민의 안주를 위협하야 국권침범을 기도하는 一부 불순분자에 대하야 군은 정부의 최고지령을 봉지(奉持)하야 차등 매국적 행동에 단호 철추를 가하야 본도의 영원한 평화를 유지하며 민족만대의 영화와 안전의 대업을 수행할 임무를 가지고 군은 극렬분자를 철저숙청코저하니 도내의 적극적이며 희생적인 협조를 요망하는 바이다 군은 한나산(漢拏山)一대에 잠복하야 천인공노할 만행을 감행하는 매국극렬분자를 소탕하기 위하야 十월廿일 이후 군행동종료기간중 전도 해안선부터 五「키로」이외 지점 및 산악지대의 무허가통행금지를 포함함 만일 차 포고에 위반하는 자에 대하여서는 그 리유 여하를 불구하고 폭도배로 인정하야 총살에 처할 것임 단 특수한 용무로 산악지대 통행을 필요로 하는 자는 그 청원에 의하야 군발행특별통행증을 교부하야 그 안전을 보증함

1948년 10월 20일 『자유신문』 기사.

군 포고(佈告) 위반자는 총살 산악지대 등 무허가 통행은 금지 제주사태 국군 대비

【제주 19일발 합동】 보병 제9연대장 『송요찬 소령은 10월 17일부로 다음과 가튼 포고문을 발표하엿다. 본도의 치안을 파괴하고 양민의 안주를 위합하야 국권 침범을 기도하는 일부 불순분자에 대하야 군은 정부의 최고 지령을 봉지하야 차등 매국적 행동에 단호 철추를 가하야 본도의 영원한 평화를 유지하며 민족 만대의 영화와 안전의 대업을 수행할 임무를 가지고 군은 극열분자를 철저히 숙청코저하니 도내의 적극적이며 희생적인 협조를 요망하는 바이다. 군은 한나산 일대에 잠복하야 천인공노할 만행을 감행하는 매국 극열분자를 소탕하기 위하야 10월 20일 이후 군 행동 종료 기간 중 전도 해안선부터 5『키로』 이외 지점 및 산악지대의 무허간 통행금지를 포함함. 만일 차 포고에 위반하는 자에 대하여서는 그 리유 여하를 불구하고 폭도배로 인정하야 총살에 처할 것임. 단 특수한 용무로 산악지대 통행을 필요로 하는 자는 그 청원에 의하야 군 발생 특별통행증을 교부하야 그 안전을 보증함.

다. 포고령에 나온 "도민의 적극적이며 희생적인 협조를 요망"한 군의 위압적 태도는 토벌의 성격을 나타낸다. 국가가 국민에게 '희생적' 협조를 요구한 것이다.

1948년 10월 20일 『자유신문』이 포고령 기사 제목을 '포고布告'가 아닌 공포나 두려움의 의미를 담은 '포고怖告'라고 표기한 것은 신문 제작상의 실수인가? 제주사회에 닥칠 현실을 반영하거나 강조하려는 의도적 선택인가? 제9연대의 포고령 이후 제주의 온 산과 들은 어디나 할 것 없이 붉게 물들었다.

19481108

서청, 무슨 짓을 해도 처벌 받지 않는 존재

054

초토화의 서막을 열어가던 1948년 11월 서청에 의한 제주도청 총무국장 김두현 고문치사사건이 일어난다. 사건의 발단은 무엇이었을까. 제주에 파견된 서청 단원들은 자신들이 원하는 만큼의 급식과 급여를 받지 못했다. 이들의 불만은 제주도청의 보급품 담당 책임자인 김두현 국장에게 향했다. 서청 제주도 단장 김재능은 김 국장을 서청 사무실로 불러 심하게 구타했고, 의식을 잃자 밖으로 내던져 숨지게 했다. 미군 정보보고서는 이 사건을 이렇게 기록했다.

> "11월 9일, 서청 단원들이 제주도 총무국장 김두현을 폭행치사했다. 김씨의 죽음에 책임 있는 서청 회원들은 김씨가 알려진 공산주의자이며, 그를 심문하려고 했을 뿐 죽일 의도가 있었던 것은 아니라고 말했다."

신문들은 내무부 발표라며 "8일 오후 10시경 김두현 제주도청 총무국장이 괴한에게 피습 당해 숨졌다"고 짧은 한 문장으로 전했다. 서슬이 퍼렇던 시기였다. 도지사 임관호나 다른 도청 관계자들 누구도 아무런 문제 제기를 하지 못했다.

몇 년이 지난 뒤 1954년 6월 8일 『영주시보』는 "김재능 씨 계통의 폭행 중 가장 신랄한 것은 당시 김두현 본도 총무국장을 타살한 사건이다"라며 "사건 후 5~6년이 지난 오늘날까지도 전 도민 누구를 막론하고 김두현 씨의 사상이 불온했다고 생각하는 사람은 없다. 서청이 물자배급을 요구하다 거절당한 분풀이로 타살한 것으로 여긴다"고 보도했다. 신문은 현장을 목격한 유지의 말을 전하며 "계획적으로 죽이려고 했던 것인지 때리다보니 죽은 것인지는 모르되 김씨는 2층에서 떨어져 왼쪽 눈에 치명상을 입었고, 전신이 피투성이였다"고 말했다. 당시를 기억하는 도청 출신 인사도 이와 비슷한 증언을 했다.

G-2 PERIODIC REPORT

From: 120800/I Nov 48
To : 130800/I Nov 48

Headquarters, USAFIK
Seoul, Korea
1000/I 13 November 1948

Confidential

P/R #987

MAPS: KOREA, 1/250,000
Eastern ASIA, 1/1,000,000

Historical

1. ARMED FORCES

Negative

2. POLITICAL ACTIVITIES

Negative

3. CIVIL UNREST

a. Rightist Terrorism On CHEJU-DO

On 09 November members of the NORTHWEST YOUNG MEN'S ASSOCIATION beat to death KIM Too Hyon, the Chief of General Affairs Section, of CHEJU DO. The NWYMA members responsible for KIM's death stated that he was a known communist but that they had only intended to interrogate him, not to kill him. (CIC P/R #263. A-1)

b. North Korean People's Army Reported In South KOREA

Approximately 60 members of the North Korean People's Army, dressed in civilian clothes, were reportedly seen near P[illegible] Mountain (1140-1616) by 3 farmers on 09 November. Nine farmers in the area were kidnapped and forced to carry weapons for the People's Army group. The group had approximately 360 Japanese M-99 rifles in rice bags and 20,000 rounds of ammunition. Each member of the group was armed with a pistol. (F-6) One of the farmers escaped and reported to the police who were alerted. (C-3)

On 1[illegible] November 60 members of the North Korean People's Army, dressed as civilians and armed with pistols and Japanese rifles, were reported in the vicinity of [illegible] (1095.5-1634.8). (Police Report)

A 13-year old Korean reported to the Constabulary that he had seen 500 members of the North Korean People's Army entering South KOREA on 10 November. One prisoner was allegedly taken and interrogation of this prisoner revealed that the North Korean People's Army group will move across country and enter SEOUL. Most of the People's Army members allegedly carried 5 pistols, the extra ones to be used to arm South Korean communists. (PMAG Report. F-4) The 8th Constabulary Regiment was ordered to locate this group and attack. Reconnaissance is now in progress in the area east of WONJU (1090-1610). (B-2)

4. PSYCHOLOGICAL

Translation of SEOUL Newspapers. (See Incl. #1)

5. SABOTAGE AND ESPIONAGE

Negative

Confidential

1948년 11월 13일 주한미국육군사령부 정보참모부 일일보고서 제987호.
NARA.

제주도에서의 우익 테러

11월 9일 서북청년회 단원들이 제주도청 총무국장 김두현을 고문치사했다. 김씨의 죽음에 책임 있는 서청 단원들은 그가 알려진 공산주의자라며, 그를 조사하려고 했을 뿐이지 죽이려는 의도는 없었다고 말했다.(방첩대 일일보고서 263호)

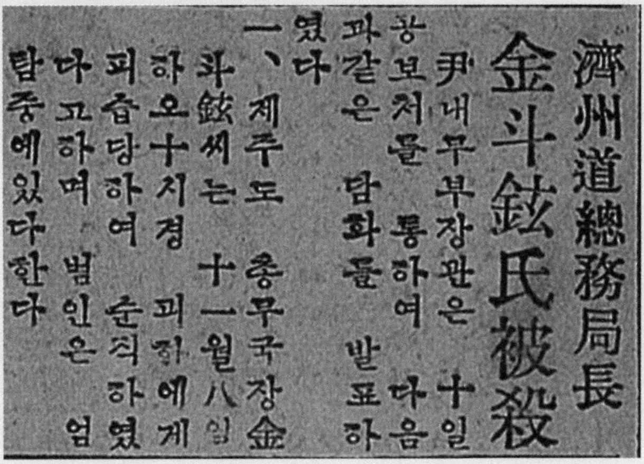
濟州道總務局長
金斗鉉氏被殺

尹내무부장관은 十일 공보처를 통하여 다음과같은 담화를 발표하였다
一、제주도 총무국장 金斗鉉씨는 十一월 八일 하오 十시경 괴한에게 피습당하여 순직하였다고하며 범인은 엄탐중에있다한다

1948년 11월 12일 『대한일보』 기사.

제주도 총무국장 김두현씨 피살

윤 내무부 장관은 10일 공보처를 통하여 다음과 같은 담화를 발표하였다. 제주도 총무국장 김두현씨는 11월 8일 하오 10시경 괴한에게 피습당하여 순직하였다고 하며, 범인은 엄탐 중에 있다 한다.

> "제주읍 칠성통 2층 사무실에서 신문지에 파리약을 섞은 물을 부어 적신 뒤 코에 대고 불을 붙이는 방식으로 고문했고, 숨이 끊어지자 칠성통 쪽으로 던졌다."

당시 무소불위의 권력을 휘두르는 서청의 폭력성이 얼마나 공포스러웠는지 생생히 전하는 증언이다. 사건 이후 가해자들은 처벌은커녕 제9연대 군인으로 편입됐다. 4·3 초토화의 전위대가 됐다. 당시 서청은 제주도민의 일상을 지배했던 공포였다. 제주도청 고위 공직자가 우익단체의 불법 고문에 의해 사망한 사건은 개인의 비극을 넘어 서청의 폭력성과 국가의 질서가 근본적으로 뒤틀려 있음을 보여주는 상징적인 장면이다.

19481117

계엄령, 이승만은 '조속한 진압'을 명령했다

055

1948년 11월 17일 대통령 이승만은 제주도에 대한 계엄령을 선포했다. 대통령령 제31호로 공포된 [제주도지구 계엄선포에 관한 건]에는 이승만과 함께 국무위원 12명의 이름이 자필 서명으로 들어 있다. 정부가 공포한 계엄령은 제9연대가 집행했다. 계엄령에 대해 정부나 군이 공식적으로 발표한 적은 없으나, 계엄령은 학살을 정당화할 수 있는 제도적 장치가 됐다.

제9연대장이 10월 17일 선포한 포고령이 제주도 중산간 일대를 '적성지대'로 상정했다면, 계엄령은 제주섬 전체를 '전시구역'으로 간주하고, 초토화를 가능하게 했다. 초토화는 일본군의 중국 침략전쟁에서 사용된 바 있다. 1942년 5월 일본군 북지나방면군 사령관 오카무라 야스지岡村寧次의 '모두 죽이고殺光, 모두 태우고燒光, 모두 빼앗는搶光' 삼광정책이 대표적이다. 이는 주어진 지역을 포위해 그 안의 모든 것을 죽이고, 모든 것을 파괴해 사람이 살 수 없는 지역으로 만드는 작전이었다.

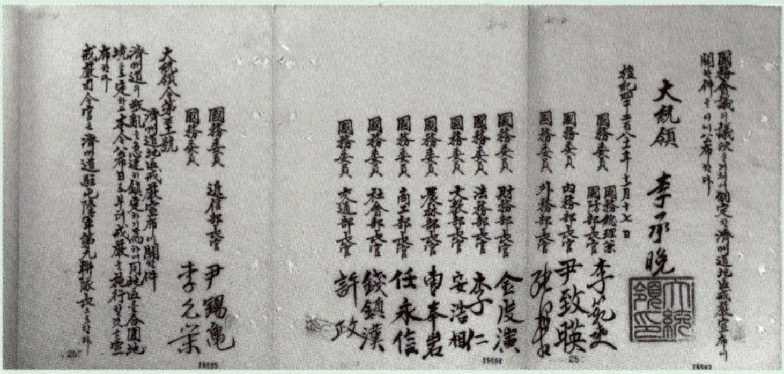
國務會議의議決을거치어制定한濟州道地區戒嚴宣布에關한件을이에公布한다
大統領 李承晩
檀紀四千二百八十一年十一月十七日
國務委員 國務總理兼國防部長官 李範奭
國務委員 內務部長官 尹致暎
國務委員 外務部長官 張澤相
國務委員 財務部長官 金度演
國務委員 法務部長官 李仁
國務委員 文敎部長官 安浩相
國務委員 農林部長官 曺奉岩
國務委員 商工部長官 任永信
國務委員 社會部長官 錢鎭漢
國務委員 交通部長官 許政
國務委員 遞信部長官 尹錫龜
國務委員 李允榮
大統領令第三十一號
濟州道地區戒嚴宣布에關한件
濟州道의叛亂을急速히鎭定하기爲하여同地區를合圍地境으로定하고本令公布日로부터戒嚴을施行할것을宣布한다
戒嚴司令官은濟州道駐屯陸軍第九聯隊長으로한다

1948년 11월 17일 이승만의 계엄령 선포문. 국가기록원. [화보09]

국무회의의 의결을 거쳐서 제정한 제주도지구 계엄 선포에 관한 건을 이에 공포한다.
대통령 이승만
단기 4281년11월 17일
국무위원 국무총리겸 국방부장관 이범석
국무위원 내무부장관 윤치영
국무위원 외무부장관 장택상
국무위원 재무부장관 김도연
국무위원 법무부장관 이인
국무위원 문교부장관 안호상
국무위원 농림부장관 조봉암
국무위원 상공부장관 임영신
국무위원 사회부장관 전진한
국무위원 교통부장관 허정
국무위원 체신부장관 윤석구
국무위원 이윤영
대통령령 제31호
제주도지구 계엄 선포에 관한 건
제주도의 반란을 급속히 진정하기 위하여 동 지구를 합위지경으로 정하고 본령 공포일로부터 계엄을 시행할 것을 선포한다.
계엄사령관은 제주도 주둔 육군 제9연대장으로 한다.

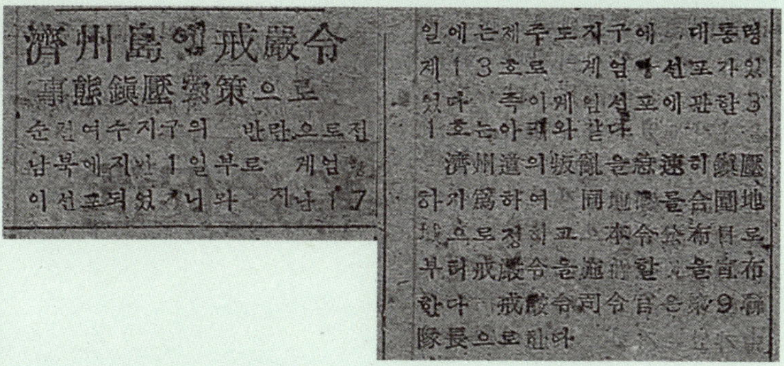

濟州島에 戒嚴令
事態鎭壓對策으로

순천여수지구의 반란으로전남북에지난 1일부로 계엄령이 선포되었거니와 지난 17일에는제주도지구에 대통령제13호로 계엄령선포가있었다 즉이계엄선포에관한 31호는아래와같다

濟州道의叛亂을急速히鎭壓하기爲하여 同地區를合圍地境으로정하고 本令公布日로부터戒嚴令을施行할것을宣布한다 戒嚴令司令官은第9聯隊長으로한다

1948년 11월 21일『호남신문』기사.

제주도에 계엄령
사태 진압책으로

순천여수지구의 반란으로 전남북에 지난 1일부로 계엄령이 선포되었거니와 지난 17일에는 제주도지구에 대통령 제13호로 계엄령 선포가 있었다. 즉 이 계엄선포에 관한 31호는 아래와 같다.

제주도의 반란을 급속히 진압하기 위하여 동 지구를 합위지경으로 정하고 본령 공포일로부터 계엄령을 시행할 것을 선포한다. 계엄사령관은 제9연대장으로 한다.

계엄령의 선포와 불법성 논란을 자세히 다룬 『정부 보고서』는 계엄 선포일이 기존 자료에서는 '10월 8일설', '11월 17일설', '11월 21일설' 등 셋 또는 넷으로 나뉘었으나, 정부기록보존소(현 국가기록원)에 보관된 '대통령령 제31호'를 통해 계엄령 선포일 논란이 해소됐다고 밝혔다. 『정부 보고서』는 또한 미군 보고서에 나온 "1948년 11월 17일에 선포됐던 제주도지역에 대한 비상사태가 1개월 전에 해제"됐다는 내용을 들어 "계엄 선포 날짜에 관한 기록은 '계엄령이 아닌 비상사태'라고 한정 짓기는 했지만 오직 미군 보고서만이 정확한 것으로 밝혀진 셈"이라고 적고 있다. 『정부 보고서』는 이어 "계엄령은 국무회의 의결을 거쳐 관보에만 게재됐을 뿐, 이를 언론에는 공개하지 않음으로써 비밀리에 선포됐다는 지적을 받고 있다"고 언급했다.

그러나 『정부 보고서』 기술과는 달리 당시 국내외 신문에는 제주도 지역에 대한 계엄령이 선포됐다는 기사가 보도됐다. 최초 보도한 언론은 외신이었다. 1948년 11월 19일 『뉴욕타임즈』는 11월 18일자 서울발 『UP통신』 기사를 받아 "제주도에서 반란이 발발한 가운데 오늘, 대통령 이승만은 그 섬에 계엄령을 선포했다. 이승만은 '가능한 한 가장 이른 시일 안에'at the earliest possible time 봉기 진압을 제주도 주둔 제7연대(제9연대의 오기) 지휘관에게 명령했다"고 보도했다. 『UP통신』 기자는 국내외 언론매체 가운데 가장 먼저 제주도에 계엄령이 선포된 사실을 보도했다.

국내 신문 가운데 유일하게 보도한 매체는 『호남신문』이다. 외신보도보다 늦은 11월 21일 '제주도에 계엄령, 사태 진압대책으로'라는 제목으로 다음과 같이 보도했다.

> "지난 17일에는 제주도지구에 대통령 제13호로 계엄령 선포가 있었다. 즉 이 계엄 선포에 관한 31호는 아래와 같다. 제주도의 반란을 급속히 진압하기 위하여 동지구를 합위지경으로 정하고, 본령 공포일로부터 계엄령을 시행할 것을 선포한다. 계엄령 사령관은 제9연대장으로 한다."

'대통령(령) 제13호'라고 표시한 것만 제외하고는 정부의 계엄문건과 똑같다. '제13호'도 이어진 문장에서는 '31호'라고 한 것으로 미루어 오자로 보인다. 11월 17일 선포된 계엄령을 외신은 18일, 국내 신문은 21일 보도한 것은 제9연대장의 10월 17일자 포고령이 10월 20일이 보도된 점을 고려하면 늦은 편이 아니다.

『UP통신』에 이어 왜 『호남신문』에만 제주도 계엄령 선포 문건이 보도됐는지는 알 수 없지만, 내용은 정확하다. 이들 기사 때문인지 공보처장 김동성은 11월 22일 공보처 발표를 통해 "남한의 소요 지역에서 계엄령과 관련해 다소 혼선이 있었다"며 "민간 법정이 정상 운영되고 있는 만큼 계엄령이 선포된 것은 아니며 공산세력이 주도한 봉기 지역과 제주도에는 '비상사태'state of emergency가 존재한다"고 설명했다. 계엄령 선포 자체를 부인한 것이다. 그러니 제주도 지역에 선포된 계엄령은 대통령령 제42호로 1948년 12월 31일 해제될 때까지 44일 동안 이어졌다.

정부가 11월 17일 국무회의 의결까지 거친 계엄령 선포를 뒤늦게 부인한 이유는 무엇일까?

12월 12일 유엔총회에서 대한민국 정부를 한반도 내 유일한 합법정부로 승인하는 결의안 채택을 앞둔 민감한 시기였다. 이런 상황에서 계엄령 선포는 국제사회로 하여금 신생정부의 정통성과 정당성에 의문을 제기할 빌미를 줄 수 있다고 판단했을 것이다. 이에 따라 정부 홍보 부처인 공보처는 국제사회의 시선을 의식해 대외적으로 이를 '비상사태'라고 의도적으로 축소했을 가능성이 있다.

계엄령이 선포된 1948년 11월 중순께부터 1949년 3월까지 4개월여 동안 군·경 토벌대는 중산간마을에 불을 지르고 주민들을 집단학살했다. 제주도는 초토화됐다. 제주4·3평화재단이 2019년에 펴낸 『제주4·3사건추가진상조사보고서1』에 따르면 4·3이 끝난 뒤 복구되지 않고 '잃어버린 마을'이 된 곳은 모두 134개 마을에 이른다. 이들 마을 가운데 3곳은 무장대의 방화에 의해 초토화됐고, 나머지 131개 마을은 토벌대에 의해 1948년 11월 7일부터 22일 사이에 대부분 초토화 됐다.

19481120

1948년판 보도지침의 등장

056

1948년 11월 20일, 국방부는 짤막한 발표 한 줄로 언론의 보도 방향을 틀었다.

> "군 관계 여론을 수집하고 군작전과 군기를 보호하며 나아가서는 보도의 정확성을 기하고자 이후부터는 군 관계 기사는 사전에 당국의 검열을 받아야 된다."

사전 국방부의 검열을 받도록 언론에 재갈을 물린 이 지침은 그대로 적용됐다. 제주에서 벌어진 참혹한 살상과 파괴의 이야기는 지면에서 사라졌다. 오직 국군의 '전과'와 '성과'만이 신문 지면을 장식했다.

계엄령 직후 시행된 사전 검열제는 정부가 설정한 '보도지침'이었다. 직접적인 계기는 여수·순천사건이었다. 여수·순천과 제주도에 내려진 계엄령을 명분으로, 집단 살상이 곳곳에서 이루어지는 가운데 정부는 군 관계 기사의 검열을 들고 나왔다.

군·공보처·내무부 간 발표 시점과 내용의 '통일성'과 '정확성'이 필요하다는 것이 국방부가 내세운 명분이었다. '언론탄압' 논란이 일자 보도지침 발표 이틀 뒤 참모총장 채병덕은 "작전 시에 한해 필요한 정확과 적합성을 기하기 위해 실시하는 것"이라고 해명했다. 국방부 보도과장 이창정 소령은 "보도의 통일과 정확성을 기하기 위해 사전 검열제를 실시하는 것이지 결코 자유로워야 할 언론을 탄압하거나 견제하는 것이 아니다"고 덧붙였다.

국방부가 밝힌 '통일성'과 '정확성'은 제주도에서 벌어지는 주민 살상에 대한 조금의 동정도 허용하지 않았다. 특히 11월 17일 계엄령 선포 이후, 육지 언론의 현지 취재는 사실상 봉쇄됐다. 4월 무장봉기 이후 8월까지만 해도 언론은 현지 취재에 나서서 제한적이나마 제주도의 실상을 전했으나, 11월 20일 국방부의 사전 검열 지침이 발표된 뒤에는 그렇지 않

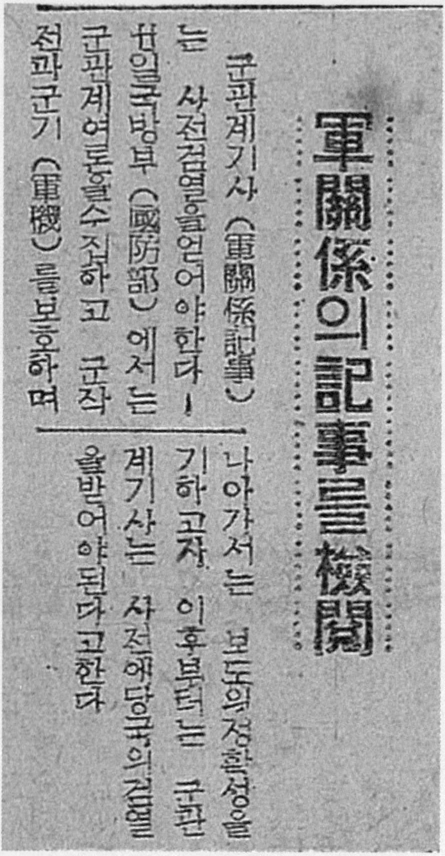

軍關係의 記事를 檢閱

군관계기사(軍關係記事)는 사전검열을얻어야한다ㅡ 廿일국방부(國防部)에서는 군관계여론을수집하고 군작전과군기(軍機)를보호하며 나아가서는 보도의정확성을 기하고자 이후부터는 군관계기사는 사전에당국의검열을받어야된다고한다

1948년 11월 21일 『평화일보』 기사.

군관계의 기사를 검열

군 관계기사는 사전 검열을 얻어야 한다 - 20일 국방부에서는 군관계 여론을 수집하고 군작전과 군기를 보호하며 나아가서는 보도의 정확성을 기하고자 이후부터는 군 관계 기사는 사전에 당국의 검열을 받아야 된다고 한다.

았다. 생과 사의 경계에 놓인 도민들의 현실을 보도하는 기사는 지면에서 사라졌다. 군 당국의 발표를 그대로 받아적은 기사 내용은 어디나 같았다. 보도지침은 제주도의 참상이 바다 건너 알려지는 통로를 완전 봉쇄하는 결과를 가져왔다.

이후 언론은 국가가 원하는 서사만을 보도했다. 보도지침 이후 제주 관련 첫 주요 보도는 11월 27일자 '폭도 79명을 사살'이라는 제목의 기사였다. "14일 오후 5시경 제주읍 노형리 월산동 부근에서 폭도집단을 포위 공격해 79명을 사살했다"는 기사에는 군의 일방적 발표 외에 다른 정보는 없었다. 말미에는 '국방부 검열제'라는 표기가 붙어 있었다. '검열이 완료됐다'는 뜻이다.

19481122

미군 보고서가 기록한 '마을 방화'의 실체

057

마을이 불 타고 주민들이 삶터를 잃게 된 것은 대부분 소개령이 내려진 이후다. 군·경과 정부, 언론은 소실된 가옥을 거의 예외 없이 무장대의 소행 탓으로 돌렸다. 1948년 11월 들어 신엄·조천·한림 등지에서 일어난 대규모 방화에 대해서도 폭도들을 그 주체로 설명했다. 국내의 언론도 수시로 '폭도들의 방화'를 보도했다. 곳곳에서 발생한 마을 방화는 '폭도들의 소행'으로 규정되었다.

그런데 11월 중순 이런 인식을 바꿔놓는 일이 벌어졌다. 미군 정보보고서에 다른 내용이 기록된 것이다. 11월 19일 미군 연락기가 상공에서 제주읍 중산간 산천단 마을이 불타는 장면을 목격했다. 마을에서 경비대원 10여 명을 발견한 미군은 토벌대에 의한 방화를 의심했다. 며칠 뒤 작성된 미군 정보보고서는 이를 의식한 듯 "일부 보고서에는 경비대가 불타는 마을 근처에서 목격됐고, 경비대 군복을 입은 사람들이 불을 지르고 있다는 진술도 있다"며 "방화의 주체가 포도가 아니라 경비대가 새로운 전술을 채택했을 가능성”을 언급했다.

군·경의 방화를 무장대의 소행으로 돌려온 설명과 배치되는 내용이었다.

미 고문관들은 이를 직접 제9연대장 송요찬에게 확인했으나, 그는 부대원들의 방화 의혹을 강하게 부인했다. 경찰국장은 한술 더 떠 폭도들이 불을 지르는 것을 확실히 보았다고 했다.

도지사 임관호는 12월 초 “폭도들의 만행은 11월 가장 악랄해 해안부락 1100호가 잔인하게 방화됐다”고 말했다. 1949년 2월 10일에는 “4·3 이후 폭도들의 방화로 소실된 가옥이 약 7천 호에 달한다”고도 했다. 그의 발언은 군·경의 보고와 인식을 같이 한다. 하지만 그 다음 달인 3월 3일 『자유민보』는 “작년 10월 여순사건 계기로 (중략) 폭도집 603호를 소각하였고, 작전상 약간의 산간부락, 소위 통비부락을 소각했다”며 군·경에 의한 마을 소각이 있었음을 밝혔다.

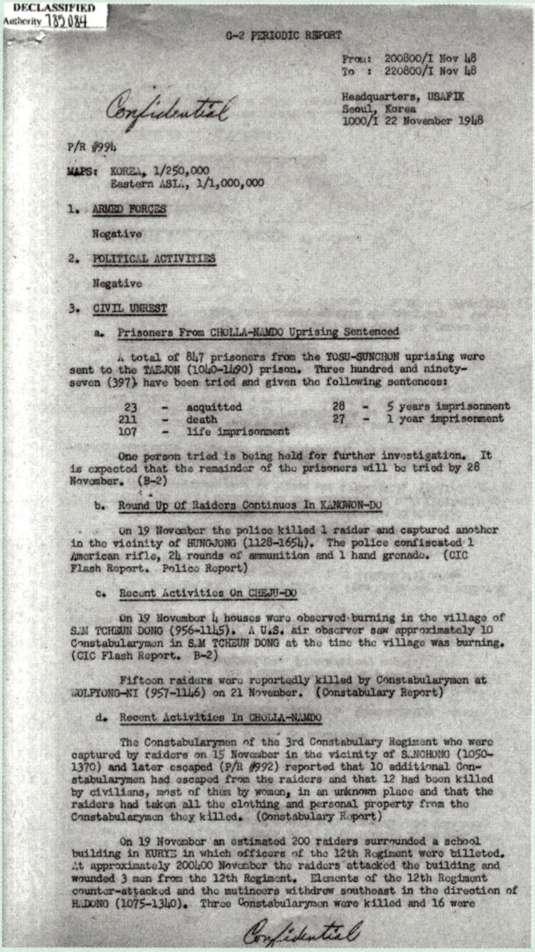
DECLASSIFIED
Authority 785084

G-2 PERIODIC REPORT

From: 200800/I Nov 48
To : 220800/I Nov 48

Confidential

Headquarters, USAFIK
Seoul, Korea
1000/I 22 November 1948

P/R #994

MAPS: KOREA, 1/250,000
Eastern ASIA, 1/1,000,000

1. ARMED FORCES

Negative

2. POLITICAL ACTIVITIES

Negative

3. CIVIL UNREST

a. Prisoners From CHOLLA-NAMDO Uprising Sentenced

A total of 847 prisoners from the YOSU-SUNCHON uprising were sent to the TAEJON (1040-1490) prison. Three hundred and ninety-seven (397) have been tried and given the following sentences:

23	-	acquitted	28	-	5 years imprisonment
211	-	death	27	-	1 year imprisonment
107	-	life imprisonment			

One person tried is being held for further investigation. It is expected that the remainder of the prisoners will be tried by 28 November. (B-2)

b. Round Up Of Raiders Continues In KANGWON-DO

On 19 November the police killed 1 raider and captured another in the vicinity of HUNGJONG (1128-1654). The police confiscated 1 American rifle, 24 rounds of ammunition and 1 hand grenade. (CIC Flash Report. Police Report)

c. Recent Activities On CHEJU-DO

On 19 November 4 houses were observed burning in the village of SAM TCHEUN DONG (956-1145). A U.S. air observer saw approximately 10 Constabularymen in SAM TCHEUN DONG at the time the village was burning. (CIC Flash Report. B-2)

Fifteen raiders were reportedly killed by Constabularymen at WOLPYONG-NI (957-1146) on 21 November. (Constabulary Report)

d. Recent Activities In CHOLLA-NAMDO

The Constabularymen of the 3rd Constabulary Regiment who were captured by raiders on 15 November in the vicinity of SANCHONG (1050-1370) and later escaped (P/R #992) reported that 10 additional Constabularymen had escaped from the raiders and that 12 had been killed by civilians, most of them by women, in an unknown place and that the raiders had taken all the clothing and personal property from the Constabularymen they killed. (Constabulary Report)

On 19 November an estimated 200 raiders surrounded a school building in KURYE in which officers of the 12th Regiment were billeted. At approximately 200400 November the raiders attacked the building and wounded 3 men from the 12th Regiment. Elements of the 12th Regiment counter-attacked and the mutineers withdrew southeast in the direction of HADONG (1075-1340). Three Constabularymen were killed and 16 were

Confidential

1948년 11월 22일
주한미국육군사령부
정보참모부 일일보고서
제994호. NARA.

시민 소요

제주도에서의 최근 활동

11월 19일, 산천단 마을에서 주택 4채가 불타는 것이 관측됐다. 미군 항공 관찰자는 마을이 불타고 있는 동안 산천단에 10여명의 경비대원들을 목격했다.(방첩대 긴급 보고, B-2) 11월 21일에는 월평리에서 폭도 15명이 경비대에 사살된 것으로 보고됐다.(경비대 보고)

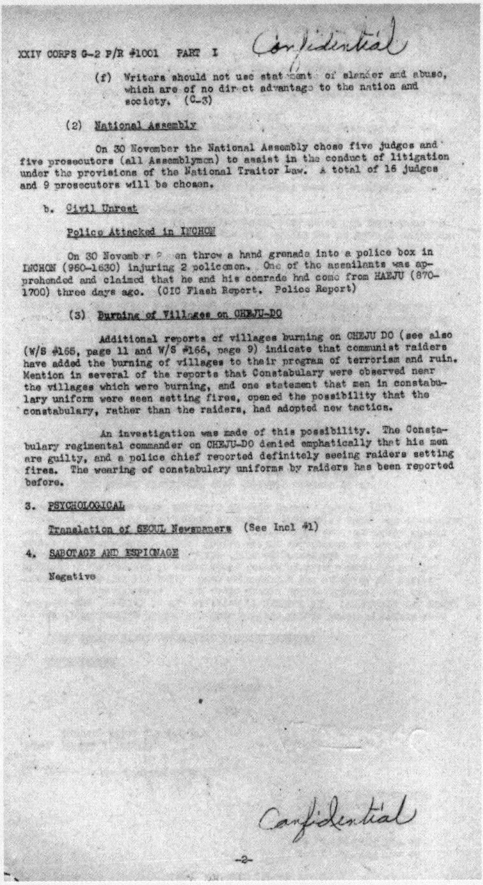

XXIV CORPS G-2 P/R #1001 PART I *Confidential*

(f) Writers should not use statements of slander and abuse, which are of no direct advantage to the nation and society. (C-3)

(2) National Assembly

On 30 November the National Assembly chose five judges and five prosecutors (all Assemblymen) to assist in the conduct of litigation under the provisions of the National Traitor Law. A total of 16 judges and 9 prosecutors will be chosen.

b. Civil Unrest

Police Attacked in INCHON

On 30 November 2 men threw a hand grenade into a police box in INCHON (960-1630) injuring 2 policemen. One of the assailants was apprehended and claimed that he and his comrade had come from HAEJU (870-1700) three days ago. (CIC Flash Report. Police Report)

(3) Burning of Villages on CHEJU-DO

Additional reports of villages burning on CHEJU DO (see also (W/S #165, page 11 and W/S #166, page 9) indicate that communist raiders have added the burning of villages to their program of terrorism and ruin. Mention in several of the reports that Constabulary were observed near the villages which were burning, and one statement that men in constabulary uniform were seen setting fires, opened the possibility that the constabulary, rather than the raiders, had adopted new tactics.

An investigation was made of this possibility. The Constabulary regimental commander on CHEJU-DO denied emphatically that his men are guilty, and a police chief reported definitely seeing raiders setting fires. The wearing of constabulary uniforms by raiders has been reported before.

3. PSYCHOLOGICAL

Translation of SEOUL Newspapers (See Incl #1)

4. SABOTAGE AND ESPIONAGE

Negative

Confidential

-2-

1948년 12월 1일
주한미국육군사령부
정보참모부 일일보고서
제1001호. NARA.

시민 소요

제주도 마을 방화

제주도의 마을 방화에 대한 추가 보고들은 공산 폭도들이 테러와 파괴 활동으로 마을 방화를 추가했음을 시사한다. 일부 보고서에는 경비대가 불타는 마을 근처에서 목격됐다고 언급하고 있으며, 경비대 복장을 한 사람들이 불을 지르고 있다는 진술도 있어 폭도가 아니라 경비대가 새로운 전술을 채택했다는 가능성이 제기됐다. 이 가능성에 대한 조사가 이뤄졌다. 제주도 주둔 경비대 연대장은 자신의 부대원들이 방화에 관여했다는 의혹을 강력히 부인했으며, 경찰 책임자는 폭도들이 불을 지르는 것을 확실히 보았다고 보고했다. 폭도들이 경비대 복장을 한 사례는 이전에 보고된 바 있다.

1948년 11월의 미군 정보보고서는 무장대의 '악랄한 만행'으로만 설명하던 마을 소각 한가운데에 군·경이 있었다는 사실을 말해주는 의미있는 기록이다.

19481128

국가의 폭력을 희석시킨 무장대의 폭력

058

1948년 12월 1일 미군 정보보고서는 '경찰 보고'를 인용해 남원면 일대의 무장대 습격을 전한다. 11월 28일 오전 6시께 무장 200여 명과 비무장 500여 명으로 추정되는 '폭도'들이 남원리와 위미리를 습격해 250여 호를 불태우고 민간인 50명을 살해했다. 현지 경찰은 반격에 나섰으나 탄약 부족으로 퇴각했고, 이후 경비대와 경찰이 급파돼 '폭도' 30명을 사살했다.

초토화가 본격화된 시기, 수세에 몰린 무장대는 군·경토벌대의 근거지로 규정하거나 토벌대에 협조적이라고 판단한 마을을 공격했고, 그 과정에서 주민 학살과 대규모 방화가 발생했다. 그러나 무장대의 습격은 언론을 통해 거의 알려지지 않았다. 계엄령 선포 이후 4·3 관련 기사는 국방부 검열 대상이 됐고, 무장대의 습격 기사 역시 대부분 차단된 것으로 보인다. 군·경의 작전 실패 노출을 우려했는지, 아니면 내부 보고로만 처리하려 했는지는 분명치 않다. 이 무렵 무장대의

XXIV CORPS G-2 P/R 1000 *Confidential*

COMMENT: All prisoner interrogation reports have confirmed the information that the majority of the raiders coming from North Korea are South Koreans who, upon completion of the political school in North Korea reported to be located at TAE SONG NI (860-1480) were formed into "companies" of approximately 60 men each, furnished initial rations and money and sent to South KOREA to promote communism by recruiting members, creating disturbances and perpetrating acts of violence.

According to reports raider groups contacted do not appear to be well organized or controlled and are reported to run when attacked by the Constabulary. Action by police and Constabulary units has continued to prevent raider groups from creating any type of major disturbance.

(2) Raider Activities on CHEJU-DO

At 280600 November an estimated 200 armed raiders and 500 unarmed raiders attacked the villages of NAMWON-NI (970-1130), and WIMI-NI (960-1120). Two hundred fifty homes were reportedly burned by the raiders, 50 civilians were killed and 70 civilians and 3 policemen were injured. Local police counter-attacked the raiders but were forced to withdraw because of lack of ammunition. One Constabulary company and 30 policemen were sent from SOGWIPO (950-1120) to attack the raiders. The latest report received of this action stated that 30 raiders had been killed and 3 captured. One policeman was wounded in the attack. (Police Report)

(3) Civilians attack in KYONGSANG-NAMDO (Delayed Reports)

On 24 November a group of 33 rioters, including 3 women raided a temple in CHONDO-GUN (1150-1450), beat the wife of a monk, stole clothing and equipment valued at 350,000 won and damaged the temple. (Police Report)

During the night of 20 November 10 armed persons attacked the home of the town master in CHUNGCHUN-NI (1230-1490), severely beat the town master and stole 9,000 won. (B-3)

On 18 November 50 men, armed with clubs and spears, attacked and severely beat the chairman of the UNITED YOUNG MEN'S PARTY in WHACHUN DONG (1230-1510). (Police Report)

On 17 November 3 men, armed with swords, entered the home of the chief of the District Food Office at YONGMUN MYUN (1140-1530) and removed all the rice records. (Police Report)

(4) Communist Hide-out Raided in KYONGSANG PUKTO

On 21 November the HAMYANG (1070-1395) police raided illegal meeting places of the HAMYANG GUN, SOUTH KOREA LABOR PARTY in the CHIRI-SAN (1170-1370) area. No one was present when the police arrived in the areas but the police confiscated 1 hand grenade and a large quantity of food. The police also burned a police box which was being used as one of the meeting places and 20 hand grenades exploded when the police box was burned. (Police Report)

3. PSYCHOLOGICAL

Translation of SEOUL Newspapers. (See Incl #1)

4. SABOTAGE AND ESPIONAGE

Negative

2

Confidential

1948년 11월 30일
주한미국육군사령부
정보참모부 일일보고서
제1000호. NARA.

제주도에서의 폭도 활동

11월 28일 오전 6시께 200여 명의 무장 폭도와 500여 명의 비무장 폭도로 추정되는 폭도들이 남원리와 위미리를 공격했다. 250여 채의 가옥이 폭도들에 의해 불에 탄 것으로 보고됐고, 민간인 50명이 사망했고, 민간인 70명과 경찰관 3명이 다쳤다. 현지 경찰이 반격했지만 탄약 부족으로 퇴각해야 했다. 폭도들을 공격하기 위해 경비대 1개 중대와 경찰관 30명이 서귀포에서 파견됐다. 최근 입수한 보고서에 따르면 이 작전 결과 폭도 30명이 죽고 3명이 붙잡혔다. 경찰관 1명이 공격 도중 부상을 입었다. (경찰 보고)

습격 관련 기록은 미군 정보보고서를 통해 확인할 수 있다.

남원리와 위미리에 대한 무장대의 습격과 방화, 학살은 4·3 이후 비판의 대상이 됐다. 그러나 미군 정보보고서가 인용한 경찰 보고는 과장됐을 가능성이 크다.

당시 무장대는 이미 지속적인 토벌로 타격을 입어 700여 명을 한꺼번에 동원했을 가능성은 낮다. 게다가 절체절명의 상황에서 지서에 있던 경찰이 불시에 습격한 무장대의 무장·비무장 인원을 구체적으로 파악할 수 있었는지 의문이다. 또 소수 인원이 반격했다가 실탄 부족으로 철수했다는 대목도 납득하기 어렵다. '제9연대 일일 활동보고서'(작전일지)는 같은 사건을 다루면서 방화 700호, 민간인 사망 50명으로 기록하고, 무장대 사살자 수는 수장악 일대에서 제2대대가 사살한 64명만을 언급한다. 도지사 임관호도 "남원리 300호와 위미리 400호가 한꺼번에 전소됐다"고 밝혔다. 『정부 보고서』는 이 사건에 대해 "무장대가 주민 30명 가량을 살해하고, 대부분의 집을 불태웠고 식량을 약탈했다"고 서술한다. 이렇듯 경찰·행정과 군 보고서, 그리고 『정부 보고서』는 피해 규모와 사건 양상에서 불일치를 보인다. 그러나 무장대의 공격으로 남원과 세화 지역이 큰 피해를 입었다는 사실은 일치한다. 『정부 보고서』에 따르면 구좌면 세화리의 경우, 무장대의 습격으로 1948년 12월 3일 밤과 4일 새벽 사이 40여 가구 150여 채의 가옥이 불에 탔으며 50여 명이 학살됐다. 이밖에 한림면

두모리, 표선면 성읍리 등지의 주민들도 '토벌대 진영'으로 지목되어 무차별 희생됐다.

무장대의 마을 방화와 민간인 살상은 4·3 무장봉기의 대의명분과 저항의 성격을 훼손한 행위이며, 군·경 토벌대와 우익단체의 폭력과 마찬가지로 정당화될 수 없다. 이러한 무장대에 의한 폭력은 국가가 저지른 조직적 학살과 초토화의 책임을 희석시키는 역할을 하고, 4·3 자체를 '폭도의 잔혹성'으로 환원하는 서사로 재가공되는 구실을 제공했다.

19481208

제9연대 '작전 보고'에서 '학살'을 읽다

059

제9연대장 송요찬의 포고령 공포와 정부의 계엄령 선포 이후 제주도는 서서히 잿더미로 변해갔다. 군·경 토벌대의 사살자 수도 급격히 변해갔다. 미군 정보보고서에 따르면 최초의 대량 사살은 1948년 10월 29일에 이루어졌다. 경비대 작전으로 애월면 고성리에서 '폭도' 135명을 사살했다. 4·3시기 100명이 넘는 사살자 수에 대한 첫 보고서다. 작전을 수행한 대대는 나와 있지 않다. 이후 하루 한 자릿수였던 사살자 수가 수십 명, 많게는 100명 이상으로 급증했다.

'제9연대 일일 활동 보고서'(9th Regiment Daily Activities Reports)는 학살이 어떻게 이루어졌는지 단편적으로 엿볼 수 있게 한다. 제주도 주둔 고문관이 갖고 있던 이 보고서에는 매일같이 대대별 '전과'로, '사살자 수'가 적혀 있다.

제9연대 제2대대의 기록을 보면, 11월 21~23일 조천 66명, 23일 선흘 15명, 24일(2대대 2중대) 노형 79명, 교래 5명, 조천 3명, 25일 성산포 70명, 함덕리 50명, 26일 보평(함덕 남동쪽,

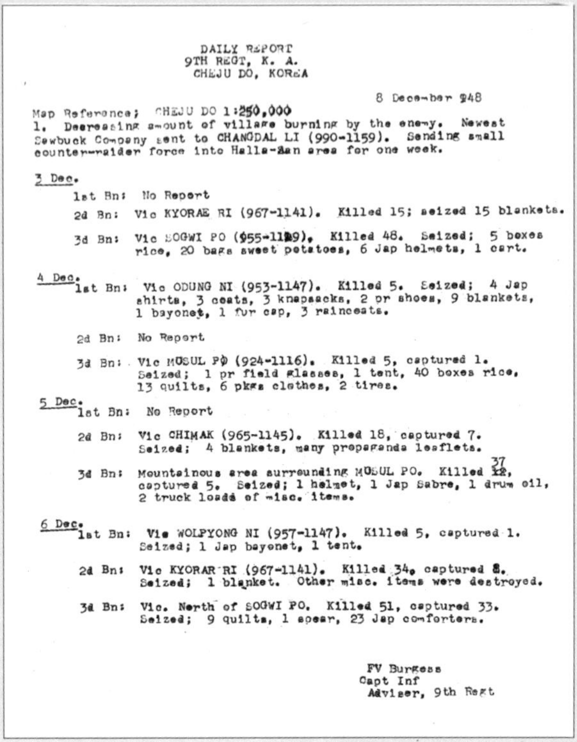

DAILY REPORT
9TH REGT, K. A.
CHEJU DO, KOREA

8 December 1948

Map Reference; CHEJU DO 1:250,000
1. Decreasing amount of village burning by the enemy. Newest Sewbuck Company sent to CHANGDAL LI (990-1159). Sending small counter-raider force into Halla-San area for one week.

3 Dec.
1st Bn: No Report
2d Bn: Vic KYORAE RI (967-1141). Killed 15; seized 15 blankets.
3d Bn: Vic SOGWI PO (955-1129). Killed 48. Seized; 5 boxes rice, 20 bags sweet potatoes, 6 Jap helmets, 1 cart.

4 Dec.
1st Bn: Vic ODUNG NI (953-1147). Killed 5. Seized; 4 Jap shirts, 3 coats, 3 knapsacks, 2 pr shoes, 9 blankets, 1 bayonet, 1 fur cap, 3 raincoats.
2d Bn: No Report
3d Bn: Vic MOSUL PO (924-1116). Killed 5, captured 1. Seized; 1 pr field glasses, 1 tent, 40 boxes rice, 13 quilts, 6 pkgs clothes, 2 tires.

5 Dec.
1st Bn: No Report
2d Bn: Vic CHIMAK (965-1145). Killed 18, captured 7. Seized; 4 blankets, many propaganda leaflets.
3d Bn: Mountainous area surrounding MOSUL PO. Killed ~~12~~ 37, captured 5. Seized; 1 helmet, 1 Jap Sabre, 1 drum oil, 2 truck loads of misc. items.

6 Dec.
1st Bn: Vic WOLPYONG NI (957-1147). Killed 5, captured 1. Seized; 1 Jap bayonet, 1 tent.
2d Bn: Vic KYORAR RI (967-1141). Killed 34, captured 8. Seized; 1 blanket. Other misc. items were destroyed.
3d Bn: Vic. North of SOGWI PO. Killed 51, captured 33. Seized; 9 quilts, 1 spear, 23 Jap comforters.

FV Burgess
Capt Inf
Adviser, 9th Regt

1948년 12월 8일
한국군 제9연대
일일 활동보고.

지도 참조: 제주도 1:250,000

1. 적에 의한 마을 방화 감소 추세. 최근 입도한 서북중대 종달리(990-1159)로 파견됨. 소규모 대공비부대를 일주일 동안 한라산에 투입. **12월 3일**. 1대대: 보고 없음. 2대대: 교래리 부근. 사살 15명; 노획: 담요 15점. 3대대: 서귀포 부근. 사살 48명; 노획: 쌀 5상자, 고구마 20포대, 일본군 철모 6개, 수레 1개 **12월 4일**. 1대대: 오등리 부근. 사살 5명. 노획: 일제 셔츠 4점, 외투 3개, 배낭 3개, 신발 2켤레, 담요 9장. 총검 1개, 털모자 1개, 우비 3개. 2대대: 보고 없음. 3대대. 모슬포 부근. 사살 5명. 생포 1명. 노획: 쌍안경 1개, 천막 1개, 쌀 40상자, 이불 13개, 옷 6점, 타이어 2개. **12월 5일**. 1대대: 보고 없음. 2대대: 바농오름 부근. 사살 18명, 생포 7명. 노획: 담요 4점, 선전 삐라 다수. 3대대: 모슬포 주변 산간지대 포위. 사살 37명, 생포 5명. 노획: 철모 1개, 일본도 1개, 기름통 1개, 트럭 부품 2개. **12월 6일**. 1대대: 월평리 부근. 사살 5명, 생포 1명. 노획: 일본총검 1개, 천막 1개. 2대대: 교래리 부근. 사살 35명, 생포 8명. 노획: 담요 1개, 기타 물건 파괴. 3대대: 서귀포 북쪽 부근. 사살 51명. 생포 33명. 노획: 이이불 9개, 창 1개, 일제 이불 23개. 제9연대 고문관 보병 대위 버제스

지명 불분명) 4명, 교래 59명, 27일 선흘 43명, 어승생 12명, 함덕 17명, 28일 물장오리 64명 등이다. 3대대는 22일 대정 88명, 27일 토평 3명 등이다. 종합하면 8일 동안 제2대대가 487명, 제3대대가 91명 등 모두 578명의 적enemy을 사살했다.

'적' 사살은 12월에도 이어진다. 12월 3일 제2대대는 교래리에서 15명, 제3대대는 서귀포에서 48명을 사살했다. 12월 4일에는 제1대대가 오등리에서 5명, 제3대대가 모슬포에서 5명, 12월 5일에는 제2대대가 바농오름 일대에서 18명, 제3대대가 모슬포에서 37명을 사살했다. 12월 6일에는 제1대대가 월평리에서 5명, 제2대대가 교래리에서 34명을 사살했고, 제3대대는 서귀포 북쪽에서 51명을 사살하고 33명을 생포했다. 전투일지는 대대별 작전 수행 지역을 명시한 체계적 토벌의 기록이다.

보고서는 제9연대의 '전투일지'를 바탕으로 작성한 것으로 보인다. 제9연대 미군 고문관은 날마다 보고된 전투일지를 요약 번역해 서울의 임시군사고문단 사령부에 보고했다. 미군이 제주도에서의 군의 토벌 상황을 직접 인지하고 있었음을 보여준다.

한 가지 눈여겨볼 지점이 있다. 엄청난 사살자 수에도 불구하고 군의 피해나 노획한 총기류가 거의 없다. '적'을 상대로 한 작전이 아니라 비무장 주민들에 대한 일방적 폭력이었음을 뜻한다. 제9연대 전투일지는 '작전'의 기록이 아니라 '학살'의 기록이다.

19481218

임시군사고문단장 로버츠의 격려 서한

060

1948년 12월 14일 군·경·민 합동 대토벌작전이 모슬포·서귀포·남원·한라산 일대 등 4개 방면에서 전개됐다. 주민 3천여 명의 지원을 받아 '폭도들'을 섬멸하기 위해 실시한 이 작전에서 105명을 사살했다. 미군 정보보고서는 이들을 '폭도'raiders라고 했다.

날마다 사살의 기록을 써내려가던 12월 18일, 임시군사고문단장 로버츠 준장은 국무총리 이범석에게 '제주도 작전'이라는 제목의 서한을 보냈다. 대통령 이승만, 국방부 참모총장, 한국군 사령관과 고문관에게도 이 서한을 보내 참고하도록 했다. 제주도 곳곳이 비명으로 가득찼던 초토화 시기였다.

로버츠는 서한에서 "제주도에서 우리의 작전과 관련하여 중요한 상황 변화가 주목된다"며 이를 제주도민들의 사고방식에 '변화'swing가 나타나고 있는 것으로 해석했다. 그는 이어 제주도 토벌이 순조롭게 진행되고 있으며, 과거 군·경에 적대적이었던 제주도민들이 우호적인 태도로 바뀌었고, 특히 주민들이 군과 경찰에 자유롭게 정보를 제공하고 있으며, 최근에는 무장대 섬멸에 적극 협력하고 있다고 밝혔다. 또한 작전 성과도 언급했다. 송요찬 중령이 지휘하는 제9연대가 제주도민들로부터 완벽할 정도로 정보와 협조를 얻고 있으며, 소수 군인들의 지휘 아래 창으로 무장한 주민 3천여 명이 토벌 작전에 참여해 100여 명을 사살했다고 밝혔다. 이어 그는 12월 11일에는 제9연대의 1개 중대가 주민 1천여 명을 지휘해 도평리(좌표상 도련리 추정) 일대에서 작전을 수행한 결과 '폭도' 105명을 사살했다고 말했다. 로버츠 장군이 받은 또다른 보고서에는 "송요찬 중령은 제주도민들의 초기의 적대적 태도를 전폭적인 신뢰와 협력으로 바꾸어놓은 공로로 높이 칭찬받아야 한다"고 되어 있다.

로버츠 장군이 서한을 보낸 12월 18일, 제9연대 제2대대는 교래리 일대에서 군·경·민 합동 토벌작전을 벌여 130명을 사살하고, 50명을 생포했다. 여기서 노획한 무기는 99식

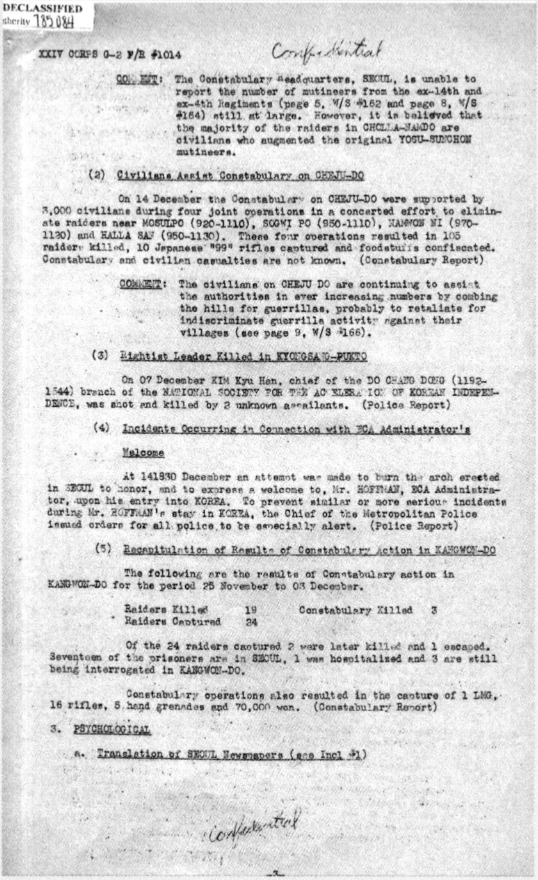
DECLASSIFIED
Authority 785084

XXIV CORPS G-2 P/R #1014 Confidential

COMMENT: The Constabulary Headquarters, SEOUL, is unable to report the number of mutineers from the ex-14th and ex-4th Regiments (page 5, W/S #162 and page 8, W/S #164) still at large. However, it is believed that the majority of the raiders in CHOLLA-NAMDO are civilians who augmented the original YOSU-SUNCHON mutineers.

(2) Civilians Assist Constabulary on CHEJU-DO

On 14 December the Constabulary on CHEJU-DO were supported by 3,000 civilians during four joint operations in a concerted effort to eliminate raiders near MOSULPO (920-1110), SOGWI PO (950-1110), NAMWON NI (970-1120) and HALLA SAN (950-1130). These four operations resulted in 105 raiders killed, 10 Japanese "99" rifles captured and foodstuffs confiscated. Constabulary and civilian casualties are not known. (Constabulary Report)

COMMENT: The civilians on CHEJU DO are continuing to assist the authorities in ever increasing numbers by combing the hills for guerrillas, probably to retaliate for indiscriminate guerrilla activity against their villages (see page 9, W/S #166).

(3) Rightist Leader Killed in KYONGSANG-PUKTO

On 07 December KIM Kyu Han, chief of the DO CHANG DONG (1192-1544) branch of the NATIONAL SOCIETY FOR THE ACCELERATION OF KOREAN INDEPENDENCE, was shot and killed by 2 unknown assailants. (Police Report)

(4) Incidents Occurring in Connection with ECA Administrator's Welcome

At 141830 December an attempt was made to burn the arch erected in SEOUL to honor, and to express a welcome to, Mr. HOFFMAN, ECA Administrator, upon his entry into KOREA. To prevent similar or more serious incidents during Mr. HOFFMAN's stay in KOREA, the Chief of the Metropolitan Police issued orders for all police to be especially alert. (Police Report)

(5) Recapitulation of Results of Constabulary Action in KANGWON-DO

The following are the results of Constabulary action in KANGWON-DO for the period 25 November to 03 December.

Raiders Killed	19	Constabulary Killed	3
Raiders Captured	24		

Of the 24 raiders captured 2 were later killed and 1 escaped. Seventeen of the prisoners are in SEOUL, 1 was hospitalized and 3 are still being interrogated in KANGWON-DO.

Constabulary operations also resulted in the capture of 1 LMG, 16 rifles, 5 hand grenades and 70,000 won. (Constabulary Report)

3. PSYCHOLOGICAL

a. Translation of SEOUL Newspapers (see Incl #1)

Confidential

-3-

1948년 12월 16일
주한미국육군사령부
정보참모부 일일보고서
제1014호. NARA.

민간인들, 제주도에서 경비대 지원

12월 14일 제주도 주둔 경비대는 민간인 3천여 명의 지원을 받아 모슬포, 서귀포, 남원리와 한라산 일대의 폭도들을 섬멸하기 위해 공동으로 4개 합동작전을 전개했다. 이들 4개 작전 결과 폭도 105명을 사살하고, 99식 소총 10정을 노획하고 식량을 압수했다. 경비대와 민간인 사상자는 알려지지 않았다. (경비대 보고)
논평: 제주도민들은 자신들의 마을에 대한 무차별적 게릴라의 습격에 대한 보복 차원에서 산간 지역에 대한 게릴라 소탕에 전에 없이 많은 인원이 참여해 당국을 계속해서 지원하고 있다.(주간요약 제166호 참조)

OPERATIONS ON CHEJU DO

Lee Bum Suk   Chief, PMAG   18 Dec 1948   WLRoberts

cc: Pres Rhee
Supreme C/S
CO, KC
Adv, KC

An important occurrence has been noted in our operations in Cheju do which should be brought to your attention, as it points to a distinct swing in the thinking of your people. This swing in thinking is in the proper direction, too.

As you know, the inhabitants of Cheju do have been independent thinkers and they have been well-organized by SKLP. They formerly were hostile to the Constabulary and Police troops. Now, in general, they are friendly. They are assisting the Police and Constabulary by furnishing information freely, and lately, they are assisting the Army and Police in removing the Rebels.

I quote a report just received:

"The 9th Regiment led by Lt Col Song Yo Chan has obtained complete information and cooperation from the citizens of Cheju do. Recent operations conducted on the island have been participated in by spear-armed islanders led by small groups of Korean Army Officers and men. On one occasion, 3,000 men from the island moved against armed raiders on the slopes of Halla San. These men were led by small groups of Korean Army personnel and inflicted over one hundred casualties on the enemy; some firearms and stores of food were captured. 111800 December, one company of 9th Regiment led 1000 villagers in the vicinity of Tonyong-ni (988-1152). 106 Raiders were killed, their weapons and equipment captured. These are only two of many reported instances of cooperation on Cheju do. It is interesting to note that the Korean Army distributes captured enemy clothing and food to needy villagers whose homes have been destroyed by Raiders. Lt Col Song Yo Chan is to be highly commended on his accomplishment of changing the islanders' initial attitude of belligerency to one of wholehearted trust and cooperation."

As a result of this action by peace-loving people when led and directed by capable and trustworthy Officers, I recommend that this be given great publicity by press, radio and by Presidential proclamation, that the people be told to trust the reorganized Army and Police and to look to them as their protectors and, in no case, to give food or shelter to rebels or raiders.

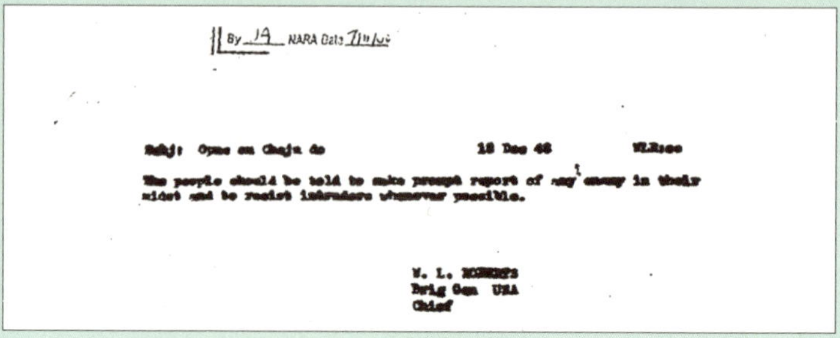

By 19 NARA Date 7/11/...

Subj: Opns on Cheju do   18 Dec 48   WLR:see

The people should be told to make prompt report of any enemy in their midst and to resist intruders whenever possible.

W. L. [illegible]
Brig Gen USA
Chief

1948년 12월 18일 임시군사고문단장 로버츠 준장이 국무총리 이범석에게 보낸 서한. NARA.

제주도 작전

수신: 국무총리 이범석 발신: 임시군사고문단 단장

참조: 대통령 이승만, 국방부 참모총장, 국방경비대 사령관, 국방경비대 고문관

1948년 12월 18일 제주도에서 우리의 작전과 관련하여 중요한 상황 변화가 주목되는데, 이는 귀측 주민들의 사고방식에 뚜렷한 변화가 나타나고 있음을 보여주는 것이어서 귀하의 주의를 환기할 필요가 있습니다. 이러한 사고의 변화는 또한 적절한 방향으로의 변화입니다. 아시다시피 제주도 주민들은 독립적 사고방식을 가진 사람들이며 남로당에 의해 잘 조직돼 왔습니다. 그들은 과거 경비대와 경찰에 적대적이었습니다. 그러나 지금은 전반적으로 우호적으로 변했습니다. 최근 그들은 정보를 자발적으로 제공해 경찰과 경비대를 돕고 있을 뿐 아니라, 군과 경찰의 반도 제거 작전을 지원하고 있습니다. 다음은 방금 접수한 보고 내용입니다. "송요찬 중령이 이끄는 제9연대는 제주도민들로부터 완전한 정보와 협조를 받고 있다. 최근 섬에서 수행된 작전에는 창으로 무장한 섬 주민들이 소규모의 한국 경비대 장교와 병사의 지휘 아래 참여하였다. 어느 한 작전에서는 섬 주민 3,000명이 한라산 일대 무장 폭도들을 공격했다. 이들은 경비대 장병들의 지휘 아래 적 100여 명을 사살하고 총기와 식량을 노획했다. 12월 11일 오후 6시, 제9연대 1개 중대는 도련리 일대에서 주민 1,000명을 지휘하고 작전을 수행했다. 폭도 105명이 사살되고 그들의 무기와 장비가 노획되었다. 이것은 다수의 보고된 제주도에서의 합동 사례 가운데 2건만을 사례로 든 것이다. 한국군은 노획한 의복과 식량을 폭도들에 의해 집이 불에 탄 궁핍한 주민들에게 나누어 주고 있다는 점도 흥미롭다. 송요찬 중령은 섬 주민들의 초기의 적대적 태도를 전폭적인 신뢰와 협력으로 바꾸어 놓은 공로에 대해 높이 칭찬받아야 한다." 유능하고 신뢰할 수 있는 장교들의 지휘와 지도 아래 평화를 사랑하는 사람들이 보여준 작전의 결과로서, 본인은 이 사실이 신문과 라디오 방송은 물론 대통령 성명을 통해서도 널리 알려져야 한다고 생각합니다. 국민들에게 재편된 국군과 경찰을 신뢰하고 그들을 자신들의 보호자로 여기도록 하며, 어떠한 경우에도 반도나 폭도에게 식량이나 은신처를 제공하지 말 것을 분명히 알려야 합니다. 주민들에게는 적이 그들 주변에 있을 경우 즉시 신고하고, 가능한 한 침입자들에게 저항해야 한다는 점도 강조되어야 합니다. W. L. 로버츠 미 육군 준장 임시군사고문단 단장

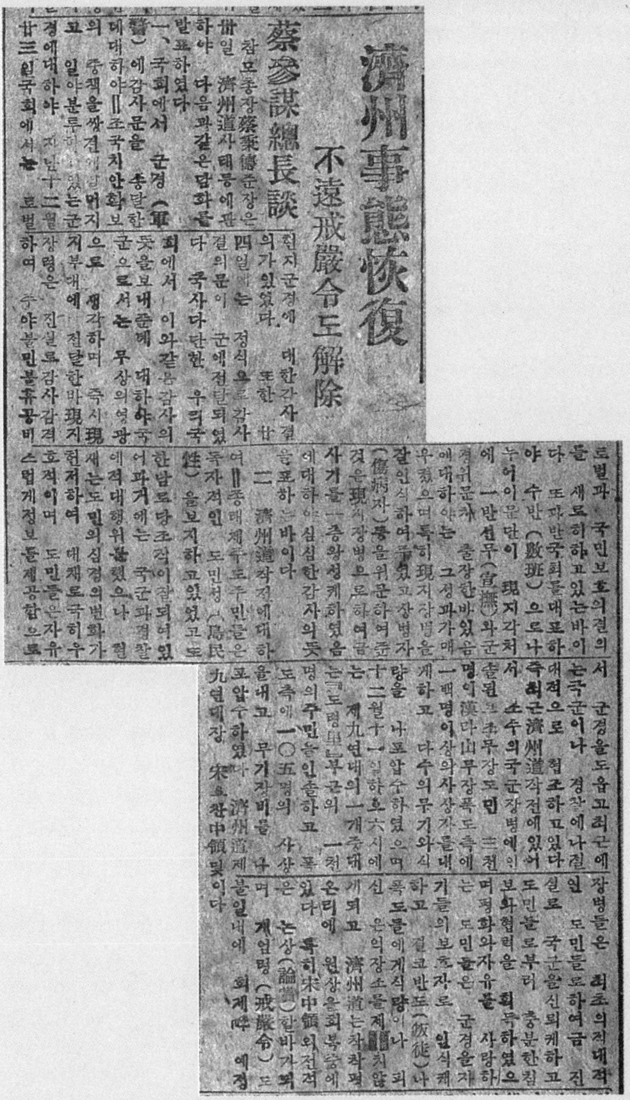

濟州事態恢復
不遠戒嚴令도解除
蔡參謀總長談

참모총장蔡秉德준장은 卅일濟州道사태등에관하야 다음과같은담화를 발표하였다
一、국회에서 군경(軍警)에감사문을 총달한데대하야=조국치안확보의중책을쌍견에 담머지고일야분투하고있는군경에대하야 지난十二월廿三일국회에서는 로벌파 국민보호의결의를 새로히하고있는바이다 도파반국회를대포하야수반(數班)으로나누어 이문단이現지각처에 一반선무(宣撫)와군경위문차 출장한바있음에대하야는 그성파가매우컸으며특히現지장병을잘인식하여주었고장병자(傷病者)등을위문하여준것은 現지장병으로하여금사기를一층왕성케하였음에대하야 심심한감사의뜻을표하는바이다 현지군경에 대한감사결의가있었다. 또한 廿四일에는 정식으로감사결의문이 군에전달되였다 국사다단한 우리국회에서 이와같은감사의뜻을보내준데 대하야국군으로서는 무상의영광으로생각하며 즉시現지부대에 전달한바現지장령은 진실로감사감격하여 주야불면불휴공비
二、濟州道작전에대하여=종래제주도주민들은 독자적인 도민성(島民性)을보지하고있었고 도한남로당조직이잘되여있어파거에는국군과경찰에적대행위를했으나 현재는도민의심경의변화가 현저하여 대체로극히우호적이며 도민들은자유스럽게정보를제공함으로서 군경을도웁고최근에는국군이나 경찰에나절대적으로 협조하고있다 즉최근濟州道작전에있어서 소수의국군장병에인솔된 [illegible]무장도민三천명이漢다山무장폭도측에 一백명이상의사상자를내게하고 다수의무기와식량을 나포압수하였으며 十二월十一일하오六시에는 제九연대의一개중대는『도령부』부근의 一천명의주민을인솔하고 폭도측에 一○五명의 사상을내고 무기자재를 노획압수하였다 濟州道제九연대장 宋요찬中領및장병들은 최초의적대적인 도민들로하여금 진실로 국군을신뢰케하고 도민들로부터 충분한침보와협력을획득하였으며평화와자유를 사랑하는도민들은 군경을재기들의보호자로 인식케하고 결코반도(叛徒)나 폭도들에게식량이나괴신은익장소를제[illegible]치않게되고 濟州道는착착평온리에 원상을회복하게있다 특히宋中領의전격은 논상(論賞)할바가될며 계엄령(戒嚴令)도 불일내에 해제될 예정이다

1948년 12월 31일 『수산경제신문』 기사.

제주사태 회복, 불원 계엄령도 해제
채 참모총장 담

참모총장 채병덕 준장은 30일 제주도 사태 등에 관하야 다음과 같은 담화를 발표하였다.

1. 국회에서 군·경에 감사문을 송달한데 대하야=조국 치안 확보의 중책을 쌍견에 걸머지고 일야 분투하고 있는 군·경에 대하야 지난 12월 23일 국회에서는 토벌 현지 군·경에 대한 감사결의가 있었다. 또한 24일에는 정식으로 감사결의문이 군에 전달되였다. 국사 다단한 우리 국회에서 이와 같은 감사의 뜻을 보내준데 대하야 국군으로서는 무상의 영광으로 생각하며 즉시 현지 부대에 전달한바 현지 장령은 진실로 감사·감격하여 주야 불면불휴 공비 토벌과 국민 보호의 결의를 새로이 하고 있는 바이다.

또 과반 국회를 대표하야 수반(數班)으로 나누어 이문단이 현지 각처에 일반 선무와 군·경 위문차 출장한바 있음에 대하야는 그 성과가 매우 컸으며 특히 현지 장병을 잘 인식하여 주었고 상병자 등을 위문하여 준 것은 현지 장병으로 하여금 사기를 일층 왕성케 하였음에 대하야 심심한 감사의 뜻을 표하는 바이다.

2. 제주도 작전에 대하여=종래 제주도 주민들은 독자적인 도민성(島民性)을 보지하고 있었고 또한 남로당 조직이 잘 되여 있어 과거에는 국군과 경찰에 적대행위를 했으나 현재는 도민의 심경의 변화가 현저하여 대채로 극히 우호적이며 도민들은 자유스럽게 정보를 제공함으로서 군·경을 도읍고, 최근에는 국군이나 경찰에나 절대적으로 협조하고 있다. 즉 최근 제주도 작전에 있어서 소수의 국군 장병에 인솔된 보조 무장 도민 3천명이 한라산 무장폭도 측에 100명 이상의 사상자를 내게 하고 다수의 무기와 식량을 나포 압수하였으며 12월 11일 하오 6시에는 제9연대의 1개 중대는 『도령리』 부근의 1천명의 주민을 인솔하고 폭도측에 105명의 사상을 내고 무기장비를 나포 압수하였다. 제주도 제9연대장 송요찬 중령 및 장병들은 최초의 적대적인 도민들로 하여금 진실로 국군을 신뢰케 하고 도민들로부터 충분한 첩보와 협력을 획득하였으며 평화와 자유를 사랑하는 도민들은 군·경을 자기들의 보호자로 인식케 하고 결코 반도나 폭도들에게 식량이나 피신, 은닉 장소를 제공치 않게 되고 제주도는 착착 평온리에 원상을 회복 중에 있다. 특히 송 중령의 전적은 논상(論賞)할 바가 되며 계엄령도 불일내에 회제할 예정이다.

소총 1정뿐이고, 나머지는 창 32개, 칼 40개가 전부다. '3천 명 동원', '1천 명 동원', '군·경·민 합동' 작전이라는 표현 속에서 제9연대가 주민들을 상시 동원하고 있음을 알 수 있다. 사살된 이들이 피난민들이었는지 무장대원이었는지에 대한 설명은 없다. 군·경 토벌대나 미군 장군의 눈에 사살된 이들은 모두 '폭도' 또는 '반란군'일 뿐이었다. 제9연대는 중산간 지역 주민들이 무장대에 도움과 편의를 제공하고 있다는 전제 아래 이들에 대한 대량 학살 전략을 채택했다.

로버츠가 서한을 보낸 이유는 제9연대장 송요찬의 '성과'를 알리는 데 있었다. 로버츠는 제9연대의 주민 동원과 공포 정책의 결과를 '협력'과 '지원'으로 포장했다. 그는 서한 말미에 "유능하고 신뢰할 수 있는 장교들의 지휘와 지도 아래 평화를 사랑하는 주민들이 보여준 이 작전의 결과를 언론과 대통령 성명을 통해 널리 알려야 한다"고 적었다.

로버츠는 1948년 6월 하순 송요찬을 제주도에 파견할 당시 그를 '무모한 이력을 지닌 강단 있는 사나이'라고 평가했지만, 이후 마을 소각과 강제 소개 등 초토화 시기에는 그를 '유능하고 신뢰할 수 있는 장교'라고 언급했다. 이는 초토화로 상징되는 제9연대의 토벌 작전과 주민 동원 체제를 그가 긍정적으로 인식하고 있었음을 보여준다. 이 서한은 로버츠가 제주도 토벌 작전의 진행 상황을 파악하고 있었을 뿐만 아니라 무차별적 토벌을 묵인·조장했다는 의미이기도 하다.

12월 31일 국내 신문들은 참모총장 채병덕의 담화 발표를 비중 있게, 그리고 대동소이하게 보도했다. 내용은 로버츠의 서한에 나온 그대로였다.

> "제주도 제9연대장 송요찬 중령 및 장병들은 최초의 적대적인 도민을 진심으로 국군을 신뢰케 하고 도민의 충분한 정보와 협력을 획득하였으며 도민들은 군·경을 자기들의 보호자로 생각하게 되어 결코 폭도들에게 식량이나 피신소를 제공치 않게 되어 착착 평화가 회복되고 있다." _『민국일보』, 1948. 12. 31.

19481220

'군복 입은 극우' 서청을 태운 열차

061

"지난 20일 상오 11시 서북청년회 경상북도본부에서는 이번 국군에 편입된 이중만 씨 이하 300명이 제주도로 파견돼 관·민 다수의 환송 가운데 대구역을 떠났다."

1948년 12월 21일 『대구시보』는 '서청 파견대 제주도 향발'이라는 제목으로 짧은 기사를 내보냈다. 극우단체 서청의 군대 편입은 이들의 폭력성을 제도적 권력으로 국가가 승인했음을 의미한다.

초토화의 전화를 열었던 제9연대가 철수하고, 제2연대가 교대 병력으로 들어오던 무렵이었다. 12월 20일 군에 편입된 상태로 제주도로 향한 서청 경상북도본부 단원들은 곧바로 제2연대 군인으로 '소탕전의 최선봉'에 나섰다.

서청 경북도본부 감찰위원장 김연일은 중앙 서청 위원장 문봉제의 "제주도는 공산반도에 의해 불타고 있다. 제주도 평정에 파견할 실천부대를 편성하라"는 지시를 받고 지원자

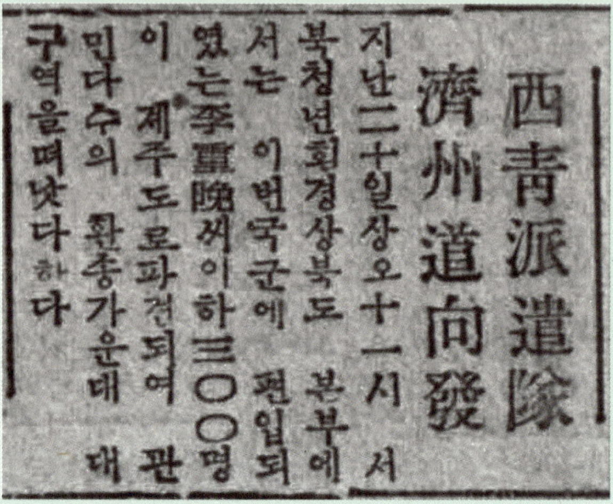

西靑派遣隊
濟州道向發

지난二十일상오十一시 서북청년회경상북도 본부에서는 이번국군에 편입되였는李重晩씨이하三〇〇명이 제주도로파견되여 관민다수의 환송가운데 대구역을떠낫다하다

1948년 12월 21일 『대구시보』 기사.

서청 파견대
제주도 향발

지난 20일 상오 11시 서북청년회 경상북도본부에서는 이번 국군에 편입되였는 이중만씨 이하 300명이 제주도로 파견되여 관민 다수의 환송 가운데 대구역을 떠낫다 한다.

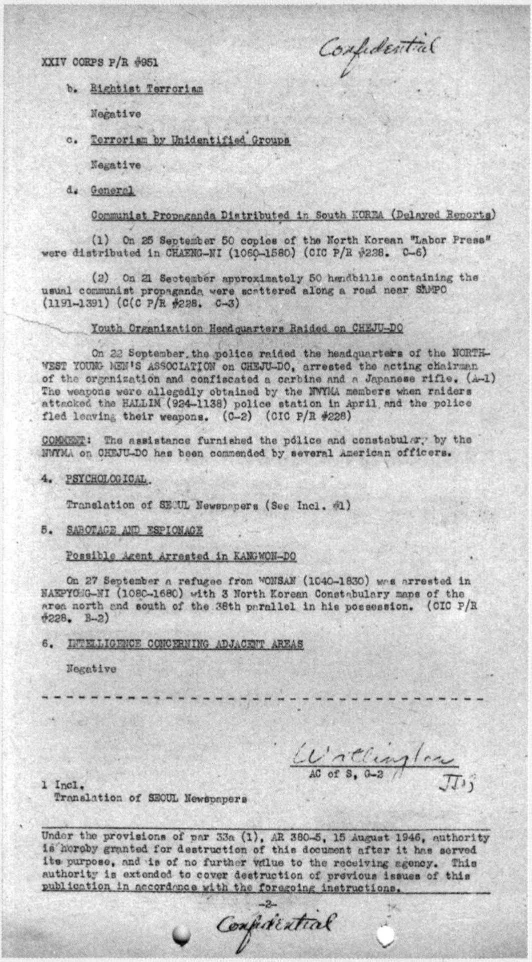

Confidential

XXIV CORPS P/R #951

b. Rightist Terrorism

Negative

c. Terrorism by Unidentified Groups

Negative

d. General

Communist Propaganda Distributed in South KOREA (Delayed Reports)

(1) On 25 September 50 copies of the North Korean "Labor Press" were distributed in CHAENG-NI (1060-1580) (CIC P/R #228. C-6)

(2) On 21 September approximately 50 handbills containing the usual communist propaganda were scattered along a road near SAMPO (1191-1391) (CIC P/R #228. C-3)

Youth Organization Headquarters Raided on CHEJU-DO

On 22 September the police raided the headquarters of the NORTH-WEST YOUNG MEN'S ASSOCIATION on CHEJU-DO, arrested the acting chairman of the organization and confiscated a carbine and a Japanese rifle. (A-1) The weapons were allegedly obtained by the NWYMA members when raiders attacked the HALLIM (924-1138) police station in April and the police fled leaving their weapons. (C-2) (CIC P/R #228)

COMMENT: The assistance furnished the police and constabulary by the NWYMA on CHEJU-DO has been commended by several American officers.

4. PSYCHOLOGICAL.

Translation of SEOUL Newspapers (See Incl. #1)

5. SABOTAGE AND ESPIONAGE

Possible Agent Arrested in KANGWON-DO

On 27 September a refugee from WONSAN (1040-1830) was arrested in NAEPYONG-NI (1080-1680) with 3 North Korean Constabulary maps of the area north and south of the 38th parallel in his possession. (CIC P/R #228. B-2)

6. INTELLIGENCE CONCERNING ADJACENT AREAS

Negative

- -

Wellington
AC of S, G-2

1 Incl.
Translation of SEOUL Newspapers

Under the provisions of par 33a (1), AR 380-5, 15 August 1946, authority is hereby granted for destruction of this document after it has served its purpose, and is of no further value to the receiving agency. This authority is extended to cover destruction of previous issues of this publication in accordance with the foregoing instructions.

-2-

Confidential

1948년 10월 1일
주한미국육군사령부
정보참모부 일일보고서
제951호. NARA.

제주도 청년단체 급습

9월 22일, 경찰은 제주도의 서북청년회 본부를 급습해 이 단체 지부장 대리를 체포하고 카빈총 1정과 일본제 소총 1정을 압수했다. 이 무기들은 폭도들이 지난 4월 한림지서를 습격했을 때 서청 단원들이 습득한 것으로 알려졌다. 당시 경찰은 무기를 내버려둔 채 달아났다. (방첩대 정기보고서 제228호).

논평: 제주도에서 서북청년회가 경찰과 경비대에 제공해온 지원 활동은 여러 미군 장교들로부터 칭찬을 받아왔다.

를 모집했다. 그는 "지원자를 모집했더니 500여 명이 손을 들며 '가자 제주도로'라고 외쳤다"며 "서청의 제주도 파병은 서청 활동의 하이라이트였다"고 말했다. 김연일은 서울과 부산에서 200명이 가세해 서청 특공대대는 700명으로 구성됐다고 밝혔다.

서청의 변신에는 미군 장교들의 지원이 있었다. 미군은 같은 해 10월 1일 정보보고서에서 "제주도에서 서청이 경찰과 경비대에 제공한 지원 활동은 여러 미군 장교로부터 칭찬을 받아왔다"고 밝혔다. '폭력적 반공주의'로 유명한 서청은 12월 들면서 대한민국 군·경의 반공의 전사들로 자리매김했다. 1948년 12월 13일 미군 정보보고서는 "서청 회원 620여 명이 수도경찰청 감독 아래 12일 일정의 훈련을 받고 정규 경찰로 변신해 여수와 강원도, 제주도에 배치됐다"고 기록한다. '훈련 기간 12일'은 경찰 양성에 필요한 기간이라기보다 반공 전위부대로 투입하기 위한 최소한의 기간이었다.

제주도에 파견됐던 서청의 폭력성은 무장대만 아니라 폭력에 취약한 주민들에게 더 격렬하게 펼쳐졌다. 그들 중 일부는 "서청에게 제주도는 악몽의 섬이었다"고 말했다. 문봉제는 "서청 회원들은 투우사처럼 용감했다"며 "피비린내는 살육전이었으니까 제주도민의 억울한 희생도 많았다"고 회고했다. 제주도민의 기억은 전혀 다르다.

"제주도민에게 있어서 서청은 악몽의 그림자였다."

서청의 군·경 편입과 제주 파견은 국가권력에 의한 폭력의 승인이자, 폭력의 정당화를 뜻한다. 『대구시보』의 한 줄 기사는 바로 그 순간을 기록으로 남긴 것이다.

19490108

소련 잠수함 출현설의 실체와 과장의 배경

062

4·3 전개과정에서 북한·소련과의 연계설은 끊이지 않았다. 그 가운데 '소련 잠수함 출현설'을 빼놓을 수 없다. 『정부 보고서』는 이를 "강경진압을 합리화하는 명분으로 작용했고, 국내 언론을 통해 널리 유포됐다"고 평가한다. 그러나 『정부 보고서』 이후 발굴된 외신 자료와 미군 보고서를 종합하면, 이 사건은 오히려 외국에서 더 비중 있게 보도돼 군·경의 발언이 국제적 여론 확산의 기폭제였음을 확인할 수 있다.

1948년 10월의 '잠수함 출현설'이 국내 언론에서 비중 있게 다룬 '국내용'(이때도 외신은 이를 보도했다)이었다면, 1949년 1월의 출현설은 '국제용'이었다. 이 해 1월 6일자 신문들은 '서울발 합동통신'을 인용해 "한림 앞바다에 3일 하오 2시경 국적불명의 잠수함이 나타난 것을 확인하였으나 그 뒤 별다른 행동은 없었다"고 전했다. 또 다른 신문은 "내무부에 들어온 정보에 의하면 3일 하오 2시경 제주읍 삼양리로부터 3,000미터 지점 해상에 소련 마크를 그린 1,500톤급 화물선 2척이 정박 중임을 발견한 국군은 소총을 발사하였던 바 동 화물선은 동북방으로 달아났다"고 보도했다. 국내 신문들의 기사는 단신이었고, 내용도 '국적 불명의 잠수함'과 '소련 화물선'으로 엇갈렸다.

미군 정보보고서는 이 사건을 더 구체적으로 기록하고 있다. '경비대 보고'를 인용한 정보보고서에 따르면 한국 해안경비대는 1월 3일 오후 2시 제주 삼양리로부터 5마일 떨어진 해상에서 소련 표식을 한 3,000톤급 선박 2척을 목격했다. 해안경비대(해군) 함정들이 추격했으나, 높은 파도로 차단하지 못했다. 마지막으로 목격했을 때는 미확인 선박들이 4일 오후 4시 30분 부산 방면으로 이동하고 있었다. 정보보고서는 이어 "한국군은 이들 선박이 제주도 폭도들에게 전달할 북한 보급품을 실은 선박으로 판단하고 있다. 이러한 주장은 이전에도 한국군이 표명했지만 확인되지 않았다"고 평가했다.

같은 보고서를 보면, 제2연대장 함병선은 1월 4일 경비

DECLASSIFIED Authority 775009

00704

GENERAL HEADQUARTERS
SUPREME COMMANDER FOR THE ALLIED POWERS
MILITARY INTELLIGENCE SECTION, GENERAL STAFF

SECRET

SPOT INTELLIGENCE

HOUR: 1100
DATE: 8 January 1949

SUBJECT: Reported Soviet Submarines

TO : Chief of Staff

1. Essential Elements of Information:

a. Reference news item appearing in Nippon Times, 8 Jan 49.

b. G-2 USAFIK was contacted by telephone at 1025 hours 8 Jan 49 concerning Soviet submarines sighted off Cheju Island and a guerrilla outbreak on the island. He stated that he has received no reports of Soviet submarines in the area. He believes that the report of submarines originated when two Soviet merchant vessels were sighted approximately five miles off the coast of the island on 3 Jan 49 during stormy weather. These vessels were sighted the following day off Pusan approximately 175 miles northeast of the location where they were first sighted. Guerrilla forces have been active on the island for several months but reports indicate that they are being brought under control gradually by loyal forces. However, guerrilla troops burned the provincial capitol in Cheju City on 3 Jan and destroyed government records. G-2 USAFIK stated that Constabulary regiments garrisoning the island were changed on 3 Jan and that he believed that guerrilla forces took advantage of the change to attack the capitol. USAFIK has requested that a destroyer perform reconnaissance missions in the area as a result of the Soviet ships sighted on 3 and 4 Jan.

2. Action:

a. Following agencies notified: ADC, G-3, JSPOG, Diplomatic, FEAF, COMNAVFE.

2 Incl:
1 - Nippon Times Article 8 Jan 49 (Attached to Chief of Staff's copy only)
2 - Map A (Attached to ADC and Chief of Staff's copies only)

C. A. W.

SECRET

1949년 1월 8일 소련 잠수함 출현에 관한 미군 정보보고서. NARA.

연합국군 총사령부
일반참모부 군사정보부
현장정보
시각: 11:00
일자: 1949년 1월 8일
제목: 소련 잠수함 보고
수신: 참모총장
2급 비밀

1. 필수 정보 요소
   a. 1949년 1월 8일자 『닛폰타임즈』(*Nippon Times*)에 실린 관련 기사 참조.
   b. 제주도 연안에서 소련 잠수함 목격과 섬에서의 게릴라 발생에 관해 1949년 1월 8일 오전 10시25분 주한미국육군사령부 정보참모부와 전화로 접촉했다. 그는 해당 지역에서 소련 잠수함에 대한 보고를 받은 바 없다고 밝혔다. 그는 잠수함 보고는 1월 3일 폭풍우 속에서 소련 상선 2척이 섬 연안에서 5마일 정도 떨어진 해상에서 목격된 사실에서 비롯된 것으로 보인다고 말했다. 이들 선박은 다음 날 최초 목격된 위치에서 북동쪽으로 175마일 가량 떨어진 부산 앞바다에서 목격됐다. 게릴라들은 수개월 동안 섬에서 활동했으나 보고에 따르면 토벌대에 의해 점차 통제되고 있는 것으로 보인다. 그러나 게릴라 부대는 1월 3일 제주읍에 있는 제주도청을 방화하고 문서들을 소각했다. 주한미국육군사령부 정보참모부는 제주도에 주둔한 경비대 연대들이 1월 3일 교체됐으며, 게릴라 부대들이 교대 시점을 이용해 도청을 공격한 것으로 보인다고 말했다. 주한미국육군사령부는 1월 3일 및 4일 목격된 소련 선박들 때문에 해당 지역에 구축함이 정찰 임무를 수행할 것을 요청했다.

2. 조치
   a. 다음 기관들에 통보함: ADC, 작전참모부, 합동전략작전기획단, 외교부서, 극동공군, 극동 해군. 첨부 2건)
      1. 1949년 1월 8일자 『닛폰타임즈』 기사 (참모총장 사본에만 첨부)
      2. 지도 A (ADC 및 참모총장 사본에만 첨부)

Article appearing in NIPPON TIMES, 8 Jan 49:

LATE NEWS

Kyodo-UP

SEOUL, Jan. 7—Three Russian submarines appeared off the northern coast of Cheju Island on January 4 and signalled to 200 Korean Communist guerrilla troops there who immediately attacked the provincial capital causing numerous deaths and great damage, the tactics section chief of the emergency guard of the South Korean Government told the United Press in an exclusive interview.

The tactics section chief said the emergency guard, which is a part of the Home Ministry, received a wireless message from police headquarters in Cheju Thursday to the effect that 56 police and civilians were killed by the Communist attack and that more than 50 buildings were burned to the ground, including the provincial capital building and police headquarters.

1949년 1월 8일 일본 『닛폰타임즈』*Nippon Times*에 실린 제주도 연안 소련 잠수함 출현 기사.

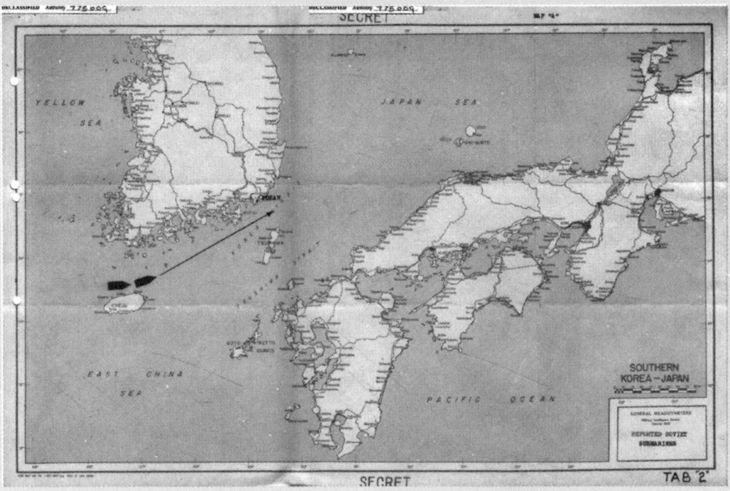

소련 선박 이동 경로 지도. NARA. [화보10]

KOREAN ISLAND TOWN SACKED

Russian Direction Alleged

Australian Associated Press

SEOUL (Korea), Jan. 9.

A police report received at Seoul says that three Soviet submarines directed an attack on Cheju, capital of Cheju Island, south of Korea, on Tuesday.

Fifty-six police and civilians were killed and more than 50 buildings were burnt when the town was sacked by Communist guerillas.

Choi Chi-whan, director of the Korean Emergency Guard, said that the assault was launched immediately after three Russian submarines had surfaced off the island and flashed signals to 200 rebels in the hills.

Alleged Soviet Submarines Direct Attack in Korea

SEOUL (Korea), Sunday

A police report has been received that three Soviet submarines directed an attack on Cheju, capital of Cheju Island, south of Korea, on January 4.

It said that 56 police and civilians were killed, and over 50 buildings burned when the town was sacked by Communists guerrillas.

Choi Chi Whan, director of the Korean Emergency Guard, said the assault was launched immediately after three Russian submarines surfaced off the island and flashed signals to 200 rebels in the hills.

The submarines made no attempt to land supplies.

Two remained on the surface offshore and the third stayed overnight, despite intense rifle-fire from police on the beach.

Russian Subs' Alleged Attack on Island Town

SEOUL (Korea), Sunday: A police report has been received that three Soviet submarines directed an attack on Cheju, capital of Cheju Island, south of Korea, on January 4.

It said that 56 police and civilians were killed, and more than 50 buildings burned when the town was sacked by Communist guerrillas.

Choi Chi Whan, director of the Korean Emergency Guard, said the assault was launched immediately after three Russian submarines surfaced off the island and flashed signals to 200 rebels in the hills.

The submarines made no attempt to land supplies.

Two remained on the surface off shore, despite intense rifle fire from police on the beach.

Alleged Soviet Submarines Direct Attack in Korea

SEOUL (Korea), Sunday

A police report has been received that three Soviet submarines directed an attack on Cheju, capital of Cheju Island, south of Korea, on January 4.

It said that 56 police and civilians were killed, and over 50 buildings burned when the town was sacked by Communists guerrillas.

Choi Chi Whan, director of the Korean Emergency Guard, said the assault was launched immediately after three Russian submarines surfaced off the island and flashed signals to 200 rebels in the hills.

The submarines made no attempt to land supplies.

Two remained on the surface offshore and the third stayed overnight, despite intense rifle-fire from police on the beach.

1949년 1월 10일자 오스트레일리아의 각종 지역 신문에 제주도 연안 소련 잠수함 출현 기사가 일제히 보도됐다. 왼쪽부터 『캔버라 타임즈』*Canberra Times*, 『모닝 블러틴』*Morning Bulletin*, 『애드버타이저』*Advertiser*, 『배리어 데일리 트루스』*Barrier Daily Truth*

대사령부에 12월 31일 해제된 계엄령의 지속을 요청했다. 그는 통행금지와 이동 제한이 중단되면 무장대 대응과 북한 선박의 보급을 저지하는 데 지장을 받게 된다며, 소련 선박 또는 잠수함 출현설을 계엄 유지 명분으로 들었다.

잠수함 출현설이 확대된 것은 『UP통신』이 내무부 비상경비총사령부 전술계장 최치환 총경의 인터뷰 내용을 1월 8일자로 내보내면서였다. 이 기사는 다음 날 『워싱턴포스트』와 『뉴욕타임즈』 등 미국 내 언론뿐 아니라 필리핀, 홍콩, 싱가포르 등 전 세계 언론에 일제히 게재됐다. 필리핀의 주요 라디오방송DZRH도 이 기사를 인용 보도했다 오스트레일리아에서는 여러 곳의 지역일간지들이 앞다퉈 보도했다.

그러나 최치환의 발언 내용은 상상력을 극대화한 '소설'이다. 『UP통신』 기사를 실은 1월 9일 『워싱턴 포스트』 기사를 보면, 최치환은 "소련 잠수함 3척이 나흘 전 남한 해역에 부상해 공산 게릴라들에게 제주도청 공격하라는 신호를 보냈다. 1월 4일 소련 잠수함들이 제주도 연안에 부상해서 200여 명의 공산 반도들에게 신호를 보냈고, 반도들이 곧바로 도시를 공격해 많은 사망자와 상당한 피해를 일으켰다", "경찰과 민간인 56명이 공산 반도의 공격으로 사망했다. 도청과 경찰국을 포함해 50채 이상의 건물이 전소됐다", "잠수함 2척은 삼양리에서 보였고, 1척은 밤중에 한림리에서 보였으며, 소련 국기가 해안에서 선명하게 보였다", "잠수함들은 경찰의 맹렬한 사격에도 삼양 연안에 4시간 정도 부상했고, 한림리 연안의 잠수함은 다음날 오전까지 떠나지 않았다"고 말했다.

그러나 미군 정보보고서에는 '경비대 보고'를 인용해 '1월 1일 '폭도' 20명 사살, 경비대 27명 부상, 도두리 주민 10명 피살, 가옥 26채가 전소된 것으로 나오지만, '경찰국 방화'나 '소련 잠수함'은 나오지 않는다. 미군 정보보고서에 나온 '폭도'와 '주민' 사망자 30명과 군인 부상 27명을 합치면 57명이다. 최치환은 이를 경찰과 민간인 56명이 '폭도'들의 습격으로 살해된 것으로 포장했고, 도청과 경찰국을 포함해 50채 이상의 건물이 전소됐다고 과장했다.

최치환의 발언이 1월 8일 일본 영자지 『닛폰타임즈』에 나오자 연합국군 총사령부GHQ는 즉각 반응했다. 총사령부 정보참모부는 당일 오전 10시 25분 주한미국육군사령부 정보참모부에 직접 전화를 걸어 소련 잠수함과 게릴라 봉기에 대한 보도를 확인했다. 확인 결과 "제주도에서 소련 잠수함 발견 보고는 없었고, 폭풍우 속에 제주도 연안 5마일 해상에서 소련 상선 2척이 목격된 사실에 기인했다"고 답변이 돌아왔다.

잠수함 출현설은 소련에도 반향을 일으켰다. 『타스통신』은 라디오 평양을 인용해 미국과 이승만 정부의 조작이라고 보도했다. 해군 기관지 『붉은 함대』Red Fleet는 『UP통신』의 보도를 '저열하고 뻔뻔한 거짓말'crude, insolent lie이라고 비난했다. 라디오 평양도 비슷한 내용을 내보냈다. 소련은 이승만 정부가 민중 저항을 탄압하기 위해 계엄령 재선포를 정당화하려고 '잠수함 도발'을 했다고 주장했다.

잠수함 출현설은 4·3을 북한·소련의 사주에 의한 공산 폭동으로 규정한 정부의 인식과 맞아떨어졌다. 이승만 정부는 소련의 개입 가능성을 의도적으로 부풀려 미국의 군사적 지원을 끌어내고, 동시에 토벌의 정당성을 확보하려 했다. 이러한 '소련 잠수함 출현설'은 정부의 의도에 맞게 미국 관리들이 4·3을 북한·소련의 사주 또는 개입의 결과로 믿게 만드는 계기로 작용했다.

19490121

"가혹한 방법으로 탄압하라", 제주는 비명을 외쳤다

063

1949년 1월 21일 열린 제12회 국무회의에서 각 부처 보고가 끝난 뒤 대통령 이승만은 시정 전반에 대한 '유시'諭示를 내렸다. 예산 심의에 대해 언급하고 난 뒤 두 번째로 제주도 문제를 꺼냈다. 말은 간단했으나 내용은 거칠고 파장은 깊었다.

연일 국무회의에서 제주도 사태가 거론되는 가운데 이승만은 "미국 측에서 한국의 중요성을 인식하고 많은 동정을 표하나 제주도, 전남 사건의 여파를 완전히 발근색원하여야 그들의 원조는 적극화 할 것"이라며 "악당을 가혹한 방법으로 탄압하여 법의 존엄을 표시할 것이 요청된다"고 지시했다. 이날 내무부 장관이 보고한 '제주도 특별소탕 경찰대 1천 명 파견'에 대한 안건이 의결되면서, 더욱 조직적이고 대규모 공세를 개시할 준비가 이미 갖춰진 가운데 이승만의 '가혹한 방법으로 탄압하라'는 명령이 내려졌다.

포고령과 계엄령으로 제주도는 이미 잿더미로 변해가고 있는데, 그 잿더미마저 '발근색원'해 '악당'을 찾아 '가혹한 방

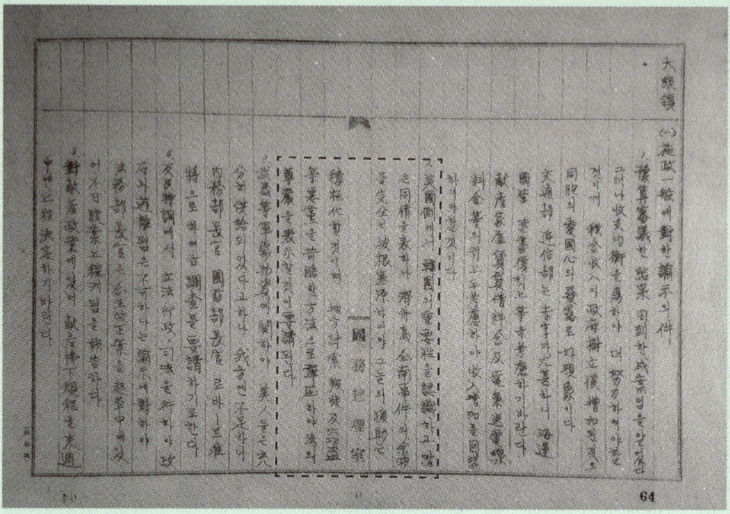

1949년 1월 21일 제12회 국무회의록. 국가기록원. [화보11]

대통령: (1) 시정 일반에 대한 논시의 건

2. 미국 측에서 한국의 중요성을 인식하고 많은 동정을 표하나 제주도, 전남사건의 여파를 완전히 발근색원하여야 그들의 원조는 적극화할 것이며 지방 토색 반도 급(及) 절도 등 악당을 가혹한 방법으로 탄압하야 법의 존엄을 표시할 것이 요청된다.

법으로 탄압하라'는 최고 권력자의 명령은 토벌 강도를 최대한 끌어올리라는 직접적 지시였다.

앞서 정부는 1월 11일 국무회의에서 모슬포와 성산포에 각각 경찰서를 증설키로 하는 대통령령을 의결했고, 1월 17일에는 내무부 장관 신성모가 국무회의에서 "군 1개 연대를 증원하거나 경찰 1천 명을 증원하면 2개월 이내에 소탕될 것"이라고 보고했다.

유엔한국위원단 1진의 1월 30일 입국을 앞두고 국방부 참모총장 채병덕 준장은 육군과 해군에 "폭도와 반란군을 완전히 소탕하라"고 명령했다. 국제 여론에 부정적인 영향을 끼칠 상황을 사전에 정리해야 했다.

군사고문단 우스터스 중령은 로버츠 단장에게 2월 10일 보낸 보고서에서 "연락기가 전단 살포와 함께 수류탄과 박격포탄을 무차별 떨어뜨리고 있다"고 제2연대의 제주도 작전 실태를 보고했다. 보고서는 군·경의 주민들에게 대하는 고압적인 태도가 주민들을 오히려 폭도 쪽으로 내모는 원인이 되고 있다고 지적했다. 재판 없는 처형이 지속해서 벌어지고 있고, 병사들의 권한 남용 사실도 덧붙였다. 보고서에는 토벌 작전에서의 과도한 폭력이 드러나 있었다.

군·경 토벌대의 제주도 토벌은 대통령의 관심과 명령 속에 강화됐다. 1949년 5월 10일 예정된 제주도 재선거를 앞두고 정부는 걸림돌 제거에 집중했다. 제6여단 유격대대는 1

월 31일 제2연대와 합류하기 위해 제주도로 이동했다. 뿌리를 뽑아 근원을 막아버리기 위해 '발근색원'하고 '가혹한 방법으로 탄압하라'는 이승만의 지시는 제주도민들의 삶을 절망으로 밀어넣었다.

19490125

미해군 함대의 제주 기항 이면

064

미해군 순양함 아스토리아Astoria함과 구축함 키예스Kyes함, 쉘톤Shelton함 등 미해군 기동함대 함정 3척이 1949년 1월 23일 오전 9시 인천항에 모습을 드러냈다. 미해군 함정들은 17일 일본 요코스카를 출발해 평시 함정 훈련을 하면서 오사카와 고베를 거쳐 인천에 입항했다. 입항 다음 날인 24일 아스토리아 함상에서 대통령 이승만 부부와 각료 등 한국 측 인사, 무초 대사와 로버츠 군사고문단장 등 미국 측 인사 등 모두 34명을 초청해 성대한 환영식과 오찬행사를 열었다.

이 자리에서 한국 측은 미해군 측에 진해 해군기지 방문을 제안했다. 미해군은 오히려 제주도에 잠시 기항하는 것이 적절한지에 대해 무초 대사와 협의했다. 무초는 한국 정부가 그렇게 해주기를 "매우 열망하고 있다"most anxious고 말했고, 미해군은 곧바로 일정을 수정해 제주 기항을 추가했다.

왜 한국 정부는 제주 기항을 열망했고, 미해군은 진해 초청을 받으면서도 제주 기항 여부를 물었을까? 이는 인천 입

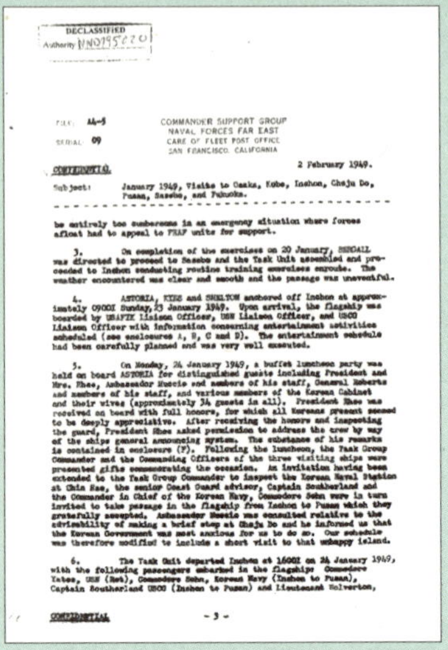

DECLASSIFIED
Authority NND195020

FILE: A4-5
SERIAL: 09

COMMANDER SUPPORT GROUP
NAVAL FORCES FAR EAST
CARE OF FLEET POST OFFICE
SAN FRANCISCO, CALIFORNIA

CONFIDENTIAL

2 February 1949.

Subject: January 1949, Visits to Osaka, Kobe, Inchon, Cheju Do, Pusan, Sasebo, and Fukuoka.

- -

be entirely too cumbersome in an emergency situation where forces afloat had to appeal to FEAF units for support.

3. On completion of the exercises on 20 January, BENGALL was directed to proceed to Sasebo and the Task Unit assembled and proceeded to Inchon conducting routine training exercises enroute. The weather encountered was clear and smooth and the passage was uneventful.

4. ASTORIA, KYES and SHELTON anchored off Inchon at approximately 0900I Sunday, 23 January 1949. Upon arrival, the flagship was boarded by USAFIK Liaison Officer, USN Liaison Officer, and USCG Liaison Officer with information concerning entertainment activities scheduled (see enclosures A, B, C and D). The entertainment schedule had been carefully planned and was very well executed.

5. On Monday, 24 January 1949, a buffet luncheon party was held on board ASTORIA for distinguished guests including President and Mrs. Rhee, Ambassador Muccio and members of his staff, General Roberts and members of his staff, and various members of the Korean Cabinet and their wives (approximately 34 guests in all). President Rhee was received on board with full honors, for which all Koreans present seemed to be deeply appreciative. After receiving the honors and inspecting the guard, President Rhee asked permission to address the crew by way of the ships general announcing system. The substance of his remarks is contained in enclosure (F). Following the luncheon, the Task Group Commander and the Commanding Officers of the three visiting ships were presented gifts commemorating the occasion. An invitation having been extended to the Task Group Commander to inspect the Korean Naval Station at Chin Hae, the senior Coast Guard advisor, Captain Southerland and the Commander in Chief of the Korean Navy, Commodore Sohn were in turn invited to take passage in the flagship from Inchon to Pusan which they gratefully accepted. Ambassador Muccio was consulted relative to the advisability of making a brief stop at Cheju Do and he informed us that the Korean Government was most anxious for us to do so. Our schedule was therefore modified to include a short visit to that unhappy island.

6. The Task Unit departed Inchon at 1600I on 24 January 1949, with the following passengers embarked in the flagship: Commodore Yates, USN (Ret), Commodore Sohn, Korean Navy (Inchon to Pusan), Captain Southerland USCG (Inchon to Pusan) and Lieutenant Wolverton,

CONFIDENTIAL - 3 -

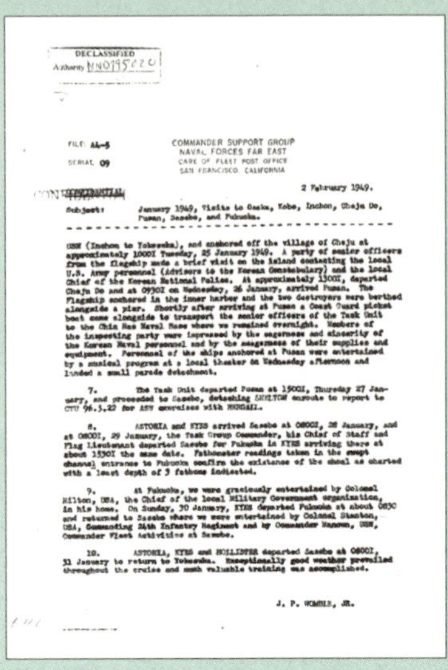

DECLASSIFIED
Authority NND195020

FILE: A4-5
SERIAL: 09

COMMANDER SUPPORT GROUP
NAVAL FORCES FAR EAST
CARE OF FLEET POST OFFICE
SAN FRANCISCO, CALIFORNIA

CONFIDENTIAL

2 February 1949.

Subject: January 1949, Visits to Osaka, Kobe, Inchon, Cheju Do, Pusan, Sasebo, and Fukuoka.

- -

USN (Inchon to Yokosuka), and anchored off the village of Cheju at approximately 1000I Tuesday, 25 January 1949. A party of senior officers from the flagship made a brief visit on the island contacting the local U.S. Army personnel (Advisors to the Korean Constabulary) and the local Chief of the Korean National Police. At approximately 1300I, departed Cheju Do and at 0930I on Wednesday, 26 January, arrived Pusan. The Flagship anchored in the inner harbor and the two destroyers were berthed alongside a pier. Shortly after arriving at Pusan a Coast Guard picket boat came alongside to transport the senior officers of the Task Unit to the Chin Hae Naval Base where we remained overnight. Members of the inspecting party were impressed by the eagerness and sincerity of the Korean Naval personnel and by the meagerness of their supplies and equipment. Personnel of the ships anchored at Pusan were entertained by a musical program at a local theater on Wednesday afternoon and landed a small parade detachment.

7. The Task Unit departed Pusan at 1500I, Thursday 27 January, and proceeded to Sasebo, detaching SHELTON enroute to report to CTU 96.3.22 for ASW exercises with BENGALL.

8. ASTORIA and KYES arrived Sasebo at 0800I, 28 January, and at 0800I, 29 January, the Task Group Commander, his Chief of Staff and Flag Lieutenant departed Sasebo for Fukuoka in KYES arriving there at about 1530I the same date. Fathometer readings taken in the swept channel entrance to Fukuoka confirm the existence of the shoal as charted with a least depth of 3 fathoms indicated.

9. At Fukuoka, we were graciously entertained by Colonel Hilton, USA, the Chief of the local Military Government organization, in his home. On Sunday, 30 January, KYES departed Fukuoka at about 0830 and returned to Sasebo where we were entertained by Colonel Stanton, USA, Commanding 24th Infantry Regiment and by Commander Mangum, USN, Commander Fleet Activities at Sasebo.

10. ASTORIA, KYES and HOLLISTER departed Sasebo at 0800I, 31 January to return to Yokosuka. Exceptionally good weather prevailed throughout the cruise and much valuable training was accomplished.

J. P. WOMBLE, JR.

미 극동해군사령부 기동함대가 1949년 1월 25일 제주도에 기항했다는 내용이 나온 1949년 2월 2일 극동해군 지원단 보고서. NARA.

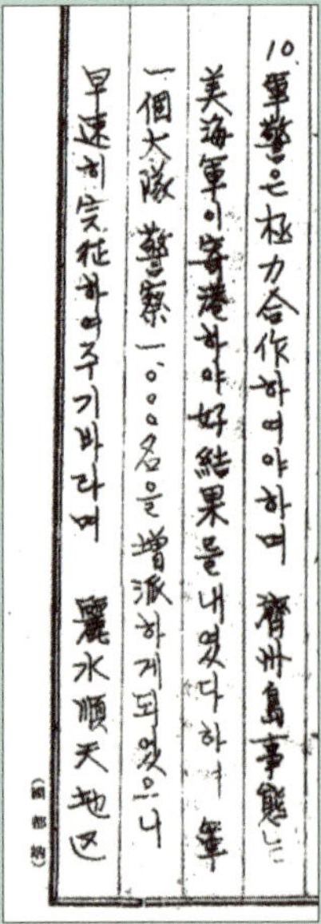

10. 軍警은 極力合作하여야 하며 濟州島事態는
美海軍이 寄港하야 好結果를 내였다 하며 一
一個大隊 警察 一,○○○名을 增派하게 되였으니
早速히 完定하여 주기 바라며 麗水順天地区

1949년 1월 28일 제14회 국무회의록. 국가기록원.

대통령: 시정일반에 관한 유시의 건

10. 군·경은 적극 협력하여야 하며 제주도 사태는 미 해군이 기항하야 호결과를 내였다 하며, 1개 대대 경찰 1,000명을 증파하게 되었으니 조속히 완정하여 주기 바라며.

항 며칠 전 국제적으로 확산된 '소련 잠수함 출현설' 때문으로 해석된다. 마침 미해군 기동함대의 방한 일정이 잡혀 있었기 때문에 소련 개입 의혹이 제기된 제주도를 직접 확인할 필요가 있었다. 한국 정부 입장에서는 미해군 함대가 직접 제주에 들렀다는 사실 자체를 필요로 했다.

이에 따라 함정들은 1월 25일 오전 10시께 제주도에 짧은 시간 기항했다. 아스토리아함의 미군 고위 장교들은 제주도에서 미군 고문관들과 제주도 경찰국장을 면담한 뒤 오후 1시께 부산으로 향했다. 이들이 기항한 시간은 3시간에 불과했다.

『정부 보고서』는 이에 대해 "미군도 진압작전에 나섰다. 미군이 어느 정도 작전에 참여했는지는 불확실하나 이승만의 발언을 통해 미군의 역할을 엿볼 수 있다"고 했지만, 사실 미해군의 제주 기항은 형식적인 방문이었다. 그러나 이승만 정부는 이 짧은 방문을 정치적 자산으로 활용했다. 이승만은 1월 28일 국무회의에서 "미해군이 제주에 기항해 호好결과를 냈다"며, 함정의 기항이 제주 사태에 직접 관련된 것처럼 말했다. "미국이 제주도 사태 해결에 협력하고 있다"는 메시지를 대내외에 알리려는 의도적 발언이었다. 이승만 정부는 미해군의 제주 기항을 통해 미국이 제주도 사태에 관여하고 있고, 토벌이 미국과의 공조 속에 이루어지고 있다는 이미지를 만들어냈다. 반면 미해군의 보고서에는 '불행한 섬'unhappy island에 잠시 들렀다고만 했다. 미해군의 제주 기항이 담긴 보고서는 이승만 정부가 정치적 목적을 위해 어떻게 활용했는지를 보여준다.

19490220

도두리 학살 현장에서 침묵한 미 고문관들

065

1949년 2월 20일 제주읍 도두리 궤동산에서 집단학살이 일어났다. 도두리 학살사건이다. 군과 경찰의 감독 아래 민보단이 '반도'로 규정된 76명의 주민을 창으로 처형한 사건으로, 희생자 중에는 여성 5명과 중학생 또래의 소년들도 여럿 있었다. 국가폭력의 비인간성을 보여주는 상징적 사건이다.

마을 경비와 군·경 토벌에 동원된 민보단은 1948년 5월 하순~6월 초순께 전국적으로 결성되기 시작했다. 그 뿌리는 같은 해 4월 딘 군정장관이 5·10 선거를 앞두고 경무부장 조병옥의 건의를 받아들여 만든 향보단이다. 선거 이후 향보단이 해산된 뒤 곧바로 민보단이 조직됐다. 『정부 보고서』는 "향보단이 민보단으로 부활한 것은 1948년 10월 말경"으로 추정하고, 제주도 민보단이 창설된 것은 8월 11일이라고 적시했다. 그러나 당시 검찰총장 이인이 그해 6월 중순 "향보단을 해산시키고 발전적으로 민보단으로 개편한 데 대해 말할 수 없고"라고 한 발언을 보면, 민보단은 5월 하순~6월 중순

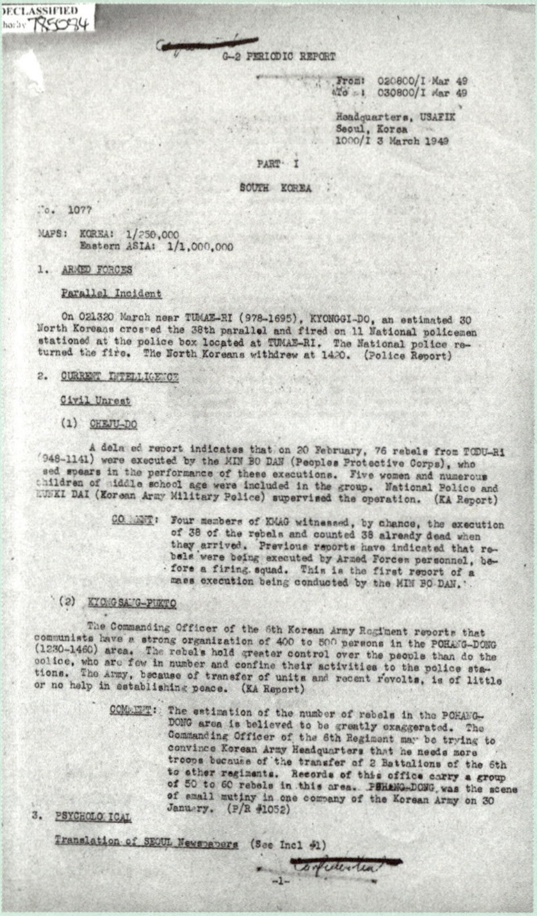

DECLASSIFIED
hority 785034

[redacted]

G-2 PERIODIC REPORT

From: 020800/I Mar 49
To : 030800/I Mar 49

Headquarters, USAFIK
Seoul, Korea
1000/I 3 March 1949

PART I

SOUTH KOREA

No. 1077

MAPS: KOREA: 1/250,000
Eastern ASIA: 1/1,000,000

1. ARMED FORCES

Parallel Incident

On 021320 March near TUMAE-RI (978-1695), KYONGGI-DO, an estimated 30 North Koreans crossed the 38th parallel and fired on 11 National policemen stationed at the police box located at TUMAE-RI. The National police returned the fire. The North Koreans withdrew at 1420. (Police Report)

2. CURRENT INTELLIGENCE

Civil Unrest

(1) CHEJU-DO

A dela ed report indicates that on 20 February, 76 rebels from TODU-RI (948-1141) were executed by the MIN BO DAN (Peoples Protective Corps), who sed spears in the performance of these executions. Five women and numerous children of middle school age were included in the group. National Police and KUNKI DAI (Korean Army Military Police) supervised the operation. (KA Report)

COMMENT: Four members of KMAG witnessed, by chance, the execution of 38 of the rebels and counted 38 already dead when they arrived. Previous reports have indicated that rebels were being executed by Armed Forces personnel, before a firing squad. This is the first report of a mass execution being conducted by the MIN BO DAN.

(2) KYONGSANG-PUKTO

The Commanding Officer of the 6th Korean Army Regiment reports that communists have a strong organization of 400 to 500 persons in the POHANG-DONG (1230-1460) area. The rebels hold greater control over the people than do the police, who are few in number and confine their activities to the police stations. The Army, because of transfer of units and recent revolts, is of little or no help in establishing peace. (KA Report)

COMMENT: The estimation of the number of rebels in the POHANG-DONG area is believed to be greatly exaggerated. The Commanding Officer of the 6th Regiment may be trying to convince Korean Army Headquarters that he needs more troops because of the transfer of 2 Battalions of the 6th to other regiments. Records of this office carry a group of 50 to 60 rebels in this area. POHANG-DONG was the scene of small mutiny in one company of the Korean Army on 30 January. (P/R #1052)

3. PSYCHOLOGICAL

Translation of SEOUL Newspapers (See Incl #1)

[redacted]

-1-

1949년 3월 3일
주한미국육군사령부
정보참모부 일일보고서
제1077호. NARA.

시민소요 제주도

지연 보고에 따르면 2월 20일 도두리에서 반도 76명이 민보단(자경단)에 의해 처형됐다. 이들은 처형 집행에 창을 사용했다. 여성 5명과 중학생 정도 나이의 아이들이 많이 포함돼 있었다. 경찰과 군기대(군사경찰)가 이 처형을 감독했다.(한국군 보고)
논평: 군사고문단 고문관 4명이 우연히 반도 38명의 처형 장면을 목격했다. 그들이 도착했을 때 이미 38명이 처형돼 있었다. 이전 보고들에서는 반도들은 총살대 앞에서 무장군인들에 의해 처형되고 있다고 알려졌다. 이것은 민보단에 의해 행해진 대량 학살에 대한 최초의 보고이다.

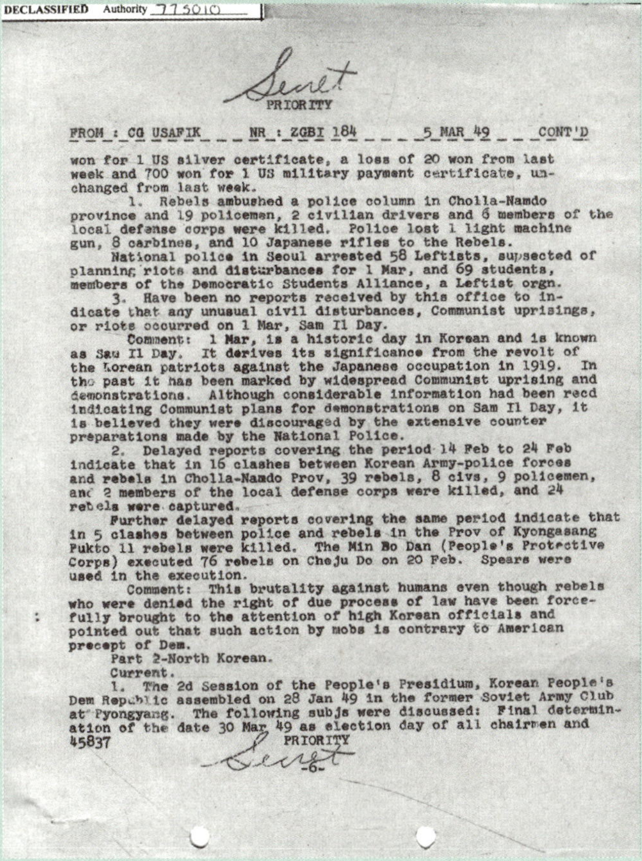

DECLASSIFIED Authority 775010

Secret
PRIORITY

FROM : CG USAFIK NR : ZGBI 184 5 MAR 49 CONT'D

won for 1 US silver certificate, a loss of 20 won from last week and 700 won for 1 US military payment certificate, unchanged from last week.

1. Rebels ambushed a police column in Cholla-Namdo province and 19 policemen, 2 civilian drivers and 6 members of the local defense corps were killed. Police lost 1 light machine gun, 8 carbines, and 10 Japanese rifles to the Rebels.

National police in Seoul arrested 58 Leftists, suspected of planning riots and disturbances for 1 Mar, and 69 students, members of the Democratic Students Alliance, a Leftist orgn.

3. Have been no reports received by this office to indicate that any unusual civil disturbances, Communist uprisings, or riots occurred on 1 Mar, Sam Il Day.

Comment: 1 Mar, is a historic day in Korean and is known as Sam Il Day. It derives its significance from the revolt of the Korean patriots against the Japanese occupation in 1919. In the past it has been marked by widespread Communist uprising and demonstrations. Although considerable information had been recd indicating Communist plans for demonstrations on Sam Il Day, it is believed they were discouraged by the extensive counter preparations made by the National Police.

2. Delayed reports covering the period 14 Feb to 24 Feb indicate that in 16 clashes between Korean Army-police forces and rebels in Cholla-Namdo Prov, 39 rebels, 8 civs, 9 policemen, and 2 members of the local defense corps were killed, and 24 rebels were captured.

Further delayed reports covering the same period indicate that in 5 clashes between police and rebels in the Prov of Kyongsang Pukto 11 rebels were killed. The Min Bo Dan (People's Protective Corps) executed 76 rebels on Cheju Do on 20 Feb. Spears were used in the execution.

Comment: This brutality against humans even though rebels who were denied the right of due process of law have been forcefully brought to the attention of high Korean officials and pointed out that such action by mobs is contrary to American precept of Dem.

Part 2-North Korean.

Current.

1. The 2d Session of the People's Presidium, Korean People's Dem Republic assembled on 28 Jan 49 in the former Soviet Army Club at Pyongyang. The following subjs were discussed: Final determination of the date 30 Mar 49 as election day of all chairmen and

45837 PRIORITY

Secret

-6-

1949년 3월 5일 주한미국육군사령부가 작성한 정보보고서. NARA.

극동군사령부 참모총장실 무선·전보센터 수신 문서 1949년 3월 5일

발신: 주한미국육군사령부 수신: 미 육군성 정보국

참조: 극동사령부(정보참모부)

번호: ZGBI184 (주간분석[WEEKA] 제62호, 기간: 1949년 2월 26일-3월 5일)

2급 비밀

2. 2월 14일부터 24일까지의 지연 보고에 따르면 (중략)

논평: 적법 절차의 권리를 인정받지 못한 반도들이라 할지라도, 인간에 대한 잔혹 행위는 한국 고위 관리들에게 강하게 제기되었으며, 군중에 의한 그와 같은 행동은 미국의 민주주의 원칙에 반한다는 점이 지적됐다.

이미 개편됐다.

민보단에 소속된 주민들은 밤낮으로 죽창을 들고 보초를 섰다. 안덕면 화순리에서는 하루 200명 이상이 동원되기도 했다. 미군 정보보고서는 1949년 4월 현재 제주도 민보단을 5만 명으로 추산한다. 당시 제주도 인구(25~27만 명 추정)를 고려하면, 이는 사실상 총동원체제였다.

민보단은 폭력의 가해자이면서, 동시에 국가폭력에 노출된 피해자이기도 했다. 이런 이중성 자체가 4·3의 비극이다. 도두리 학살사건은 이 비극이 극단적으로 드러난 사례다. 민보단원들은 군·경의 처형 명령을 거부할 수 없었다. 이를 거부하면 자신들이 '폭도'로 몰려 죽임을 당할 것을 알고 있었다. 제주사람이 제주사람을 죽이도록 강요당하는 비극은 국가폭력이 마을의 일상 깊숙이 침투한 결과였다.

미군 정보보고서는 고문관들이 현장 도착 당시 38명이 처형됐고, 나머지 38명이 처형되는 장면을 직접 목격했다고 전한다. 주한미국육군사령부는 이를 '비인도적 잔혹 행위' brutality against humans로 규정하며, "'반도들'rebels이라 해도 법적 절차의 부재는 미국이 지향하는 민주주의 원칙과 배치된다"고 지적했다.

그러나 미군 고문관 4명은 학살을 저지하지 않았다. 이들은 '민주주의 원칙 위배'를 지적하면서도 이를 묵인하고 지켜봤다. 비판과 방관 사이 고문관들의 모순된 태도는 도두리 학살사건이라는 비극을 가져왔다. 이날의 집단학살은 국가 폭력이 제주 공동체를 붕괴시킨 상징적인 사건이었다. 미군 고문관들은 그 학살의 목격자이자 방관자로 현장에 있었다.

194902

한겨울 돌성 쌓기에 동원된 주민들

066

"읍 주위에는 약 20리가 된다는 성이 둘러싸여 있고, 길 가는 부인들의 뒷머리에는 흰 '댕기'가 많다."_『조선중앙일보』, 1949. 6. 28.

1949년 6월 제주사회의 두 가지 상징은 '성'과 '하얀 댕기'였다. 제주읍을 둘러싼 돌담의 길이가 20여 리에 이른다고 신문은 보도했다. 무장대의 습격을 막기 위해 제주읍 주위의 돌담 길이만 8킬로미터에 달했고, 이는 축성 작업에 내몰린 주민들의 '노역'의 현장이었다. 하얀 댕기는 마을마다 이어진 죽음과 상실을 의미했다.

1948년에서 1949년으로 넘어가는 겨울. 주민들은 강제 동원에 시달렸다. 움직일 수 있는 사람은 한겨울 축성 작업에 동원됐고, 제주도 내 마을들은 돌성으로 둘러싸였다. 언론은 이를 "무에서 유를 만드는 초인적인 생활력"으로 묘사하며 "주로 여인들의 손으로 건설된 이 성들은 높이가 두 길이나

되고 전장은 1킬로미터부터 8킬로미터에 이른다"고 했다.

그러나 이는 자발적 헌신이 아니라 군·경의 강제동원에 내몰린 결과였다. 젊은 청년들이 도피하거나 희생된 상황에서 축성의 부담은 여성과 노인, 어린이가 짊어져야 했다. 사진 속 주민들은 대부분 머리에 하얀 수건을 두른 여성들이고, 푸지개에는 기껏해야 돌덩이 2개, 1명이 1개 정도씩 운반하는 모습이다. 돌담 위로 돌을 올리면, 그 돌을 받아 남자들이 쌓고 있다. 두툼한 옷차림새로 보아 1949년 1~2월께로 추정된다.

축성 작업은 군·경의 초토화가 한창이던 1948년 12월께부터 이듬해 3월까지 집중적으로 이루어졌고, 그 이후에도 계속됐다. 무장대와 주민간의 연계를 차단하고, 마을을 통제하기 위한 전략이었다. 제2연대 소속 한 소대장은 "산간마을 주민들을 철수시킨 뒤 마을 단위로 성을 쌓았다. 그러자 잔비와 민간인이 완전히 분리됐다"고 말했다.

1948년 가을부터 1949년 봄까지 무장대의 습격을 막는다는 명분으로 제주도 내 대부분의 마을에 돌담이 구축됐다. 이를 축성築城이라고 한다. 축성작업에는 여성과 어린아이들도 동원돼 고된 노동에 시달렸다.

이 전략은 1948년 10월 5일 제주경찰감찰청장으로 부임한 홍순봉의 구상으로 알려졌다. 만주에서 일제 경찰로 활동한 그는 마을마다 성을 쌓는 정책을 경무부에 제안했고, 채택됐다. 정치인과 언론은 "전 제주도를 보루화한 묘안"이라고 평가했다. 국회의원 주기용은 "축성 공사에 동원된 여성들의 모습은 씩씩하고도 눈물겨운 석재 운반 과정이었다"며 "만리장성을 연상케 하는 120여 킬로미터의 축성이 단기간에 완공됐다"고 말했다.

주민들은 '만리장성'에 비유될 만큼의 축성 작업에 동원되어 엄청난 곤욕을 치렀다. 속도가 느리면 구타가 뒤따르기도 했다. 축성 작업이 끝나면 돌담 초소에 보초로 동원됐다. 여성과 학생들도 예외가 없었다.

19490322

제주는 사死의 정적靜寂 067

"두 사람이 같이 걸어가면서 자유롭게 말하는 모습을 보지 못했으며 얼굴을 들고 서로 쳐다보는 동포를 보지 못했다. 시내를 걸어가는 동포들은 기운 하나 없이 다 죽어가는 것 같은 비참한 얼굴로 땅을 보며 그림자와 같이 걸어간다."

대통령 이승만의 특명으로 1949년 3월 제주도에 열흘 동안 머물며 진압과 사태 수습을 지휘한 내무부 장관 신성모는 제주도의 현실을 이렇게 표현했다. 신성모가 3월 21일 국회에서 제주도 현지 사태를 보고한 뒤 가진 기자회견 내용을 보도한 3월 22일 『자유신문』은 참혹한 제주의 현실을 한 줄의 제목으로 압축했다.

'제주는 사死의 정적靜寂'

1949
03
22

절망과 공포의 표현 같기도, 절규의 표현 같기도 하다. '죽음의 정적'은 언론사의 과장이 아니었다. 제주도는 이미 잿더미로 변해 있었다. "모두가 일가 친척이며 착취층이 없는 곳, 생활이 균등해 언제나 평화경을 이룰 수 있던 제주도"에서 신성모는 "말도 제대로 하지 못하고 다 죽어가는 비참한 얼굴로 땅만 보고 걸어다니는" 제주사람들을 보았다. 절망이 섬을 덮쳤고, 헤어나올 수 없는 공포가 제주사람들을 덮쳤다.

"상점에는 상품이 없고, 시장에는 사람의 그림자조차 보이지 않는다"는 신성모의 말에서는 제주 경제가 완전히 붕괴되었음을 짐작할 수 있다. 육지와 제주를 잇는 뱃길이 끊겨 상품을 들여올 수 없었고, 사람이 길거리를 다니지 않으니 상품을 내놓아도 팔릴 리 없었다. 출어 금지로 어선들은 고기잡이를 하지 못했고, 제주 경제의 핵심이던 해녀들은 물질을 하지 못했다. 이런 상황에서도 정부가 보낸 양식과 옷은 다시 육지로 빠져나갔다. 귀한 소나 말들도 속속 육지로 반출됐다.

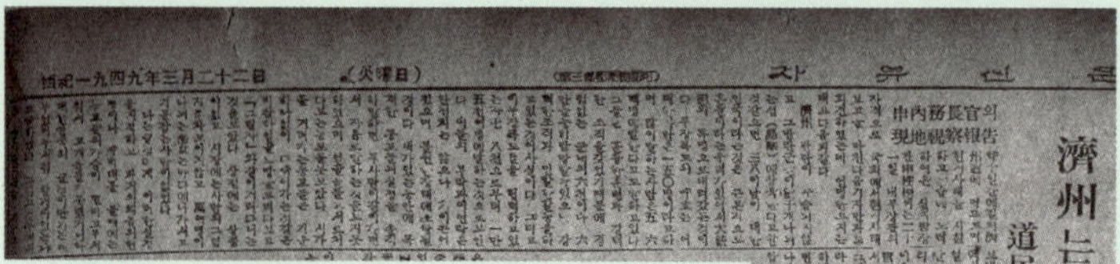

1949년 3월 22일 『자유신문』 기사.

제주는 사(死)의 정적 도민은 절망 속에서 신음
신 내무장관의 현지 시찰 보고

약 10일간에 걸쳐 제주도에 머무르며 현지 사태를 시찰하고 수습에 노력하여온 신국방장관 신성모씨는 21일 내무장관의 자격으로 국회에서 현지 사태 보고를 마친 다음 기자단과도 회견하였는데 언명한 요지는 대요 다음과 같다. 제주 반란이 수습되지 않고 그 반란군들이 수천개나 되는 섬(도서)에 상육한다고 말할 것 같으면 38 이남이 대한민국이라는 것은 근본적으로 흔들이라는 우려가 있어서 대통령의 특명으로 내려갔든 것이다. 무장폭도의 수효는 어떠한 사람은 150명이라고 하며 많이 말하는 사람은 5, 6백명에 달한다고도 말하고 있다. 그들은 훌륭한 훈련과 강력한 조직을 갖었기 때문에 경험없는 군대의 6천이나 6만을 능히 담당할 수 있으며 강력한 조직과 민활한 활동을 하고 있는 것이 사실이다. 그리고 이 무장폭도들을 협력하고 있는 자는 7, 8천으로부터 1만5천여명에 달하는 것으로 보인다. 이들의 부락과이 연락은 완전치는 않으나 거이 끈어졌으며 불원한 장래에 소탕될 것이다. 내가 있는 동안에 목격한 동포들의 실정을 솔직히 말하면 두 사람이 같이 가면서 자유로 말하는 것을 보지 못하였으며 얼골을 들고 서로 처다보는 동포를 못보았다. 시가를 거러가는 동포들은 기운 하나 없이 다 죽어가는 것 같은 비참한 얼골로 땅을 들여다보고 「그림자」와 같이 거러다니는 것을 보았다. 상점에는 상품이 없고, 시장에는 사람의 그림자 조차 보이지 않고 만여명이나 되는 해녀는 바다에 나가서 고기를 잡는 사람이 없었다. 나는 군경에게 이러한 실정을 지적하고 과거의 왜놈의 헌병이나 수비대를 볼 때에는 동포들의 가슴이 떨리고 무서워서 고개를 들지 못했거니와 대한민국의 군경이 단기는데 무었이 무서워할 것이 있느냐고 말하였다. 그리고 정부에서는 양식과 의복을 제주도에 보내고 있는데 반로 제주대도에서(반대로 제주도에서의 오기) 나가고 있을 뿐안 아니라 얼마 남지 않은 소 또는 말들을 50바리, 100바리씩 보내고 있는 것이다. 그 이유를 물어보았드니 대관(大官)들의 명함 소개장이 있어서 안 내보낼 수 없다는 것이다. 그래서 앞으로는 여하한 물자라도 이 섬에서 내보내지 못하게 하였다. 그리고 제주도 해변가에 모국 잠수함이 가끔 나타나고 있다는 말을 들었고, 압수하는 총 중에도 모국제가 있다는 것이다. 나에게는 5천톤급의 배를 하나 주며는 38선도, 제주도 사태도 조심할 필요가 없는데 얼투당투 않은 내무장관이라는 것을 씨워서 할 말도 못하고 팔 다리는 다라매놓고 있는 것이다. 앞으로 나는 대한민국을 위하여 생명을 바칠 것이며 백성에게 해되고 국가에 해되는 행위를 하는 자는 용서도 하지 않을 것이고 남겨두지도 않을 것이다.

군·경이나 권력자들은 제주도를 '구호'의 대상이 아니라 '호구'의 대상으로 보았다. 그는 "앞으로는 어떤 물자든지 간에 제주도 밖으로 내보내지 못하게 하였다"고 말했지만, 그 이후에도 제주도의 소와 말은 반출됐고, 제주사람들의 삶은 더욱 어려워졌다.

신성모의 발언은 제주도민 위에 군림하는 군·경의 압도적 권력 관계를 드러낸다. 그는 "왜놈 헌병을 볼 때에는 무서워서 고개를 들지 못했지만 대한민국 군·경이 다니는데 무엇이 무섭냐"고 말했다. 그러나 이 발언은 오히려 군·경의 존재 자체가 주민들에게 공포로 작동하고 있음을 증언한다. 초토화가 한창이던 1949년 3월, 기사에 묘사된 '그림자처럼 고개를 숙이고 걸어다니는' 모습은 국가권력의 공포가 얼마나 깊이 제주사람들의 삶에 스며들었는지를 말해준다.

194903

민간인 위장부대

068

1949년 3월 2일 제주도지구전투사령부가 창설되고, 유재흥 대령이 사령관으로 부임했다. 곧 다가올 5월 10일 재선거의 성공적 실시를 위한 토벌전의 전환점이 됐다. 제주전투사령부는 제2연대의 3개 대대, 정규 대대보다 인원이 적은 1개 특수 대대, 제2연대 전 작전참모 김명 대위가 지휘하는 50명으로 구성된 1개 특수부대로 구성됐다. 이 가운데 특수대대는 이해 1월 31일 제주에 파견된 제6여단 소속 유격대대로, 산악지형에 적응된 병력들이 중심을 이루었다.

제2연대는 군복 대신 민간인 복장으로 위장한 군 토벌대를 산간에 투입했다. 김명 대위 휘하 50여 명으로 구성된 특수부대가 이를 맡았다. 미군 정보보고서는 "이 소규모 부대는 민간인 복장을 하고 일제 99식 소총으로 무장했다. 이들은 선발된 유격대 전투원들로 구성되어 산간지역을 돌아다니며, 반란군들을 그들의 방식대로 상대한다"고 밝혔다.

『제2연대 제주도주둔기』 앨범의 사진은 토벌대가 군복

을 벗고 대신 민간인이나 무장대로 위장해 토벌에 나선 '함정 토벌'의 모습을 증언한다. 사진 속 군인들은 이 정보보고서의 서술을 실증적으로 보여주고 있다. 사진의 설명은 '폭도로 위장코'이다. 배낭을 걸머진 군인들은 평상복에 가까운 옷차림을 하고 있으며, 일부는 납자모자를 쓰고 있어 주민들과 섞여도 구분이 쉽지 않은 모습이다. 손에는 주변에서 꺾은 듯한 나뭇가지를 들고 있다. 그러나 겉모습과는 달리 이들의 허리에는 군용장비나 권총으로 보이는 듯한 장비가 보인다.

이들은 주로 중산간 지역을 중심으로 무장대나 무장대의 은신처를 추적하고, 산간지대의 상황을 수집하는 정보 수집 임무를 맡았다. 앞에 앉아 있는 2명 가운데 1명은 여성이다. 카메라를 정면으로 응시하지 않고 살짝 외면하고 있다. 차림새와 표정으로 보아 군인이 아닌 것으로 판단된다.

미군 정보보고서는 이 특수부대를 가리켜 "지금까지 정보 수집 기관으로서 가장 유용하게most valuable 활동해왔다"고

민간인으로 위장한 제2연대 특수부대.

평가했다. 무장대와 그들의 은신처 정보를 습득하는 데 기여한 것으로 보인다.

군·경은 제주도지구전투사령부가 만들어지기 전부터 이미 민간인 복장으로 위장하고 민간에 들어가 협조 요청에 응하는 사람들을 총살하는 '함정토벌'을 자행했다. 외도지서 경찰과 특공대원들이 1월 3일 갈중이를 입고 인공기를 든 채 무장대로 위장해 주민 70여 명을 학살한 사건은 함정토벌의 대표적인 사례다.

194903

'한라산 호랑이'라 불리던 연대장

069

"서청을 비롯한 극악한 당시의 민폐는 본도 양민 학살의 도화선이 됐습니다. 애월면 신엄리 자운당에서 부친을 포함한 양민 72명이 아무런 이유도 없이 집단적으로 학살되었습니다. 당시 총살 집행자는 함병선 씨를 연대장으로 하는 2연대 소속 중대였습니다."

1960년 6월 6일 오전 11시 30분, 제주도의회에서 열린 국회 '제주도 양민학살진상조사단' 조사에서 애월면 하귀리 주민 장갑순이 증언한 4·3 당시의 참상이다. 이날 진상조사단으로 제주에 온 박상길 조사위원은 함병선을 연대장으로 한 제2연대의 중대·소대와 경찰 책임자, 서청 책임자 등을 학살의 책임자급 인물로 지목했다. 그러나 4·19 혁명 직후의 진상규명 움직임은 5·16 쿠데타로 중단됐다.

장갑순이 증언한 자운당 학살사건은 제9연대와 교체된 제2연대가 제주도에 투입된 직후인 1948년 12월 28일 벌어졌다. 제2연대의 무차별 토벌의 중심에는 연대장 함병선이 있었다. 그는 제주에서 '한라산 호랑이'(『국도신문』, 1949. 4. 21)라는 별명으로 불렸다.

1949년 1월 6일 명덕리 전투를 다룬 신문은 함병선의 '영웅적 전투'를 전했다. 기사에 따르면 그는 단신으로 적진에 잠입해 '폭도' 행세를 하다 탈출한 뒤 포위섬멸작전을 지휘해 4시간 만에 153명을 사살했다. 국군은 3명이 숨지고 5명이 부상을 입었다. 그러나 노획 무기는 엠1 소총 1정뿐이었다. 250여 명의 무장대와 '치열한 전투'를 벌였다면서 무기가 거의 없다는 점은 의문을 남는다. 이 기사는 군 검열을 거쳐 보도됐다.

이후에도 보복학살은 계속됐다. 1월 12일에는 의귀리에서 무장대의 습격으로 제2연대 군인 4명이 숨지자 주민 80여 명을 학살했다. 무장대는 51명의 사망자를 냈다. 1월 17일에는 북촌리에서 군인 2명이 숨지자 마을을 모두 불태우고, 주

제2연대장 함병선.

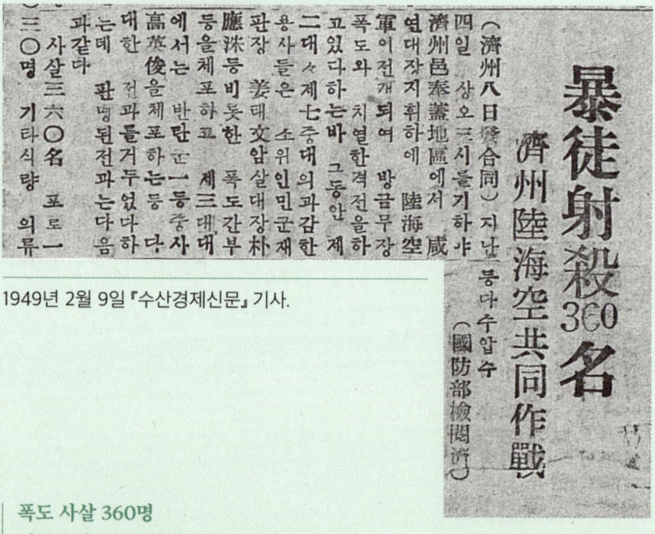

暴徒射殺360名
濟州陸海空共同作戰

(濟州八日發合同) 지난 四일 상오三시를기하야 濟州邑奉蓋地區에서 咸연대장지휘하에 陸海空軍이전개되여 방금무장폭도와 치열한격전을하고있다하는바 그동안 제二대々제七중대의과감한 용사들은 소위인민군재판장姜태文암살대장朴應洙등 비롯한 폭도간부등을체포하고 제三대대에서는 반란군一등중사高英俊을체포하는등다대한 전과를거두었다하는데 판명된전과는다음과같다

사살三六○名 포로一三○명 기타식량 의류

(國防部檢閱濟)

1949년 2월 9일 『수산경제신문』 기사.

폭도 사살 360명

제주육해공공동작전

(제주8일발 합동) 지난 4일 상오 3시를 기하야 제주읍 봉개지구에서 함 연대장 지휘하에 육·해·공군이 전개되여 방금 부장폭도와 치열한 격전을 하고 있다 하는바 그동안 제2대대 제7중대의 과감한 용사들은 소위 인민군 재판장 강태문, 암살대장 박응수 등 비롯한 폭도 간부 등을 체포하고 제3대대에서는 반란군 일등중사 고영준을 체포하는 등 다대한 전과를 거두었다 하는데 판명된 전과는 다음과 같다.

사살 360명, 포로 130명, 기타 식량 의류 등 다수 압수. (국방부 검열제)

민 400여 명 이상을 집단학살했다. 1월 25일에는 미군이 97명의 시체를 발견했지만, 군·경은 관련성을 부인했다.

2월에도 대규모 토벌이 이어졌다. 『합동통신』은 2월 4일 새벽 봉개지구에서 함병선의 지휘 아래 육·해·공군 합동작전으로 360명을 사살하고, 130명을 포로로 붙잡았다고 보도했다. 총기는 없었다. 무차별 학살이었음을 시사한다.

봉개 지구 토벌 이후 봉개리는 '함명리'로 이름이 바뀌었다. 『정부 보고서』는 1949년 7월경 개칭했다고 하지만 실제 개칭은 토벌 직후인 2월 중순이었다. 주민들은 함병선의 성을 따 마을 이름을 바꿨고, 이는 1955년까지 유지됐다. 제2연대가 제주도 곳곳에서 집단학살을 자행한 가운데 마을 이름까지 바꾼 연대장 함병선에게 붙은 '한라산 호랑이'라는 별명은 우연이 아니었다.

19490409

주한미국특별대표 무초의 냉전 논리

070

주한미국특별대표 무초 대사가 1949년 4월 9일 국무부에 보낸 문서는 4·3을 바라보는 미국 고위 관리의 시각을 보여준다. 이 문서에서 제주도를 남한 내 소련의 활동 거점으로 간주한 무초는 평양방송과 소련의 하바롭스크와 모스크바에서 나온 방송이 제주도 사태를 선전한 사례를 근거로, 소련이 제주도를 남한에 혼란을 불러일으킬 '주요 활동 무대'로 선택했다고 단정했다. 심지어 그는 "소련의 요원들이 큰 어려움 없이 제주도에 침투하는 것이 분명해 보인다"며 "대부분의 소련 요원들이 북한에서 소형 어선을 이용해 제주도에 도착했다"는 국방부 장관 신성모의 발언을 이 문서에 담았다.

소련 잠수함의 출현설은 가짜로 드러났고, 소련 요원들이 제주도에 들어왔다는 증거가 없는데도 무초는 이를 '사실'로 단정하고 "제주도 주변 소련 선박과 잠수함에 관한 보고는 지속적으로 이어져왔다"며 사실을 뒷받침하는 근거로 제시했다.

1949
04
09

1948년 2월 유엔조선임시위원단 필리핀 대표 아란즈가 제주도를 소련의 남한 내 후방 침투 지역으로 여겼듯이, 무초는 4·3을 지역 내부의 문제를 넘어 소련의 후방 침투를 위한 전략적 지역으로 간주했다. 제주도 사태를 냉전적 시각에서 접근한 무초는 제주에서 벌어지는 폭력의 수위도, 민간인 대량 학살도, 초토화도 문제 삼지 않았다.

제주도에서 촬영한 사진들을 직접 본 그는 이를 근거로 한국군과 무장대 양측의 가학적 성향을 언급하면서, 대규모 약탈과 방화를 지적했다. 여성과 아동을 포함한 주민들에 대한 '대량 학살'mass massacre을 인지했고, 군의 보복작전revenge operations이 비무장 주민들에 대한 보복행위로 전락했다고 밝혔다.

그러나 이러한 '반인륜적 범죄 행위'를 막기 위한 어떠한 조치를 취하거나 개입했다는 기록은 없다. 무초의 관심은 제주도 사태에 대한 소련의 개입 여부에만 쏠려 있었다. 북한과

895.00/4–949 : Airgram

The Special Representative in Korea (Muccio) to the Secretary of State

CONFIDENTIAL SEOUL, April 9, 1949.[1]

A–127. Defense Minister Sihn Sung Mo is now on Cheju Island at express request of President Rhee, with orders to remain until guerrillas have been wiped out and order restored. Previously, Sihn had been given similar instructions, when he was Minister of Home Affairs, but was called home in order to assume portfolio of defense. Just prior to his departure at the beginning of this week, he stated that the clean-up would be much easier now that he was working with Army assault forces instead of the less reliable and more timorous police. Actually, he said, the rebels were surrounded in their mountain strongholds, and could not hold out for much longer.

Fighting on Cheju has been sporadic for a long time. Pyongyang radio broadcasts have devoted long programs to the "celebration" of the one year's anniversary of the "partisan" fighting on the island, which began on April 3 of last year. Similar broadcasts in Korean from Moscow and Khabarovsk have referred to the revolt as the forerunner of the widespread armed resistance which is destined to sweep the country as soon as American troops have been withdrawn.

It is clear from the nature of the propaganda emanating from the Soviet-controlled radio that Cheju Island has been chosen as the spot for a major Soviet effort to sow confusion and terror in southern Korea. This has been accompanied by a continuing and similar operation on the land mass of the peninsula just north of the island, in the provinces of South Cholla and South Kyongsang. With such conditions deep in the rear areas of the Republic, President Rhee has been forced to take the decision to stamp out unrest and insecurity, so that the defense forces on the 38th parallel should not be lured away and dissipated in the internecine struggle which the Communists have hoped to make a permanent facet of the Korean scene.

It seems obvious that Soviet agents are being filtered into Cheju without great difficulty. Minister Sihn states that most of them arrived by small fishing boats from North Korea. While the Korean Coast Guard is endeavoring to patrol the coast of the island, says Sihn, it cannot possibly, with its present small complement of ships, maintain a tight blockade. While it has been a subject for some argument between the Prime Minister and Minister Sihn, and particularly in debates on the floor of the House, there have been persistent reports of Soviet ships and submarines around the island.

---

[1] Received in the Department of State on April 18.

984 FOREIGN RELATIONS, 1949, VOLUME VII

Photographs of operations on Cheju indicate unusual sadistic propensities on the part of both Government and guerrilla forces. Signal atrocities have been reported, indicating mass massacre of village populations, including women and children, accompanied by widespread looting and arson. In some cases the Army has been guilty of revenge operations against guerrillas which have brought down vengeance on unarmed villagers.

A Pyongyang broadcast of last Sunday was singularly revealing as to the direct interest of the puppet People's Republic in the fighting on Cheju. Textually, the following was stated:

"Furthermore, they (the island guerrillas) are encouraged in their struggle by the fact that, under Premier Kim Il Sung, a sound democratic base has been built in the northern half of the Republic, and there is the strong Soviet Union behind us (*sic*). Also, the Cheju Islanders have a powerful people's coalition front.

"The activities of the armed guerrillas on Cheju Island became intensified following the formation of the Central Government of the Republic (of North Korea)."

MUCCIO

1949년 4월 9일 주한미국특별대표 무초 대사가 국무부에 보낸 문서. NARA.

항공전문

1949년 4월 9일 주한특별대표(무초)가 국무부장관에게[국무부 수신 4월 18일]

3급 비밀

A-127. 신성모 국방부 장관은 게릴라들이 소탕되고 질서가 회복될 때까지 제주도에 체류하라는 이승만 대통령의 긴급 명령에 따라 현재 제주도에 있습니다. 이전에 신 장관은 내무부 장관 재직 시에도 비슷한 지시를 받았는데 국방 임무를 맡기 위해 국방부 장관직에 복귀했습니다. 이번 주 초 제주도로 출발하기 직전 신 장관은 그다지 신뢰할 수 없고 겁이 많은 경찰 대신에 육군 토벌부대와 함께 작전을 수행하고 있기 때문에 소탕 작전은 훨씬 더 쉬울 것이라고 밝힌 바 있습니다. 실제로 신 장관은 반도들이 산악 근거지에 포위되어 더 오래 버티지 못할 것이라고 말했습니다.

제주도에서는 오랫동안 산발적으로 전투가 이어져왔습니다. 평양 라디오 방송은 지난해 4월 3일 시작된 제주도에서의 '빨치산' 투쟁 1주년을 '기념'하는 프로그램을 장시간 편성했습니다. 모스크바와 하바롭스크에서 송출된 유사한 내용의 한국어 방송에서는 제주도 봉기가 미군이 철수하자마자 한국 전역으로 확산될 광범위한 무장저항의 전조라고 언급하였습니다.

소련 관영 라디오에서 방송되는 선전의 성격으로 보면 제주도가 남한에 혼란과 공포를 심어놓기 위한 소련의 주요 활동 무대로 선택된 것이 분명합니다. 제주도의 바로 북부 지역인 한반도에서 광범위한 지역을 차지하는 전라남도와 경상남도에서 제주도에서의 활동과 비슷한 활동이 계속 동시에 발생하였습니다. 대한민국의 후방 깊숙한 지역에서 이러한 상황이 벌어지고 있어서 이승만 대통령은 38선의 방어 병력이 흔들리거나 내부 투쟁에 말려들어 힘이 분산되는 것을 막기 위해 소요와 불안정을 소탕하겠다는 결정을 내릴 수밖에 없었습니다. 공산주의자들이 이런 내분을 한국 사회의 상시적 상태로 만들려 한다는 판단에서였습니다.
소련 요원들은 큰 어려움 없이 제주도로 침투하고 있는 것은 분명해 보입니다. 신 장관은 대부분의 소련 요원들이 북한에서 소형 어선을 타고 제주도에 도착했다고 말했습니다. 신 장관은 한국 해안경비대가 제주도 해안 순찰에 노력하고 있지만, 현재 해안경비대가 보유한 함정 총수가 적기 때문에 철저한 봉쇄를 유지하기가 불가능하다고 말했습니다. 그 문제는 국무총리와 신 장관 사이에 일정한 논쟁이 발생하는 주제이자 특별히 의회에서도 논쟁적인 주제이지만, 제주도 주변 소련 함정과 잠수함에 관한 보고는 지속적으로 이어져왔습니다.
제주도에서의 작전 사진들은 한국 정부군과 게릴라 양쪽 모두가 비정상적인 가학 성향이 나타나고 있음을 보여주고 있습니다. 특히 심각한 잔혹 행위들이 보고되었으며, 이는 여성과 아이들을 포함한 마을 주민들에 대한 대량 학살이 있었음을 시사합니다. 또한 광범위한 약탈과 방화가 자행되었습니다. 몇몇 경우, 군이 게릴라들에 대한 보복 작전을 자행했는데 비무장 주민들을 상대로 한 보복행위로 전락했습니다.
지난 일요일 평양 방송은 제주도에서 벌어지는 투쟁에 대해 괴뢰 인민공화국의 직접적인 관심을 특이할 정도로 드러내었습니다. 원문을 그대로 표현하면 다음과 같습니다.

"더욱이 그들(제주도 유격대들)은 자신들이 투쟁하는 과정에서 공화국 북반부에서 김일성 수상의 영도 하에 견실한 민주기지가 수립되었으며, 그 뒤에는 강력한 소련이 있다는 사실로 인해 고무되었다(원문 그대로임). 또한 제주도민들은 강력한 인민연합전선을 구축하고 있다."

"제주도에서의 무장 유격대 활동은 (북조선) 공화국 중앙정부 수립 이후 더욱 격화됐다."

무초

소련에서 나오는 제주도 사태 관련 방송에 관심을 가졌고, 소련의 요원들이 입도한다는 신성모의 말을 믿었다. '허구적 소련 위협론'을 실제 위협으로 받아들였고, 그 결과 한국군의 무차별적 토벌을 묵인하는 근거가 됐다.

무초의 문서는 미국이 제주도에서 자행되는 민간인 대량 학살과 군·경 토벌대의 보복학살을 인지하고 있었음을 보여준다. 나아가 그의 묵인 내지 침묵은 폭력을 지속시켰다.

19490409

제주를 찾은 이승만의 일성, 한라산 구경

071

1949년 4월 9일 이승만이 제주도를 찾았다. 정부 수립 이후 첫 방문이었고, 4·3 이후 만 1년여 만이었다. 이승만은 제주도 초토화의 최종 책임자다.

제9연대장은 1948년 10월 17일 무허가 통행자에 대한 총살을 하겠다는 포고령을 '정부의 최고 지령'을 받들어 포고했다. 최고 지령은 이승만의 지시를 의미한다. 이승만은 그해 11월 17일 제주도에 대한 계엄령을 선포함으로써 초토화의 제도적 근거를 마련했다. 1949년 1월에는 '가혹한 방법으로 탄압'하라고 지시했다. 그의 선포와 지시 앞에 제주섬은 비명으로 가득 찼다.

그런 그의 방문을 앞두고 군·경 토벌대는 맹렬한 토벌전을 전개했다. 이승만의 방문은 사실상 토벌이 마무리 단계에 접어들었다는 의미였다. 제주도민 30만 명 가운데 15만 명이 그를 환영하기 위해 나왔다고 대통령실은 전했다. 도민 7만 5천여 명이 운집한 환영회에서 그의 첫 일성은 '한라산 구경'이었다.

"내가 여기 온 것은 한라산을 구경하는 동시에 대한민국의 제일 남단인 제주도민을 보러 온 것이다."

제주의 산야가 불타고, 비명이 온 섬에 가득했다. 그런 제주도를 찾은 대통령의 연설 첫 마디는 '한라산 구경'이었다. 그는 이렇게 연설을 이어갔다.

"아직도 반도가 있다는 말을 들으니 매우 섭섭하다. 양장관을 맞이한 군·경·민은 합작해 하루 속히 제주의 평화를 건설할 것을 바란다."

제주도 방문에 앞서 소탕 작전을 끝내기 위해 국방부 장관 신성모와 사회부 장관 이윤영을 4월 7일 제주에 미리 파견

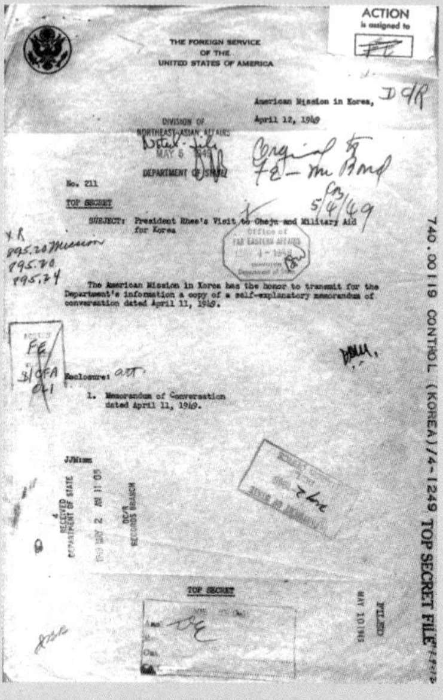

ACTION
is assigned to
FE

THE FOREIGN SERVICE
OF THE
UNITED STATES OF AMERICA

American Mission in Korea,
April 12, 1949

DIVISION OF
NORTHEAST ASIAN AFFAIRS
MAY 5 1949
DEPARTMENT OF STATE

No. 211

TOP SECRET

SUBJECT: President Rhee's Visit to Cheju and Military Aid for Korea

Office of
FAR EASTERN AFFAIRS
Department of State

The American Mission in Korea has the honor to transmit for the Department's information a copy of a self-explanatory memorandum of conversation dated April 11, 1949.

Enclosure:

1. Memorandum of Conversation dated April 11, 1949.

JJMism

RECEIVED
DEPARTMENT OF STATE
1949 MAY 2 AM 11 05
DC/R
RECORDS BRANCH

TOP SECRET

FILED
MAY 10 1949

740.00119 CONTROL (KOREA)/4-1249 TOP SECRET FILE

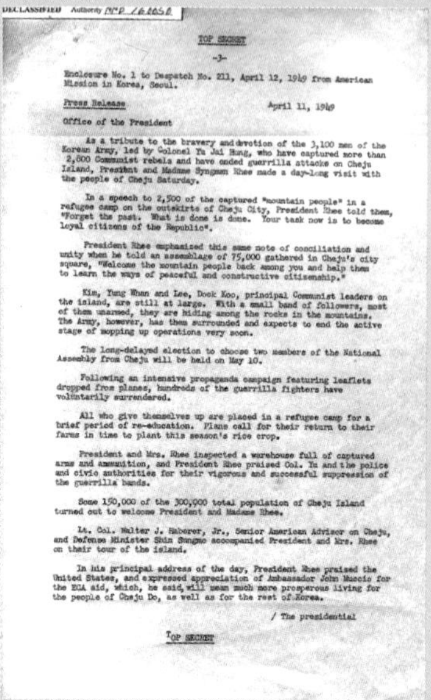

DECLASSIFIED Authority NND 760050

TOP SECRET

-3-

Enclosure No. 1 to Despatch No. 211, April 12, 1949 from American Mission in Korea, Seoul.

Press Release

April 11, 1949

Office of the President

As a tribute to the bravery and devotion of the 3,100 men of the Korean Army, led by Colonel Yu Jai Hung, who have captured more than 2,800 Communist rebels and have ended guerrilla attacks on Cheju Island, President and Madame Syngman Rhee made a day-long visit with the people of Cheju Saturday.

In a speech to 2,500 of the captured "mountain people" in a refugee camp on the outskirts of Cheju City, President Rhee told them, "Forget the past. What is done is done. Your task now is to become loyal citizens of the Republic".

President Rhee emphasized this same note of conciliation and unity when he told an assemblage of 75,000 gathered in Cheju's city square, "Welcome the mountain people back among you and help them to learn the ways of peaceful and constructive citizenship."

Kim, Yung Whan and Lee, Dock Koo, principal Communist leaders on the island, are still at large. With a small band of followers, most of them unarmed, they are hiding among the rocks in the mountains. The Army, however, has them surrounded and expects to end the active stage of mopping up operations very soon.

The long-delayed election to choose two members of the National Assembly from Cheju will be held on May 10.

Following an intensive propaganda campaign featuring leaflets dropped from planes, hundreds of the guerrilla fighters have voluntarily surrendered.

All who give themselves up are placed in a refugee camp for a brief period of re-education. Plans call for their return to their farms in time to plant this season's rice crop.

President and Mrs. Rhee inspected a warehouse full of captured arms and ammunition, and President Rhee praised Col. Yu and the police and civic authorities for their vigorous and successful suppression of the guerrilla bands.

Some 150,000 of the 300,000 total population of Cheju Island turned out to welcome President and Madame Rhee.

Lt. Col. Walter J. Haberer, Jr., Senior American Advisor on Cheju, and Defense Minister Shin Sungmo accompanied President and Mrs. Rhee on their tour of the island.

In his principal address of the day, President Rhee praised the United States, and expressed appreciation of Ambassador John Muccio for the ECA aid, which, he said, will mean much more prosperous living for the people of Cheju Do, as well as for the rest of Korea.

/ The presidential

TOP SECRET

1949년 4월 12일 이승만의 제주 방문에 관한 대통령실 공보 문건을
국무부에 전송한 주한미사절단 문서. NARA.

주한미사절단 1949. 4. 12. 제211호 1급 비밀
제목: 이 대통령의 제주도 방문과 대한군사원조
주한미사절단은 1949년 4월 11일자 자기 설명체의 대화 비망록 사본을 국무성 정보용으로 보내게 돼 영광입니다.
무초 대통령실 공보 1급 비밀 1949년 4월 11일

제주도에서 2,800명 이상의 공산반도를 체포하고 게릴라에 대한 공격을 끝낸 유재흥 대령이 이끄는 3,100명의 한국군의 용맹과 헌신에 찬사를 보내면서 이승만 대통령 부부는 토요일 하루 일정으로 제주도민들을 방문했습니다.

제주읍 교외의 피난민 수용소 내 체포된 2,500명의 '산사람'들에게 행한 연설에서 이 대통령은 "과거를 잊어라. 과거지사는 과거지사다. 여러분들의 임무는 이제 대한민국에 충성스러운 국민이 되는 것"이라고 말했습니다.

이 대통령은 제주읍 광장에 운집한 7만 5,000명의 군중에게 말할 때도 "사람들이 여러분 속으로 돌아온 것을 환영하라. 그리고 그들이 평화적이고 건설적인 시민으로 살아가는 방법을 배우는 것을 도와주라"며 화합과 단결의 같은 이야기를 강조했습니다.

제주도의 주요 공산 지도자인 김용관과 이덕구는 아직도 오리무중입니다. 소규모 추종자들을 거느린 그들 대부분은 무장하지 않고 산 속 바위 틈에 숨어 있습니다. 그러나 군은 그들을 포위해 곧 소탕작전의 공세단계를 끝낼 예정입니다.

제주도의 국회의원 2명을 선출할 오래 지체된 선거는 5월 10일 실시될 예정입니다.

비행기에서 유인물을 살포하는 강력한 선무활동으로 수백명의 게릴라 전사들이 스스로 귀순했습니다.

스스로 귀순한 사람들은 모두 재교육을 위해 짧은 기간 동안 피난민 수용소에 유치됩니다. 이 계절 벼식재를 위해 제때 그들이 밭으로 돌아가도록 하는 계획이 요구됩니다.

이 대통령 부부는 노획한 무기와 탄약으로 가득찬 창고를 시찰했으며, 이 대통령은 게릴라 도당들에 대한 정력적이고 성공적인 진압에 대해 유 대령과 경찰 및 민간기관을 격려했습니다.

제주도의 전체 30만 주민 가운데 약 15만 명이 이 대통령 부부를 환영하기 위해 나왔습니다.

제주도의 수석 미군 고문관인 월터 하버러(Walter J. Haberer) 중령과 신성모 국방부 장관은 이 대통령 부부의 제주도 시찰에 동행했습니다.

이날의 주요 연설에서 이 대통령은 미국을 칭찬하고 경제협조처의 원조에 대해 존 무초 대사에게 감사를 표시했습니다. 그는 경제협조처 원조가 한국의 다른 지역뿐 아니라 제주도민들에게도 훨씬 발전적인 삶을 의미할 것이라고 말했습니다.

대통령 일행은 토요일 오전 제주도로 떠나 같은 날 오후 돌아왔습니다.

임관호 제주도지사는 이 대통령의 방문에 대해 도민들의 감사를 표명하고 이 대통령의 방문은 도민들이 겪어왔던 고통에 대한 충분한 보상 이상이라고 말했습니다.

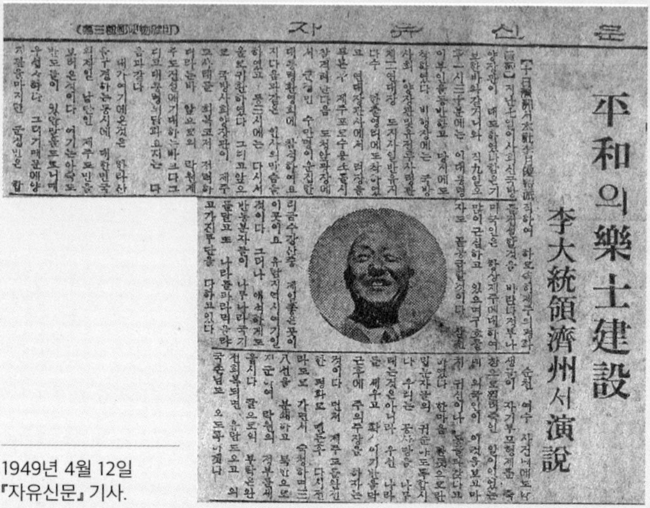

자유신문

平和의 樂土建設
李大統領濟州서演說

1949년 4월 12일
『자유신문』 기사.

평화의 낙토 건설 이 대통령 제주서 연설

【10일 제주서 본사 이월준 특파원 발】 지난 7일 이 사회·신 국방 양장관이 내도하였다 함은 기보한 바와 같거니와 작(昨) 9일 오후 1시 30분에는 이 대통령이 부인을 동반하고 당지에 도착하였다. 비행장에는 국방, 사회 양 장관 및 유 전투 사령관, 제2연대장, 도지사, 일반유지 다수한 출영리에 도착하였고 연대장 관사에서 려장을 푸른 후 제주포로수용소를 시찰 격려한 다음 도청 앞 광장에서 군경민 수만 명이 운집한 대통령 환영회에 참석하여 요지 다음과 같은 인사의 말슴을 하였고 동 3시에는 다시 서울로 귀환하였다. 그리고 앞으로 국방·사회 양 장관이 제주도 사태를 회복코저 전력하리라는바 앞으로의 락원 제주도 건설에 기대하는 바가 크다. 그리고 대통령의 담화 요지는 다음과 같다. 내가 여기에 온 것은 한라산을 구경하는 동시에 대한민국의 제일 남단인 제주도민을 보러 온 것이다. 여기는 아즉도 반도들이 있단 말을 드르니 매우 섭섭하다. 그러기 때문에 양 장관을 마지만 군경민은 합작하여 하로속히 제주의 평화를 건설할 것을 바란다. 정부나 미국인은 항상 제주에 대하여 많이 근심하고 있으며 구호물자도 곧 공급할 것이다. 삼천리 금수강산 중 제일 좋은 곳이 이곳이요, 유람지 역시 여기일 것이다. 그러나 애석하게도 반동분자들이 나무 나라 국기를 달고 또 나라를 파라먹을랴고 가진 수단을 다하고 있다. 순천 여수사건 때에도 학생들이 자기 부모형제를 죽창으로 찔러 죽인 일이 있었는데 외국인이 이것을 보고 마치 귀신이나 동물과 갔다고 하였다. 한 마음 한 뜻으로 란립분자들의 귀순하도록 합시다. 우리는 공산당을 나무래는 것은 아니라 우선 나라를 세우고 확실히 기반을 닦근 후에 주의 주장을 하자는 것이다. 먼저 제주도를 완전한 평화로 맨든 후 다시 전라도로 가면서 숙청하며 38선을 분쇄하고 북한으로 진군하여 락원의 정부를 세웁시다. 끝으로의 부탁은 완전 회복되면 유람도 오고 외국 손님도 오도록 하겠다.

한 그였다. 그러더니 연설에서 다시 한번 토벌의 가속화를 주문한 것이다. 그는 또 1년 동안 이어진 소요로 국회의원 2명을 배출하지 못한 제주도의 선거가 5월 10일 열릴 것을 언급함으로써 제주도 사태의 안정화를 알리는 정치적 메시지를 던졌다.

이승만은 또한 미국의 제주도에 대한 지속적인 관심과 우려, 원조에 대한 기대를 언급했다. 제주도 방문의 또 다른 목적이 여기에 있었다. 그는 미국경제협조처의 원조에 대해 무초 대사에게 감사를 표시하는 한편 경제협조처의 원조가 한국의 여타 지역뿐 아니라 제주도민들에게도 훨씬 발전적인 삶을 의미할 것이라고 말했다. 신문은 그가 "정부와 미국인들이 항상 제주도에 대해 많이 근심하고 있다"는 발언을 소개하며, 미국의 지지 확보와 원조 확대를 위한 전제 조건으로 제주도 진압을 언급했다. 이는 제주도 토벌이 국내 치안 문제만이 아니라 대외적 인정과 원조 확보를 위해 진행되었음을 보여주고 있다.

이승만의 제주도 방문은 5·10 재선거를 앞두고 제주도민이 겪은 비극을 위무하는 대신 대내외에 한국의 안정화와 미국의 원조 확보를 위한 정치적 메시지를 던진 장면으로 기록된다.

194904

산에 있는 동포들에게 고함, 살려준다는 거짓말

072

상투를 틀어맨 수염이 더부룩한 남자와 제2연대장 함병선이 웃으며 악수하고 있다. 뒤에는 양복 차림의 한 남자가 이 모습을 보며 웃고 있다. 상투를 맨 남자의 가슴에는 하얀 천이 앞치마처럼 걸려 있다. 주위에는 백기를 든 이도 있다. 귀순한 주민들 모습이다. 또다른 사진에서는 완장을 찬 남성이 엉거주춤한 자세의 할아버지로 보이는 남성의 등을 떠미는 듯 보인다. 바로 뒤에 앉아 있는 남성은 두려움 때문인지 안스러움 때문인지 고개를 숙이고 있다. 배경은 제주농업학교 운동장이다.

1949년 3월 2일 창설된 제주도지구전투사령부는 3월 25일까지 산 중의 주민들을 상대로 사면계획을 실시하고, 귀순을 촉구하는 삐라를 제주도 전역에 뿌렸다. 국방부 장관 신성모는 "산 중에 있는 많은 비무장 폭도들은 귀순할 생각이 있으나 무장폭도들의 위협과 귀순하면 목숨을 보장할 수 있을까 하는 의구심을 가지고 있어 결단을 내리지 못하고 있다.

1949
04

나는 산에서 귀순한 몇 사람의 유지 이름으로 항공기로 삐라를 뿌려 오는 3월 25일 전까지 귀순하면 생명을 보장할 것을 약속하여 그들의 귀순을 재촉하였다"고 말했다.

1949년 4월 19일 『조선일보』에 따르면, 귀순자 수는 3월 중순 이후 하루 평균 100여 명, 많을 때는 300여 명에 이르렀다. 3월 28일에는 중문·안덕 방면에서 82명의 '반도'가 백기를 들고 제2연대 제1대대로 귀순했다.

신성모는 4월 9일에도 자신의 명의로 '산에 있는 동포들에게 고함'이라는 제목으로 "인자하신 대통령 각하께서 그대들의 어리석은 것을 불쌍히 여기시고 친히 부인 동반 내도하시어 국방부 장관을 불러 지금이라도 귀순하는 동포에 대해서는 그 생명을 보장하라고 명령을 내리셨다"는 내용의 삐라를 뿌려 귀순을 촉구했다. 사회부 장관 이윤영은 4월 13일 현재 귀순자 수가 3,500명에 이르렀고, 이들 가운데 5개 수용소에 수용된 귀순자는 3,174명이라고 밝혔다.

귀순하는 주민과 악수하는 제2연대장 함병선.

제주농업학교 운동장에 모여 있는 귀순 주민들.

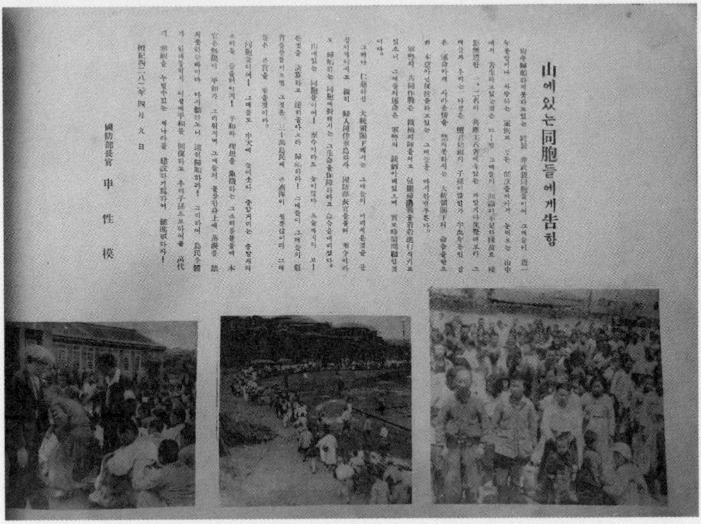

1949년 4월 9일 국방부 장관 신성모 이름으로 뿌린 귀순 촉구 삐라 내용.

산에 있는 동포들에게 고함

상금 귀순하지 못하고 있는 무장 비무장 동포들이여. 그대들이 근 1년 동안이나 사랑하는 가족과 정든 부락을 떠나서 눈비 오는 산중에서 고생하고 있는 것은 다-만 그대들의 지식이 부족한 연고로 잔악무도한 1, 2명의 공산주의자에게 속았든 까닭이다. 생각해보라. 그대들과 우리는 다 같은 단군 시조의 자손이 않인가. 반만년 동안 같은 운명 아래 사라온 정을 금치 못하시는 대통령 각하의 명령을 받으러 본의 아닌 반항을 하고 있는 그대들을 다시 한번 부른다. 군·경의 공동작전은 철통의 진을 펴고 포위소탕전을 착착 진행식키고 있으니 그대들의 운명은 군·경의 총검 아래 있으며, 실로 시간 문제인 것이다. 그러나 인자하신 대통령 각하께서는 그대들의 어리석은 것을 불상이 역이시고 친히 부인 동반 내도(來島)하사 국방부장관을 불러 지금이라도 귀순하는 동포에 대해서는 그 생명을 보장하라고 명령을 내리셨다. 산에 있는 동포들이여! 지금이라도 늦이 않다. 오늘까지의 모-든 것을 청산하고 속히 돌아오라. 귀순하라! 그대들이 그대들의 괴수를 붙들어오면 그것은 30만 도민에 큰 혜택이 될 뿐 아니라 그대들은 큰 상을 받을 것이다. 동포들이여! 그대들도 중천에 높이 솟아 종알거리는 종달새의 소리를 들을터이지! 평화와 이상을 상징하는 그 소리를 들을 때 본관은 무한이 평화가 그리워지며 그대들의 불쌍한 신상에 낙루(落淚)를 금치 못하는 바이다. 다시 권하노니 속히 귀순하라! 그리하여 도민 전체가 한데 뭉처서 이 섬에 평화를 회복하고 우리 자손으로 하여곰 만대에 행복을 누릴 수 있는 새나라를 건설하기 위하여 총진군하자! 단기 4282년 4월 9일 국방부장관 신성모

1949년 5월 21일 내무부 차관의 발표에서는 귀순자 수가 더 늘었다. 3월 5일부터 5월 13일까지 귀순자 수는 모두 6,014명으로, 남자 2,974명, 여자 3,040명이었다. 이 가운데 4,163명이 석방됐고, 1,851명이 수용소에 남아 있었다.

1949년 7월 말 현재 귀순자 총수는 9,428명으로, 그 가운데 7,379명이 석방됐고, 1,897명은 송청送廳됐다. 전체 합하면 9,424명이다. 148명은 취조 중이었다. 그러나 '귀순하면 생명은 보장한다'는 삐라를 보고 내려온 주민들은 곧장 집으로 갈 수 없었다. 그들을 기다리는 건 심사와 조사였으며, 누군가에게 귀순은 삶과 죽음의 갈림길이기도 했다.

194904

주정공장 수용소를 찾은 이승만의 훈시, "과거를 잊으라" 073

1949년 4월 9일 이승만은 제주주정공장 수용소를 찾았다. 일제 강점기에 건설된 제주주정공장은 제주 근대 경제의 상징이자, 4·3 시기 집단수용소의 상징적 장소다. 수용소로 사용된 곳은 목조창고였다. 이승만이 방문할 때는 약 2,800여 명이 수용되어 있었다. 자유를 박탈당한 채 심사와 교화를 명분으로 집단 수용 중인 귀순자들이었다. 이승만은 이들을 '넓은 공청에 칸을 나눠' 수용했다고 전했으나, 실제는 '정거장 대합실 같은 넓은 방 안에 다리를 펼 곳이 없이 꽉 들어차' 있었다. 그런 그들을 향해 이승만은 이렇게 말했다.

> "과거를 잊어라. 과거의 일은 지나간 것이다. 대한민국에 충성된 국민이 되는 것이 현존의 의무이다."

위로가 아니라 충성을 요구하는 절대 권력의 고압적인 주문이었다. 외신도 그의 제주 방문과 발언을 전했다.

4월 9일 제주도 한라산의 귀순 동포 수용 갱생원(주정공장 수용소)을 방문해 위문 훈시를 한 뒤 퇴장하는 이 대통령과 동부인, 그리고 대통령 특사인 이윤영 사회부장관 일행. 1949년 4월 16일 『국제신문』에 실렸다.

제주 갱생원에 빽빽이 누워 있는 귀순한 제주도민들. 수용소 환경의 열악함을 알 수 있다.

4월 7~13일 제주도에 머물렀던 국방부 장관 신성모는 "제주도 읍내에 귀순자가 약 3,000명 가량이 있는데 현재 창고를 수리한 갱생원에 수용 중"이라며, "굶주림과 추위에 못 견뎌 하루에 100여 명씩 귀순하고 있는데 그들 중에는 젖먹이 어린 것들과 부녀자도 있다"고 말했다. 당시 신문은 대통령의 담화를 인용해 수용인원을 '형용이 말 아닌 남녀가 어린 아이를 데리고 내려온 2,800여 명'이라고 했으며, 이들을 '귀화한 공산분자'라고 불렀다. 공보처는 '육군 장병의 용감한 행동으로' 붙잡힌 '공산반도 포로'로 표현했다.

군·경과 우익단체는 조사와 교화를 명분으로 귀순자들에게 반인륜적 폭력을 일삼았다. 1949년 1월 귀순한 뒤 제주읍 서문통의 한 학교 건물에 수용됐던 19살 새댁은 "대동청년단원들이 남자들을 발가벗긴 채 손을 들고 걷게 하고 몽둥이로 후려쳤다. 신음이 끊이질 않아 한시도 살지 못할 것 같았다"며 "'하산하면 살려준다'는 말을 믿고 내려온 사람들이었다"고 회고했다. 보름 남짓 뒤 그녀는 시어머니와 함께 다시 주정공장 수용소로 옮겨졌다. 작은 방 한 칸에 수십 명, 수백 명씩 몰아넣었다. 낮에는 밀착해 앉아야 했고, 잠잘 때는 발을 뻗지 못할 정도였다. 하루 두 끼 식사가 전부였고, 위생상태는 열악해 빈대가 들끓었다. 이런 환경에서 그녀는 6월 6일 아들을 낳았다.

"같은 방에 있던 아는 아주머니가 내 허리를 폭하고 감싸 안으니까 아기가 나왔어. 오래 진통했으면 같은 방 사람들이 깼을 텐데 다행이었지."

이승만은 과거는 과거이니, 과거를 잊으라고 했으나 그 말을 듣고 있던 수용소에 갇혀 있던사람들에게 과거는 잊을 수 있는 지나간 일이 아니었다. 귀순은 또다른 구속의 시작이었고, 주정공장 수용소는 보호의 공간이 아니라 국가폭력이 개인의 일상에까지 스며들었던 현장이었다.

19490510

1949년 5월 10일 재선거

074

1948년 5·10 선거의 실패 이후 1년 만인 1949년 5월 10일 북제주군 갑과 을 2개 선거구에서 국회의원 재선거가 실시됐다. 정부는 토벌작전이 절정에 이르렀던 1949년 3월 21일 대통령령 제70호로 "1948년 6월 10일부 남조선과도정부 행정명령 제22호 '제주도 재선거의 무기연기'는 이를 해지하고 1949년 5월 10일 시행한다"고 발표했다.

5월 10일이 되자 다른 지역에서는 '5·10 선거 1주년'을 맞아 각종 기념식이 열리는 가운데 제주도민들은 투표소로 발걸음을 옮겼다. 수많은 제주도민이 죽거나 투옥되었고, 섬 전체가 잿더미였다.

투표는 5월 10일 오후 5시 끝났다. 국회선거위원회는 이날 선거인 등록률이 갑구 95퍼센트, 을구 96.9퍼센트에 이르렀고, 투표율도 97퍼센트, 99퍼센트라는 '놀라운 성적'을 보였다고 발표했다. 내무부 장관 김효석은 등록율과 투표율에 대해 "제주도의 치안이 양호함을 여실히 증명하는 것으로서

5·10 재선거를 앞두고 제주도 내 기관장들이 관덕정 앞에서 기념 촬영한 모습이다. 선거를 알리는 홍보기념물에 쓰인 문구 가운데 왼쪽 '5·10 재선거로 적비를 타도하자'는 문구가 눈길을 끈다. 『도백열전』 제1권(제주: 제주도지방의정연구소, 2006.).

건설기에 있는 도민의 애국심이 얼마나 나은가를 알 수 있을 것"이라며 '도민의 애국심'의 결과라고 평가했다. 선거 관리 직원들과 민보단 등 단체들의 노력도 치하했다.

5월 12일 오전 4시까지 이어진 개표 결과 북제주군 갑 선거구에서는 제주고녀 교장 홍순녕이 9,664표로 당선됐고, 함상훈(민주국민당)이 879표로 2위를 차지했다. 을 선거구에서는 양병직(대한청년단)이 5,766표로 당선됐다.

주한미대사관은 국무부에 4개월에 걸친 한국군의 작전 결과 마침내 제주에서 선거를 치를 수 있었고 1년 이상 계속된 혼돈 속에 약 30만여 명의 인구 가운데 5퍼센트가 사망했다고 보고했다. 미 극동사령부는 제주도 선거와 관련한 논평에서 "두 후보의 당선으로 공화국 역사상 처음으로 정원 200명의 국회의석을 모두 채우게 됐다"고 밝혔다.

정부는 유엔한국위원단을 초청해 제주도의 재선거를 시찰하도록 권유했다. 제주도 재선거 실시는 정부가 대외적으로 체제의 안정을 알리는 계기가 됐다. 국회선거위원장 노진설은 유엔한국위원단이 제주도의 선거 상황을 시찰한 점을 들어 "국제적으로 미치는 영향이 컸다"며 의미를 부여했다. 그는 또 제주도의 재선거를 끝으로 남한 내 전 선거구의 선거를 끝마치게 된 것을 '천행'으로 생각한다고 밝혔다.

1949년 5·10 재선거는 제주도민의 떼죽음과 폐허 위에 치러졌다. 1948년 10월의 포고령과 11월의 계엄령 이후 제주

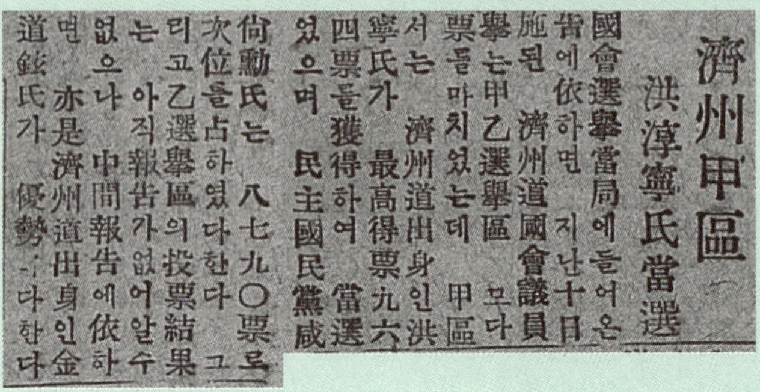
濟州甲區
洪淳寧氏當選
國會選擧當局에 들어온
告에 依하면 지난 十日
施된 濟州道國會議員
擧는 甲乙選擧區 모다
票를 마치었는데 甲區
서는 濟州道出身인 洪
淳寧氏가 最高得票九六
四票를 獲得하여 當選
었으며 民主國民黨咸
尙勳氏는 八七九○票로
次位를 占하였다 한다 그
리고 乙選擧區의 投票結果
는 아직 報告가 없어 알수
없으나 中間報告에 依하
면 亦是 濟州道出身인 金
道鉉氏가 優勢하다 한다

1949년 5월 13일 『수산경제신문』 기사.

제주갑구 홍순녕씨 당선

국회 선거 당국에 들어온 보고에 의하면 지난 10일 실시된 제주도 국회의원 선거는 갑을 선거구 모다 개표를 마치었는데 갑구에서는 제주도 출신인 홍순녕씨가 최고득표 9664표를 획득하여 당선되었으며 민주국민당 함상훈씨는 8790표로 차위를 점하였다 한다. 그리고 을선거구의 투표 결과는 아직 보고가 없어 알 수 없으나 중간보고에 의하면 역시 제주도 출신인 김도현씨가 우세하다 한다.

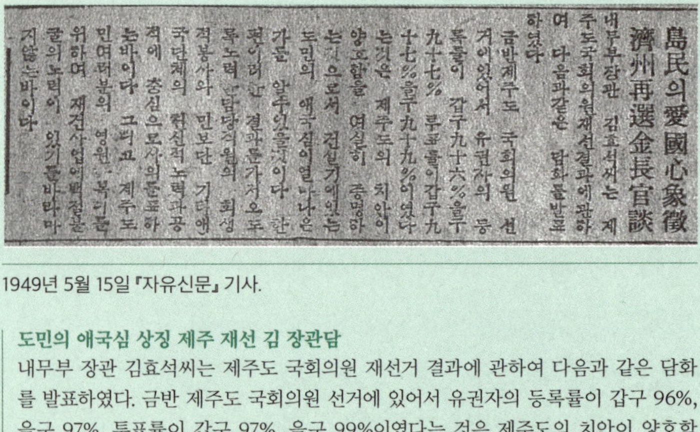
島民의 愛國心象徵
濟州再選金長官談
내무부장관 김효석씨는 제주도국회의원재선결과에 관하여 다음과같은 담화를발표하였다
금반제주도 국회의원 선거에있어서 유권자의 등록률이 갑구九十六%을구九十七% 투표률이갑구九十七%을구九十九%이였다는것은 제주도의 치안이 양호함을 여실히 증명하는것으로서 건설기에있는 도민의 애국심이얼마나은가를 알수있을것이다 한편이러한 결과를가저오도록노력한담당직원의 희생적봉사와 민보단 기타애국단체의 헌신적노력과공적에 충심으로사의를표하는바이다 그리고 제주도민여러분의 영원한 복리를 위하여 재건사업에백절불굴의노력이 있기를바라마지않는바이다

1949년 5월 15일 『자유신문』 기사.

도민의 애국심 상징 제주 재선 김 장관담

내무부 장관 김효석씨는 제주도 국회의원 재선거 결과에 관하여 다음과 같은 담화를 발표하였다. 금반 제주도 국회의원 선거에 있어서 유권자의 등록률이 갑구 96%, 을구 97%, 투표률이 갑구 97%, 을구 99%이였다는 것은 제주도의 치안이 양호함을 여실히 증명하는 것으로서 건설기에 있는 도민의 애국심이 얼마 나은가를 알 수 있을 것이다. 한편 이러한 결과를 가저오도록 노력한 담당 직원의 희생적 봉사와 민보단, 기타 애국단체의 헌신적 노력과 공적에 충심으로 사의를 표하는 바이다. 그리고 제주도민 여러분의 영원한 복리를 위하여 재건사업에 백절불굴의 노력이 있기를 바라마지 않는 바이다.

도의 마을은 불타 사라졌고, 갈 곳 잃은 제주도민들은 소개령을 피해 해안마을이나 산과 들로 떠돌았다. 1949년 5월 10일 재선거를 치르기까지 제주도민들이 겪어야 했던 고통은 너무나 컸다. 그러나, 그 고통은 아직 끝나지 않았다.

19490514

유엔위원단이 본 파괴와 연출된 '정상화'

075

1949년 5월 8~14일 유엔한국위원단이 제주도를 시찰했다. 재선거 참관을 위해 한국 정부의 초청을 받아 방문한 이들은 1반(대표 앙리 코스티어·프랑스)과 2반(대표 아눕 싱·인도), 그리고 사무국 직원들로 구성됐다.

미대사관은 이들의 보고서를 발췌해 국무부와 도쿄의 정치고문관, 모스크바 주재 미국대사관 등에 보냈다. 보고서는 재선거 참관뿐 아니라 당시 제주도의 모습을 국제적인 시각에서 본 드문 기록이다.

시찰단은 제주비행장에서부터 열렬한 환영을 받았다. 내무부 장관과 제주경찰에 환대를 최소화해 달라고 여러차례 요청했지만, 경찰 트럭과 지프가 이들이 탄 차량 앞뒤를 호위했다. 마을마다 구호가 내걸리고, 동원된 주민들은 길가에 몰려나와 국기를 흔들며 환호했다. 도로와 마을은 경찰이 통제했다. 자발적인 환영이 아니라 행정과 군·경이 연출한 '정상화의 연출'이었다. 정부가 보여주고 싶은 것만 보여주게

했다. 위원단도 보고서에서 "한국인 관리들의 열성과 환대, 보안 조치 때문에 완전한 행동의 자유와 시찰의 융통성이 제한됐다"고 밝혔다.

시찰단의 보고서에는 제주도의 실상이 담기기도 했다. 이 때문에 겉으로 보이는 '연출된 정상화' 뒤에 가려진 제주의 실상을 엿보게 한다는 데 의의가 있다. 보고서 속 제주도는 '잿더미가 된 수백 개의 마을', '비참한 수용소에 수용된 피난민들', '경작하지 못한 농경지' 등의 표현으로 압축된다. 미 대사관 관리가 아무리 설명해도 "직접 방문하지 않고는 모른다"고 할 만큼 피해 규모가 광범위하다고 했다. 주정공장 낡은 창고 수용소에는 도민 2천여 명이 열악한 환경 속에 수용되어 있었다. 시찰단의 눈에는 수용자들 가운데 특히 여성이 남성보다 3배나 많아 보였고, 갓난 아기와 어린이들도 숱하게 눈에 띄었다. 서귀포 수용소에는 남녀노소 수백여 명이 창고 2곳에 나뉘어 수용됐는데, 조사가 끝난 주민들과 조사가

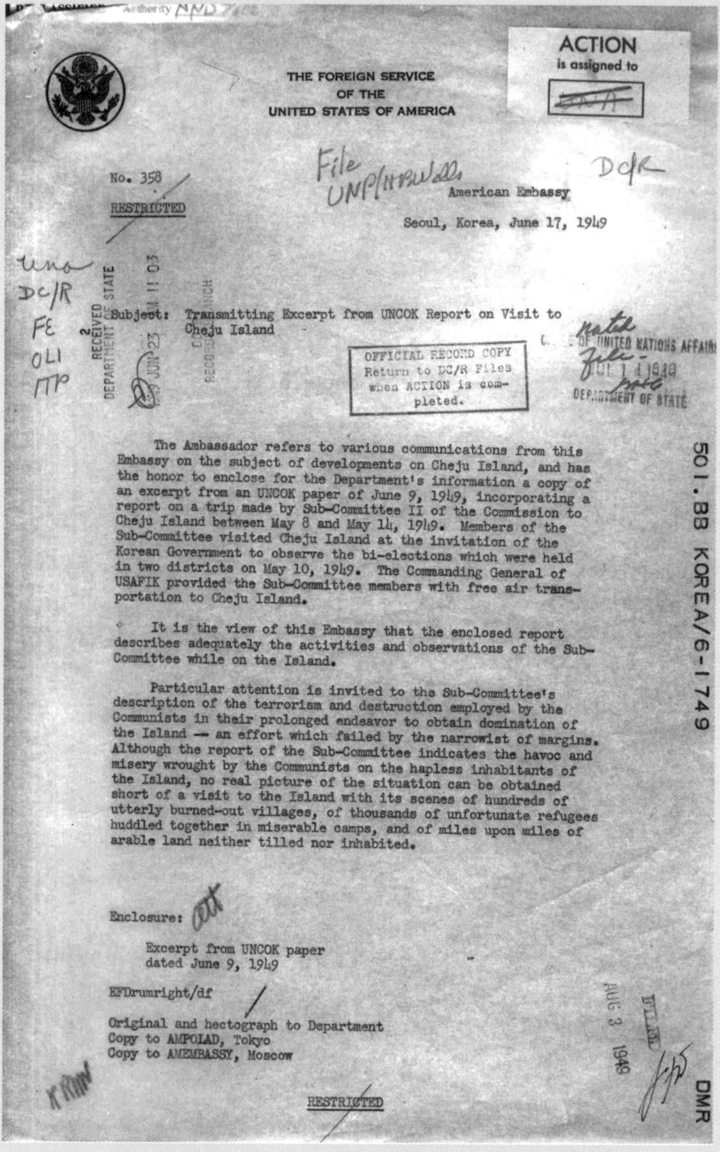

ACTION is assigned to

THE FOREIGN SERVICE
OF THE
UNITED STATES OF AMERICA

No. 358

RESTRICTED

American Embassy

Seoul, Korea, June 17, 1949

RECEIVED DEPARTMENT OF STATE 1949 JUN 23 AM 11 03

Subject: Transmitting Excerpt from UNCOK Report on Visit to Cheju Island

OFFICIAL RECORD COPY
Return to DC/R Files
when ACTION is completed.

OFFICE OF UNITED NATIONS AFFAIRS
JUL 1 1949
DEPARTMENT OF STATE

501.BB KOREA/6-1749

The Ambassador refers to various communications from this Embassy on the subject of developments on Cheju Island, and has the honor to enclose for the Department's information a copy of an excerpt from an UNCOK paper of June 9, 1949, incorporating a report on a trip made by Sub-Committee II of the Commission to Cheju Island between May 8 and May 14, 1949. Members of the Sub-Committee visited Cheju Island at the invitation of the Korean Government to observe the bi-elections which were held in two districts on May 10, 1949. The Commanding General of USAFIK provided the Sub-Committee members with free air transportation to Cheju Island.

It is the view of this Embassy that the enclosed report describes adequately the activities and observations of the Sub-Committee while on the Island.

Particular attention is invited to the Sub-Committee's description of the terrorism and destruction employed by the Communists in their prolonged endeavor to obtain domination of the Island — an effort which failed by the narrowist of margins. Although the report of the Sub-Committee indicates the havoc and misery wrought by the Communists on the hapless inhabitants of the Island, no real picture of the situation can be obtained short of a visit to the Island with its scenes of hundreds of utterly burned-out villages, of thousands of unfortunate refugees huddled together in miserable camps, and of miles upon miles of arable land neither tilled nor inhabited.

Enclosure:

Excerpt from UNCOK paper
dated June 9, 1949

EFDrumright/df

Original and hectograph to Department
Copy to AMPOLAD, Tokyo
Copy to AMEMBASSY, Moscow

AUG 3 1949

DMR

RESTRICTED

1949년 6월 17일 미대사관이 유엔한국위원단의 보고서를 발췌해
미 국무부와 도쿄 정치고문관, 모스크바 주재 미국 대사관 등에 보낸 보고서. NARA.

미국대사관

1949년 6월 17일 제358호 대외비

제목: 제주도 방문 관련 유엔한국위원단 보고서 발췌 송부

대사는 제주도 상황 전개와 관련해 본 대사관이 이전에 보낸 여러 통신문을 언급하며, 국무부 참고용으로 1949년 6월 9일자 유엔한국위원단 문서의 발췌본 사본을 동봉해 송부하는 바입니다. 이 문서는 유엔한국위원단 제2소위원회가 1949년 5월 8일부터 14일까지 제주도를 방문해 작성한 보고서를 포함하고 있습니다. 제2소위원회 위원들은 한국정부의 초청으로 5월 10일 두 선거구에서 실시된 재선거를 참관하기 위해 제주도를 방문했습니다. 주한미국육군사령부사령관은 소위원회 위원들에게 제주도까지의 항공편을 무상 제공했습니다.

대사관은 동봉한 보고서가 제주도에서 관찰하고 활동한 내용을 충분히 설명하고 있다고 판단합니다.

특히 소위원회가 공산주의자들이 제주도를 장악하기 위해 오랫동안 노력을 기울여온 과정에서 사용한 테러와 파괴에 대한 설명에 특별한 관심을 기울여주기 바랍니다. 그들의 노력은 아슬아슬하게 실패했습니다. 소위원회의 보고서는 공산주의자들이 이 섬의 불운한 주민들에게 가한 대혼란과 비참함을 보여주고 있지만, 수백 개의 완전히 불타버린 마을들, 비참한 수용소에 모여 웅크리고 있는 수천여 명의 불행한 피난민들, 그리고 경작되지도 사람이 살지도 않는 경작 가능한 토지가 끝없이 이어지는 그 섬을 직접 방문하지 않고서는 이 상황에 대한 실제 모습은 얻을 수 없습니다.

동봉 문서: 1949년 6월 9일자 유엔한국위원단 보고서 발췌

드럼라이트 승인 작성 원본 및 등사본 국무무 송부 도쿄 미정치고문관에게 사본 송부 모스크바 미대사관에 사본 송부

(*동봉문서는 제주도 시찰 및 개요, 제주도 폭동의 원인과 결과, 시찰 여행의 평가 등의 내용이 8매로 구성됐다.)

(第三種郵便物認可)

濟州選擧及騷亂地區視察

國聯韓委公報第十七號發表

【서울十七日發合同】UN韓委에서는十七日公報第十七號로그間의濟州視察狀況을다음과가치發表하엿다 (公報第十七號)

UN第二次主要視察旅行은豫定에따라委員團의一群이濟州島로向하엿섯다 視察班은佛蘭西양리·코스티어氏印度아우ㅂ·씽氏代表及事務局職員으로構成되엿는 旅行의目的은當該道의一般實情을調査硏究하는同時便宜上五月一〇日施行되는選擧를보는데이섯다 一行은空路로五月八日서울을써나 濟州飛行場에서道知事 軍司令官及將校 그리고一般群衆의歡迎을바덧다 一行은道知事官邸에投宿하엿다 同日下午大衆行事가잇슨다음이어濟州市公設運動場에서群衆大會가開催되엿다 大會에서는歡迎辭와兩代表의答辭가잇섯다

九日아침 一行은 두班으로나누엇다 印度代表씽氏를首班으로하는 第一班은濟州市에머물엇다 五月九日同班은選擧用區域區內에서가장큰漁撈場을訪問하엿다 一行이아는바로選擧甲區에서는 登錄된有權者의九八%가投票를하엿섯스며 選擧乙區에는 九九%의有權者가 投票하엿섯는것이다 第一班은또한該地方의너러工場과被害를입은區域을視察하엿다 陸軍司令官의招請에依하여 第一班은거의東部와附近의暴徒行動의中心地가되어잇는 山中의警備兵營을訪問하엿다 第一班은濟州島內에잇는某收容所를訪問하엿던바 거기에는最近軍警에게降伏한約一千名의男女及兒童이收容되어잇섯다 그리고同班은또한前에軍에依하여逮捕된여러捕虜들과 이야기할機會를가젓섯다 佛代表양리·코스티어氏를首班으로하는第二班은서편으로島周邊의旅行을하엿다

그네들은落膽하엿스나그班이가는洞里마다歡迎群衆이잇섯다 同班은訪問한여러곳이從前과가치平常狀態로도라갓스며 昨年에荒廢하엿던洞里에도 只今은사람이從前과가치살고잇슴을볼機會를가젓다 許多한數의洞里가前모습을차저보지못할程度로破壞되어잇슴을旅行中볼수이섯나 極히南部에서는 어떠洞里는完全히燒却되어버렷다 被害를입지안흔모든洞里는石壁으로保護되어잇섯스며 모든門은住民에依하여監視되고잇섯다 山에서들어왓거나그러치안흐면捕虜가된男女老少의住民을爲한收容及復舊區域을視察한然後 同班은아직住民이돌아오지안는被害를입은여러洞里를道中心部로들어가서보앗다

第二班은五月十一日濟州市로歸還하엿다 兩視察班은只今은거의完全히鎭壓된騷擾의原因及그後進展을求員其他官憲으로부터들엇다(中略)一行은全員이五月十三日 이번選擧에當選한누立候補者와會見한다음韓國海軍의艦艇에同乘하여濟州島를써낫다 十三日及十四日夜는木浦港에서지냇다 一行은五月十四日下午八時四〇分列車로 서울에到着하엿다

1949년 5월 19일 『민주중보』 기사.

제주선거 급(及) 소란지구 시찰

국련한위, 공보 제17호(제16호의 오기) 발표

【서울 17일발 합동】 유엔한위에서는 17일 공보 제17호로 그간의 제주 시찰 상황을 다음과 같이 발표하였다.(공보 제17호) 유엔 제2차 주요 시찰여행 계획에 따라 위원단의 일군(一群)이 제주도로 향하였다. 시찰반은 불란서 앙리 코스티어씨, 인도 아윱 씽씨 대표 급(及) 사무국 직원으로 구성되었다. 여행의 목적은 당해(當該) 도(道)의 일반 실정을 조사연구하는 한편 5월 10일 시행되는 선거를 보는데 잇섯다. 일행은 공로로 5월 8일 서울을 떠나 제주비행장에서 도지사, 군사령관 급(及) 장교 그리고 일반군중의 환영을 바덧다. 일행은 도지사 관저에 투숙하엿다. 동일 하오 대중행사가 잇슨 다음 이어 제주시 공설운동장에서 군중대회가 개최되엇다. 대회에서는 환영사와 양 대표의 답사가 잇섯다.

9일 아침 일행은 두 반으로 나누었다. 인도 대표 씽씨를 수반으로 하는 제1반은 제주시에 물었다. 5월 9일 동반은 선거 갑구지구 내에서 가장 큰 어로장을 방문하엿다. 일행이 아는 바로 선거 갑구에서는 등록된 유권자의 98%가 투료를 하러 갓스며, 선거 을구에는 99%의 유권자가 투표하엿다는 것이다. 제1반은 또한 당해 지방의 여러 공장과 피해를 입은 구역을 시찰하엿다. 육군사령관의 초청에 의하여 제1반은 거의 동부와 최근의 군사행동의 기지가 되어잇는 산중의 육군병영을 방문하엿다. 제1반은 제주도내에 있는 큰 수용소를 방문하엿던바 거기에는 최근 군경에게 항복한 약 1천 명의 남녀 급(及) 아동이 수용되어 잇섯다. 그리고 동반은 또한 전에 군에 의하여 체포된 여러 포로들과 이야기할 기회를 가젓섯다. 불 대표 앙리 코스티어씨를 수반으로 하는 제2반은 썹으로 도 주변의 여행을 하엿다. 그네들은 낙담하엿스나 그 반이 가는 동리(洞里)마다 환영 군중이 잇섯다. 동반은 방문한 여러 곳이 종전과 가치 평상 상태로 도라갓스며, 작년에 황폐하엿던 동리에도 지금은 사람이 종전과 가치 살고 잇슴을 볼 기회를 가젓다. 허다한 수의 동리가 전 모습을 차저보지 못할 정도로 파괴되어 잇슴을 여행 중에 볼 수 잇섯다. 극히(특히의 오기) 남부에서는 어썬 동리는 완전히 소각되어버렷다. 피해를 입지 안흔 모든 동리는 석벽(石壁)으로 보호되어 잇섯스며, 모든 문은 주민에 의하여 감시되고 잇섯다. 산에서 돌아왓거나 그러치안흐면 포로가 된 남녀노소의 주민을 위한 수용 급(及) 복구 구역을 시찰한 연후 동반은 아직 주민이 돌아오지 안는 피해를 입은 여러 동리를 도 중심부로 들어가서 보앗다. 제2반은 5월 11일 제주시로 귀환하엿다. 양 시찰반은 지금은 거의 완전히 진압된 소란의 원인 급(及) 그 후 진전을 구경(求景), 기타 관헌으로부터 들엇다. (중략) 일행은 전원이 5월 13일 이번 선거에 당선한 두 입후보자와 회견한 다음 한국 해군의 함정에 편승하여 제주도를 써낫다. 13일 급(及) 14일 야(夜)는 목포항에서 지냈다. 일행은 5월 14일 하오 8시40분 기차로 서울에 도착하엿다.

진행 중인 주민들이 각각 수용되어 있었다. 시찰단이 면담한 주민들은 "산에 갔던 이유는 사상 때문이 아니라 생존 때문"이라고 했다. 많은 도민들의 입산 이유를 분명히 알 수 있게 해준다. 강정리의 전소, 동복리의 폐허는 시찰단에게 충격을 주었다.

그러나 이런 실상을 담은 것과는 별개로 보고서는 '폭동의 원인'을 당시 정부의 인식 그대로 '공산주의자들'에게 일방적으로 돌리고 있다는 한계를 드러낸다. 복구 계획 수립과 주민의 행정 참여 확대가 폭동 재발을 막는 핵심이라고 분석하기도 했다.

19490518

성대한 개선식, 도민들의 감사장

076

> "제주도 사태의 군사적 문제는 이미 완료됐다. 남은 문제는 황폐화된 제주도를 복구하는 정치적 문제이다. 제주도 공비의 세포망은 완전히 일소됐다."

제주도 사태 진압을 위해 제주에 파견됐던 제주도지구전투사령부 사령관 유재흥은 1949년 5월 14일 임무를 마치고 귀환하던 중 광주 송정리역에서 기자들과 만나 이렇게 말했다.

정부는 같은 달 중순 서울에서 열린 제주도 진압 군·경의 '성대한' 귀환식을 통해 제주도 사태의 공식 진압을 선언했다.

5월 17일 서울에 도착한 군부대 환영식에는 국방부 장관 신성모와 고위 장교들이 참석했다. 언론은 이를 두고 '제주도의 소요를 강력한 공격으로 단시일 내에 진압하고, 준동하던 폭도를 격멸'했다고 추켜세웠다.

다음 날인 5월 18일에는 경찰특별부대에 대한 대대적인

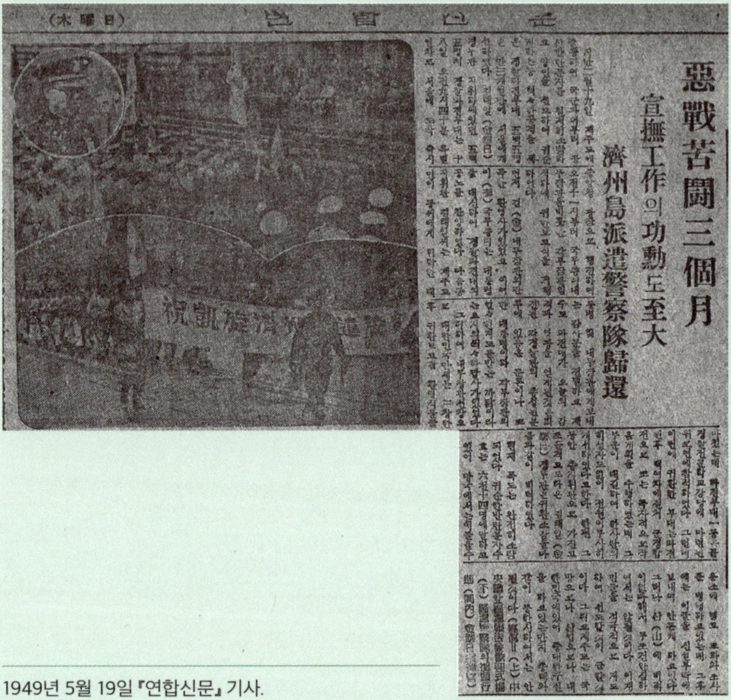

惡戰苦闘三個月
宣撫工作의 功勳도 至大
濟州島派遣警察隊歸還

1949년 5월 19일 『연합신문』 기사.

악전고투 3개월, 선무공작의 공훈도 지대
제주도 파견 경찰 귀환

지난 2월 19일 제주도에 출동하여 국군과 더불어 공산반란분자를 철저히 소통하고 양민을 선도하여 귀순케 하는 등 혁혁한 공적을 세운 경찰파견부대 505명은 만 3개월 만에 서울에 개선하였다. 김태일 경무관 지휘 하에 있던 505명의 경찰파견부대는 18일 오전 9시40분 특별열차로 서울에 도착 즉시 중앙청 광장으로 행진하여 오전 11시부터 국무총리 내무장관을 비롯한 각부 장관 침석 하에 귀환보고식을 거행하였다.

먼저 김 내무장관의 간곡한 환영사가 있었고, 이어 이 국무총리는 대통령을 대신하여 경찰파견대의 공로를 찬양하였다. 다음 총지휘관 김태일씨는 제주도민이 동씨에게 위탁한 대통령 및 내무장관에게 보내는 감사문을 전달하고 제주도 파견대가 오늘의 감격과 영광을 얻게 된 것은 파견된 각 경찰관의 충성된 분투에 있음은 물론이나 또한 대통령 이하 각부 장관의 열렬한 지도를 받은 까닭이라는 요지의 씩씩한 답사가 있었다. 그리하여 내무장관 선창으로 대한민국 만세를 삼창한 후 귀환보고 겸 환영식을 끝마쳤는데 파견부대 일동은 곧 경찰전문학교 강당에 마련된 위로연에 참석하였다.

그런데 이번에 귀환한 부대는 파견된 후 100여차에 걸쳐 군경합전으로 또는 독자적으로 작작전계획을 수행하였는데 그 무운이 대길하여 한 사람의 희생자도 없이 전원이 무사히 개선하였다고 한다. 한편 그동안 총지휘관으로 갖은 고초를 겪고 돌아온 김태일 경무관은 귀환 소감을 다음과 같이 피력하였다.

현재 폭도는 완전히 소탕되었다. 귀순한 반란분자수효는 6014명에 달하고 있어 당국에서는 이들을 수용소에 넣고 교화와 조사를 병행하고 있는데 그 후에는 이들을 신설 부락에 보내여 안돈케 하고 있다. 그러나 산에 비적이 없다 해서 무조건 안심이어서는 안될 것이다. 이재민을 적극적으로 지도하여 선도할 것이 급할 것이다. 그리고 제주도는 국방으로나 산업으로나 대한민국에 있어 중대한 구실을 하고 있는만치 종래와 같이 등한시하여서는 안될 것이다.

(사진=(상) 중앙청 앞 귀환 보고겸 환영식장 (하) 귀환경찰대의 가두행진 (원내) 김태일 경무관)

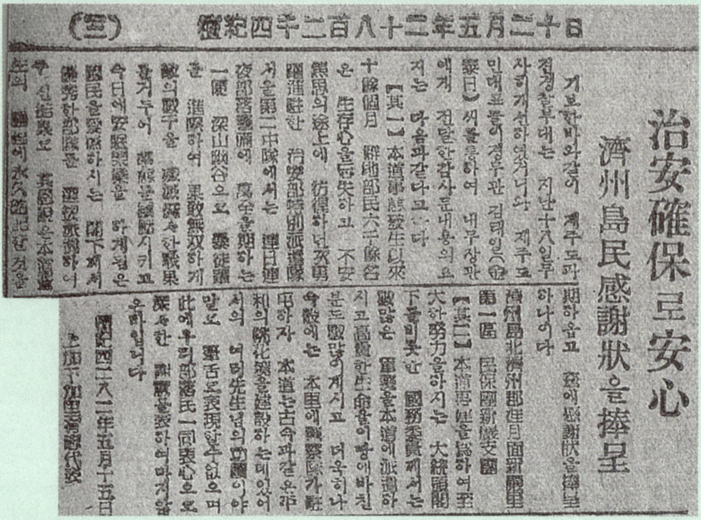
(三) 檀紀四千二百八十二年五月二十日

治安確保로安心

濟州島民感謝狀을捧呈

1949년 5월 20일 『연합신문』 기사.

치안 확보로 안심

제주도민 감사장을 봉정

기보한 바와 같이 제주도 파견 경찰부대는 지난 18일 무사히 개선하였거니와 제주도민 대표들이 경무관 김태일씨를 통하여 내무장관에게 전달한 감사문 내용의 요지는 다음과 같다고 한다.

【기1】 본도 사태 발생 이래 10여개월 벽지 부민 6천여명은 생존심을 망실하고 불안초사(焦思)의 도상에 방황하던차 용약(勇躍) 진주한 치안부 특별파견대 서울 제2중대에서는 연일연야 부락 경비에 만전을 기하는 일편(一便) 심산유곡으로 폭도배를 진격하여 용감무쌍하게 적의 수천을 섬멸 혁혁한 전과를 거두어 사태를 진압시키고 금일에 안민안락을 하게 됨은 국민을 애무하시는 각하께서 우수한 부대를 선발 파견하여 주신 결과로 그 은택은 본도 창생의 뇌리에 영구 명기할 것을 기하옵고 자에 감사장을 봉정하나이다.

제주도 북제주군 애월면 신엄리 제1구 민보단 신엄지단

【기2】 본도 재건을 위하여 지대한 노력을 하시는 대통령 각하를 비롯한 국무위원께서는 수많은 군경을 본도에 파견하시고 고귀한 생명을 이 땅에 바친 분도 수많이 계시고 더욱이나 금반에는 본리에 경찰대가 주둔하자 본도는 고금과 같은 평화의 만화경을 건설하는데 있어서의 여러 선생님의 공적이야말로 필설로 표현할 수 없으며 차에 우리 부락민 일동은 충심으로 심심한 감사를 표하여 마지 않는 바입니다.

단기 4282년 5월 15일

상가 하가리 유지대표

환영식이 이어졌다. 경찰특별부대는 서울시 특별경비대와 철도경찰 등 505명으로 구성됐으며, 1947년 3·1사건 직후 제주도에 파견됐던 김태일 경무관이 지휘했다. 환영식에서 국무총리 이범석은 이승만을 대신해 "제주도의 완전 진압은 대한민국에 큰 충성일 뿐 아니라 동남아시아와 태평양을 공산주의로부터 방어하는 데 큰 공적"이라고 강조하면서, 제주도를 "동남아시아의 공산세력을 방어하는 태평양 방면의 중요한 초점"으로 규정했다. 이는 곧 정부가 제주도를 반공의 보루로 인식하고 있었음을 보여준다.

이날 마지막 순서에서 눈길을 끄는 장면이 연출됐다. 제주도민이 작성했다는 감사장을 대통령과 내무부 장관에게 전달하는 행사가 이어진 것이다. 감사장에는 "치안부 특별파견대 서울 제2중대가 부락 경비에 만전을 기하고 적의 수천을 섬멸, 사태를 진압하고 안민안락을 하게 됨은 대통령 각하께서 우수한 부대를 파견해준 결과"라는 표현이 담겼다. 또 "제주도가 고금과 같은 평화의 도원경을 건설하는 데 여러 선생님의 공적이야말로 필설로 표현할 수 없다"는 표현도 있다.

1949년 5월 제주도는 삶의 터전을 잃은 수만 명의 피난민과 수천 명의 귀순자가 있을 때였다. 마을에 남아 있는 이들은 각종 명목의 헌금과 노동을 요구받았다. 이런 상황에서 도민 감사장이 주민들의 자발적 마음으로부터 나온 것이었을까. 이런 행위는 제주도 사태의 진압 완료를 선포하는 데 필요한 정치적 장치에 가까웠다. "국민을 애무하시는 각하께서 우수한 부대를 파견해 안민안락하게 됐다"는 감사장은 제주도민의 마음이 아니라 국가가 말하고 싶은 서사를 반영한 것이다. 성대한 개선식에 이어 감사장 전달은 제주도 사태의 완전 진압을 선언하는 상징적 장면이다. 그러나 실상의 제주는 상실과 눈물 속에서 헤어나올 수 없는 상황이었다.

19490525

노루를 진상하고 평화를 연출하다

077

1949년 5월 25일 『자유신문』 기사에는 제주도 노루가 화제로 올랐다. '제주도 노루 한 쌍, 대통령 '탐라호'로 명명, 동물원서 원앙의 꿈'이라는 제목의 기사였다. 경찰응원대가 제주도 토벌작전에 참가했다가 잡은 노루 한 쌍을 이승만에 진상했고, 대통령은 이를 '창경원' 동물원에 보내 '탐라호'라고 이름을 붙였다는 내용이다.

'준동하는 공산도배'의 활동으로 '원통사'를 만들어냈던 제주도가 평화를 회복하고 있다고 시작하는 이 기사 이면에는 제주도의 현실 위에 국가 선전을 덧칠한 의도가 깔려 있다. 이 당시 제주도는 기사와는 정반대로, 평화와는 거리가 멀었기 때문이다.

군·경의 토벌은 여전히 이어지고 있었다. 잿더미로 변한 중산간 마을은 그대로였고, 강제 소개된 주민들은 해안마을에서 통제 속에 생활하고 있었다. 귀순한 주민들은 집단수용소에 수용된 채 조사를 받고 있을 때였다.

濟州島 노루 한쌍

大統領耽羅號로命名

動物園서 鴛鴦의꿈

1949년 5월 25일 『자유신문』 기사.

제주도 노루 한 쌍, 대통령 탐라호로 명명

동물원서 원앙의 꿈

제주도가 이같이 완전 진압을 보게 되기까지 군경은 일치협력하여 소탕과 나아가서는 선무로서 전부 참회의 귀순을 시키었다. 그런데 지난번 중앙으로부터 파견된 경찰응원대가 제주도에 있는 동안 제주 산중에서 「노루」 한 쌍을 산 채로 잡아 대원들은 김태일 대장에게 약으로 쓰기를 권고하고 진정하였으나 김 대장은 이를 이 대통령에게 진상하고저 가지고 왔던 것이다. 일행은 대통령에게 정성을 합하여 진정하였던바 이 대통령은 개선 경관들의 공훈을 길이 빛내고저 이것을 동물원에 보내고 이 "노루"의 이름을 제주도의 그 옛날을 상징하는 탐라호라 명명하였다 한다.(사진은 노루 한 쌍)

그럼에도 불구하고 기사는 '평화가 익어가는 낙토', '낙원 제주도'라는 수사를 늘어놓았다. "군·경·민의 협조로 완전 진압을 보게 되기까지 군·경은 일치협력하여 소탕과 선무"로 귀순하게 했다며 "평화가 무르익어간다"고 했다. 이어 마치 신하가 군주에게 진상하는 장면을 떠올리게 하는 모습으로 그려진다. "대원들은 노루 한 쌍을 산 채로 잡아 김태일 대장에게 약으로 쓰기를 권고하고 진정했으나, 김 대장은 이를 정무에 분망하신 이 대통령께 진상하고자 갖고 와 대통령께 정성을 다해 진정하였던 바 대통령께서는 그 뜻을 기뻐하시어 동물원에 보냈고, 노루의 이름조차 손수 부치어 탐라호라 명명하시었다"고 전한다. 왕조시대 절대 권력자의 이미지를 떠올리게 하듯 이승만이 창경원으로 보낸 노루를 '전 인류가 갈망하는 평화의 상징'으로 칭송하기도 했다. 그러나 바로 그 노루를 잡던 시간에도 제주도에서는 총성이 그치지 않았다.

2006년 1월 성산 수산리에서 실제로 이 노루를 잡은 주민을 우연히 만났다. 1949년 당시 경찰로 구성된 '충남부대'가 마을에 주둔할 때였다. 그 무렵 28살이었던 그는 세월이 흐른 뒤 이렇게 말했다.

> "4·3사건 때는 위에서 와도 무섭고, 아래도 무섭고 해서 숨어서 다닐 때였어. 충남부대가 여기 주둔할 땐데 성담을 쌓은 뒤 그 사람들이 인솔해서 노루 잡으러 다녔지. 그

물을 쳐서 산노루 2마리를 잡아서 이승만 대통령한테 보낸 거야. 그렇게 해서 웃옷 하나 선물 받았어."

제주에 파견된 경찰응원대가 대장에게 상납하기 위해 주민들을 동원해 잡은 노루는 '진상품'이 되었고, 대통령의 '은전'에 힘입어 '평화의 상징'으로 둔갑했다는 웃을 수도 없고 울 수도 없는 이야기가 1949년 5월 25일 신문기사로 실린 것이다.

19490607

유격대 사령관 이덕구의 마지막

078

1949년 6월 7일, 누군가의 주검이 제주읍을 한바퀴 돌다시피 한 끝에 제주읍 관덕정 광장에 내걸렸다. 다음 날, 광장은 숨죽인 사람들로 가득했다. 삼각형 나무틀과 그 위에 가로로 걸쳐진 각목에 한 남자의 시신이 묶인 채 전시됐다. 군복인 듯한 차림에 오른쪽 윗주머니에는 부러진 포크형 숟가락이 꽂혀 있다. 머리칼은 단정했지만, 표정은 고통스러운 듯 보인다. 오른쪽 옆에는 기다란 종이에 굵은 먹글씨가 적혀 있다.

'한라산 인민군 사령관 이덕구의 말로를 보라!'

어린아이부터 노인에 이르기까지 이 주검을 보기 위해 몰려들었다. 호기심에 온 이들도 있었다. 당국은 '폭도대장'의 최후를 직접 보게 하려고 공개된 장소에 주검을 전시했다. 주검 전시는 여러 날 계속됐고, 다시 효수돼 전봇대에 걸렸다.

이덕구는 4·3항쟁 시기 '제주도인민유격대' 사령관이었

제주경찰서 앞에 전시된 제주도인민유격대 사령관 이덕구의 주검.
오른쪽에는 '한라산 인민군 사령관 이덕구의 말로를 보라!'라고 쓰여 있다.

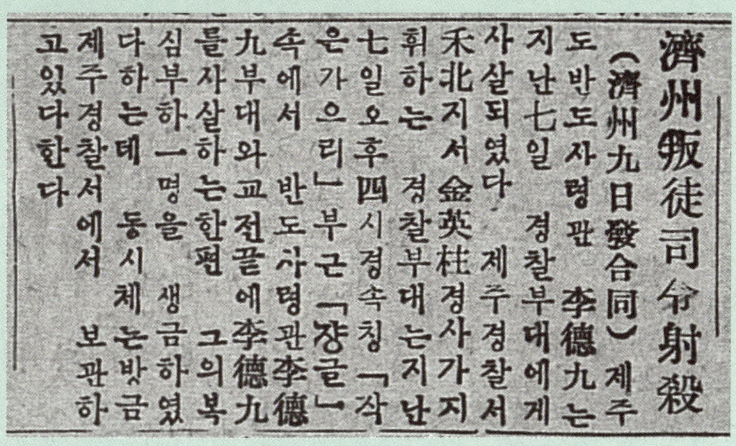

濟州叛徒司令射殺

(濟州九日發合同) 제주도 반도사령관 李德九는 지난七일 경찰부대에게 사살되였다 제주경찰서 禾北지서 金英柱경사가 지휘하는 경찰부대는 지난七일 오후四시경 속칭「작은가으리」부근「쟝글」속에서 반도사령관李德九부대와 교전끝에 李德九를 사살하는 한편 그의 복심부하 一명을 생금하였다 하는데 동시체는 방금 제주경찰서에서 보관하고 있다 한다

1949년 6월 10일『수산경제신문』기사.

제주반도사령 사살

(제주9일발합동) 제주도 반도사령관 이덕구는 지난 7일 경찰부대에게 사살되였다. 제주경찰서 화북지서 김영주 경사가 지휘하는 경찰부대는 「작은 가으리」 부근 「쟝글」 속에서 반도사령관 이덕구부대와 교전 끝에 이덕구를 사살하는 한편 그의 복심 부하 1명을 생금하였다 하는데 동 시체는 보관하고 있다 한다.

다. 그는 제주도에서 일어난 민란의 장두가 효수돼 내걸리던 바로 그곳에 주검이 전시됨으로써 장두의 운명을 따라갔다. 4·3항쟁의 마지막을 알리는 이 사진 왼쪽에는 "고도孤島 제주도 한라산에서 용감무쌍하게 인민유격대를 지휘한 이덕구 사령관이 십자형태의 틀에 묶인 채 학살된 처참한 모습과 그의 영웅적인 자세"라는 설명글이 붙어 있다. 제주 출신 재일동포가 쓴 글이다.

1920년생인 이덕구는 일찍 일본으로 건너가 오사카에서 장사를 하던 큰형 호구 밑에서 둘째 형 좌구와 함께 공부했다. 해방 뒤 고향에 신촌중학원을 설립하기도 했던 큰 형 호구는 1947년 병사했다. 이덕구는 일제 강점기 일본 교토 리쓰메이칸대학 경제학과 4학년 재학 중 일본군 장교로 징병됐다가 해방과 함께 고향으로 돌아왔다. 그는 조천면 조천중학원에서 역사와 지리를 가르치다 1947년 여름께 고향에서 자취를 감춘 뒤 한동안 조천면 신촌리 사돈집에서 숨어 지냈다. 이덕구는 남로당 간부회의 도중 붙잡혔다가 풀려난 뒤 한라산으로 입산했다. 그는 4·3 무장봉기 발발 직후 인민유격대 '3·1지대'를 맡다가 김달삼이 1948년 8월 황해도 해주에서 열린 인민대표자회의에 참가하기 위해 제주를 떠난 뒤 그의 뒤를 이어 제주도인민유격대 사령관이 됐다. 4·3항쟁의 가장 핵심적 인물이다.

제주도인민유격대 사령관의 제거는 군·경의 최고 목표

였다. 이덕구가 사살됐다는 보도는 여러 차례 나왔다. 국방부는 1948년 10월 5일 '국방부 발표 제10호'라며 "지난 10월 24일 제주도 고성리 작전에서 소위 인민군 총사령 이덕구(32세) 외 간부 다수는 전지에서 사살되었다"라고 발표했다. 이덕구의 사살로 제주 소요도 일단락 지을 것으로 관측한다고까지 했다. 멀쩡히 살아 있는 그를 사살했다는 날짜는 10월 6일, 24일, 28일, 29일, 11월 6일 등 제각각이다.

미군 정보보고서도 "경비대 정찰대가 10월 29일 애월면 고성리에서 폭도 200여 명이 집회를 하는 데 기습한 뒤 경비대 2개 중대의 지원을 받아 8시간의 교전 끝에 폭도 4명이 사망하고 20명을 체포했으며, 김달삼 휘하의 제주도 게릴라부대 부사령관이 사망한 것으로 보고됐다"고 기록했다. 이어진 정보보고서에서는 '사살된 반군 지도자 신분 확인'이라는 제목으로 "10월 29일 숨진 게릴라 지도자는 제주도 게릴라 부대의 부사령관으로 확실히 확인됐다"고까지 했다. 결국 허위로 밝혀졌다.

이듬해인 1949년 6월 7일 그의 죽음을 알리는 기사가 또 나왔다. "제주경찰서 화북지서 김영주 경사가 지휘하는 경찰부대는 지난 7일 오후 4시경 속칭 작은가오리 부근 정글 속에서 반도사령관 이덕구 부대와 교전 끝에 이덕구를 사살하는 한편 그의 복심 부하 1명을 생포하였다 하는데 동 시체는 방금 제주경찰서에서 보관하고 있다"고 보도했다. 또 다른 신문은 이덕구가 623고지 또는 603고지에서 사살됐으며, 연락병 2명을 체포하고, 2명의 귀순자가 있었다고 전했다. 이번에는 사실이었다.

무장대는 군·경의 초토화에 맞서 기습 공격과 지서 등을 습격하면서 건재를 과시했으나 이덕구가 사살될 무렵 무장대는 사실상 '최종 항전'의 단계였다. 이덕구는 1949년 1월 어느 날 한밤 중 조천면의 한 민가에서 무장대원들을 만났다. 비장한 밤이었다.

> "모든 보급이 끊겼소, 최선을 다해 살아남도록 하시오. 잡혀서 입을 열게 되면 고문이 심해져 그들이 원하는 모든 것을 말하게 되고 결국 죽게 될 것이오. 아는 부분만 말하겠다고 밝히고 말하든지 그렇지 않으면 입을 다무시오."

그 장면을 목격한 여성은 이날 살아 있는 이덕구를 마지막으로 보았다. 그러나 그게 끝이 아니었다. 시간이 흘러 동료 8명과 함께 경찰에 체포돼 조사를 받던 중 동료 2명과 함께 불려나가고 보니 죽어 있는 이덕구가 거기 있었다. 경찰은 이덕구의 효수된 머리를 경찰서 앞 관덕정 광장의 전봇대에 매달고 내리는 일을 하라고 강요했다.

이덕구의 가족들에게도 참혹한 운명이 기다리고 있었다. 부인과 5살 아들, 2살 딸도 살아남지 못했다. 형제와 친인

척도 줄줄이 희생됐다. 떼죽음을 당한 것이다. 이 가족의 몰살은 4·3의 비극을 하나로 응축해 내보이는 얼굴이 되었다. 제주도 민란의 장두는 죽은 뒤 전설이 되었다. 앞으로의 우리는 그를, 그들을 과연 어떻게 기억해야 하는가.

19490613

079 군·서청의 폭압과 정부의 안일함, 도지사 김용하의 고민

1949년 6월 13일 제주도지사 김용하와 미대사관 관리들이 나눈 면담은 당시 제주도 상황의 절박함을 엿보게 한다. 이들의 대화 내용은 비망록으로 작성돼 6월 16일 '제주도 사태에 대한 도지사의 견해'라는 제목으로 국무부에 보고됐다.

도지사 김용하는 그날 오전 제주로 가는 항공편 문제를 문의하러 갔다가 대사관 관리가 제주도 상황에 대해 질문하자 심각한 현실을 호소하기 시작했다. 그는 먼저 제2연대의 문제를 지적했다. 제2연대가 제주도민들을 '매우 고압적 태도'very high handed manner로 대해 심각한 불만을 일으키고 있다고 말했다. 이날 미대사관을 찾기 전에도 국방부 장관을 만나 이 문제를 직접 제기했다. 도지사가 군 문제를 국방부 장관에게 직접 거론한 것은 이들의 부정행위가 심각한 수준에 이르렀음을 의미한다. 장관은 도지사가 제기한 문제점 개선을 약속했다. 도지사가 제기한 또다른 문제는 바로 서청에 관한 것으로, 서청이 '매우 독단적이고 잔인한 태도'very arbitrary and cruel manner로 주민을 대하며, 경찰국장마저 서청 출신이어서 상황이 악화됐다고 언급했다. 제주도 사태가 사실상 마무리되는 시점에 군·경찰·서청이 뒤섞여 제주도민들을 일상적으로 억압하는 현실을 확인할 수 있다.

그러나 도지사의 호소를 전해 들은 뒤에도 무초 대사는 곧이 곧대로 받아들이지 않았다. 무초는 국무부 보고 문서에 "도지사가 제주도 주둔 제2연대의 부정행위를 과장하고 있다고 판단한다"고 평가했다. 도지사의 문제 제기는, 한국군이 제주도의 무장대 잔여 세력을 효과적으로 진압하고 있다고 평가하는 그의 인식과 어긋나는 일이었다.

그러나 김 지사의 발언 내용은 결코 과장이 아니었다. 중산간 지역은 여전히 폐허였고, 상당수 피난민들은 마을로 돌아가지 못하고 있었다. 군·경찰·서청은 제주사회에서 막강한 영향력을 행사하고 있었다.

여기에 더해 주민을 위한 구호기금조차 중앙부처는 "긴

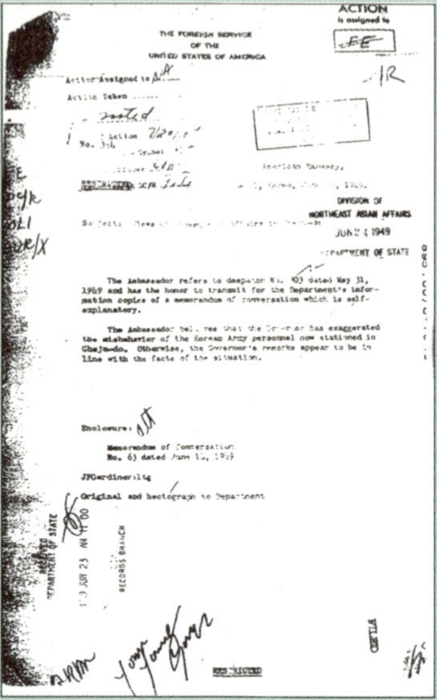

ACTION
is assigned to
FE

THE FOREIGN SERVICE
OF THE
UNITED STATES OF AMERICA

Action Assigned to [illegible]
Action Taken [illegible]

No. 354

American Embassy,
[illegible], Korea, June [illegible], 1949.

DIVISION OF
NORTHEAST ASIAN AFFAIRS
JUN 24 1949
DEPARTMENT OF STATE

RESTRICTED

Subject: [illegible]

The Ambassador refers to despatch No. 303 dated May 31, 1949 and has the honor to transmit for the Department's information copies of a memorandum of conversation which is self-explanatory.

The Ambassador believes that the Governor has exaggerated the misbehavior of the Korean Army personnel now stationed in Cheju-do. Otherwise, the Governor's remarks appear to be in line with the facts of the situation.

Enclosure:

Memorandum of Conversation
No. 63 dated June 1[illegible], 1949

JPGardiner:ltg

Original and hectograph to Department

RECEIVED
DEPARTMENT OF STATE
JUN 23 AM 11 00
RECORDS BRANCH

RESTRICTED

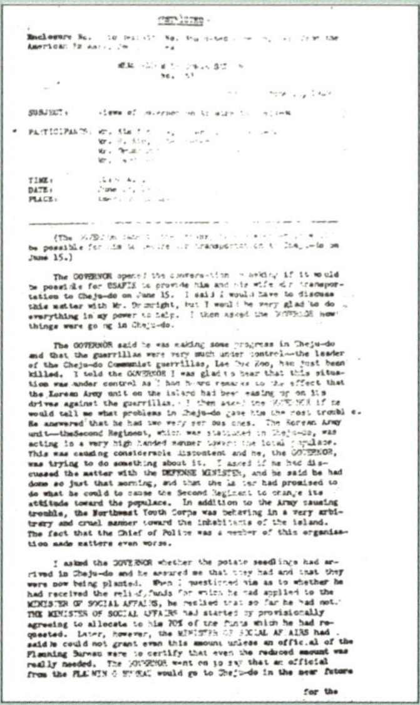

RESTRICTED

Enclosure No. [illegible] to despatch No. [illegible] dated [illegible] from the American Embassy, [illegible]

MEMORANDUM OF CONVERSATION
No. [illegible]

SUBJECT: Views of Governor on [illegible]

PARTICIPANTS: Mr. [illegible]
Mr. [illegible]
Mr. [illegible]
Mr. [illegible]

TIME: [illegible]
DATE: June [illegible]
PLACE: [illegible]

(The [illegible] be possible for him to secure air transportation to Cheju-do on June 15.)

The GOVERNOR opened the conversation by asking if it would be possible for USAFIK to provide him and his wife air transportation to Cheju-do on June 15. I said I would have to discuss this matter with Mr. Drumright, but I would be very glad to do everything in my power to help. I then asked the GOVERNOR how things were going in Cheju-do.

The GOVERNOR said he was making some progress in Cheju-do and that the guerrillas were very much under control—the leader of the Cheju-do Communist guerrillas, Lee Duk Koo, had just been killed. I told the GOVERNOR I was glad to hear that this situation was under control as I had heard remarks to the effect that the Korean Army unit on the island had been easing up on its drives against the guerrillas. I then asked the GOVERNOR if he would tell me what problems in Cheju-do gave him the most trouble. He answered that he had two very serious ones. The Korean Army unit—the Second Regiment, which was stationed in Cheju-do, was acting in a very high handed manner toward the local populace. This was causing considerable discontent and he, the GOVERNOR, was trying to do something about it. I asked if he had discussed the matter with the DEFENSE MINISTER, and he said he had done so just that morning, and that the latter had promised to do what he could to cause the Second Regiment to change its attitude toward the populace. In addition to the Army causing trouble, the Northwest Youth Corps was behaving in a very arbitrary and cruel manner toward the inhabitants of the island. The fact that the Chief of Police was a member of this organization made matters even worse.

I asked the GOVERNOR whether the potato seedlings had arrived in Cheju-do and he assured me that they had and that they were now being planted. When I questioned him as to whether he had received the relief funds for which he had applied to the MINISTER OF SOCIAL AFFAIRS, he replied that so far he had not. THE MINISTER OF SOCIAL AFFAIRS had started by provisionally agreeing to allocate to him 70% of the funds which he had requested. Later, however, the MINISTER OF SOCIAL AFFAIRS had said he could not grant even this amount unless an official of the Planning Bureau were to certify that even the reduced amount was really needed. The GOVERNOR went on to say that an official from the PLANNING BUREAU would go to Cheju-do in the near future

for the

제주도 사태에 대한 도지사의 견해 관련 1949년 6월 16일자 주한미대사관 보고서. 문서 제354호. NARA.

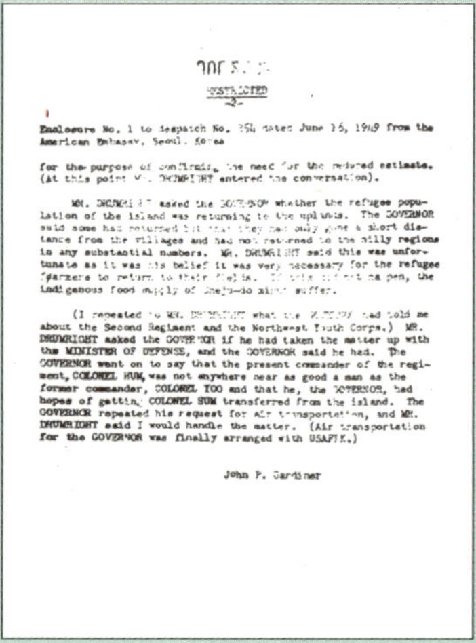

RESTRICTED
-2-

Enclosure No. 1 to despatch No. 354 dated June 16, 1949 from the American Embassy, Seoul, Korea

for the purpose of confirming the need for the reduced estimate. (At this point Mr. DRUMRIGHT entered the conversation).

MR. DRUMRIGHT asked the GOVERNOR whether the refugee population of the island was returning to the uplands. The GOVERNOR said some had returned but that they had only gone a short distance from the villages and had not returned to the hilly regions in any substantial numbers. MR. DRUMRIGHT said this was unfortunate as it was his belief it was very necessary for the refugee farmers to return to their fields. If this did not happen, the indigenous food supply of Cheju-do might suffer.

(I repeated to MR. DRUMRIGHT what the GOVERNOR had told me about the Second Regiment and the Northwest Youth Corps.) MR. DRUMRIGHT asked the GOVERNOR if he had taken the matter up with the MINISTER OF DEFENSE, and the GOVERNOR said he had. The GOVERNOR went on to say that the present commander of the regiment, COLONEL HUM, was not anywhere near as good a man as the former commander, COLONEL YOO and that he, the GOVERNOR, had hopes of getting COLONEL HUM transferred from the island. The GOVERNOR repeated his request for air transportation, and MR. DRUMRIGHT said I would handle the matter. (Air transportation for the GOVERNOR was finally arranged with USAFIK.)

John P. Gardiner

1949년 6월 13일 미대사관에서 이루어진 제주도 사태에 대한 도지사의 견해 관련 대화 내용을 담은 1949년 6월 14일자 문건. NARA.

급 필요성을 증명하라"며 이를 증명하지 못하면 예산을 배정하지 않겠다는 태도를 보였다. 생존 기반이 붕괴된 제주의 현실을 이해하지 못하는 중앙정부의 무지하고 권위적인 태도 역시 넘어야 할 산이었다.

도지사로서 미대사관과 국방부 등에 이런 문제를 직접 제기하는 데에는 용기가 필요했다. 그러나 그해 11월 14일 김 지사는 공금 횡령 혐의로 경질된다. 그가 '용기'를 낸 것이 영향을 미쳤을 가능성을 배제하기 어렵다. 제주도지사의 절박한 호소는 미대사관과 중앙정부의 그릇된 인식의 한계 앞에서 어떤 반향도 이끌어내지 못했다.

'수형인 명부'가 증언한 국가폭력

080

4·3 당시 민간인 대상 군법회의는 두 차례 진행됐다. 1차 군법회의는 1948년 12월 3~27일사이 12차례, 2차 군법회의는 1949년 6월 23일~7월 7일 사이 10차례 열렸다. [군법회의 명령서]와 수형인 명부가 첨부된 문서는 당시 도민들에게 적용한 죄목과 복역 장소를 확인할 수 있는 유일한 기록이다. 제주지방검찰청이 보관하다가 1976년 정부기록보존소(현 국가기록원)로 이관됐고, 1999년 공개 이후 그 존재가 알려졌다.

관련 내용 및 군법회의 회부자 명단이 첨부되어 있고, 원본 표지에는 '단기 4281년 12월 단기 4282년 7월(군법회의분) 수형인 명부, 제주지방검찰청'이라고 적혀 있다. 작성 주체는 제주도계엄지구사령부와 수도경비사령부 제2연대였다.

여기에는 「군법회의 명령서」와 함께 2,530명(1948년 군법회의분 871명, 1949년 군법회의분 1,659명)의 피고인 명부가 별첨되어 있다. 「군법회의 명령서」에는 설치명령·공판장소·죄목·심사장관과 확인장관의 조치 등이 적혀 있으며, 별첨 명부에는 피고인의 직업·이름·본적·항변·판정·판결·언도일자·복형장소 등의 항목이 표로 정리되어 있다. 사형수 명단은 별도로 구분되어 있다.

군법회의에 넘겨진 이들은 귀순 권고에 따라 귀순하거나 체포된 주민들이 대부분이었다. 주정공장 수용소 등지에 수용되어 취조를 받은 뒤 '재판 아닌 재판'을 거쳐 형량과 죄명도 모른 채 육지 형무소로 이송됐다. 생존 수형인들의 증언에 따르면 재판은 이름을 부른 뒤 형량을 말하는 방식이었고, 대부분 선고 결과를 형무소에 수감된 뒤에야 알았다. 관련 증언과 자료는 당시 군법회의가 정상적인 사법 절차와 거리가 멀었음을 보여준다.

수형자들은 전국 형무소에 분산 수감됐다. 일부는 돌아왔지만, 상당수는 한국전쟁 발발 직후 '불순분자' 처리 방침에 따라 집단 학살됐다.

제주지방법원은 2019년 1월 4·3 군법회의 '생존 수형인'

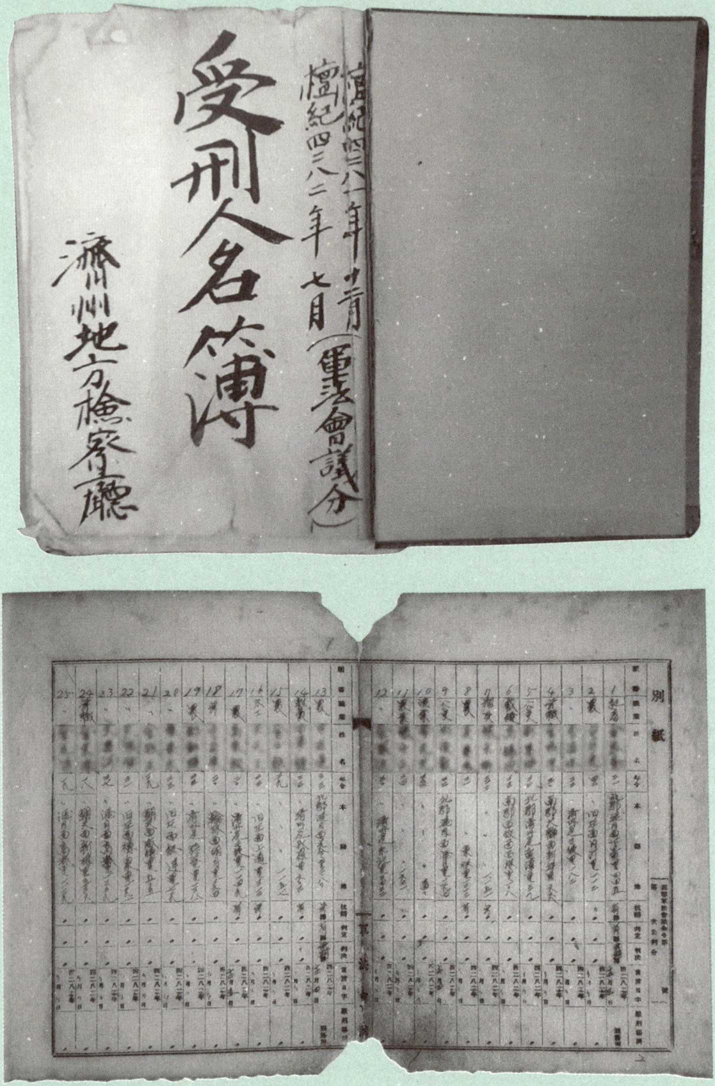

4·3 시기 군법회의 수형인 명부. 국가기록원. [화보12]

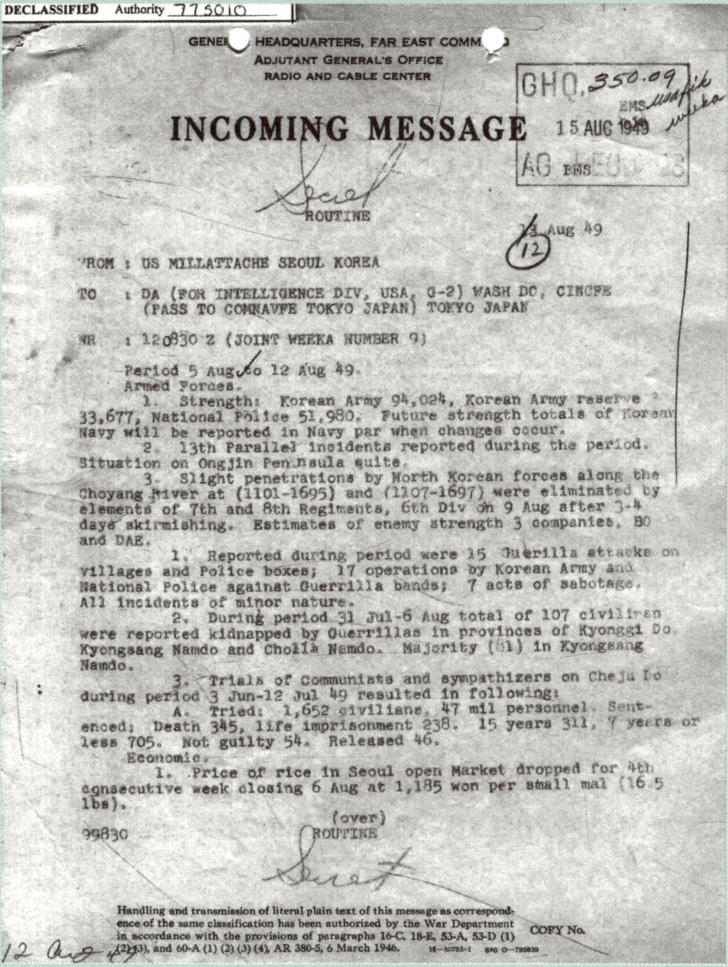

DECLASSIFIED Authority 775010

GENERAL HEADQUARTERS, FAR EAST COMMAND
ADJUTANT GENERAL'S OFFICE
RADIO AND CABLE CENTER

GHQ 350.09
EMS
15 AUG 1949
AG EMS

INCOMING MESSAGE

Secret

ROUTINE

13 Aug 49 (12)

FROM : US MILLATTACHE SEOUL KOREA

TO : DA (FOR INTELLIGENCE DIV, USA, G-2) WASH DC, CINCFE (PASS TO COMNAVFE TOKYO JAPAN) TOKYO JAPAN

NR : 120830 Z (JOINT WEEKA NUMBER 9)

Period 5 Aug to 12 Aug 49.
Armed Forces.
1. Strength: Korean Army 94,024, Korean Army reserve 33,677, National Police 51,980. Future strength totals of Korean Navy will be reported in Navy par when changes occur.
2. 13th Parallel incidents reported during the period. Situation on Ongjin Peninsula quite.
3. Slight penetrations by North Korean forces along the Choyang River at (1101-1695) and (1107-1697) were eliminated by elements of 7th and 8th Regiments, 6th Div on 9 Aug after 3-4 days skirmishing. Estimates of enemy strength 3 companies, BO and DAE.
1. Reported during period were 15 Guerilla attacks on villages and Police boxes; 17 operations by Korean Army and National Police against Guerrilla bands; 7 acts of sabotage. All incidents of minor nature.
2. During period 31 Jul-6 Aug total of 107 civilian were reported kidnapped by Guerrillas in provinces of Kyonggi Do, Kyongsang Namdo and Cholla Namdo. Majority (81) in Kyongsang Namdo.
3. Trials of Communists and sympathizers on Cheju Do during period 3 Jun-12 Jul 49 resulted in following:
A. Tried: 1,652 civilians, 47 mil personnel. Sentenced: Death 345, life imprisonment 238. 15 years 311, 7 years or less 705. Not guilty 54. Released 46.
Economic.
1. Price of rice in Seoul open Market dropped for 4th consecutive week closing 6 Aug at 1,185 won per small mal (16.5 lbs).

(over)
99830 ROUTINE

Secret

Handling and transmission of literal plain text of this message as correspondence of the same classification has been authorized by the War Department in accordance with the provisions of paragraphs 16-C, 18-E, 53-A, 53-D (1) (2) (3), and 60-A (1) (2) (3) (4), AR 380-5, 6 March 1946. COPY No.

12 Aug 49

1949년 8월 12일 주한미대사관 무관이 워싱턴 육군부와
도쿄 극동군 총사령부에 보낸 합동주간분석 제9호. NARA. [화보13]

기간 : 1949. 8. 5 ~ 8. 12

군대

1949년 6월 3일부터 7월 12일까지 제주도에서 공산주의자 및 동조자들에 대한 재판 결과는 다음과 같다. 기소 인원: 민간인 1,652명, 군인 47명. 선고 결과: 사형 345명, 종신형 238명, 15년형 311명, 7년 이하 705명, 무죄 54명. 석방: 46명.

재심 재판에서 당시 군법회의의 불법성을 인정했다. 재판부는 "수형인 명부, 군집행지휘서 등 관련 문서에는 죄명과 적용 법조만 기재돼 있을 뿐 당시 어떠한 공소사실로 군법회의를 받게 됐는지 확인할 공소장이나 판결문이 없다. 군법회의가 단기간에 2,530명에게 유죄 판결을 내린 것에 비춰볼 때 제대로 된 수사나 재판은 없었거나 불가능하다"고 판단했다.

이름과 형량이 빼곡히 적힌 '수형인 명부'는 절차 없는 재판과 처벌이 어떻게 집행됐는지를 보여주는 국가폭력의 증거다. 또한 재심 재판과 명예회복을 가능하게 하는 중요한 기록이다.

19490919

중국 장제스 정부, 제주를 폭격기지로 요청하다

081

1949년 9월 19일 주한미대사관은 한·중 간 공군·해군기지 협상 소문을 파악해 국무부에 보고했다. 보고서에 따르면 1949년 8월 진해에서 이루어진 이승만-장제스 회담에서 중국 측 인사들은 제주도를 공군기지로 제공하면, 중국 본토의 산둥반도와 보급로인 룽하이선 종점을 폭격할 전투폭격기 3개 비행단을 배치할 계획이라고 밝혔다.

한국에서는 이범석 총리, 임병직 외무부 장관, 손원일 제독이, 중국에서는 전 중국 외교부 차관이자 상하이시장을 역임한 우궈전이 참석했다. 중국은 한국 해군이 제주 방어를 맡아달라고도 요청했다. 당시 중국 국민당 정부는 공산당에 밀려 전략적 거점이 사실상 붕괴된 상태였다. 이들이 고려하는 폭격 목표, 즉 중국 동부를 타격하기에 대만은 거리가 멀었다. 반면 제주도는 최단 거리에 있었다.

국민당 정부는 제주도를 전투폭격기 전진기지로 제공해 달라고 한국 정부에 요청했다. 중·일전쟁 때 일제의 중국 침

893.34595/9-1949 : Airgram

The Ambassador in Korea (Muccio) to the Secretary of State

TOP SECRET

SEOUL, September 19, 1949.[1]

A-282.

1. In view of persistent and continued reports and rumors of a Chinese-Korean air-sea base agreement, which have their sources in the Rhee-Chiang discussions at Chinhae in August,[2] the following information presently available to the Embassy on this subject is re-

[1] Mailed on September 20 and received in the Department on September 29.
[2] See telegram 991, August 8, from Seoul, p. 1184.

ported herewith for the Department's information. The Embassy information contains gaps and the sources are not entirely satisfactory, but it is believed that the following information and estimates are reasonably correct.

2. At the Chinhae conference the Chinese arrived with definite ideas of what they wanted, while the Koreans were evidently unprepared for discussions of any significance excepting a general Pacific pact.

3. Reportedly, a Chinese official, Dr. K. C. Wu, a former vice minister of foreign affairs and mayor of Shanghai, conferred with Korean Premier Lee Bum Suk, Foreign Minister Ben C. Limb and Admiral Son Won Il of the Korean Navy during the course of the Chinhae conference. Possibly Chinese apart from Wu were present at the discussions, but if so the Embassy is not so informed. Wu is said to have proposed at the discussions that the Chinese be given air base facilities on Cheju Island—about fifty miles off the south coast of Korea—where the Chinese would base three fighter-bomber groups for the purpose of attacking the Shantung peninsula and the terminus of the Lunghai railway (Haichow). The Chinese proposed that the Koreans supply naval security for Cheju Island and reportedly inquired as to the capabilities of the Korean Navy. In response, Admiral Son gave a complete account of Korean ships and their capabilities. The Chinese expressed surprise and disappointment over what they considered to be the weakness of the Korean Navy. The Koreans reportedly asked what naval protection the Chinese could offer and were told "none". According to information available to the Embassy the Korean Foreign Minister and Admiral Son did most of the talking for the Korean side, with the Korean Premier largely silent. The Koreans reportedly raised the question of gasoline supply for the Chinese planes, and the Chinese are reported to have said that they would supply gasoline from stocks made available to them by the United States.

4. There is some indication that the foregoing conversation took place without the express authorization of President Rhee. Following the conversation the Foreign Minister is said to have related the gist of the conversations to the President who immediately took the view that an assignment of air bases on Cheju for the purposes indicated would be tantamount to involving Korea directly in the Chinese civil war. Reportedly the Korean Foreign Minister told Dr. Wu that Korea could not afford to be dragged into the Chinese conflict without adequate air power to cover the Korean Army against Chinese communist retaliation. In any case the Korean Government would not make the desired bases available. The Korean Foreign Minister is then reported to have inquired, presumably on the President's instructions, what air support the Chinese could render if the Korean Army invaded north Korea. Dr. Wu reportedly replied that the Chinese could supply one fighter-bomber group. The Foreign Minister, and presumably the

Premier, reported to President Rhee that the Chinese proposals appeared to be beneficial to China but not to Korea. President Rhee is believed to have concurred in this view and to continue now to entertain this conviction.

5. The conversations between Dr. Wu and the Koreans reportedly collapsed with no agreement or understanding. It is reliably understood that during the Rhee-Chiang conversations, the subject of the use by the Chinese of Korean air bases was not touched upon. Evidently, the course of the conversation between Dr. Wu and the Korean Premier and Foreign Minister had not been such as to cause the Generalissimo to bring up the subject with President Rhee.

6. The foregoing account agrees substantially with one given by the Korean Foreign Minister to the *New York Times* correspondent shortly following the conversations at Chinhae. Moreover, recently a high ranking official of the Chinese Mission in Toyko named Wu Wentsao reportedly gave an abbreviated but similar account to the correspondent of the *Chicago Tribune* in Japan. Both the *New York Times* correspondent in Korea and the *Chicago Tribune* correspondent in Japan have discussed this matter informally with officers of this Embassy.

7. On September 12, an Embassy officer in a conversation with the Korean Foreign Minister, raised the question of the conversations described above, basing his remarks on alleged rumors coming from the Chinese Mission in Tokyo. The Foreign Minister heatedly denied that the Koreans would grant bases on Cheju to the Chinese or anyone else. He said that Korea was too jealous of her own sovereignty and territory to alienate any of it for purposes of doubtful advantage to Korea and in any case the Korean Government was not yet in a position as to know how to develop Cheju for its own interests and advantage.

8. Subsequently, rumors which have yet to be substantiated, have come to the Embassy's attention that Koreans and Chinese are negotiating on the use of Inchon by the Chinese as a naval base and on the bombing of Antung from Korean bases. These rumors also suggest that President Rhee has written the Chinese a letter on these subjects. In the light of these rumors, an Embassy officer again raised the question of their validity with the Foreign Minister on September 18, during the course of a conversation on another subject. The Foreign Minister stated categorically that he knew of no such conversations since the Chinhae conference, that such proposals had not been discussed in cabinet meetings, that he himself believed the assignment of air or naval bases to the Chinese would be dangerous to Korean security, and that he hoped the President would be advised both that such rumors were current and of the dangers of any such agreements.

9. In this general connection, the Korean Minister of Defense, in the course of an informal conversation with an Embassy officer on September 16, stated that the Chinese military attaché has recently approached the Korean Army G-2 with a proposal that there be an exchange of information on the subject of communism and that the Chinese be allowed to establish certain intelligence installations on the Korean mainland and on certain Korean islands. The Korean Defense Minister stated that these proposals had been brought to his and the President's attention and that they had issued instructions that conversations with the Chinese military attaché on this subject be discontinued. The Minister of Defense indicated that in no event would the Chinese be allowed to install their own intelligence installations on Korean soil.

10. On the morning of September 19, following a conversation with President Rhee on another subject, an Embassy officer told the President that rumors were prevalent of negotiations with the Chinese for Korean bases and inquired as to their accuracy. The President's first reply was "wait, and you will know from the results". The Embassy officer then said, "In that case, I take it there actually are negotiations in progress with the Chinese on the subject of bases". President Rhee thereupon replied to the effect that the Chinese Embassy was pressing him to grant both bases and domicile to Chinese personnel (presumably intelligence personnel although he did not make this clear) and he felt that relations with China were such that a flat rejection of their proposals would be inappropriate. He went on to say, however, that he did not intend to accede to any of the Chinese proposals, whether for bases or for stationing of Chinese personnel in Korea. He further said that the American Embassy could rest assured that after the discussions were ended, despite his studied avoidance of a directly negative reply, the Chinese would be no further advanced in the attainment of their objectives then they were in the beginning. He cautioned the Embassy officer that information on his position was of the most sensitive nature and asked the Embassy officer not to pass on such information.

11. The Embassy is aware that President Rhee, while sympathizing with the Chinese National Government in its struggle against international communism, and desiring to maintain close relations with the Generalissimo, is at the same time highly suspicious of Chinese conduct and motives, does not intend to be dragged into the internecine struggles with the Chinese communists, and is determined not to alienate Korean bases to any Power no matter how friendly that Power may be toward Korea. The President would probably not be adverse to the visit of Chinese naval vessels to Korean ports, but it is highly unlikely that he would turn over any of these ports to the Chinese navy as bases, or even permit the Chinese to operate from Korean ports.

MUCCIO

1949년 9월 19일 주한미국대사(무초)가
국무장관에게 보내는 항공전문. NARA.

략을 위한 폭격기지로 활용된 바 있는 제주도를 이번에는 중국 국민당 정부가 폭격기지로 사용하겠다고 제안한 것이다. 제주도는 4·3의 비극적 공간을 넘어 냉전 초기 동아시아의 새로운 국제질서 재편 과정에서 외부세력에 의한 전략적 관심의 대상이었던 셈이다.

외무부 장관을 통해 국민당 정부의 제주도 공군기지 사용 요청을 보고받은 이승만은 이를 수용하면 중국 내전에 개입하는 결과가 될 것이라며 부정적인 견해를 표명했다. 미국 역시 제주도에 대한 국민당 정부의 공군기지 제공 요청을 중대한 사안으로 판단해 한국 정부의 입장을 지속적으로 확인했다.

주한미대사관 측은 9월 12일 외무부 장관을 만나 이 문제에 대해 확인했다. 한국 정부는 한국에 이익이 없는 한 어떠한 국가에도 기지 제공은 없을 것이라고 답했다. 그럼에도 소문이 계속 나돌자 대사관에서는 9월 19일 이승만을 만나 사실 여부를 직접 확인했다. 이승만은 중국 국민당 정부와의 관계를 고려해 바로 거부하지는 않았지만 어떤 제안도 받아들일 뜻이 없다는 의사를 미국 측에 분명히 함으로써 일단락이 되었다. 4·3의 폐허에 선 제주도민들에게는 생존과 일상의 회복이 절박한 과제였지만, 국제정세는 제주도를 전략적 지역으로 주목하고 있었다.

194909

밀항, 일본, 가족, 편지

082

"일본에 무사히 도착했어. 밀항선을 타고 일본으로 들어오는 건 정말 위험했어. 하지만 생명의 위험을 무릅쓰고 해냈고, 부모님에게는 비밀이야. 나는 이곳에서 열심히 공부할 거야."

1949년 9월 19일 일본 오사카 히가시나리구 오오이마자토에서 장인호가 제주읍 일도리 김재홍에게 보낸 편지다. 목숨을 건 밀항의 고난이 담겼다. 많은 제주도민들이 이 당시 생존을 위해 일본으로 밀항했다.

연합국군 총사령부GHQ 산하 민간검열대의 보고서들은 4·3 시기에도 제주와 일본 간에 서신 교환이 지속해서 이루어졌음을 보여준다. 민간검열대는 한국과 일본을 오간 우편물의 내용을 검열해 정보를 수집했다. 보고서에는 편지나 엽서 등 우편 형태·언어 형태·발신인과 수취인의 관계·우편 수집일과 처리일·발송일 등과 함께 우편 내용 가운데 한두 문장을 발췌해 영어로 번역한 내용이 들어 있다.

대정면 무릉리 이두평은 1949년 7월 2일 오사카 센보쿠군의 아들에게 보낸 편지에서 "네가 부산에 있는 줄 알았는데 일본에서 보내온 너의 편지를 받고 매우 기뻤다"고 전했다. 표선면 표선리 강두만은 6월 30일 오사카 이쿠노구의 형 강대성에게 "1948년 8월 형님이 제주를 떠난 이후로 형님의 행방을 알 수 없었습니다. 이번에 무사히 오사카에 도착하셨다는 소식을 듣게 돼 안도하고 있습니다"는 내용의 편지를 보냈다. 오사카 야오시의 강향원이 7월 22일 서귀면 하효리 강찬분에게 보낸 우편엽서는 "같은 배를 타고 일본으로 온 모든 동료 학생들은 지금 잘 지내고 있습니다"라며 함께 일본으로 건너온 학생들의 안부를 전하고 있다.

이들의 밀항 이유는 나와 있지 않지만 같은 배를 타고 간 것을 보면 4·3과 관련되어 있음을 추정할 수 있다. 일본으로 떠난 남편으로부터 소식을 듣지 못해 안타까워하는 아내

Type: Various	TEXT
Dated: Various	**TRAVEL:** KOREANS ILLEGALLY IN TOKYO-TO
Language: Korean	Date: 20 Jun 49 From: GO Sho Ki, Sosen-ri, Antoku-men, Saishu-do, Korea To: RYO Sho Hitsu 梁昇弼, c/o TOYO KAGAKU KOGYO K.K. 東洋化学工業 (Toyo Chemical Industry Co., Ltd.) 10-banchi, Wakamiya-cho, Honda, Katsushika-ku, Tokyo-to, (Japan) 東京都葛飾区本田若宮町十番地
Disposition: Passed	Writer, a Korean and addressee's wife, states: "...Though it is already two (2) years since you left our home, you have not written to me at all. I am leading a lonely life..."
Relevant Records:	
Examiner: Various	(Examiner: J-7085, J-5130)

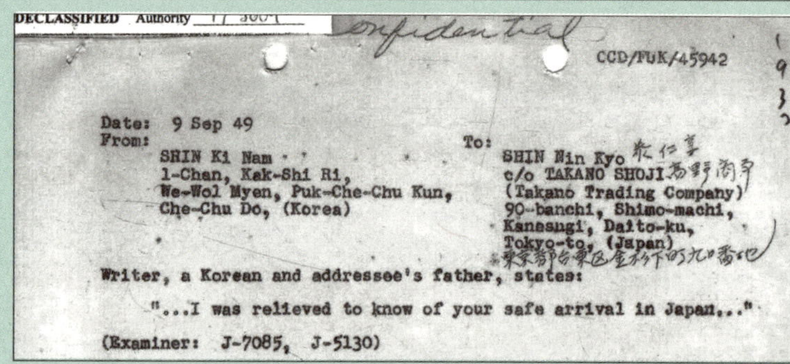

DECLASSIFIED Authority

Confidential

CCD/FUK/45942

Date: 9 Sep 49

From:
SHIN Ki Nam
1-Chan, Kak-Shi Ri,
We-Wol Myen, Puk-Che-Chu Kun,
Che-Chu Do, (Korea)

To:
SHIN Nin Kyo 愼仁喬
c/o TAKANO SHOJI 高野商事
(Takano Trading Company)
90-banchi, Shimo-machi,
Kanasugi, Daito-ku,
Tokyo-to, (Japan)
東京都台東区金杉下町九〇番地

Writer, a Korean and addressee's father, states:

"...I was relieved to know of your safe arrival in Japan..."

(Examiner: J-7085, J-5130)

DECLASSIFIED Authority 775009

Confidential

JP/FUK/43924

Date: Postmark: 30 Jun 49

From:
KO To Man
Seika-do,
Hyozen-ri, Hyozen-men,
Nan(-saishu)-gun,
Saishu-do, (Korea)

To:
KO Tai Sei 康大成
c/o KO Hei Gen 康丙元
5-64, Kita-ikuno-machi,
Ikuno-ku, Osaka-shi,
(Osaka-fu, Japan)
大阪市生野区北生野町五ノ六四

Writer, a Korean and addressee's younger brother, states:

"...I have been unable to know your whereabouts since you left here in August 1948, but I was relieved to be informed that you arrived at Osaka safely..."

(Examiner: J-7096, J-4367, J-2787)

4·3 시기인 1949년 6~9월 제주도와 일본 간에 오고 간
편지와 우편엽서 내용. NARA. [화보14]

Type: Various	TEXT
Dated: Various	**TRAVEL:** KOREANS ILLEGALLY IN SHIZUOKA-KEN
Language: Korean	Date: 28 Aug 49 From: HYONG Chi Pu, O-Tan Ri, Song-San Myen, Nam-Che-Chu Kun, Che-Chu Do, (Korea) To: KAN Ki Kyon 康熙? 4-chome, Nakagawa-cho, Shimada-shi, Shizuoka-ken, (Japan) 静岡縣島田市中河町四丁目
Disposition: Passed	Writer, a Korean and addressee's elder brother-in-law, states
Relevant Records:	"...I am very glad to hear that you arrived in Japan safely..." (Examiner: J-4211, J-7085, J-2985)

1937

Confidential CCD/91950

From:
SO Shin-kyo
宋普京
c/o OHARA Torikichi
大西 酉吉
7-88, Suetsugu-cho,
Kami-mura, Naka-kawachi-gun, Osaka-fu, (Japan)
大阪府中河内郡加美村末次町7-88

To:
SO To-seki
Seido-nai, Tokushu-ri,
Antoku-men, Nan-Saishu-gun, Saishu-do, Korea

Type & Date of Comm:
Letter surface
C. 26 Sep 49
P. 26 Sep 49

Language:
Japanese

DISCLOSURE OF IDENTITY AND WHEREABOUTS OF POSSIBLE ILLEGAL ENTRANT FROM KOREA

Writer, a Korean, states:

"It is more than one year since I saw you last in Korea."

(Comment by: FMP-3 J-12033)

224-30-9	
DISTRIBUTION: KINK CAR	Date: 6 Aug 49 From: KANG Tu Man, Ppyo-Sonri, Ppyo-Son Myen, Nam-Chai-Chu Kun, Chai-Chu Do, Korea To: KANG Tai Song 康大成 c/o YASUMURA Heiin 康村?? 5-64, Kita-ikuno-machi, Ikuno-ku, Osaka-shi, (Osaka-fu, Japan) 大阪府生野区北生野町五六四
	Writer, a Korean and addressee's wife, states: "... As I heard nothing from you though several months have elapsed since your departure, I was anxious about you but having read your first letter, I am relieved..." (Examiner: J-9201, J-4367, J-4415)
CIOC/GA GB/SOC	

의 사연도 있다.

> "당신이 집을 떠난 지 2년이 훌쩍 지났지만, 당신으로부터 한 통의 편지도 받지 못했어요. 저는 고단한 삶을 살고 있답니다."

안덕면 상천리 아내는 6월 20일 도쿄 가쓰시카구의 남편에게 오랜 기간 소식을 듣지 못한 답답함과 고단함을 호소하는 편지를 보냈다. 4·3 시기에도 재일동포 사회와 제주도 간에는 이렇게 교류가 끊어지지 않고 지속적으로 이루어지고 있었다.

19491002

미국 문서에만 남은 제주비행장 249명 집단 처형

083

1949년 10월 2일 오전 9시 제주비행장에서 군법회의 사형수 249명이 한꺼번에 총살을 당했다. 한국전쟁 발발 이전 남한 사회에서 이처럼 많은 민간인이 하루에 집단 처형된 사례는 찾아보기 어렵다. 당시 언론은 단 한 줄도 보도하지 않았다.

이날의 상황은 주한미대사관 문서에만 짧게 기록되어 있다. 대사관 미군 무관이 워싱턴 육군부 정보국으로 보낸 합동주간분석 보고서JOINT WEEKA에는 이렇게 적혀 있다.

> "제주도에서 지난 4월 이후 체포된 게릴라 249명이 군법회의 결과에 따라 처형됐다. 대량 처형은 한국군 군기대의 감독 아래 10월 2일 오전 9시 집행됐다. 모든 판결은 대통령 이승만이 재가했다. 이들 가운데 과거 제주도 주둔 제9연대 탈영병 21명이 포함됐다."

문서는 이를 '대량 처형'mass execution이라고 기록했다. 이

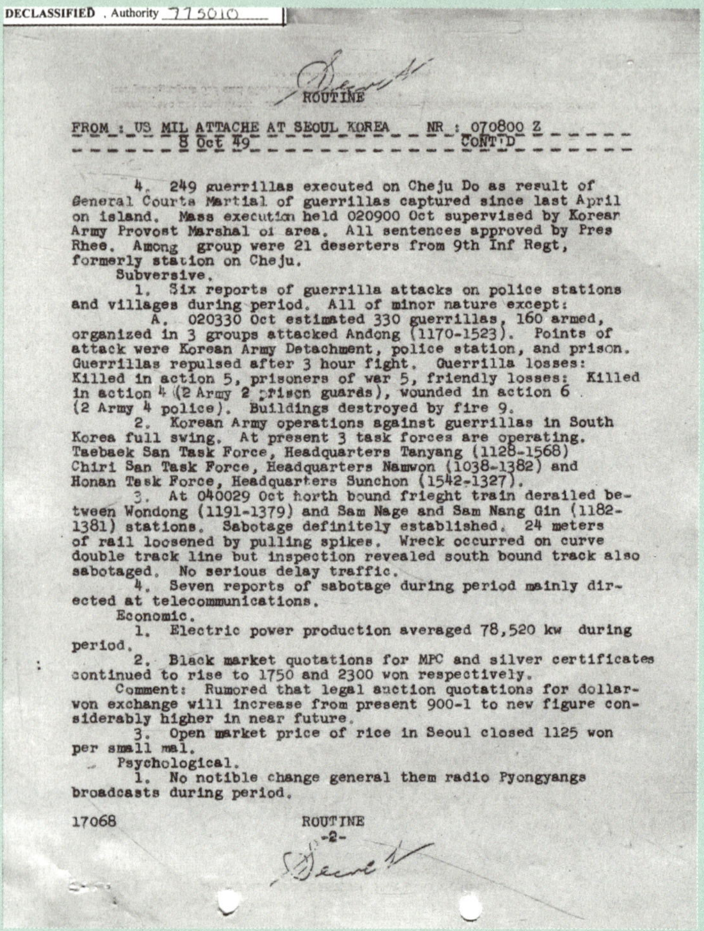

DECLASSIFIED . Authority 775010

Secret

ROUTINE

FROM : US MIL ATTACHE AT SEOUL KOREA NR : 070800 Z
8 Oct 49 CONT'D

4. 249 guerrillas executed on Cheju Do as result of General Courts Martial of guerrillas captured since last April on island. Mass execution held 020900 Oct supervised by Korean Army Provost Marshal of area. All sentences approved by Pres Rhee. Among group were 21 deserters from 9th Inf Regt, formerly station on Cheju.

Subversive.

1. Six reports of guerrilla attacks on police stations and villages during period. All of minor nature except:

A. 020330 Oct estimated 330 guerrillas, 160 armed, organized in 3 groups attacked Andong (1170-1523). Points of attack were Korean Army Detachment, police station, and prison. Guerrillas repulsed after 3 hour fight. Guerrilla losses: Killed in action 5, prisoners of war 5, friendly losses: Killed in action 4 (2 Army 2 prison guards), wounded in action 6 (2 Army 4 police). Buildings destroyed by fire 9.

2. Korean Army operations against guerrillas in South Korea full swing. At present 3 task forces are operating. Taebaek San Task Force, Headquarters Tanyang (1128-1568) Chiri San Task Force, Headquarters Namwon (1038-1382) and Honan Task Force, Headquarters Sunchon (1542-1327).

3. At 040029 Oct horth bound frieght train derailed between Wondong (1191-1379) and Sam Nage and Sam Nang Gin (1182-1381) stations. Sabotage definitely established. 24 meters of rail loosened by pulling spikes. Wreck occurred on curve double track line but inspection revealed south bound track also sabotaged. No serious delay traffic.

4. Seven reports of sabotage during period mainly directed at telecommunications.

Economic.

1. Electric power production averaged 78,520 kw during period.

2. Black market quotations for MPC and silver certificates continued to rise to 1750 and 2300 won respectively.

Comment: Rumored that legal auction quotations for dollar-won exchange will increase from present 900-1 to new figure considerably higher in near future.

3. Open market price of rice in Seoul closed 1125 won per small mal.

Psychological.

1. No notible change general them radio Pyongyangs broadcasts during period.

17068 ROUTINE

-2-

Secret

1949년 10월 8일 주한미대사관 무관이 워싱턴 육군부(정보국)에 보낸 주간합동분석 제17호. NARA.

파괴 활동

참조: 일본 도쿄 극동사령부(정보참모부)(극동해·공군사령부 전달)

4. 제주도에서 지난 4월 이후 체포된 게릴라 249명이 군법회의 결과 처형됐다. 대량 처형은 현지 한국군 군기대의 감독 아래 10월 2일 오전 9시 집행됐다. 모든 판결은 대통령 이승만이 재가했다. 이들 가운데 과거 제주도 주둔 제9연대 탈영병 21명이 포함돼 있었다.

들 중 상당수는 "귀순하면 살려준다"는 군·경의 살포 삐라를 믿고 하산한 주민들이었다. 제주도지구전투사령부는 1949년 봄 대대적인 귀순 공작을 벌였고, 산속에 있던 주민들은 이를 믿고 내려왔다. 살려준다는 약속은 지켜지지 않았다. 귀순자들은 군·경의 심문을 거쳐 군법회의에 넘겨졌다.

1949년 6~7월 2차 군법회의에서 재판을 받은 민간인 1,659명 가운데 345명이 사형선고를 받았다. 이들 가운데 249명이 제주비행장에서 집단 처형된 것이다. 나머지 96명은 고등군법회의나 재심 과정에서 감형된 것으로 추정한다. 한 초등학생은 유치장에서 끌려 나와 트럭에 실려가는 오빠를 마지막으로 목격했다.

> "트럭에서 일어나지 못하게 방망이로 때렸어요. 그래도 오빠가 트럭에서 잠깐 일어났다가 나를 탁하고 보더니 웃는 거예요. 그게 끝이에요. 나중에 죽였다는 얘기가 들렸어요."

중문면 회수리 한 유족은 이렇게 증언한다.

> "1949년 3월경 자수하면 살려준다고 해서 형님이 자수한 뒤 소식이 끊겼다가 제주비행장에서 죽었다는 말을 들었습니다."

정확한 날짜를 몰랐다가 나중에 살아 돌아온 분이 음력 8월 열하룻날(10월 2일) 제사한다고 해서 그제야 날짜를 알게 되어 제사를 지낸다고도 했다. 총살 집행을 목격한 당시 제1독립대대 소대장 허균은 이렇게 증언한다.

> "제주비행장 벌판에 크게 구덩이 두 개를 파고 200-300여 명 정도를 눈을 가린 채 총살했다."
> "현장 지휘는 헌병장교인 윤기열이 했다."

국가가 뿌린 삐라는 '목숨'을 약속했지만, 결과는 집단 처형이었다. 그렇게 세상을 떠난 이들의 흔적은 모두 사라졌다. 국가는 이 죽음을 기록하지 않았다. 철저히 은폐했다.

19491013

'궤멸적 성공'의 기록, 무초의 외교문서

084

1949년 10월 13일 주한미국대사 무초가 국무부에 보낸 외교 전문은 당시 이들에게 제주도가 어떤 의미였는지를 말해준다. 제주도 관련 부분은 단 한 줄에 지나지 않지만, 표현 강도는 기존 문서들과는 퍽 다르다. 제주도 상황에 대한 평가를 짧은 문장에 압축했다.

> "공산 폭도들이 어떤 형태로든 재기할 수 없게 만들 만큼의 '궤멸적 성공'devastatingly successful을 거두었다."

군·경 토벌대의 성과에 대한 언급을 넘어 제주도를 초토화시킨 작전 결과를 정당화하려는 의도로 해석된다. 앞서 미대사관은 10월 2일 제주비행장에서의 집단 처형을 보고한 바 있다.

미군은 이미 1945년 9월 일본군 무장해제 과정에서 제주도를 "전략적으로 매우 중요한 위치에 있다"고 평가했다. 한

895.00B/10-1349

The Ambassador in Korea (Muccio) to the Secretary of State

[Extract]

CONFIDENTIAL
No. 635

SEOUL, October 13, 1949.

. . . .

The Ambassador has, from time to time, reported to the Department on the subject of communist guerrilla activities in the territory under control of the Republic of Korea. The Ambassador has reported, for example, the successful operations carried out by the Korean Army in the early part of this year on Cheju island and in the Chiri mountain area of South Cholla and South Kyongsang provinces. The Ambassador is glad to be able to report that the Cheju operation was so devastatingly successful that the communist raiders have been unable to make a come back of any kind on that most strategically important island. With regard to the Chiri mountain area, however, the communist guerrillas have been able to survive to a certain extent. They have also been increasingly active during the past three months in the more rugged mountain areas of North Kyongsang and Kangwon provinces.

KOREA 1087

The persistence of these guerrilla operations is, of course, a tribute to the untiring efforts of the North Korea communists, spurred by their Soviet masters to create terror and chaos in the south, the ultimate objective of which is unmistakably to insure Soviet control of the South Korea peninsula and thus wipe out non-Soviet influence from the Asian mainland extending from the Arctic Circle to French Indochina. It is clear that the North Korea communists have been engaged in what might be termed an "all out" guerrilla offensive during the summer months when nature's cover was such as to facilitate their operations. Those operations have been accomplished in the main by the sending of many hundreds of trained guerrillas and saboteurs, a good portion of whom possess arms, to areas south of the Thirty-Eighth Parallel.

Considering their numbers, their evidently well prepared plans and the fanatical nature of their mission, the guerrillas have not had any large measure of success. It is true that they have been able to marshal several hundred men for attacks on towns and villages on several occasions. But in most cases these attacks have been beaten off and ultimately the guerrillas have been subjected to heavy losses. In the past three months, it would appear that the guerrillas have lost well over a thousand men in engagements with the Korean Army and Police. In this connection, the activities of the Army, in particular, are being stepped up and it is thought that even heavier casualties will be inflicted upon the communist bandits in the course of the next two or three months.

Perhaps the main result of communist guerrilla depredation in the territory of the Republic has been the creation of a feeling of uneasiness and in some areas of terror. Materially the communists have been unable to carry out sabotage of any real importance. Neither have the guerrillas been able to establish anything but transitory bases. There is no indication that they have been able to gain the loyalty of the local inhabitants who fear and detest them.

. . . .

1949년 10월 13일 주한미대사 무초가 국무장관에게 보낸 3급 비밀문서. 제635호. NARA.

1949년 10월 13일 주한미대사(무초)가 국무장관에게 보낸 문서

대사는 때때로 대한민국 정부가 통제하는 지역에서 발생한 공산 게릴라 활동에 관해 국무부에 보고해왔습니다. 예를 들어, 올해 초 제주도와 전라남도 경상남도에 걸친 지리산 일대에서 한국군이 수행한 성공적인 작전을 보고한 바 있습니다. 대사는 제주도 작전이 궤멸적 성공(devastatingly successful)이어서 공산 폭도들이 전략적으로 가장 중요한 섬에서 어떠한 형태로든 재기할 수 없게 됐다는 점을 기쁘게 보고할 수 있게 됐습니다. 그러나 지리산 지역에 관해서는 공산 게릴라들이 어느 정도 생존을 이어가고 있습니다. 그들은 또한 지난 3개월 동안 경상북도와 강원도의 더 험준한 산악지대에서 활동을 강화하고 있습니다. 이들 게릴라 작전이 계속되고 있는 것은 물론 북한 공산주의자들의 지칠 줄 모르는 노력 탓이며, 남한 내 테러와 혼란을 조성하도록 소련의 배후세력들(masters)이 몰아갔습니다. 그 궁극적 목표는 남한 전역을 소련의 통제 아래 두어 북극권에서 프랑스령 인도차이나까지 이어지는 아시아 대륙에서 비소비에트권 영향력을 쓸어버리는 데 있음이 분명합니다. (하략)

국 정부도 군·경 토벌대가 제주도 사태를 진압하고 귀환한 뒤 가진 환영식에서 제주도를 '동아시아의 반공의 전초기지'라고 밝힌 바 있다. 이들은 남한의 후방 안정과 동중국해의 요충지라는 측면에서 제주도의 전략적 가치를 바라보고 있었다.

무초는 같은 해 4월에도 제주도를 소련의 주요 활동 무대로 규정하며, 소련의 요원들이 큰 어려움 없이 침투하고 있다고 보고했다. 이러한 인식 속에서 "공산 폭도들이 전략적으로 가장 중요한 섬으로 여기는 제주도"에서의 강경 진압은 불가피하고 정당한 조치로 여겼다.

중산간 지역은 출입금지 구역이 됐고, 군·경 토벌대와 우익단체들은 해안마을과 중산간 마을 가리지 않은 채 '폭도'나 '폭도 동조자'들을 찾는 데 혈안이 됐다. 주민들은 토벌대와 무장대 사이에서 선택을 강요 받아야 했다. 그러나 무초의 외교문서는 이러한 실상을 언급하지 않는다. '소련의 요원들이 어려움 없이 침투하는' 제주도의 무장세력을 제거했다는 점만을 성공 기준으로 삼았다. 그의 문서는 냉전 초기 미국 외교관리들의 관심이 공산주의 확산 차단과 신생 정부의 국가 체제 강화에 집중됐음을 보여준다. 이러한 그들의 인식은 제주도민들의 희생을 외면하게 만든 배경으로 작동했다.

19491128

미군 고문관의 눈에 비친 군·경·서청이 뒤엉킨 제주

085

1949년 11월 28일 군사고문단 소속 피쉬그룬드 대위의 보고서가 대사관을 통해 미 국무부로, 다음 날에는 군사고문단장을 통해 국방부 장관 신성모에게 전달됐다. 그의 보고서는 당시 제주도가 처한 현실을 보여준다. 재건 중인 해안마을은 시멘트 부족으로 흙과 돌을 사용하고 있지만, 강풍으로 어려움을 겪고 있었다. 방문해본 중산간 마을 2곳은 파괴된 상태로 있었고, 농사를 짓는 데도 경찰의 감시와 통행증이 필요했다. 제주 출신 국회의원들의 지역구 방문은 드물었다. 어민들의 조업은 허용됐으나 경찰로부터 조업용 통행증을 받고, 출항 전후 검사를 받아야 했다. 피쉬그룬드는 제2연대가 주둔했던 시기 어획량의 3분의 1이 군대 몫으로 들어갔고, 제1독립대대도 이를 잠시 지속하다가 여론 악화로 중단했다고 밝혔다.

초토화 시기인 1948년 11월~12월 제주도 제9연대 고문관으로 근무했던 피쉬그룬드 대위의 보고서는 11월 16~19일 제주도 시찰 이후 작성한 것이다. 제주도지사 김용하가 지난

1949
11
28

6월에 이어 11월에도 군·경 및 서청 문제를 미대사관에 제기하자 대사관 측은 군사고문단과 한국 국방부 장관에게 조사를 제안했다. 그 조사에 나선 것이 장창국 대령과 피쉬그룬드 대위다.

보고서에서 비중 있게 다룬 부분은 서청 문제였다. 1949년 11월 현재 제주도에 남아 있는 서청 500명 중 300명은 경찰로 활동하고, 나머지 200명은 관공서에 다니거나 사업을 하고 있었다. 북한 피난민 출신 부지사와 군 지휘관은 서청에 동정적이었고, 지역 언론도 이들이 장악해 입맛대로 보도를 하고 있다고 밝혔다. 입도 1년 만에 부자가 된 서청 단원 가운데는 군·경, 관공서의 이름을 빌려 이익을 취하고 있는 이들도 있다고 덧붙였다.

보고서는 또다른 실상도 말해준다. 당시 제주경찰서 유치장에는 '반도'rebels로 규정된 300여 명이 '쇠약한 상태'로 수감되어 있었다. 1949년 11월 시점에서 300여 명이나 수감되

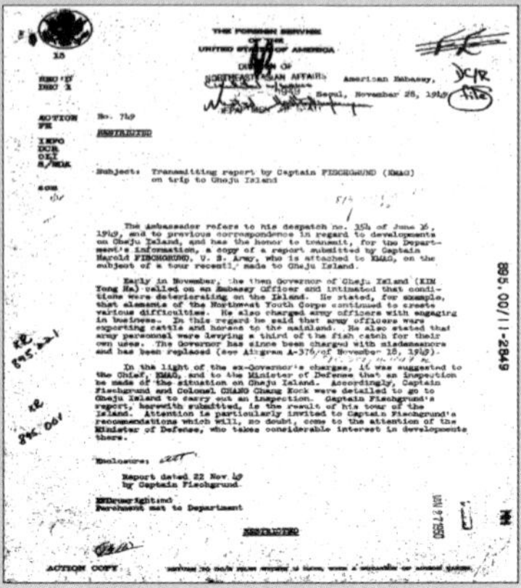

THE FOREIGN SERVICE
OF THE
UNITED STATES OF AMERICA

American Embassy,
Seoul, November 28, 1949

ACTION
FE

INFO
DCR
OLI
S/MDA

No. 749

RESTRICTED

Subject: Transmitting report by Captain FISCHGRUND (KMAG) on trip to Cheju Island

The Ambassador refers to his despatch no. 354 of June 16, 1949, and to previous correspondence in regard to developments on Cheju Island, and has the honor to transmit, for the Department's information, a copy of a report submitted by Captain Harold FISCHGRUND, U. S. Army, who is attached to KMAG, on the subject of a tour recently made to Cheju Island.

Early in November, the then Governor of Cheju Island (KIM Yong Ha) called on an Embassy Officer and intimated that conditions were deteriorating on the Island. He stated, for example, that elements of the Northwest Youth Corps continued to create various difficulties. He also charged army officers with engaging in business. In this regard he said that army officers were exporting cattle and horses to the mainland. He also stated that army personnel were levying a third of the fish catch for their own uses. The Governor has since been charged with misdemeanors and has been replaced (see Airgram A-376 of November 18, 1949).

In the light of the ex-Governor's charges, it was suggested to the Chief, KMAG, and to the Minister of Defense that an inspection be made of the situation on Cheju Island. Accordingly, Captain Fischgrund and Colonel CHANG Chang Kock were detailed to go to Cheju Island to carry out an inspection. Captain Fischgrund's report, herewith submitted, is the result of his tour of the Island. Attention is particularly invited to Captain Fischgrund's recommendations which will, no doubt, come to the attention of the Minister of Defense, who takes considerable interest in developments there.

Enclosure:

Report dated 22 Nov 49
by Captain Fischgrund

EFDrumright:md
Parchment sent to Department

RESTRICTED

895.00/11-2849

ACTION COPY

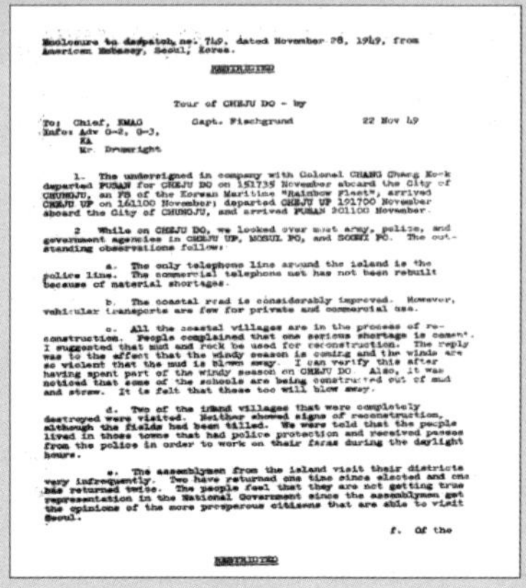

Enclosure to despatch no. 749, dated November 28, 1949, from American Embassy, Seoul, Korea.

RESTRICTED

Tour of CHEJU DO - by

To: Chief, KMAG　　Capt. Fischgrund　　22 Nov 49
Info: Adv G-2, G-3,
KA
Mr. Drumright

1. The undersigned in company with Colonel CHANG Chang Kock departed PUSAN for CHEJU DO on 151735 November aboard the City of CHUNGJU, an FB of the Korean Maritime "Rainbow Fleet", arrived CHEJU UP on 161100 November; departed CHEJU UP 191700 November aboard the City of CHUNGJU, and arrived PUSAN 201100 November.

2 While on CHEJU DO, we looked over most army, police, and government agencies in CHEJU UP, MOSUL PO, and SOGWI PO. The outstanding observations follow:

a. The only telephone line around the island is the police line. The commercial telephone net has not been rebuilt because of material shortages.

b. The coastal road is considerably improved. However, vehicular transports are few for private and commercial use.

c. All the coastal villages are in the process of reconstruction. People complained that one serious shortage is cement. I suggested that mud and rock be used for reconstruction. The reply was to the affect that the windy season is coming and the winds are so violent that the mud is blown away. I can verify this after having spent part of the windy season on CHEJU DO. Also, it was noticed that some of the schools are being constructed out of mud and straw. It is felt that these too will blow away.

d. Two of the inland villages that were completely destroyed were visited. Neither showed signs of reconstruction, although the fields had been tilled. We were told that the people lived in those towns that had police protection and received passes from the police in order to work on their farms during the daylight hours.

e. The assemblymen from the island visit their districts very infrequently. Two have returned one time since elected and one has returned twice. The people feel that they are not getting true representation in the National Government since the assemblymen get the opinions of the more prosperous citizens that are able to visit Seoul.

f. Of the

RESTRICTED

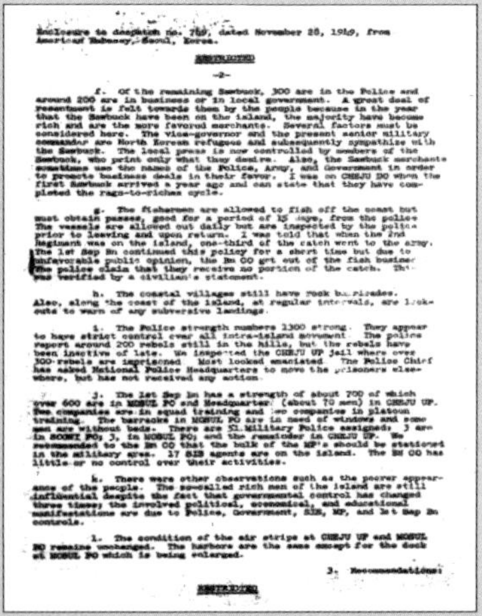

Enclosure to despatch no. 749, dated November 28, 1949, from American Embassy, Seoul, Korea.

RESTRICTED

-2-

f. Of the remaining Sawbuck, 300 are in the Police and around 200 are in business or in local government. A great deal of resentment is felt towards them by the people because in the year that the Sawbuck have been on the island, the majority have become rich and are the more favored merchants. Several factors must be considered here. The vice-governor and the present senior military commander are North Korean refugees and subsequently sympathize with the Sawbuck. The local press is now controlled by members of the Sawbuck, who print only what they desire. Also, the Sawbuck merchants sometimes use the names of the Police, Army, and Government in order to promote business deals in their favor. I was on CHEJU DO when the first Sawbuck arrived a year ago and can state that they have completed the rags-to-riches cycle.

g. The fishermen are allowed to fish off the coast but must obtain passes, good for a period of 15 days, from the police. The vessels are allowed out daily but are inspected by the police prior to leaving and upon return. I was told that when the 2nd Regiment was on the island, one-third of the catch went to the army. The 1st Sep Bn continued this policy for a short time but due to unfavorable public opinion, the Bn CO got out of the fish business. The police claim that they receive no portion of the catch. This was verified by a civilian's statement.

h. The coastal villages still have rock barricades. Also, along the coast of the island, at regular intervals, are lookouts to warn of any subversive landings.

i. The Police strength numbers 1300 strong. They appear to have strict control over all intra-island movement. The police report around 200 rebels still in the hills, but the rebels have been inactive of late. We inspected the CHEJU UP jail where over 300 rebels are imprisoned. Most looked emaciated. The Police Chief has asked National Police Headquarters to move the prisoners elsewhere, but has not received any action.

j. The 1st Sep Bn has a strength of about 700 of which over 600 are in MOSUL PO and Headquarters (about 70 men) in CHEJU UP. Two companies are in squad training and two companies in platoon training. The barracks in MOSUL PO are in need of windows and some men are without beds. There are 51 Military Police assigned; 3 are in SOGWI PO; 3, in MOSUL PO; and the remainder in CHEJU UP. We recommended to the Bn CO that the bulk of the MP's should be stationed in the military area. 17 SIS agents are on the island. The Bn CO has little or no control over their activities.

k. There were other observations such as the poorer appearance of the people. The so-called rich men of the island are still influential despite the fact that governmental control has changed three times; the involved political, economical, and educational manifestations are due to Police, Government, SIS, MP, and 1st Sep Bn controls.

l. The condition of the air strips at CHEJU UP and MOSUL PO remains unchanged. The harbors are the same except for the dock at MOSUL PO which is being enlarged.

3. Recommendations:

RESTRICTED

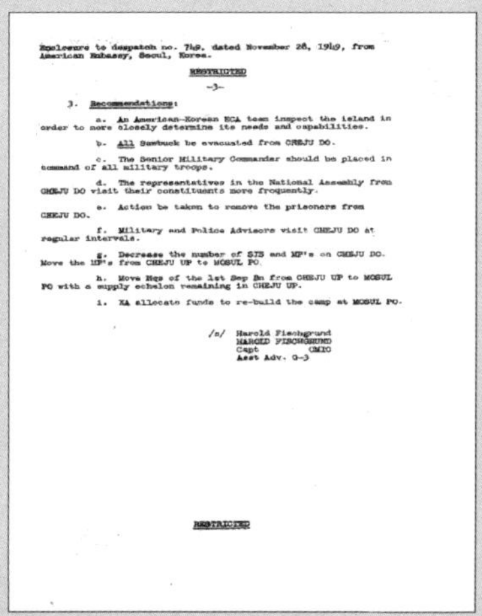

Enclosure to despatch no. 749, dated November 28, 1949, from American Embassy, Seoul, Korea.

RESTRICTED

-3-

3. Recommendations:

a. An American-Korean ECA team inspect the island in order to more closely determine its needs and capabilities.

b. All Sawbuck be evacuated from CHEJU DO.

c. The Senior Military Commander should be placed in command of all military troops.

d. The representatives in the National Assembly from CHEJU DO visit their constituents more frequently.

e. Action be taken to remove the prisoners from CHEJU DO.

f. Military and Police Advisors visit CHEJU DO at regular intervals.

g. Decrease the number of SIS and MP's on CHEJU DO. Move the MP's from CHEJU UP to MOSUL PO.

h. Move Hqs of the 1st Sep Bn from CHEJU UP to MOSUL PO with a supply echelon remaining in CHEJU UP.

i. KA allocate funds to re-build the camp at MOSUL PO.

/s/ Harold Fischgrund
HAROLD FISCHGRUND
Capt　　CMTC
Asst Adv. G-3

RESTRICTED

1949년 11월 28일 미대사관이 국무부에 보내는 전문 제749호. NARA.

었다는 사실은 눈길을 끈다. 피난 생활을 하다 귀순하거나 체포된 주민들이라고 짐작할 수 있다.

군의 배치와 권력 관계도 혼란스러웠다. 제1독립대대는 4개 중대 700여 명으로 구성됐는데, 제주읍 본부 주둔 70여 명을 제외한 병력은 모슬포에 주둔했다. 특무대 요원 17명은 대대장의 통제 밖에 있었고, 헌병(군사경찰) 51명 중 대부분은 제주읍에 상주했다.

보고서는 행정과 경찰, 군사경찰, 특무대, 제1독립대대가 제각각 권한을 행사하면서 도민들은 더 위축됐고, 토호세력들은 영향력을 유지하고 있다고 지적했다. 피쉬그룬드는 지휘 체계의 일원화와 서청의 전면 철수, 국회의원의 방문 강화, 군사경찰과 특무대 감축 등을 권고했다.

이 보고서는 1949년 11월, 제주사회의 총체적 난국상을 보여주고 있다. 서청의 횡포와 군·경 등 권력 기관들의 권력 남용, 경제적 착취 등이 얽혀 있는 위기의 복판에 서 있는 제주의 실상이 보고서에 담겼다.

195001

제주도 보도연맹 결의문의 역설

086

1950년 1월 초순 제주도 보도연맹은 결성 직후 국방부 장관 신성모에게 다음과 같은 내용의 충성 결의문을 보냈다.

> "공산주의 감언이설에 기만돼 남로당에 가입했으나 그들의 천인공로할 만행은 민족으로서는 용납할 수 없어 이를 각성하고, 정부의 온정에 호응해 자수했다."
> "본 연맹의 결성을 계기로 방공防共 의식을 철저히 하며 대한민국 정부를 절대 지지하고자 전력을 경주할 것을 본 대회에서 결의하고, 각하에게 맹세한다."

결의문 발송 시점으로 볼 때 보도연맹 제주도지부 출범은 『정부 보고서』가 추정해온 1949년 11월보다 늦은 1950년 1월 초순으로 보는 편이 타당하다.

보도연맹은 남로당 탈당 전향자들을 계몽 지도한다는 명분으로 1949년 4월 20일 민전 중앙의원 출신 박우천 등이

나서서 조직, 같은 해 6월 5일 강령 선포대회를 계기로 본격적인 활동에 들어갔다. "남·북로당을 분쇄하는 데 앞장서는 반공전사로의 개조"를 목적으로 내세운 보도연맹은 일제 강점기 사상범 통제기관이었던 시국대응전선사상보국연맹과 재단법인 대화숙을 모방했다. 전국 지구·직장별 지부 결성은 1949년 하반기부터 시작돼 1950년 1월 집중됐지만, 그 이후에도 이어졌다. 체신부 산하 보도연맹은 그 해 6월 10일이 되어서야 결성됐다.

제주도 사태가 진정되고 있었지만 산으로 피신했다가 귀순하거나 경찰의 조사를 받았던 이들은 언제든지 다시 사상을 의심받을 수 있다는 두려움 속에 놓여 있었다. 또다시 희생양이 되는 것을 피하기 위해 주민들은 관변 반공단체의 지붕 아래 모여들었다.

보도연맹 가입과 결의문 제출은 생존을 위한 방패였다. 결의문 속 표현들은 개인의 과거를 과오로 규정한 뒤 국가

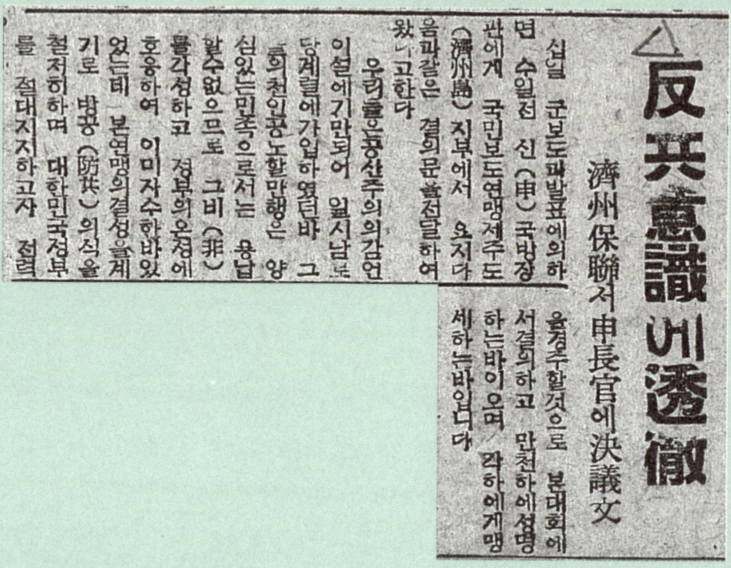

反共意識에透徹

濟州保聯서申長官에決議文

십일 군보도과발표에의하면 수일전 신(申)국방장관에게 국민보도연맹제주도(濟州島)지부에서 요지다음과같은 결의문을전달하여왔다고한다

우리들은공산주의의감언이설에기만되어 일시남로당계렬에가입하였던바 그들의천인공노할만행은 양심있는민족으로서는 용납할수없으므로 그비(非)를각성하고 정부의온정에호응하여 이미자수한바있었는데 본연맹의결성을계기로 방공(防共)의식을철저히하며 대한민국정부를 절대지지하고자 전력을경주할것으로 본대회에서결의하고 만천하에성명하는바이오며 각하에게맹세하는바입니다

1950년 1월 12일 『서울신문』 기사.

반공의식에 투철

제주보련서 신 장관에 결의문

십일 군 보도과 발표에 의하면 수일전 신 국방장관에게 국민보도연맹 제주도지부에서 요지 다음과 같은 결의문을 전달하여 왔다고 한다.

우리들은 공산주의의 감언이설에 기만되어 일시 남로당 계렬에 가입하였던바 그들의 천인공노할 만행은 양심있는 민족으로서는 용납할 수 없으므로 그 비(非)를 각성하고 정부의 온정에 호응하여 이미 자수한바 있었는데 본 연맹의 결성을 계기로 방공의식을 철저히 하며 대한민국 정부를 절대 지지하고자 전력을 경주할 것으로 본 대회에서 결의하고 만천하에 성명하는 바이오며 각하에게 맹세하는 바입니다.

에 대한 충성으로 이를 상쇄시키는 전형적인 전향 서사를 따른다. 전향자들은 더 열렬한 반공의 전사로 거듭났다. 국가의 의심을 벗어날 수 있는 유일한 길로 여겼기 때문이다.

결과적으로 보도연맹 가입은 보호막이 아닌 식별표였다. 한국전쟁이 발발하자 전국의 보도연맹원들은 예비검속 대상이 됐다. 자수자·전향자라는 이름은 언제든지 또다시 전향할 수 있는 불신의 근거가 됐고, 국가는 보도연맹 명부를 '잠재적 위험 인물 목록'으로 여겨 제거 대상으로 편입시켰다.

제주도에서도 마찬가지였다. 한국전쟁 발발 이후 예비검속된 보도연맹원들은 수장되거나 학살 암매장됐다. 보도연맹과 무관한 주민들이 무고나 밀고, 사감 등으로 끌려가기도 했다. 제주경찰은 1950년 8월 제주도 내 보도연맹원 규모를 2만 7천여 명으로 집계했다. 집계 대상의 명부는 제거 대상의 다른 이름이기도 했다. 살기 위해 이름을 올린 보도연맹원의 명부는 오히려 죽음의 명부가 되었다.

19500419

‘공비 아지트 발견’과 ‘부락경비’가 말하는 표창장의 의미

087

1950년 4월 19일, 대정면 무릉리 좌기동 부근 곶자왈을 수색하던 모슬포경찰서 무릉지서 순경이 무장대 아지트를 발견했다. 무장대는 없었고, 일본군 99식 소총 실탄을 발견했다. 이 공로로 이 순경은 1950년 6월 1일 제주도경찰국장 이성주가 주는 표창장과 금일봉을 받았다. 표창장에는 이렇게 적혔다.

> “잔비 소탕과 재건부락 경비에 불철주야 전력을 경주하여 오던 중 단기 4283년 4월 19일 하오 5시경 관내 대정면 무릉리 2구 좌기동 동방 약 1,500미터 지점 밀림에서 공비 아지트를 수색 발견해 99식 실탄을 발견 압수한 공적이 현저하다.”

정부는 1949년 5월 중순 제주도 사태의 ‘완전 진압’을 대외적으로 선포한 데 이어 8월에는 제주읍 관덕정 광장에서 ‘공비 완전 소탕 축하대회’를 열어 재차 4·3 무장봉기 진압 완료를 선언했다. 그러나 이 표창장은 그로부터 거의 1년이 지난 시점에도 무장대 잔여 세력인 이른바 '잔비' 소탕작전이 계속되고 있었으며, 주민들은 '재건부락 경비'라는 이름으로 통제의 연장선 위에 놓여 있었음을 보여준다.

무장대가 한라산 일대 산재한 굴이나 곶자왈을 은신처와 근거지로 삼았던 점을 고려하면 경찰이 발견한 아지트는 곶자왈로 추정된다. 표창장에 표기된 장소는 대정면 무릉리 2구 좌기동에서 동쪽으로 1.5킬로미터 정도 떨어져 있다. 지도를 보면 신평곶자왈 일대로 추정된다. 용암동굴과 수풀이 얽힌 이 지역 곶자왈은 민가와 떨어져 있어 4·3이 한창일 때도 토벌대의 접근이 쉽지 않았던 이른바 '해방구'에 가까웠다. 이 때문에 주민들의 피신처 역할을 하거나 무장대가 은신하기에 유리했다.

아지트를 발견한 시각은 오후 5시. 수풀이 우거진 곶자왈은 한낮에도 어둑하지만, 오후 늦은 시간까지도 수색이 이

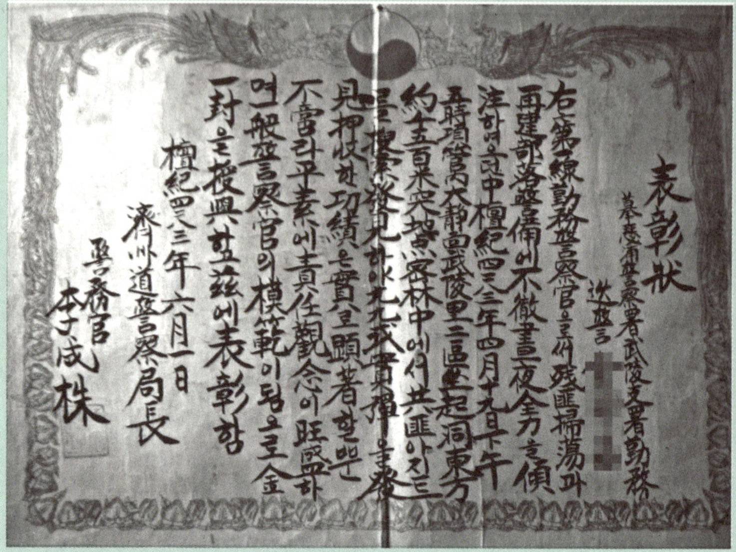
表彰狀
慕瑟浦警察署武陵支署勤務
巡警 [redacted]
右은第一線勤務警察官으로써殘匪掃蕩과
再建部落警備에不撤晝夜全力을傾
注하여오던中檀紀四二八三年四月十九日下午
五時頃管內大靜面武陵里二區坐起洞東方
約千五百米突地點密林中에서共匪아지트
를搜索發見하야九九式實彈을發
見押收한功績은實로顯著할뿐
不啻라平素에責任觀念이旺盛하
며一般警察官의模範이됨으로金
一封을授與하고玆에表彰함
檀紀四二八三年六月一日
濟州道警察局長
警務官 李成株

1950년 6월 1일, 무장대 아지트 발견 공로로 모슬포 경찰서 무릉지서 순경이 받은 표창장. [화보15]

표창장

모슬포경찰서 무릉지서 근무

순경 ○○○

우 제1일선 근무 경찰관으로써 잔비 소탕과 재건부락 경비에 불철주야 전력을 경주하여 오던 중 단기 4283년 4월 19일 하오 5시경 관내 대정면 무릉리 2구 좌기동 동방 약 천오백미돌(米突) 지점 밀림 중에서 공비 아지트를 수색 발견하야 99식 실탄을 발견 압수한 공적은 실로 현저할뿐 아니라 평소에 책임 관념이 왕성하며 일반 경찰관의 모범이 됨으로 금일봉을 수여하고 자에 표창함.

단기 4283년 6월 1일

제주도경찰국장

경무관 이성주

루어졌음을 보여준다.

표창장 속 '공비 아지트'라는 표현도 해석의 여지가 있다. 무장대의 실제 근거지일 수도 있지만, 삶의 터전을 잃고 곶자왈 깊은 곳으로 들어가 생존을 이어가던 주민들의 피신처였을 가능성도 있다. 압수한 99식 실탄은 소탕 작전의 지속을 정당화하는 근거이자, 경찰이 표창장을 받은 이유이다.

또 하나 눈에 띄는 표현은 '재건부락 경비'다. 재건부락은 소개령으로 해안마을로 강제이주했던 주민들이 원 거주지로 돌아갈 수 있도록 다시 건설한 마을이다. 이런 마을에 대한 경비 임무는 무장대의 접근을 막는 목적이었지만, 동시에 주민들의 이동과 일상을 통제하는 장치이기도 했다.

한국전쟁 시기 '자위대' 임명장에 남은 주민 동원의 흔적

088

1950년(단기 4283년) 8월 15일 성산포경찰서장 문형순 경감은 성산면 수산리 주민을 '수산리 자위대 부대장'으로 임명하는 임명장을 발급했다. 임명장을 받은 주민은 청년방위대 간부 출신이다.

이 한 장의 임명장은 4·3과 한국전쟁이 겹쳐진 시기 마을 치안이 국가 통제 체계로 재편되는 과정을 압축해 보여주는 기록이다.

1950년 6월 25일 한국전쟁 발발 이후 정부는 내부 단속을 강화하며 전국적으로 예비검속을 실시해 보도연맹원들을 대대적으로 검거했다. 7월 22일에는 대통령령으로 비상시향토방위령(긴급명령 제7호)을 제정해 만 14세 이상 국민에게 향토방위 의무를 부여하고(제2조), 부락 단위 자위대를 조직(제5조)하도록 했다. 자위대는 괴뢰군, 공비 및 협력자에 대한 정보 수집과 부락 방위와 방범을 목적으로 입초와 순찰을 담당(제8조)하도록 했다. 자위대의 대장과 부대장은 경찰서장이 청년방위대원 중에서 임명(제7조)하도록 했다.

그러나 이 긴급명령 제7호는 국회 승인을 얻지 못해 8월 1일 폐기됐다. 정부는 곧바로 일부 조항을 수정해 8월 4일 긴급명령 제9호를 제정했다. 자위대 대장과 부대장 임명권을 경찰서장에서 도지사로 격상하고, 대한청년단원 중에서 도단장의 추천(제7조)을 거치도록 변경했다. 이 조치는 이듬해인 1951년 5월 12일 폐지됐다.

제주경찰서는 8월 10일 산하 각 지서 주임을 비롯해 군수, 읍·면장, 청년방위대 및 청년단 대장을 소집해 자위대 조직 방안을 논의했다. 제주경찰서장 유근억은 "국가 자위조직체 단일화를 위한 비상조치"라며 경찰서장으로 명령계통을 단일화하고, 부락 단위 조직화를 추진했다. 이에 각 경찰서장의 책임 아래 마을별 자위대가 결성됐다. 마을 자경단 성격의 조직이 국가의 치안 체계로 공식 편입됐음을 뜻한다.

5·10 선거를 앞두고 조직된 향보단과 이후의 민보단에

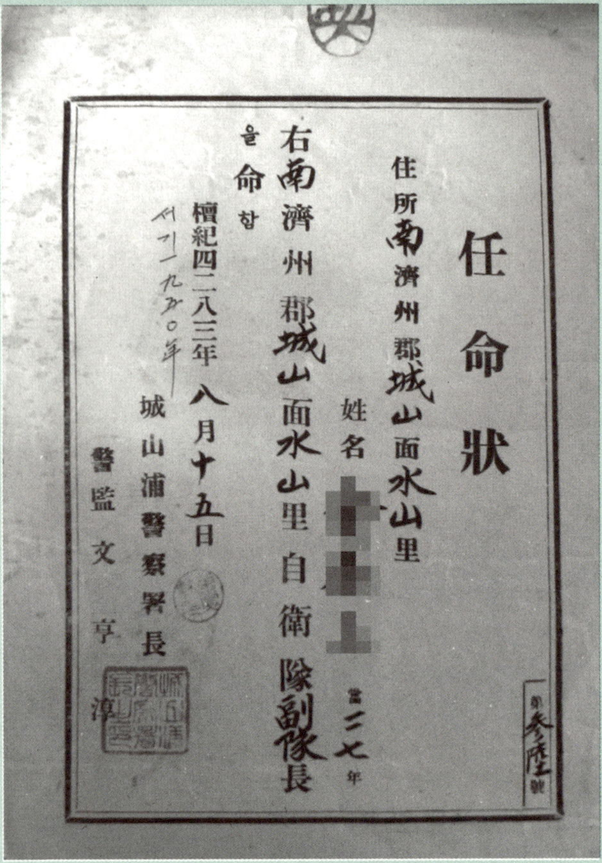

任命狀

住所 南濟州郡城山面水山里

姓名 [redacted] 當二七年

右 南濟州郡城山面水山里自衛隊副隊長

을 命함

檀紀四二八三年 八月十五日

서기一九五〇年

城山浦警察署長

警監 文亨淳

1950년 8월 15일 성산포경찰서장 문형순의 명의로 발급한
성산면 수산리 '자위대 부대장' 임명장. [화보16]

이어 주민들은 한국전쟁기에는 자위대라는 이름으로 동원됐다. 자위대원들은 정기 훈련과 마을 경비에 동원됐다. 조직의 명칭과 지휘 체계는 달라졌지만, 주민들이 마을 경비와 감시 임무에 동원되는 구조는 계속 유지됐다.

19500830

'부당함으로 불이행', 계엄군 명령을 거부한 경찰서장

089

1950년 8월 30일 성산포경찰서장 문형순은 계엄 당국인 해병대사령부 정보참모 김두찬 중령이 보낸 한 장의 문서를 받았다. 예비검속자들을 총살하고, 그 결과를 보고하도록 하는 내용이었다. 바로 열흘 전에는 모슬포경찰서 예비검속자 195명이 섯알오름 옛 일본군 탄약고 터에서 집단 학살됐다.

정부는 한국전쟁이 발발하자 6월 25일 내무부 치안국장 명의로 각 경찰국에 요시찰인 전원 구금을 지시하는 통첩을 전달했고, 제주도경찰국은 치안국 통첩에 따라 요시찰인 및 불순분자 연행을 각 경찰서에 지시했다. 이어 7월 8일 계엄령이 선포되자 계엄사령관이 예비검속을 주관했다. 제주에서는 6월 말부터 8월 초 사이 820여 명을 연행했다. 예비검속자들은 4·3과 관련한 주민들도 있었으며, 경찰의 자의적 기준이나 무고·밀고 등으로 검속된 주민들도 있었다.

7월 말부터 8월 하순 사이 제주읍과 서귀포·모슬포경찰서 예비검속자들에 대한 계엄군의 집단 학살이 이어졌다. 예

1950
08
30

비검속자에 대한 총살 명령 및 집행은 육군본부 방첩대CIC와 계엄군인 해병대, 제주도경찰국에 의해 이루어졌다. 모슬포경찰서 관내에서는 예비검속자 344명을 연행해 4등급으로 분류, D급 및 C급 252명을 해병대에 넘겼다. 이 가운데 3명이 석방돼 7월 16일과 8월 20일 249명이 희생된 것으로 추정됐다. 8월 20일에만 195명이 학살됐다.

성산포경찰서에서는 달랐다. 해병대 정보참모는 8월 30일 성산포경찰서에 보낸 '예비검속자 총살집행 의뢰의 건'이라는 제목의 문서에서 "계엄령 실시 이후 현재까지 귀서에 예비 구속 중인 D급 및 C급에서 총살 미집행자에 대해 총살 집행 후 그 결과를 9월 6일까지 육군본부 정보국 제주지구 방첩대장에게 보고하라"고 지시했다. 이 문서에 따른 성산포경찰서 관내 예비검속 대상자는 D급 4명과 C급 76명 등 80명이었다.

그러나 문형순은 계엄군의 지시를 거부하고, 80명 가운

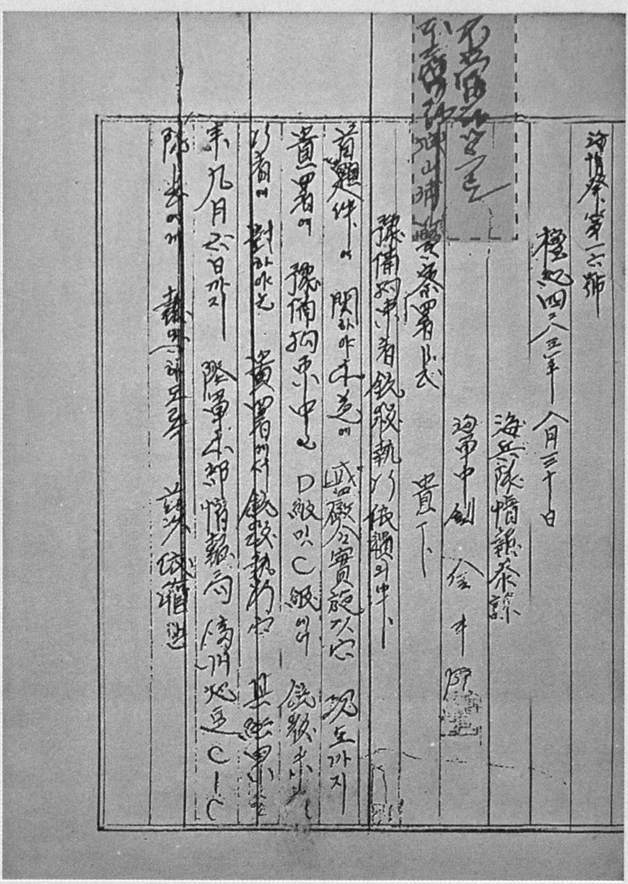

문형순은 이 문서의 '성산포경찰서장' 위에 '부당함으로 불이행'이라고 쓰고 총살 집행을 거부했다. 제주4·3평화재단. [화보17]

해정참 제16호 단기 4283년 8월 30일
해병대 정보참모 해군 중령 김두찬 성산포경찰서장 귀하
예비검속자 총살 집행 의뢰의 건
수제건(首題件)에 관하야 본도에 계엄령 실시 이후 현재까지 귀서에 예비 구속 중인 D급 및 C급에서 총살 미집행자에 대하야는 귀서에서 총살 집행 후 꼭 결과를 내(來) 9월 6일까지 육군본부 정보국 제주지구 CIC 대장에게 보고하도록 자이(玆以) 의뢰함.

데 6명만 군에 넘겼다. 그는 공문서의 '성산포경찰서장 귀하' 라고 적힌 위에 굵은 글씨로 '부당함으로 불이행'이라고 쓰고, 총살 지시를 거부해 이들을 포함해 220여 명을 석방했다. 예비검속자 총살 지시를 부당하다고 본 것이다. 앞서 그는 모슬포서장 대리로 근무하던 1949년에는 좌익에 연루된 주민들에게 자수를 권유하고 서청의 개입을 막아 100여 명의 주민을 살린 바 있다.

성산포경찰서 관할 지서에서도 일부 학살이 있었지만, 계엄 시기 계엄군의 명령을 거부하기 어려운 상황에서 부당한 지시를 막아낸 그의 행동은 의로운 것이었다. 그의 행동은 국가가 부당한 명령을 내릴 때 이를 거절할 수 있는 용기를 보여줬다. 문형순의 부당함으로 '불이행'은 기록 밖으로 나와 오늘 우리에게 묻는다.

"부당함을 보았을 때 당신은 어떤 선택을 할 것인가."

19501121

미대사관 문서로 본 한국전쟁 초기 무장대 소탕 계획

090

1950년 11월 잔여 무장대의 습격 재개로 경찰이 큰 피해를 입었다. 유엔군이 한반도에서 철수할 경우 대한민국 정부의 임시 수도를 제주도로 옮기고 피난민들을 수용하는 구상이 나올 무렵이었다. 이런 상황에서 제주도의 치안 불안은 한국 정부와 미대사관 모두에게 민감한 문제였다.

미대사관이 국무부로 보낸 전문과 비망록에는 당시 한국 정부가 추진한 잔여 무장대 소탕 계획의 구체적 내용이 담겼다. 미대사관은 11월 13일 제주도에 체류 중이던 경제협조처 고문관들로부터 전보를 받았다. 11월 6일과 9일 제주읍 인근에서 발생한 두 차례의 무장대 습격으로 경찰관 15명과 청년단원 2명이 사망하고 무기를 빼앗겼다는 내용이었다. 대사관은 이 사실을 국무총리 대행과 내무부 장관, 치안국장에게 전달하고 자체 조사단을 파견하기로 결정했다.

미대사관 3등 서기관 맥도날드와 항공연락장교 브라운 대위는 11월 20일 치안국 차장 김상봉과 함께 제주도를 시찰한 뒤 보고서를 작성했다. 보고서에는 잔여 무장대 소탕 작전이 실행 단계에 들어간 상황이 정리되어 있다.

미대사관이 11월 21일 국무부에 보낸 보고서에는 치안국이 잔여 무장대 규모를 50명(경찰 측)~100명(민간 측)으로 추정하고, 한라산 정상을 중심으로 반경 50마일 둘레에 12개 거점을 설치해 포위망을 구축하는 한편 500~600명의 경찰을 투입해 도주로를 차단한 뒤 섬멸하는 작전 계획을 수립한 사실이 기재되어 있다. 작전 기한은 1개월로 설정됐고, 11월 20일 이미 100명으로 구성된 경찰부대가 산에 투입된 사실도 명시됐다. 치안국은 무장대원 사살·체포 시 1인당 10만 원의 포상금을 지급하고, 기한 내 작전 완수 시 전원 승진, 실패 시 전원 해고라는 상벌 방침까지 마련했다. 그러나 통신 장비와 무기는 빈약했고, 무전기가 없어 산간도로를 의존해 연락을 취해야 했다.

특히 주목할 부분은 무장대의 '친척 구금'이다. 보고서는

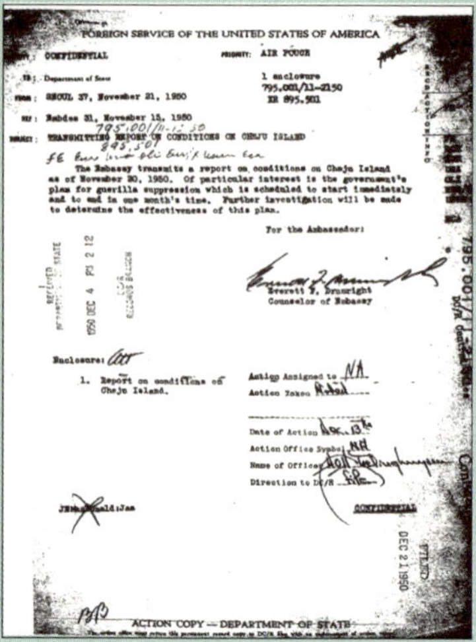

FOREIGN SERVICE OF THE UNITED STATES OF AMERICA

CONFIDENTIAL

PRIORITY: AIR POUCH

TO: Department of State

1 enclosure
795.001/11-2150
ER 895.501

FROM: SEOUL 37, November 21, 1950

REF: Embdes 31, November 15, 1950

SUBJECT: TRANSMITTING REPORT ON CONDITIONS ON CHEJU ISLAND

The Embassy transmits a report on conditions on Cheju Island as of November 30, 1950. Of particular interest is the government's plan for guerilla suppression which is scheduled to start immediately and to end in one month's time. Further investigation will be made to determine the effectiveness of this plan.

For the Ambassador:

Everett F. Drumright
Counselor of Embassy

RECEIVED DEPARTMENT OF STATE
1950 DEC 4 PM 2 12

Enclosure:

1. Report on conditions of Cheju Island.

Action Assigned to NA
Action Taken
Date of Action
Action Office Symbol NA
Name of Officer
Direction to DC/R

JEMacDonald:Jas

CONFIDENTIAL

DEC 21 1950

FILED

ACTION COPY — DEPARTMENT OF STATE

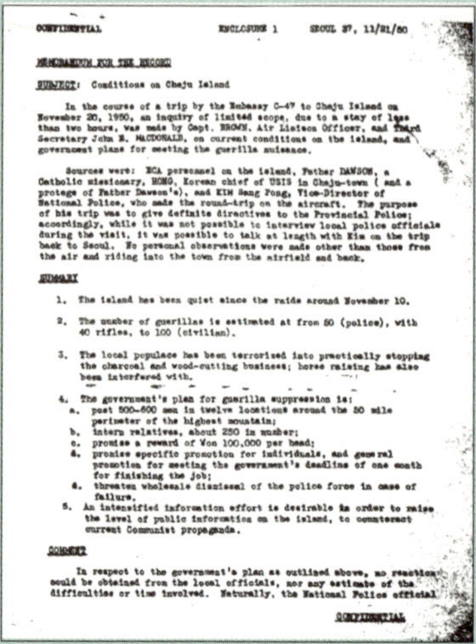

CONFIDENTIAL ENCLOSURE 1 SEOUL 37, 11/21/50

MEMORANDUM FOR THE RECORD

SUBJECT: Conditions on Cheju Island

In the course of a trip by the Embassy C-47 to Cheju Island on November 20, 1950, an inquiry of limited scope, due to a stay of less than two hours, was made by Capt. BROWN, Air Liaison Officer, and Third Secretary John E. MACDONALD, on current conditions on the island, and government plans for meeting the guerilla nuisance.

Sources were: ECA personnel on the island, Father DAWSON, a Catholic missionary, HONG, Korean chief of USIS in Chaju-town (and a protege of Father Dawson's), and KIM Sang Pong, Vice-Director of National Police, who made the round-trip on the aircraft. The purpose of his trip was to give definite directives to the Provincial Police; accordingly, while it was not possible to interview local police officials during the visit, it was possible to talk at length with Kim on the trip back to Seoul. No personal observations were made other than those from the air and riding into the town from the airfield and back.

SUMMARY

1. The island has been quiet since the raids around November 10.
2. The number of guerillas is estimated at from 50 (police), with 40 rifles, to 100 (civilian).
3. The local populace has been terrorized into practically stopping the charcoal and wood-cutting business; horse raising has also been interfered with.
4. The government's plan for guerilla suppression is:
   a. post 500-600 men in twelve locations around the 50 mile perimeter of the highest mountain;
   b. intern relatives, about 250 in number;
   c. promise a reward of Won 100,000 per head;
   d. promise specific promotion for individuals, and general promotion for meeting the government's deadline of one month for finishing the job;
   e. threaten wholesale dismissal of the police force in case of failure.
5. An intensified information effort is desirable in order to raise the level of public information on the island, to counteract current Communist propaganda.

COMMENT

In respect to the government's plan as outlined above, no reaction could be obtained from the local officials, nor any estimate of the difficulties or time involved. Naturally, the National Police official

CONFIDENTIAL

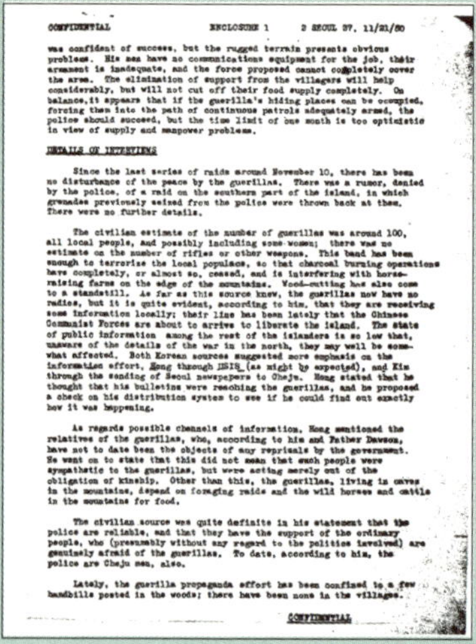

CONFIDENTIAL ENCLOSURE 1 2 SEOUL 37, 11/21/50

was confident of success, but the rugged terrain presents obvious problems. His men have no communications equipment for the job, their armament is inadequate, and the force proposed cannot completely cover the area. The elimination of support from the villagers will help considerably, but will not cut off their food supply completely. On balance, it appears that if the guerilla's hiding places can be occupied, forcing them into the path of continuous patrols adequately armed, the police should succeed, but the time limit of one month is too optimistic in view of supply and manpower problems.

DETAILS OF INTERVIEWS

Since the last series of raids around November 10, there has been no disturbance of the peace by the guerillas. There was a rumor, denied by the police, of a raid on the southern part of the island, in which grenades previously seized from the police were thrown back at them. There were no further details.

The civilian estimate of the number of guerillas was around 100, all local people, and possibly including some women; there was no estimate on the number of rifles or other weapons. This band has been enough to terrorize the local populace, so that charcoal burning operations have completely, or almost so, ceased, and is interfering with horse-raising farms on the edge of the mountains. Wood-cutting has also come to a standstill. As far as this source knew, the guerillas now have no radios, but it is quite evident, according to him, that they are receiving some information locally; their line has been lately that the Chinese Communist Forces are about to arrive to liberate the island. The state of public information among the rest of the islanders is so low that, unaware of the details of the war in the north, they may well be somewhat affected. Both Korean sources suggested more emphasis on the information effort, Hong through USIS (as might be expected), and Kim through the sending of Seoul newspapers to Cheju. Hong stated that he thought that his bulletins were reaching the guerillas, and he proposed a check on his distribution system to see if he could find out exactly how it was happening.

As regards possible channels of information, Hong mentioned the relatives of the guerillas, who, according to him and Father Dawson, have not to date been the objects of any reprisals by the government. He went on to state that this did not mean that such people were sympathetic to the guerillas, but were acting merely out of the obligation of kinship. Other than this, the guerillas, living in caves in the mountains, depend on foraging raids and the wild horses and cattle in the mountains for food.

The civilian source was quite definite in his statement that the police are reliable, and that they have the support of the ordinary people, who (presumably without any regard to the politics involved) are genuinely afraid of the guerillas. To date, according to him, the police are Cheju men, also.

Lately, the guerilla propaganda effort has been confined to a few handbills posted in the woods; there have been none in the villages.

CONFIDENTIAL

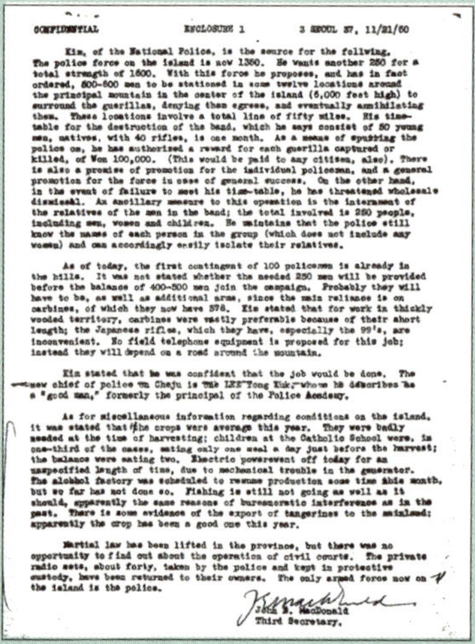

CONFIDENTIAL ENCLOSURE 1 3 SEOUL 37, 11/21/50

Kim, of the National Police, is the source for the follwing. The police force on the island is now 1350. He wants another 250 for a total strength of 1600. With this force he proposes, and has in fact ordered, 500-600 men to be stationed in some twelve locations around the principal mountain in the center of the island (6,000 feet high) to surround the guerillas, denying them egress, and eventually annihilating them. These locations involve a total line of fifty miles. His time-table for the destruction of the band, which he says consist of 50 young men, natives, with 40 rifles, is one month. As a means of spurring the police on, he has authorized a reward for each guerilla captured or killed, of Won 100,000. (This would be paid to any citizen, also). There is also a promise of promotion for the individual policeman, and a general promotion for the force in case of general success. On the other hand, in the event of failure to meet his time-table, he has threatened wholesale dismissal. An ancillary measure to this operation is the internment of the relatives of the men in the band; the total involved is 250 people, including men, women and children. He maintains that the police still know the names of each person in the group (which does not include any women) and can accordingly easily isolate their relatives.

As of today, the first contingent of 100 policemen is already in the hills. It was not stated whether the needed 250 men will be provided before the balance of 400-500 men join the campaign. Probably they will have to be, as well as additional arms, since the main reliance is on carbines, of which they now have 578. Kim stated that for work in thickly wooded territory, carbines were vastly preferable because of their short length; the Japanese rifles, which they have, especially the 99's, are inconvenient. No field telephone equipment is proposed for this job; instead they will depend on a road around the mountain.

Kim stated that he was confident that the job would be done. The new chief of police on Cheju is LEE Yong Kuk, whom he describes as a "good man," formerly the principal of the Police Academy.

As for miscellaneous information regarding conditions on the island, it was stated that the crops were average this year. They were badly needed at the time of harvesting; children at the Catholic School were, in one-third of the cases, eating only one meal a day just before the harvest; the balance were eating two. Electric powerwent off today for an unspecified length of time, due to mechanical trouble in the generator. The alcohol factory was scheduled to resume production some time this month, but so far has not done so. Fishing is still not going as well as it should, apparently the same reasons of bureaucratic interference as in the past. There is some evidence of the export of tangerines to the mainland; apparently the crop has been a good one this year.

Martial law has been lifted in the province, but there was no opportunity to find out about the operation of civil courts. The private radio sets, about forty, taken by the police and kept in protective custody, have been returned to their owners. The only armed force now on the island is the police.

John E. MacDonald
Third Secretary.

1950년 11월 15일 미대사관에서 국무부에 보낸 제주도 상황 보고서. 대외비 문서다. NARA.

남자 무장대원의 친척 250명을 남녀노소를 가리지 않고 구금해 보급·연락망을 차단한다는 내용이다. 경찰이 무장대와 그 친인척의 신상까지 파악하고 있다는 것은 체계적으로 명부를 관리하고 있었음을 의미한다.

미대사관 관리들은 김상봉 차장의 기대와는 달리 장비와 경찰력 규모 등을 고려할 때 1개월 내 완전 소탕 목표는 너무 낙관적이라고 평가했다. 실제로 작전은 기대만큼의 성과를 내지 못했고, 미대사관의 우려도 계속 보고됐다. 이 보고서를 통해 당시 무장대 소탕 작전이 어떤 방식으로 구상·집행됐는지, 그 과정에서 어떤 통제 수단이 동원됐는지를 알 수 있다.

195001

"승만의 죄는 천 번 참수해도 죄가 남을 터" 091

"승만의 죄는 천 번 참수하고 만 번 도륙을 내어도 오히려 죄가 남을 터인데, 감히 대통령이라는 이름으로 여전히 백성 위에 군림한다."

1950년 제주도 유학자 석우 김경종(1888~1962)은 '이승만 성토문'이라는 제목의 글을 남겼다. 그의 문집 『백수여음』白首餘音에 수록되어 있는 이 글은 한국전쟁 발발 직후 이승만 정권의 권력이 가장 거칠게 작동하던 시기에 쓴 것이다. 4·3과 전쟁을 겪으면서 장남을 잃은 한 유학자의 개인적 비극의 기록이자, 절대 권력자를 정면으로 성토하고, 국가폭력의 실상과 그 책임을 정면으로 묻는 드문 동시대의 기록이다.

석우의 장남은 1948년 12월 13일 마을에서 보초를 서다 이유도 모른 채 경찰에 연행된 뒤 같은 달 26일 군법회의에서 징역 5년을 선고받고 목포형무소에 수감됐다가 김천형무소로 이감된 뒤 한국전쟁 직후 행방불명됐다.

석우는 글 첫머리에서 춘추전국시대의 항우를 불러내 현재를 재단한다. 그는 항우가 진나라의 항복한 병사 40만 명을 죽인 일을 두고 세상이 무도하다고 평가했음을 상기시키며, "이승만이 나라 안 죄수 수십만을 죽였으니 그 포학무도함이 항우와 더불어 어떠한가"라고 꾸짖는다. 한국전쟁 발발 직후 자행한 형무소 수감자 집단학살을 이승만을 불러내어 비판한 것이다.

그는 학살된 이들이 공산당원이 아니라 조작과 억울함의 결과라고 단언한다. 경찰이 산 중의 무장대는 두려워 회피하면서 민간인을 붙잡아 돈과 곡식을 빼앗고는 죄를 꾸며낸다고도 했다.

북한군의 남침을 이유로 '부화뇌동할 우려'가 있다면, 죽임이 아니라 석방해 고향으로 돌려보냈어야 했다고 말한다. 그렇게 했다면 백성의 마음은 스스로 통치자에게 돌아왔을 것이라고 주장했다. 이어 그는 "승만의 포학무도가 어찌 이

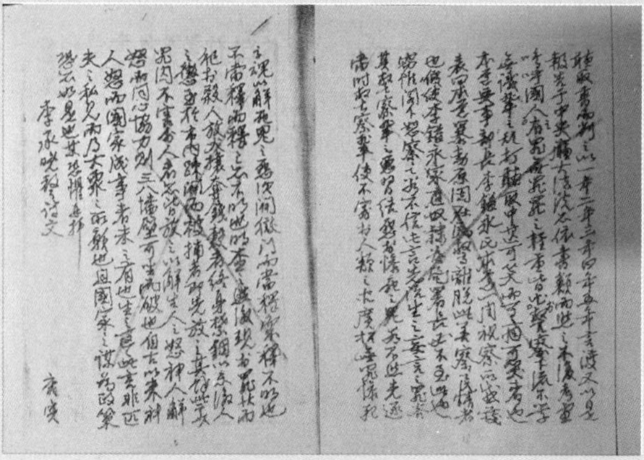

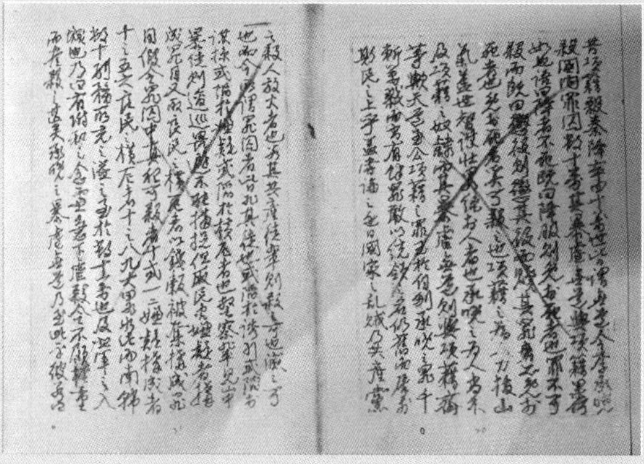

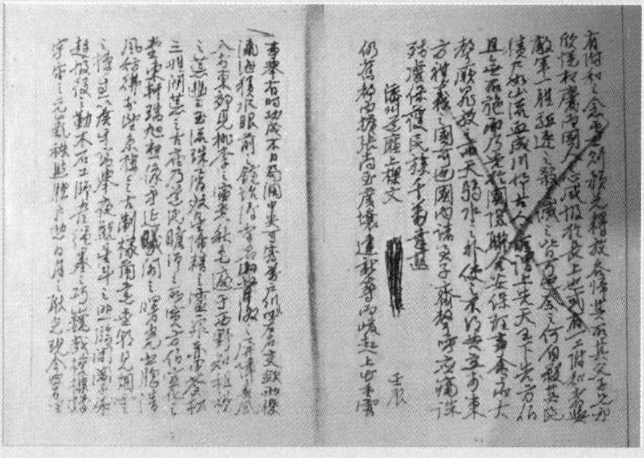

제주의 유학자
석우 김경종이
1950년(경인년)에
쓴 이승만 성토문.

이승만 성토문

옛날 항적(항우)은 진나라의 항복한 병사 사십만을 살해하였다. 만세에 모두 무도하다고 일컫는다. 지금 이승만이 나라 안 죄수 수십만을 죽였으니 그 포학무도함이 항적과 더불어 과연 어떠한가. 항복한 자는 죽이지 않는다는 말은 이미 항복하여 복종하였다면 죽음을 면해주겠다는 뜻이다. 죄인을 죽이지 않고 징역에 처하겠다고 한 것은 그 저지른 일을 징계하되 죄를 낮추어 역시 죽음을 면해준다는 것이다. 죽음을 면한 자를 어찌 다시 죽일 수 있는가? 항적이라는 위인은 힘이 산을 뽑을만 했고 기개는 세상을 덮을 만하였으며 지모와 씩씩한 계략은 타인보다 뛰어난 자였다.

승만이라는 위인은 오히려 항적의 종에도 미치지 못하면서 그 포학무도함은 항적과 더불어 나란하다. 하늘의 도는 지극히 공정하여 항적의 죄는 스스로 목숨을 끊는 데 이르렀다. 승만의 죄는 천 번 참수하고 만 번 도륙을 내어도 오히려 죄가 남을 터인데, 감히 대통령이라는 이름으로 여전히 백성 위에 군림한다. 대개 일찍이 논한 요즘의 국가의 난적은 곧 공산당의 살인방화자이다. 그 공산당의 무리라면 죽임이 가하고 멸함이 가할 것이다. 그러나 지금 이른바 죄수라는 자들 모두가 다 그러한 무리는 아니다.

혹은 유인에 걸리고 혹은 모략에 빠지고 혹은 혐의에 몰리고 혹은 재앙을 당한 자들이다. 경찰들은 산중의 폭도를 보면 머뭇거리며 두려워하여 체포하지도 못하면서, 다만 민간의 혐의자들을 붙잡아 죄목을 꾸며낸다. 또한 선량한 백성 중에 억울한 화를 당한 사람들을 골라 돈과 곡식을 빼앗았다는 죄목으로 꾸며낸다. 가령 죄수 중에는 진범으로 죽일 만한 자는 열에 혹 한둘이고, 혐의를 꾸며 만든 자가 열에 대여섯이고, 양민 중에 억울하게 걸린 자가 열에 팔구이다. 대략 이와 같은데 남한의 수십의 형무소는 차고 넘치어 수십만에 이르고 있다.

북한군의 입성에 미치어 "부화뇌동할 염려가 있다"고 하여 급히 학살 명령을 내렸으니 (죄의) 경중을 가리지 않고 심하게 모두 죽여 버렸다. 아, 승만의 포학무도가 어찌 이 지경에까지 이르렀단 말인가.

저가 말했듯이 부화뇌동할 염려가 있었다면 미리 각자 돌아갈 곳으로 석방해 그 아비와 아들, 형제들이 기뻐하고 서로 경사로 여겨 백성들의 마음이 모두 윗사람에게 복종하였을 것이다. 혹 한둘의 부화뇌동하는 자가 있어 적군과 더불어 한 몸이 되었다면 쫓아내고 죽이고 멸함이 모두 가할 것이다. 어찌하여 스스로 자기 백성을 죽여 시체가 산과 같고 피가 내를 이르게 하였는가. 옛사람의 이른바 '위로는 천왕께 고하고 아래로는 방백에게 호소한다'는 길마저 더 이상 써볼 수 없다면 국제연합안보리사회에 고하여 그 죄를 크게 성토하여 서녘 하늘 약수 밖으로 보내어 동방예의지국에 함께 설 수 없게 함이 가할 것이다. 국내의 모든 군자들이 나란히 성토에 호응하여 잔학함을 통렬히 벌주고 민족을 보호한다면 천만 다행일 것이다.

지경에까지 이르렀단 말인가", "어찌하여 스스로 자기 백성을 죽여 시체가 산처럼 쌓이게 하고 피가 내를 이르게 했단 말인가"로 이승만을 통렬하게 질책한다.

글에서 그는 '이승만'이라 쓰지 않고 '승만'이라고 적었다. 절대 권력자의 이름에서 존칭과 격식을 빼버릴 만큼 분노하고 피를 토하는 심정으로 '성토문'을 써내려갔다. 결말에서는 "그 죄를 크게 성토해 서녘 하늘 약수 밖으로 내쳐 동방예의지국에 함께 설 수 없게 해야 한다"고 했다. 도덕적 공동체 밖으로 밀어내자는 상징적 표현이다. 절대 권력을 향해 완전한 추방과 배제를 요구하고 있는 것이다.

195101

주한미공보원이 분석한 4·3의 영향

092

1951년 1월 주한미공보원은 제주도를 현지 조사한 뒤 보고서를 작성했다. 4·3 관련 부분은 국문과 영문으로 남겼는데 국문 보고서는 6장으로 이루어졌다. 짧은 분량이긴 하지만 4·3 발발 이후 이 시기까지 4·3을 종합 분석한 드문 보고서다.

보고서는 4·3 시기 '폭도'의 토벌이 최고 목적이었고, 총에 의지한 군·경의 행동이 지방행정을 마비시켰으며, 중앙정부는 제주도를 '빨갱이 소굴'로 인식했다고 보았다. 그 결과 제주도의 의견은 무시돼 중앙과 지방의 단절, 정치적 신뢰의 붕괴가 행정 기능을 붕괴시켰다고 분석했다. 행정 개선을 위해 제주도의 역사와 환경, 육지와는 다른 생활 분위기를 포용하는 유능한 인재가 있어야 한다고 했다.

보고서는 도민의 81퍼센트가 농지에서 식량을 얻었으나 해안선 4킬로미터 밖의 농민들은 강제 소개돼 집과 밭을 버리고 해안지대로 이주해야 했고, 수목 벌채와 출어 금지로 농·어업이 전면 봉쇄돼 도민들의 생존권 기반이 박탈됐다고

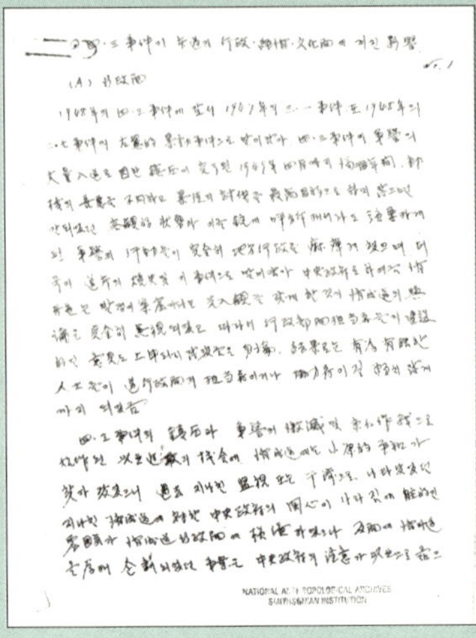

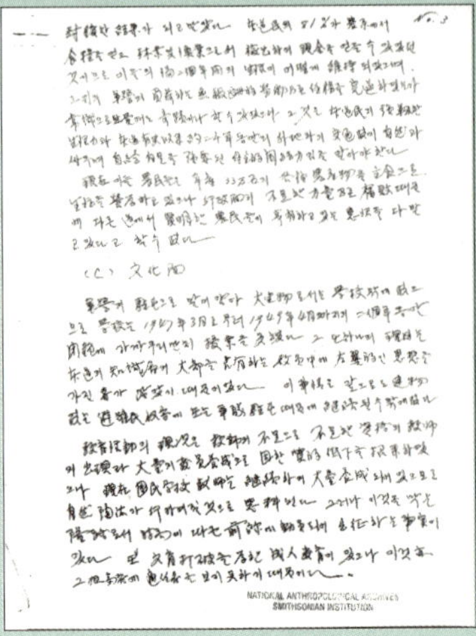

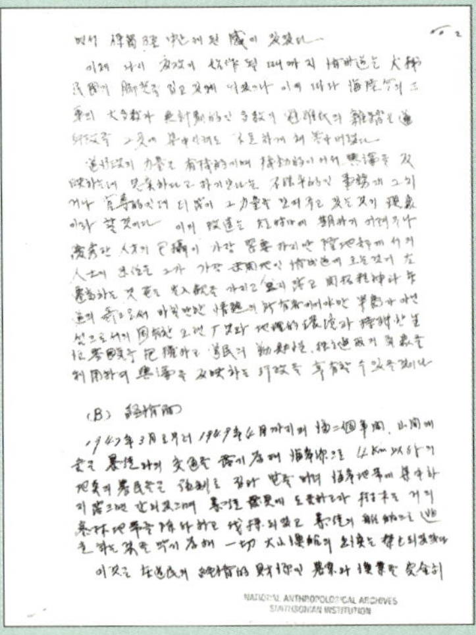

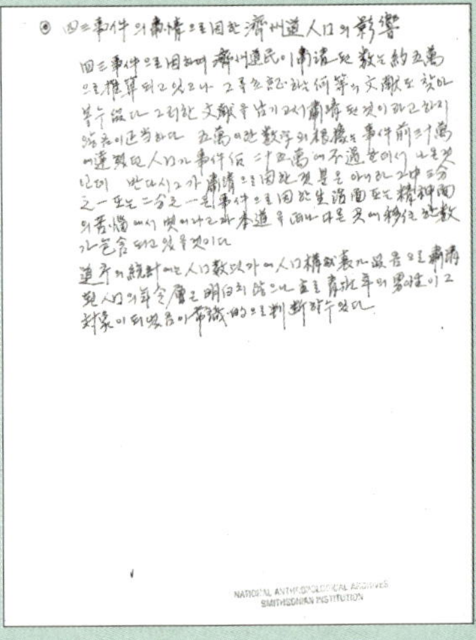

4·3사건이 본도의 행정·경제·문화면에 끼친 영향

A. 행정면

1948년의 4·3사건에 앞서 1947년의 3·1사건, 또 1948년의 2·7사건의 좌익적 폭동 사건으로 말미암아 4·3사건이 군·경의 대량 입도로 인한 진압이 완료된 1949년 4월까지 약 2개년간 동기의 선악을 불문하고 폭도의 토벌을 최고 목적으로 하지 않으면 안되었던 객관적 상태와 이를 총에 호소해서라도 강요하게 된 군·경의 행동들이 완

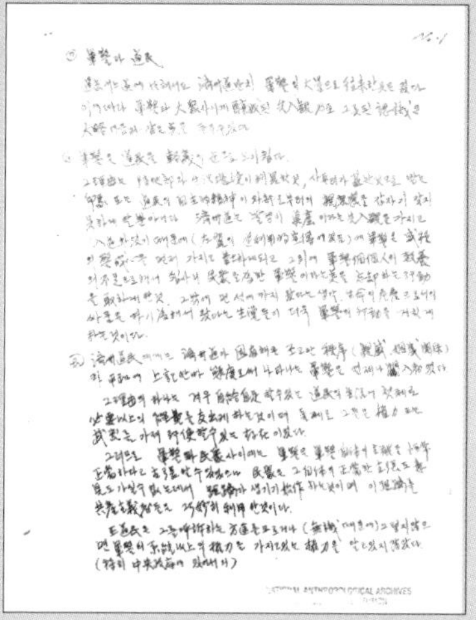

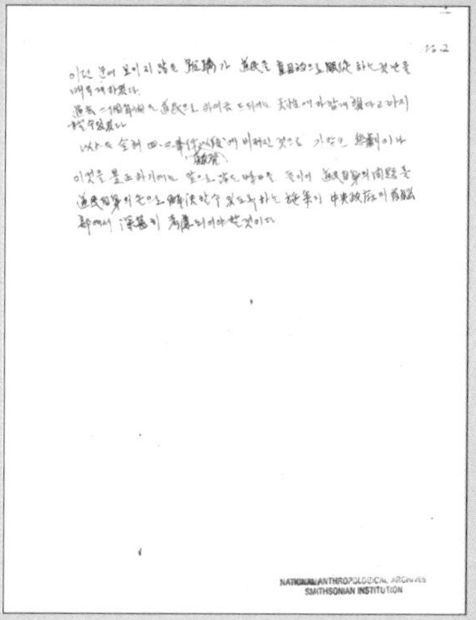

주한미공보원이 1950년 1월 4·3이 제주도의 행정, 경제, 문화면에 끼친 영향과 군·경과 도민의 관계, 제주도 인구의 변화에 끼친 영향 등을 조사한 보고서의 일부이다. 미국 스미소니언박물관.

전히 지방행정을 마비케 했으며, 더욱이 도청의 소실 및 이 사건으로 말미암아 중앙정부로 하여금 제주도는 빨갱이 소굴이라는 선입관을 갖게 한 것이 제주도의 여론은 완전히 무시되었고, 따라서 행정부문 담당자들의 건설적인 의견도 상신되지 않았음은 물론, 결과로는 유위 유능한 인사들이 도 행정면의 담당자이거나 협력자이길 원치 않게까지 되었음.

4·3사건의 진압과 군·경의 격멸 및 경인작전으로 시작된 이북 진공(進攻)의 기회에 제주도에는 소강적 평화가 찾아왔었으니 과거 지나친 감시 또는 간섭으로 나타났었던 지나친 제주도에 대한 중앙정부의 관심이 사라짐에 자주적인 분위기가 제주도 행정면에 횡일(橫溢)하였으나 반면에 제주도를 위해 기획되었던 사정은 중앙정부의 주의가 이북으로 옮으면서 보류 내진 중지케 된 감이 있었다.

이제 다시 반공(反攻)이 시작될 때까지 제주도는 대한민국의 각광을 입고 있게 되었으나 이에 따라 해·육·공의 3군의 대다수와 무계획적인 다수의 피난민의 잡답(雜踏)은 도 행정을 그곳에 집중시켜도 부족하게 해 놓아버렸다.

도 행정의 역량은 유기적이며 기동적이어서 여론을 반영하는데 충실하다고 하기 보다는 불능률적인 사무에 그치거나 관존적(官尊的)인데 더 많이 그 역량을 보여주고 있는 것이 현상이라 할 것이다. 이의 개조는 단시일에 기하기 어려우나 우수한 인재의 포섭이 가장 중요하지만 육지부에서의 인사의 래왕은 그가 가장 미개지인 제주도에 오는 것이 좌천당하는 것 같은 선입관을 가지고 오지 않고 개척정신과 본도의 흙으로써 바칠만한 정열의 소유자이어야만 반도가 아닌 섬으로서의 고유한 오랜 역사와 지리적 환경과 특수한 생활 분위기를 포옹하고 도민의 근면성, 독립 진취의 기상을 이용하여 여론을 반영하는 행정을 향유할 수 있을 것이다.

B. 경제면

1947년 3월로부터 1949년 4월까지의 약 2개년간, 산간에 숨은 폭도와의 교통을 끊기 위해 해안선으로 4㎞ 이외의 지점의 농민들은 강제로 집과 밭을 버려 해안지대에 집중하지 않으면 안되었으며, 폭도 발견에 도움하고자 수목은 거의 밀림지대를 제외하고 벌채되었고 폭도의 선박으로 도주하는 것을 막기 위해 일체 대소 어선의 출어는 금지되었었다. 이것은 본도민의 경제적 재원인 농업과 어업을 완전히 봉쇄한 결과가 되고 말았다. 본도민의 81%가 농원(農原)에서 식량을 얻고 임업 및 어업으로써 가출하여 현금을 얻을 수 있었던 것이므로 이들의 약 2개년간의 생활이 어떻게 유지되었으며, 그 위의 군·경의 부하(負荷)하는 무보수적 노동 내지 임무를 완수하였는가 상식으로 생각해도 기적이라 할 수 있었으나 그것은 본도민의 강인한 생활력과 본도 유사 이래 약 2천년 동안의 외지와의 교통없이 자연과 싸우며 자급자족을 강요된 자주적 단결력임을 알아야 한다.

현재 이들 농민들은 연산 33만석의 각종 농산물을 주식으로 생활을 영위하고 있으나 행정면의 부족한 역량 내진 부패 때문에 다른 도에서 현명한 농민들이 향유하고 있는 혜택을 다 받고 있다고 할 수 없다.

C. 문화면

군·경의 주둔으로 말미암아 대건물로서는 학교밖에 없으므로 학교는 1947년 3월로부터 1949년 4월까지의 2개년 동안 폐쇄에 가까우리만치 수업을 못했다. 그 또 하나의 이유는 본도의 지식층의 대부(大部)를 점유하는 교원 중에 좌익적인 사상을 가진 자가 많았기 때문이었다. 이 사정은 앞으로도 건물없는 피난민 수용에 또는 군대 주둔 때문에 계속될 수 밖에 없다.

교육활동의 현황은 교사의 부족으로 부족한 자격의 교사의 출현과 대량의 교원 양성으로 인한 질적 저하를 초래하였으나 현재 국민학교 교사는 계속하여 대량 양성되어 있으므로 자연도태가 행하여질 것으로 사료된다. 그러나 이것을 막는 애로로서 시국에 따른 전선에 동원되어 출정하는 사실이 있다. 또 문맹 타파를 위한 성인 교육이 있으나 이것 역(亦) 그 담당자에 적임자를 보지 못하기 때문이다.

◎ 4·3사건으로 인한 제주도 인구의 영향

4·3사건으로 인하여 제주도민이 숙청된 수는 약 5만으로 추산되고 있으나 그를 입증하는 하등의 문헌도 찾아 볼 수 없다. 그러한 문헌을 남기고서 숙청된 것이라고 하지 않음이 정당하다. 5만이란 숫자의 근거는 사건 전 30만에 달했던 인구가 사건 후 25만에 불과한데서 나온 것인데 반다시 그가 숙청으로 인한 것 뿐은 아니라 그중 3분지 1 또는 2분지 1은 사건으로 인한 생활면 또는 정신면의 고뇌에서 벗어나고자 본도을 떠나 다른 곳에 이주한 수가 포함되고 있을 것이다.

도청의 통계에는 인구수 이외에 인구 구성표가 없음으로 숙청된 인구의 연령층은 명백치 않으나 주로 청장년의 남성이 그 대상이 되었음이 상식적으로 판단할 수 있다.

◎ 군·경과 도민

과거 어느 도에 비해서도 제주도만치 군·경이 대량으로 왕래한 곳은 없다. 이에 따라 군·경과 대중 사이에 양성된 선입관 내지 그릇된 인식은 대략 다음과 같은 점을 들을 수 있다.

ⓐ 군·경은 도민을 경계의 눈으로 보기 쉽다.

그 이유는 육지부와 생활환경이 판이한 것, 사투리가 심한 것으로 받는 인상 또는 도민의 자주적 정신이 외부로부터의 친밀감을 갑자기 갖지 못하게 할 뿐 아니라 제주도는 빨갱이 소굴이라는 선입관을 가지고 이도하였기 때문에 (좌익의 역이용적 선전이었음) 군·경은 혹종의 경계심을 먼저 가지고 대하게 되고, 그 위에 군·경 개개인의 교양의 부족으로 해서 쉽사리 민중을 위한 군·경이라는 점을 망각하는 행동을 취하게 한 것, 그 밖에 먼 섬에까지 왔다는 생각, 생명의 위험으로서의 싸움을 하기 위해서 왔다는 생각들이 더욱 군·경의 행동을 거칠게 하는 것이다.

ⓑ 제주도민에게는 제주도가 고유해온 조그만 질서 (친척, 인척 관계)와 평화에 상기(上記)한바 태도로써 나타나는 군·경은 언제나 틈입자(闖入者)였다.

그 이유의 하나는 겨우 자급자족할 수 있는 도민의 생활에 첫째로 필요 이상의 경비를 지출케 하는 것이며, 둘째로 그들은 권력 또는 무기를 가져 행사할 수 있는 존재이었다. 그러므로, 군·경과 민중 사이에는 공격은 군·경 자체의 주관을 항상 정당하다고 주장할 수 있었으나, 민중은 그 자체의 정당한 주장도 의견도 가질 수 없는 데서 거리가 생기기 시작하는 것이며, 이 거리를 공산주의자들은 교묘히 이용한 것이다.

또 도민은 그를 호소하는 방도를 모르거나 (무식 때문에) 그렇지 않으면 군·경의 계통 이상의 권력을 가지고 있는 권력을 알고 있지 않았다. (특히 중앙정부에 있어서의) 이런 눈에 보이지 않은 거리가 도민을 맹목적으로 복종하는 것만을 배우게 하였다. 과거 2개년간은 도민으로 하여금 드듸어는 천성에 가깝게 했다고까지 할 수 있었다. 이상은 전혀 4·3사건 발발 이후에 비져진 것으로 가장 큰 비극이나 이것을 시정하기에는 앞으로 많은 시일을 들이어 도민 자신의 문제를 도민 자신의 손으로 해결할 수 있도록 하는 시책이 중앙정부의 수뇌부에서 심심히 고려되어야 할 것이다.

분석했다. 2년 동안 도민의 생활이 유지된 것 자체가 기적이라고 했다.

미공보원은 '문화면' 서술에서는 교육 문제에 집중했는데, 1947년 3월부터 1949년 4월까지 2년여 동안 대부분의 학교가 폐쇄된 이유에 대해 군·경의 주둔 때문이라면서도 또 다른 이유로는 '좌익' 교원이 많았기 때문이라고 해석했다.

4·3 시기 제주도민 5만여 명이 희생된 것으로 추정한 보고서는 "이를 입증할 문서가 전혀 없고, 문서를 남기고 희생되는 것도 아니다"고 전제하고, 근거는 사건 전후의 단순 비교에서 나온 것이라고 밝혔다. 5만여 명 가운데 3분의 1이나 2분의 1은 사건으로 인해 다른 곳으로 이주한 수가 포함됐을 것으로 추정했다.

'군·경과 도민' 항목에서는 4·3 이후 제주사회의 단절을 보여주고 있다. 군·경이 도민을 경계하는 이유는 첫째, 육지와 다른 생활환경과 언어(사투리), 그리고 빨갱이 소굴이라는 선입견을 이유로 들었다. 또한 군·경 개인의 교양 부족에 따른 행동, 먼 섬에까지 왔다는 생각, 싸움을 하기 위해 왔다는 생각이 그들의 행동을 거칠게 했다고 보았다. 둘째, 도민들에게 군·경은 제주도의 전통적인 질서와 평화를 깨뜨린 틈입자(침입자)였다. 군·경의 존재로 인해 도민들이 과다 경비를 지출해야 하는 것과 군·경은 자신들의 주관을 정당하다고 주장하는 데 반해 민중은 주장이나 의견을 가질 수 없는 데서 거리가 생겼다고 분석했다. 이러한 분석의 끝에서 보고서는 "중앙정부는 도민의 문제를 도민 자신의 손으로 해결할 수 있도록 하는 시책을 고려해야 한다"고 했다.

19510910

전과 획득 기념사진을 남긴 모슬포경찰서 특공대

093

1951년 9월 10일 한국전쟁의 한복판에서 경찰관 20명이 한자리에 모여 사진을 찍었다. 사진에는 '모슬포서 특공대 제1중대 전과 획득 기념촬영. 단기 4284. 9. 10.'이라는 설명이 적혀 있다. 성인 키를 훌쩍 넘는 돌담과 그 뒤로 보이는 오름을 배경으로 삼았다.

모슬포경찰서가 조직한 특공대 제1중대가 '전과를 획득한 기념'으로 찍은 단체 사진으로 특공대 제1중대의 편제 인원으로 보인다. 이들 가운데 7명은 소총을 들고 있다. 앞줄 왼쪽에서 다섯 번째 앉은 경찰의 허리에는 수류탄으로 보이는 장비가 달려 있다. 뒷줄 오른쪽 네 번째 서 있는 경찰은 소총을 메고 실탄 주머니가 달린 탄띠를 어깨에 사선으로 착용하고 있다. 복장과 장비 상태, 표정 등을 보면 기념사진은 출동 직전이나 작전을 마치고 복귀한 직후 촬영한 것으로 짐작된다.

사진 왼쪽에 항아리가, 오른쪽 돌담에는 감시망이나 총

구로 활용하는 구멍이 보이는 점에서 경찰서를 둘러싼 돌담 안쪽에서 촬영한 것으로 추정된다. '제1중대'라는 표기는 특공대가 복수의 중대로 편제돼 있음을 시사한다. 사진에는 '전과'의 내용은 없지만, '전과 획득 기념'이라는 점에서 무장대 사살·생포 또는 아지트나 무기 발견 등 성과가 있었음을 증언한다.

당시 이 중대 소속으로 작전에 자주 동원됐던 전직 경찰관은 "그때는 힘도 있을 때여서 공비소탕작전을 나가면 언제나 선발대로 다녔다. 6·25가 터진 다음에 교전도 몇 차례 했는데 옷이나 모자에 공비가 쏜 총알이 관통했지만 몸에는 맞지 않았다"고 회고했다. 1948년 6월 순경으로 임용돼 서귀포경찰서 사찰계에서 근무를 시작한 그는 사찰유격대로 활동했다. 이 사찰유격대가 특공대로 이어진 것으로 보인다.

"100사령부가 창설된 다음에는 그쪽은 그쪽대로, 우리

1951년 9월 10일 모슬포경찰서 특공대 제1중대 전과 획득 기념 촬영.

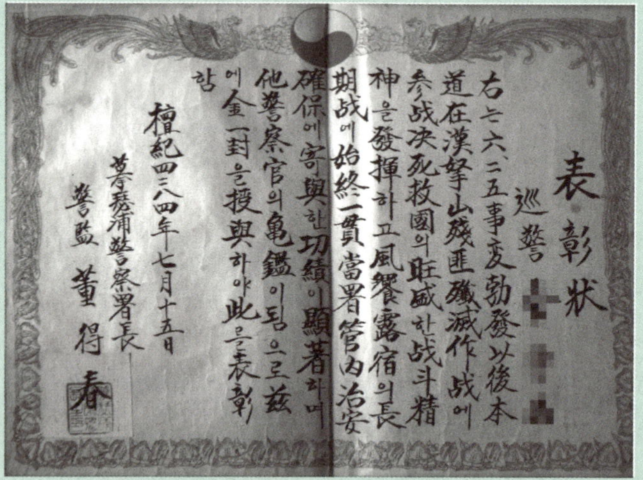

表彰狀

巡警 [redacted]

右는 六二五事変勃發以後本道在漢拏山殘匪殲滅作戦에 参戦決死救國의 旺盛한 戦斗精神을 發揮하고 風餐露宿의 長期戦에 始終一貫 當署管内治安確保에 寄與한 功績이 顯著하며 他警察官의 亀鑑이 됨으로 玆에 金一封을 授與하야 此를 表彰함

檀紀四二八四年 七月 十五日

摹瑟浦警察署長

警監 董得春

1951년 7월 15일 토벌작전 공로로 전직 경찰관이 받은 표창장.

표창장

순경 ○○○ 우는 6·25사변 발발 이후 본도 재한라산 잔비섬멸작전에 참전 결사구국의 왕성한 전투정신을 발휘하고 풍찬노숙의 장기전에 시종일관 당서 관내 치안 확보에 기여한 공적이 현저하며 타 경찰관의 귀감이 됨으로 자에 금일봉을 수여하야 차를 표창함. 단기 4284년 7월 15일 모슬포경찰서장 경감 동득춘

유격대는 유격대대로 따로 활동했습니다. 일개 순경이었는데도 부하를 10명이나 받아 사찰유격대를 조직해서 소대장으로 허리에 권총을 차고 한라산을 몇 주일씩이나 돌아다녔습니다."

그는 기념사진 촬영 2개월 전인 7월 15일에는 토벌작전 공로로 표창장을 받았다. 모슬포경찰서장 동득춘 경감 이름으로 된 표창장에는 "6·25사변 발발 이후 한라산 잔비 섬멸작전에 참전해 결사구국의 전투 정신으로 풍찬노숙의 장기전에 시종일관 치안 확보에 기여한 공적이 현저하다"고 되어 있다. 표창장에 나온 '섬멸작전', '전투정신', '장기전' 등은 당시 경찰이 군대에 준하는 역할을 했음을 보여준다.

19521209

세금보다 무거운 헌금, 토벌비용에 짓눌린 도민들

094

1952년 12월 9일 유엔민사처UNCACK 제주도팀 길버트 소령은 유엔민사처 사령부에 보고서를 제출했다. 보고서에는 그보다 하루 전인 12월 8일 유엔민사처 제주도팀이 작성한 「제주도 주민의 조세부담 (추정) 보고서」가 첨부돼 있다. 이는 당시 제주도민이 부담했던 각종 명목의 '헌금'이 있었음을 보여주는 기록이다.

조세 부담 보고서는 이장과 읍·면장이 제출한 자료를 종합 분석해 도민들이 실제로 어떤 세금과 헌금을 부담했는지 구체적으로 기록하고 있다. 조사 대상은 3개 마을(평균 450가구)이다. 조사 기간은 1952년 4월 1일부터 9월 30일까지 6개월이지만, 이를 토대로 1953년 3월 31일까지 1년치를 추정했다. 4·3과 한국전쟁을 겪은 제주도민들이 세금 외에 각종 명목의 '헌금'이라는 또 다른 강제 부담에 내몰렸음을 보여준다.

보고서에 따르면 법정 세금 부과액(추정)은 1년간 3,856만 8,000원이고, 이 가운데 6개월 간 실제 징수액은 1,933만

2,000원(A급 전답소득세 48석 제외)으로 절반이었다.

심각한 문제는 세금 외에 각종 명목으로 부과된 '헌금'이었다. 4·3과 한국전쟁은 인적·물적 피해만 남겨 놓은 게 아니다. 제주도민들은 강요나 다름없는 각종 명목의 헌금에 시달렸다.

법정 세금보다 많은 헌금은 자발적이라기보다는 강제로 내야 하는 준조세나 마찬가지였다. 치안 헌금(경찰서 경비용), 전사자 추모비 헌금, 마을 경찰파견소 헌금, 동계 공비 토벌 특별 헌금, 부상 군·경을 위한 헌금, 마을 성곽 경비 헌금, 전방 군인을 위한 헌금, 국민회 헌금, 부녀회 헌금, 제1훈련소 한라산 숙영지 건설 헌금 등 헌금 명목만 10가지나 됐다..

1952년 4~9월 실제 걷힌 헌금 총액은 2,152만 8,000원으로, 같은 기간 법정 세금 징수액 1,933만 2,000원보다 219만 6,000원 더 많았다. 헌금 가운데는 마을 성곽 경비 헌금이 564만 원으로 가장 많았고, 그 다음이 부상 군·경을 위한 헌금이

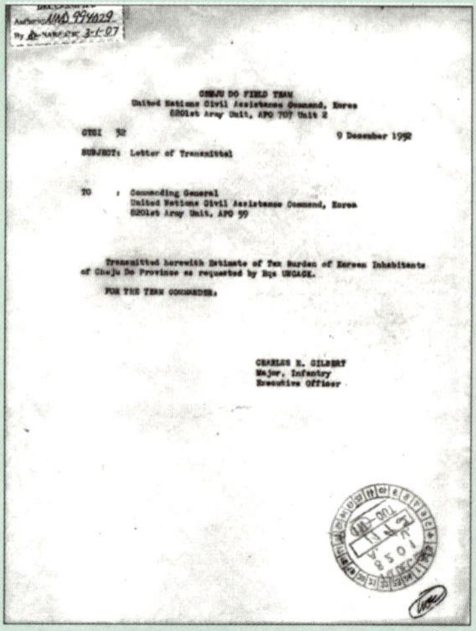

DECLASSIFIED
Authority NND 994029
By [illegible] NARA Date 3-1-07

CHEJU DO FIELD TEAM
United Nations Civil Assistance Command, Korea
8201st Army Unit, APO 707 Unit 2

GTGI 32 9 December 1952

SUBJECT: Letter of Transmittal

TO : Commanding General
United Nations Civil Assistance Command, Korea
8201st Army Unit, APO 59

Transmitted herewith Estimate of Tax Burden of Korean Inhabitants of Cheju Do Province as requested by Hqs UNCACK.

FOR THE TEAM COMMANDER:

CHARLES R. GILBERT
Major, Infantry
Executive Officer

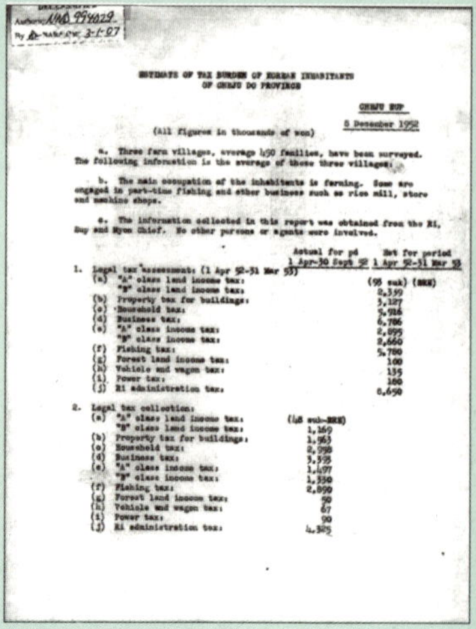

DECLASSIFIED
Authority NND 994029
By [illegible] NARA Date 3-1-07

ESTIMATE OF TAX BURDEN OF KOREAN INHABITANTS
OF CHEJU DO PROVINCE

CHEJU EUP
5 December 1952

(All figures in thousands of won)

a. Three farm villages, average 450 families, have been surveyed. The following information is the average of those three villages.

b. The main occupation of the inhabitants is farming. Some are engaged in part-time fishing and other business such as rice mill, store and machine shops.

c. The information collected in this report was obtained from the Ri, Buy and Myon Chief. No other persons or agents were involved.

	Actual for pd 1 Apr-30 Sept 52	Est for period 1 Apr 52-31 Mar 53
1. Legal tax assessment: (1 Apr 52-31 Mar 53)		
(a) "A" class land income tax:		(95 suk) (BRN)
"B" class land income tax:		2,339
(b) Property tax for buildings:		3,127
(c) Household tax:		5,916
(d) Business tax:		6,786
(e) "A" class income tax:		2,895
"B" class income tax:		2,660
(f) Fishing tax:		5,780
(g) Forest land income tax:		100
(h) Vehicle and wagon tax:		135
(i) Power tax:		180
(j) Ri administration tax:		8,650
2. Legal tax collection:		
(a) "A" class land income tax:	(48 suk-BRN)	
"B" class land income tax:	1,169	
(b) Property tax for buildings:	1,963	
(c) Household tax:	2,998	
(d) Business tax:	3,393	
(e) "A" class income tax:	1,497	
"B" class income tax:	1,330	
(f) Fishing tax:	2,890	
(g) Forest land income tax:	50	
(h) Vehicle and wagon tax:	67	
(i) Power tax:	90	
(j) Ri administration tax:	4,325	

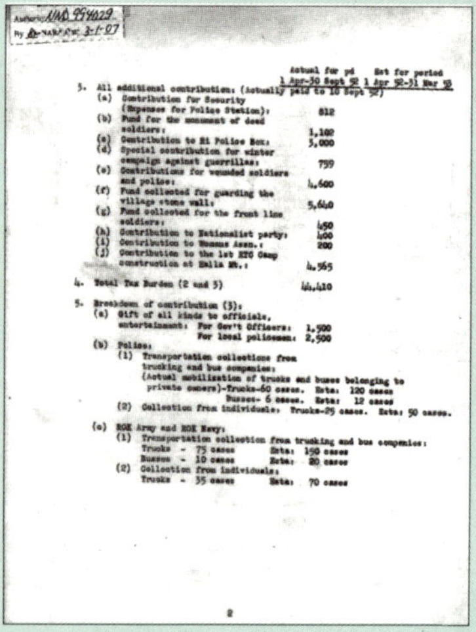

Authority NND 994029
By [illegible] NARA Date 3-1-07

	Actual for pd 1 Apr-30 Sept 52	Est for period 1 Apr 52-31 Mar 53
3. All additional contribution: (Actually paid to 10 Sept 52)		
(a) Contribution for Security (Expenses for Police Station):	812	
(b) Fund for the monument of dead soldiers:	1,102	
(c) Contribution to Ri Police Box:	3,000	
(d) Special contribution for winter campaign against guerrillas:	759	
(e) Contributions for wounded soldiers and police:	4,600	
(f) Fund collected for guarding the village stone wall:	5,640	
(g) Fund collected for the front line soldiers:	450	
(h) Contribution to Nationalist party:	400	
(i) Contribution to Womens Assn.:	200	
(j) Contribution to the 1st RTC Camp construction at Halla Mt.:	4,565	
4. Total Tax Burden (2 and 3)	44,410	

5. Breakdown of contribution (3):
(a) Gift of all kinds to officials, entertainment: For Gov't Officers: 1,500
For local policemen: 2,500
(b) Police:
(1) Transportation collections from trucking and bus companies:
(Actual mobilization of trucks and buses belonging to private owners)-Trucks-60 cases. Esta: 120 cases
Busses- 6 cases. Esta: 12 cases
(2) Collection from individuals: Trucks-25 cases. Esta: 50 cases.
(c) ROK Army and ROK Navy:
(1) Transportation collection from trucking and bus companies:
Trucks - 75 cases Esta: 150 cases
Busses - 10 cases Esta: 20 cases
(2) Collection from individuals:
Trucks - 35 cases Esta: 70 cases

2

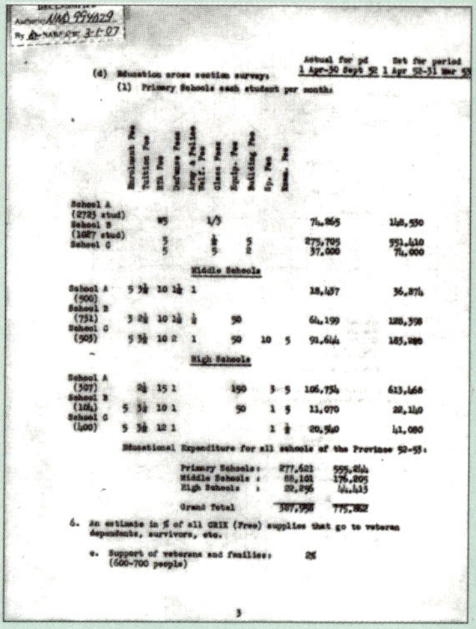

DECLASSIFIED
Authority NND 994029
By [illegible] NARA Date 3-1-07

Actual for pd 1 Apr-30 Sept 52 / Est for period 1 Apr 52-31 Mar 53

(d) Education cross section survey:
(1) Primary Schools each student per month:

(Fee columns: Enrolment Fee, Tuition Fee, PTA Fee, Defense Fees, Army & Police Welf. Fee, Class Fees, Equip. Fee, Building Fee, Ep. Fee, Exam. Fee)

School	Fees (as printed)	Actual for pd 1 Apr-30 Sept 52	Est for period 1 Apr 52-31 Mar 53
School A (2723 stud)	45 1/3	74,265	148,530
School B (1027 stud)	5 ½ 5	275,705	551,410
School C	5 5 2	37,000	74,000

Middle Schools

School	Fees (as printed)	Actual for pd 1 Apr-30 Sept 52	Est for period 1 Apr 52-31 Mar 53
School A (900)	5 3½ 10 1½ 1	18,437	36,874
School B (751)	3 2½ 10 1½ ½ 50	64,199	128,398
School C (503)	5 3½ 10 2 1 50 10 5	91,644	183,280

High Schools

School	Fees (as printed)	Actual for pd 1 Apr-30 Sept 52	Est for period 1 Apr 52-31 Mar 53
School A (307)	2½ 15 1 150 3 5	106,734	613,468
School B (104)	5 3½ 10 1 50 1 5	11,070	22,140
School C (400)	5 3½ 12 1 1 ½	20,540	41,080

Educational Expenditure for all schools of the Province 52-53:

Primary Schools:	277,621	555,244
Middle Schools:	88,101	176,205
High Schools:	22,236	44,413
Grand Total	387,958	775,862

6. An estimate in % of all CRIK (Free) supplies that go to veteran dependents, survivors, etc.

e. Support of veterans and families: 2%
(600-700 people)

3

유엔민사처 제주도팀이 유엔민사처 사령부의 요청에 따라 1952년 12월 9일 제출한 '제주도 주민의 조세 부담 추정 보고서'이다.
길버트 소령이 담당한 이 보고서는 1952년 4~9월 3개 마을(평균 450가구)을 조사한 것으로 모두 6매의 문서로 되어 있다. NARA.

460만 원, 마을 경찰파견소 헌금 300만 원 순이었다. 심지어 관공리(150만 원)와 경찰(250만 원)의 선물 및 접대비도 주민들이 부담했다.

토벌작전 경비 명목의 강제 모금은 더 컸다. 1952년 춘계 토벌작전 때는 경찰 경비로 북제주군에서 6,350만원, 남제주군에서 3,650만원 등 모두 1억 원을 모았다. 같은 해 12월 1일부터 시작하는 동계 토벌작전 때는 북제주군에서 1억 7,626만 원을, 남제주군에서 8,358만원, 실업가들로부터 1억 1,136만 원 등 모두 3억 7,120만원을 거뒀다. 심지어 중·고등학생들은 방위비, 군·경 복지비 명목으로 학교에 기부금을 내야 했다.

이 문서는 4·3과 한국전쟁 시기 제주도민들이 세금 외에 각종 명목의 '헌금' 또는 '기부금'이라는 강제 부담에 시달렸음을 보여준다.

195301

미군이 설계한 '무프티 작전'의 전모

095

1952년 10월 31일 새벽 제주도 내 잔여 무장대 27명이 서귀포 수력발전소를 습격해 전소시킨 사건은 한국전쟁 시기 제주도를 관할하는 미극동군사령부 산하 한국후방관구사령부(KComZ · 후방관구사령부)를 긴장시켰다.

11월 3일 후방관구사령부 사령관 헤렌 소장은 한국 육군참모총장 백선엽 중장에게 보낸 서한에서 "제주도 공비 습격 사건의 빈도와 심각성은 나의 최대의 우려 사항"이라며 "경찰 1,488명이 있는 작은 섬에서 100명도 안 되는 공비들이 마음대로 활개친다는 사실을 이해할 수 없다"고 비판했다. 그는 또 "귀하가 특수부대 투입에 동의했다는 보고를 받았다"며 제주도 '공비'를 전원 사살하거나 생포하는 소탕작전 수립을 요구했다. 후방관구사령부는 "작전 지원 준비가 끝났다"고 밝히면서도, "미군 병력은 투입하지 않는다"고 선을 그었다.

군사고문단은 1952년 12월 15일부터 1953년 1월 6일까지 3주간 제1훈련소 병력 4천여 명을 동원해 한라산을 포위·

섬멸하는 '리던스'Riddance 작전을 추진했으나, 한국군 사단 증원 문제로 폐기했다. 이후 후방관구사령부와 군사고문단 간 회의에서는 '소규모 한국 육군의 대공비 특수부대' 투입안을 대안으로 제시했다. 백선엽의 동의로 작전 설계가 본격화됐으며, 헤렌 사령관은 "지체없이 제주도의 모든 공비를 소탕하기 위해 가능한 모든 수단을 동원해야 한다"고 거듭 강조했다.

이 과정을 거쳐 '무프티'MUFTI 작전 계획이 수립되었다. '무프티'는 군인이 사복을 입고 신분을 숨기는 것을 의미했다. 표면상 명칭은 '특수경찰증원단'이었지만, 실제로는 육군 첩보·특수부대였다. 박창암 소령이 지휘한 무지개부대다.

작전 계획을 보면 부대 편제는 제1특별경찰증원단(육군), 전투경찰, 그리고 심리전을 담당할 제1확성기 및 전단지 중대 제1팀(육군)으로 구성됐다. 대구 인근에서 장비를 갖춘 뒤 1월 15일 제주도로 이동해 1월 20일부터 한 달 간 작전을 수

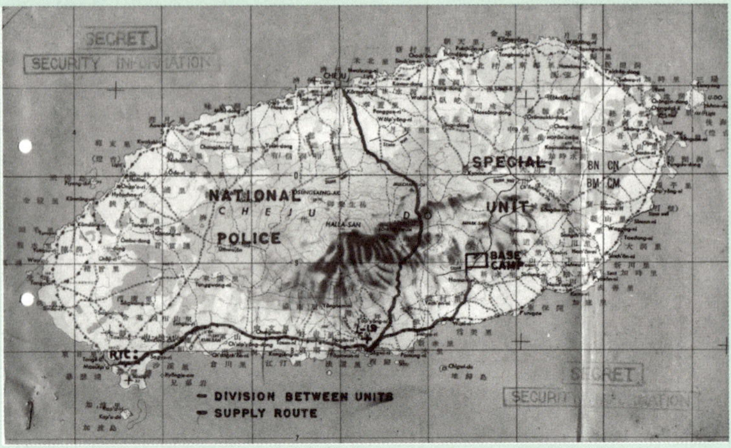

1953년 제주도 잔여 무장대 소탕을 위한 무프티 작전 2급 비밀의 경찰과 특수부대의 작전 구역을 표시한 지도. 제주도 동부는 특수부대가, 서부는 경찰이 담당하도록 했다. NARA. [화보18]

무프티 작전 2급 비밀

1. 임무 편성 : 제1특별경찰응원단(대한민국 육군) 전투경찰 제1확성기·전단중대 제1팀(대한민국 육군)

2. 개시일 : 장비 완료 및 대구 인근 지역 출발일은 1953년 1월 15일이다. 작전 개시 예정일은 1953년 1월 20일이며, 종료 예정일은 약 1개월 후다.

3. 기지 위치 : 기지는 상효리에 설치한다. 기지는 하천 부근에 있으며 트럭으로 접근 가능하고 마을과는 충분히 떨어져 있으면서 전투 지역과는 적당한 거리여서 일정 수준의 보안을 유지할 수 있다.

4. 병참 지원 : 별첨 1 참조.

5. 심리전 : 계획 완성 후 별도 제출한다. 현재 조사 중이다.

6. 전체 계획 : 제주도는 동·서로 대략 절반으로 나뉜다. (별첨 그림 2 참조) 특수부대는 동쪽 절반을 담당하고, 경찰은 서쪽 절반을 담당한다. 특수부대가 동쪽 절반 지역에서 임무를 완료하면 경찰과 지역을 교대한다. 특수부대는 팀 단위로 활동하며 비정규(unorthodox) 전술을 사용할함, 경찰은 현재 사용 중인 대공비작전 전술(anti-guerrilla methods)을 유지한다. 심리전 계획은 두 부대의 작전 계획에 통합된다.

7. 지휘 구조 : 제주도경찰국장이 토벌부대 사령관이다. 경찰 고문관인 유진 비온디 대위가 토벌부대 고문관겸 조정관을 맡는다.(별첨 3 참조)

8. 작전명 : 작전명은 무프티(MUFTI)이다.

SECRET SECURITY INFORMATION

Operation MUFTI

1. Task Organization:

1st Special Police Augmentation Group (ROKA)
Combat National Police
1st Team, 1st Loudspeaker and Leaflet Company (ROKA)

2. D Day:

D Day for completion of equipping and departure from vicinity Taegu 15 January 1953. Tentative date for start of operation is 20 January 1953 and closing date approximately one (1) month thereafter.

3. Location of Base Camp:

Base Camp will be located at Sangui-ri (BM8588). Camp is near good stream of water, accessible by truck, far enough from village yet close enough to the combat area to maintain a certain amount of security.

4. Logistical Support:

See Inclosure 1.

5. Psychological Warfare:

To be submitted when plan is completed. Survey is now being made.

6. Overall Plan:

Island will be divided approximately in half. (See overlay Inclosure 2) Special Unit will be responsible for Eastern half and National Police will be responsible for Western half. When Special Unit completes its mission in Eastern half, they will swap areas with National Police. Special Unit will work in teams and will use unorthodox methods of warfare, while National Police will use presently accepted anti-guerrilla methods. Psychological Warfare plan will be integrated into operation plan of both units.

7. Command Structure:

Province Chief, Cheju-do is Commander of Task Force. Captain Eugene Biondi, National Police Advisor, will be advisor and coordinator of Task Force. (See Incl 3)

8. Name of Operation:

Operation will be called MUFTI.

SECRET SECURITY INFORMATION

5

무프티 작전 개요. 임무 편성과 작전 개시일, 기지 위치, 심리전, 총괄 작전계획, 지휘 체계 등의 내용이 담겼다. NARA.

행하도록 했다. 기지는 상효리에 설치하도록 계획했다.

작전 구역은 한라산을 중심으로 제주도를 동·서로 나눠 동부는 특수부대가, 서부는 경찰이 맡고, 임무 수행 뒤 담당 지역을 교대하도록 했다. 특수부대는 팀 단위로 활동하며 비정규전 방식의 전술을, 경찰은 기존 사용해온 대게릴라 전술을 적용하도록 했다. 지휘 체계는 외형상 제주도경찰국장이 총괄 책임을 맡는 경찰 작전 형식을 취했다. 군사고문단 소속으로 제주도경찰국 고문관 비온디 대위는 특수부대 고문관 겸 조정관 역할을 담당했다.

1월 19일 열린 무프티 작전 실행을 위한 최종 조정회의 내용을 담은 문서에는 후방관구사령부와 군사고문단 작전·군수 참모, 수석 경찰 고문관, 제주도경찰국 고문관 등 미군 장교 9명과 박창암 소령이 통역 장교와 함께 참석해 작전의 주요 내용을 확정했다고 적혀 있다. 회의에서는 "작전이 성공하면 경찰이 전적인 공로를 인정받는다"는 데 합의했다. 문서 작성자인 후방관구사령부 작전참모 란제빈 대령은 이 부분에서 여백에 'good idea'라고 손글씨로 적었다. 특수부대 투입 사실을 은폐하려는 의도가 드러나는 대목이다. 회의는 전적으로 미군 주도로 진행됐다.

회의에서는 장비와 보급 절차도 결정됐다. 후방관구사령부는 미8군 승인 즉시 장비를 제주도 제8포로수용소로 보내 비온디 대위에게 인계하며, 한국 육군 제1훈련소는 의류와 식량을 지원하도록 했다. 미8군은 L-19 연락기 운용 인력을 제공하기로 했다. 작전 기간 동안 후방관구사령부의 작전·군수참모부 관계자들이 제주도에 상주하고, 이 기간 보고서는 매일 항공편으로 군사고문단, 후방관구사령부, 경찰 수석 고문관에게 전달하도록 했다.

이 회의에서 작전은 공식적으로 '경찰 작전'으로 규정됐다. 경찰 수석 고문관 피츠제랄드 대령이 치안국장에게 이 사실을 통보하기로 했고, 후방관구사령부는 주한미8군에도 같은 내용을 전달했다. 문서에는 군사고문단이 작전에 직접 관여하지 않고, 비온디 대위만 경찰 고문관 자격으로 참여한다고 강조했다. 특별경찰증원단의 실체는 언급하지 않기로 했다. 작전에 투입되는 심리전 요원 3명은 이날 회의가 열리는 시점에 이미 제주도에 도착한 상태였다. 이어 심리전 요원들은 1월 19일 18명, 1월 20일 10명이 추가 이동하기로 했다. 작전 개시일은 2월 1일로 결정됐다.

작전 홍보 방침도 주목된다. 작전 홍보는 최소화하기로 하고, 외부 발표가 필요한 경우에도 경찰의 통상적 공비소탕 작전으로만 발표하도록 했다. 이 부분에서도 란제빈 대령은 'good'이라고 적었다. 미군은 작전 자체가 비밀작전이라는 점을 분명히 했다. 작전 시행에 앞서 제주도경찰국장에게 계획이 통보됐고, 서귀포에 숙소와 지휘소가 마련됐다.

무지개부대는 1월 28일 오후 제주도에 도착해 잔여 무장대 토벌에 나섰다. 애초 한 달 일정으로 진행된 작전에 투입된 무지개부대의 토벌은 4월 30일까지 지속됐다.

군 특수부대 투입을 비밀로 한 것은 제주도의 상황이 다시 악화된 것으로 비칠 가능성을 의식했기 때문으로 해석된다. 동시에 미군이 작전의 기획과 지원을 주도하면서도 전면에 나서지 않은 것은 한국 내부 토벌전에 깊이 개입한다는 국제적 여론을 피하려는 의도로 보인다.

이 작전은 형식상 경찰(100사령부)의 일반 공비소탕작전이었지만, 실제로는 후방관구사령부, 군사고문단, 미8군 등 한국전쟁 시기 주한 미군이 동원돼 작전의 기획, 장비, 병참, 항공 지원 등을 담당한 미군 주도의 한·미 합동 비밀 토벌작전이었다.

19530401

쌀과 대두를 포상금으로! 굶주림을 겨냥한 삐라 살포

096

"우리는 생활에 필요한 쌀을 무상으로 얻을 수가 있다. 나라와 고향을 위하며 귀한 쌀을 얻기 위해서라도 산도적을 소탕하는 토벌대에 적극 협력하자!"

1953년 4월 제주도경찰국 산하 100사령부와 육군 무지개부대가 투입된 가운데 한라산 일대에서는 미군이 기획한 '무프티 작전'이 맹렬히 전개되고 있었다.

무장대가 사실상 궤멸된 시기, 그들은 더는 '빨치산'도, '공비'도 아니었다. 굶주림에 쫓기며 삶의 끝자락에 매달려 있을 뿐이었다. 생존은 그들의 유일한 투쟁 목적이었다. 1954년 4월 1일 제주도경찰국장 이경진 명의로 작성된 삐라가 나붙었다. 무프티 작전에 동원된 육군 제1확성기 및 전단지중대가 심리전을 전개하고 있을 때였다.

삐라는 굶주린 섬사람들의 마음을 겨냥했다. 삐라에는 쌀가마니가 가득한 창고 문이 열려 있고, 그 앞에서 경찰이

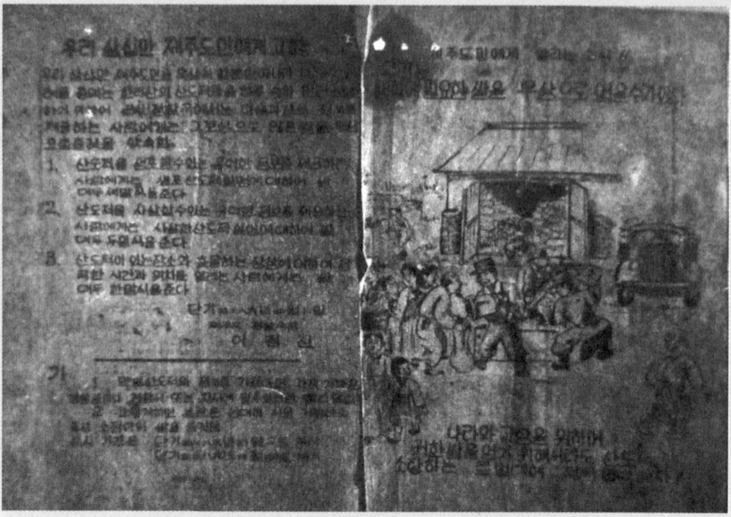

1954년 4월 1일 제주도경찰국장 이경진 명의로 작성된 삐라. 제주4·3평화재단.

1면
제주도민에게 알리는 소식!! 우리는 생활에 필요한 쌀을 무상으로 얻을 수가 있다. 나라와 고향을 위하며 귀한 쌀을 얻기 위해서라도 산도적을 소탕하는 토벌대에 적극 협력하자!

2면
우리 삼십만 제주도민에게 고함. 우리 삼십만 제주도민을 못살게 할뿐만 아니라 ○○○○○를 우리를 좀먹는 한라산의 산도적들을 하루 속히 완전 소탕하기 위하여 금번 경찰국에서는 다음과 같은 정보를 제공하는 사람에게는 그 보상으로 많은 쌀을 무상으로 줄 것을 약속함. 산도적을 생포할 수 있는 유력한 정보를 제공하는 사람에게는 생포 산도적 1명에 대하여 쌀 대두 세말씩을 준다. 산도적을 사살할 수 있는 유력한 정보를 제공하는 사람에게는 사살한 산도적 1명에 대하여 쌀 대두 두말씩을 준다. 산도적이 있는 장소와 출몰하는 상황에 대하여 정확한 시간과 위치를 알리는 사람에게는 쌀 대두 한말씩을 준다. 단기 4286년 4월 1일 제주도 경찰국장 이경진 기.
만일 산도적의 정보를 가졌다면 가장 가까운 경찰관서나 경찰서 또는 지서에 될 수 있는 한 빨리 알릴 것. 그렇게 하면 본관은 성대히 식을 거행하고 특정 소정량의 쌀을 줄 것임. 실시 기간은 단기 4286년 4월 1일부터 단기 4286년 4월 28일까지.

쌀을 주민들에게 나눠주고 있는 그림이 그려져 있다. 남녀노소 주민들은 줄을 서서 쌀을 받고 있고, 어떤 이는 쌀 포대를 등에 지고 가는 모습도 보인다. 경찰은 잔여 무장대를 '산도적'이라고 표현했다.

삐라는 쌀을 무상으로 얻을 수 있다고 했지만, 아무런 조건이 없는 선물이나 구호품이 아니었다. 굶주리는 섬사람들에게 던진 '정보 제공' 또는 '고발'의 대가로 내건 일종의 '포상금'이자 강력한 유혹 수단이었다. 삐라에는 산도적을 생포할 수 있는 정보를 제공한 자에게는 산도적 1명당 쌀과 대두 3말씩, 사살할 수 있는 정보를 제공한 자에게는 쌀과 대두 2말씩을 주고, 그들의 위치와 출몰 상황 정보를 제공하는 자에게도 쌀과 대두 1말씩을 준다고 약속했다.

삐라 작성 5일 전 후방관구사령부는 무프티 작전 하에서 '공비'를 사살·생포하거나 생포에 도움이 되는 정보를 제공한 자에게 포상금을 지급하기로 결정했다. 이 용도로 사용할 1차분 쌀 45킬로그램(100파운드)들이 20포대를 제주도경찰국 바로 옆 제704방첩대에 보냈다. 필요할 경우를 대비해 전체 50포대(5,000파운드)의 쌀을 준비했다. 후방관구사령부는 작전참모부 소속 맥기브니 중령에게 이 심리전 프로그램을 지원하도록 요청했다.

삐라가 나오기 2개월여 전인 1953년 2월 5일 『경향신문』은 '제주도의 기아 사태'를 보도했다.

> "제주도에서 70대 노부부가 식량을 구걸하다 친척 집을 헤매다 길에서 아사하고 추자도에서는 젊은 부부가 식량이 없어 복어를 먹고 스스로 목숨을 끊었는가 하면 한 초등학교에서는 식량이 없는 절량 아동이 70퍼센트에 이른다."

산에 있는 이들이나, 마을에 있는 주민들이나 모두에게 식량이 절박했던 시대였다. 삐라는 그 점을 노리고 있었다.

19540921

한라산 개방일과 '금족령'의 실체

097

1954년 9월 21일. 제주4·3특별법은 이날을 4·3의 종료일로 명시했다. 『정부 보고서』는 이 날짜를 기준으로 한라산 개방과 통제 해제를 설명한다. 1990년에 나온 『제주경찰사』를 인용해 이렇게 밝히고 있다.

> "1954년 9월 21일을 기하여 금족령을 해제, 한라산을 전면 개방하고 주민들의 성곽 경비도 철폐하는 조치를 취하였다."

같은 날 서울에서는 치안국장 김장흥이 제주지역 치안이 안정 단계에 들어섰다며 경찰력 감축과 평시 체제로의 전환 방침을 밝혔다. 백록담 정상의 '한라산 개방 평화기념비'에 적힌, 한라산 개방 1년 뒤인 1955년 9월 21일 세웠다는 부분은 1954년 9월 21일 개방의 근거로 읽힌다.

그러나 『제주경찰사』에는 이렇게 써 있다.

제주도지사 길성운 일행이 1954년 10월 10일 한라산 개방을 대외에 선포하기 위해 한라산 등반에 나서고 있다. 제주도경찰국이 자체적으로 한라산 출입금지조치를 해제한 날짜는 9월 21일이지만, 제주도 내 각급 기관장들이 백록담 정상에서 대외적으로 이를 선포한 날짜는 10월 10일이다. 제주도청.

한라산 백록담 정상에 개방 1주년을 기념해 1955년 9월 21일 세운 '한라산 개방 평화기념비'.
신선부대장 허창순이 글을 쓰고, 동화임업사장 이광철이 세웠다고 되어 있다. [화보19]

"9월 21일에는 한라산이 전면 개방되고 주민들의 성곽 경비령도 철폐되었다."

한라산 개방이 경찰 자체의 조치임을 시사하는 대목이다. 대외적으로 한라산 개방을 공식 선포한 날은 1954년 10월 10일이다. 제주도지사 길성운과 경찰·검찰 등 각급 기관장들이 백록담에 올라 한라산 개방을 공식 선언했다. 일부 언론은 이를 10월 9일로 보도했으나, 당시 도지사 길성운이 한라산에 오르며 촬영한 사진에는 10월 10일로 적혀 있다. 따라서 9월 21일은 경찰 자체의 해제 기준일이고, 10월 10일은 대외적 상징 선언일에 가깝다.

한편 『정부 보고서』는 여러 차례 '금족령'이라는 표현을 사용하고 있으나, 포고령이나 언론 보도에서는 군·경이 이 용어를 사용한 부분은 확인되지 않는다. 경찰은 '출입금지', '입산금지'라는 표현을 사용했으며, '금족구'禁足區, '금족구역'이라는 표현은 신문 기사 제목으로 쓰였다. '금족령'은 법적 명칭이 아니라 나중에 통용된 개념에 가깝다는 의미다.

한라산 일대 출입 통제는 1948년 10월 17일 제9연대장 송요찬이 해안선으로부터 5킬로미터 이외 내륙지역의 민간인 통행을 금지하는 포고령을 내린 데서 시작됐다. 이후 통제 범위는 작전 상황에 따라 조정됐지만, 출입 제한은 장기간 지속됐다. 1952년 봄철 작전 기간에는 지역에 따라 해안선 기준

15리(약 5.89킬로미터) 이상 또는 경찰주둔선 이상 지역에 대해 민간인 출입이 금지됐다. 경찰은 위반한 주민을 '통비자'로 간주해 처벌하겠다고 경고했지만, 벌채나 고사리를 채취 과정에서 적발되거나 납치되는 사례도 있었다. 경찰의 경고에도 1953년 5월 18일 현재 제주경찰서 관내에서만 이를 위반한 주민만 20여 명에 이르렀다.

한라산 개방 2년 뒤인 1956년 9월에도 경찰은 잔여 무장대 소탕을 이유로 밀림지대 내 통행 제한을 반복했다. 한라산이 개방됐지만 통제의 반복은 이후에도 계속됐다.

19551101

쌀과 옷을 찾던 산에 남은 5명의 무장대

098

1955년 11월 1일, 유엔군사령부 대한경제조정관실 공공안전국 하이네스 대위는 치안국 수석 경찰 고문관에게 보고서를 제출한다. 그에 앞서 1955년 10월 24~26일 제주도를 시찰한 뒤 작성한 보고서에는, 잔여 무장대의 모습이 짧게 그려져 있다.

하이네스 대위가 치안국 경찰 수석 고문관에게 제출한 보고서는 제주도경찰국과 일선 경찰서를 두루 방문한 시찰 보고서이긴 하지만 이 시점에는 무장대 문제는 주요 안건이 아니었다. 보고서를 보면 시찰 당시 제주도 전체 인구는 남자 11만 4,758명, 여자 15만 1,661명 등 모두 26만 6,419명(국군 및 가족 4만여 명 포함)이었다. 인구 통계에 대한 출처는 나와 있지 않다. 1955년 9월 1일 이후 11월 1일 현재 시민소요나 폭동, 시위 등의 상황은 발생하지 않았다. 제주 경찰 인원은 953명(정원 949명)이었으며, 4개 경찰서에 23개 지서가 있었다.

보고서를 보면 제주 경찰은 무장대의 숫자와 무장 여부, 성별까지 파악하고 있었다. 보고서에는 무장대 활동과 관련해 "게릴라guerrilla 또는 공비bandit 5명이 한라산 일대에서 활동하고 있다"고 기록했다. 이들 가운데 3명은 무장했고, 2명은 비무장 상태로 파악됐으며, 5명 가운데 1명은 여성이라고 보고했다. 하이네스 대위는 이들의 마지막 습격 날짜를 같은 해 7월 24일이라며, 한 농민에게서 쌀과 옷을 빼앗아갔다고 밝혔다.

보고서는 이어 "무장대는 현재 경찰의 체포를 피하려 한라산 일대를 이곳저곳 전전하고 있으며, 정황상 활동은 생존 수준으로 축소된 상태이다"라고 평가했다. 더 이상 무장대는 위협적인 존재가 아니라 생존을 위해 주린 배를 움켜잡고 추위와 싸워가며 산속을 헤매는 존재였다.

1953년 1월 31일 무장 40명, 비무장 37명의 잔여 무장대는 4월 30일에는 무장 29명, 비무장 18명으로 줄어든 데 이어 9월 30일에는 무장 24명, 비무장 11명으로 계속 줄어들었다. 이 숫자는 1955년에 이르면 급격히 줄어든다.

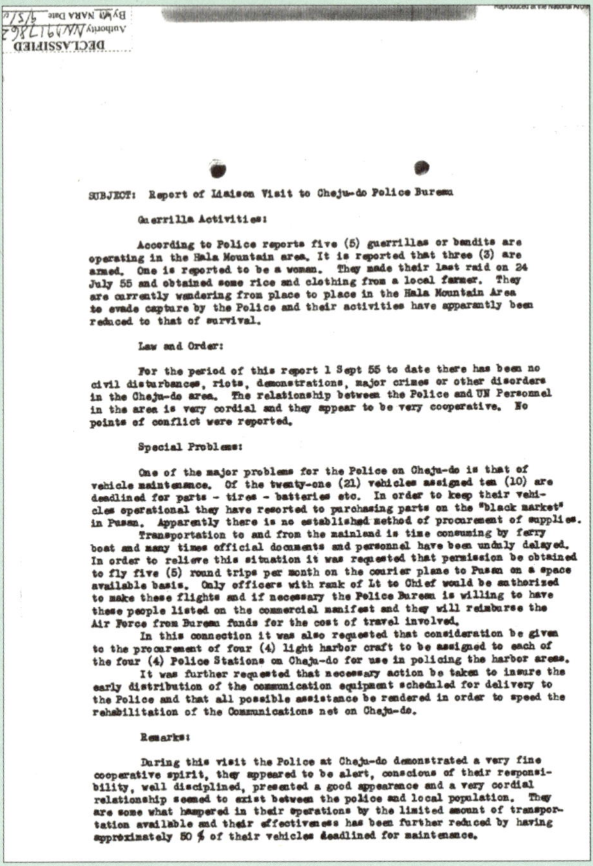

SUBJECT: Report of Liaison Visit to Cheju-do Police Bureau

Guerrilla Activities:

According to Police reports five (5) guerrillas or bandits are operating in the Hala Mountain area. It is reported that three (3) are armed. One is reported to be a woman. They made their last raid on 24 July 55 and obtained some rice and clothing from a local farmer. They are currently wandering from place to place in the Hala Mountain Area to evade capture by the Police and their activities have apparantly been reduced to that of survival.

Law and Order:

For the period of this report 1 Sept 55 to date there has been no civil disturbances, riots, demonstrations, major crimes or other disorders in the Cheju-do area. The relationship between the Police and UN Personnel in the area is very cordial and they appear to be very cooperative. No points of conflict were reported.

Special Problems:

One of the major problems for the Police on Cheju-do is that of vehicle maintenance. Of the twenty-one (21) vehicles assigned ten (10) are deadlined for parts - tires - batteries etc. In order to keep their vehicles operational they have resorted to purchasing parts on the "black market" in Pusan. Apparently there is no established method of procurement of supplies.

Transportation to and from the mainland is time consuming by ferry boat and many times official documents and personnel have been unduly delayed. In order to relieve this situation it was requested that permission be obtained to fly five (5) round trips per month on the courier plane to Pusan on a space available basis. Only officers with rank of Lt to Chief would be authorized to make these flights and if necessary the Police Bureau is willing to have these people listed on the commercial manifest and they will reimburse the Air Force from Bureau funds for the cost of travel involved.

In this connection it was also requested that consideration be given to the procurement of four (4) light harbor craft to be assigned to each of the four (4) Police Stations on Cheju-do for use in policing the harbor areas.

It was further requested that necessary action be taken to insure the early distribution of the communication equipment scheduled for delivery to the Police and that all possible assistance be rendered in order to speed the rehabilitation of the Communications net on Cheju-do.

Remarks:

During this visit the Police at Cheju-do demonstrated a very fine cooperative spirit, they appeared to be alert, conscious of their responsibility, well disciplined, presented a good appearance and a very cordial relationship seemed to exist between the police and local population. They are some what hampered in their operations by the limited amount of transportation available and their effectiveness has been further reduced by having approximately 50 % of their vehicles deadlined for maintenance.

1955년 10월 28일 유엔사령부 대한경제조정관실 치안과 관계자가 제주도를 시찰한 뒤 작성해 경찰 수석 고문관에게 제출한 보고서 가운데 무장대와 관련한 내용이다. NARA.

게릴라 활동

경찰 보고에 따르면 한라산 지역에서 5명의 게릴라 또는 공비들이 활동하고 있다. 3명은 무장하고 있으며, 1명은 여성으로 알려져 있다. 이들은 1955년 7월 24일에 마지막으로 습격해 농민으로부터 쌀과 옷을 확보했다. 현재 이들은 경찰의 체포를 피하기 위해 한라산 일대를 전전하고 있으며, 그들의 활동은 생존 수준으로 축소된 것으로 보인다.

무장대가 다시 마을에 나타난 것은 보고서를 작성한 지 12일 뒤였다. 11월 12일 자정께 서귀면 신효리에 나타난 무장대원 2명은 민가에 들어가 운동화 2켤레를 훔쳐 달아났다. 그게 전부였다. 20대 아들을 납치했으나 경찰의 경비상황만 묻고 돌려보냈다. 무장대 가담을 요구하지도 않았다. 무장대는 더 이상 인력을 확충할 여력도 없었다. 경찰은 '공비'가 남자 2명과 여자 1명뿐이라고 발표했다. 무장대는 경찰과 싸우지 않았다. 그들에게는 무엇보다 겨울로 접어드는 한라산의 추위와 싸우기 위한 식량과 옷이 필요했다. 그들은 더 이상 '무장대'가 아니었다. 식량과 의복을 구하며 경찰의 추적을 피해 생존을 이어가는 두려움에 찬 '산사람'들이었다.

19570402

마지막 '산사람', 그는 평범한 농민이었다

099

1957년 4월 2일 오전, 구좌면 송당리 장기동에 한 남자가 모습을 드러냈다. 마지막 '잔비' 또는 '공비'로 불린 인물, 송당리 농민 오원권이었다. 1948년 4월 3일 무장봉기 발발 이후 9년의 시간이 흐른 뒤였다. 경찰은 오원권이 부친을 찾아올 가능성이 높다고 보고, 그의 고향 송당리 지경에 움막을 지어 기거하게 하고, 주변을 감시하고 있었다. 그는 이날 새벽 부친이 있는 곳으로 찾아와 눈물의 상봉을 하다 붙잡혔다. 오원권은 귀순이라고 했고, 경찰은 성산포경찰서 유격대가 붙잡았다고 발표했다.

그는 함께 있던 한순애와 4월 9일 서울로 압송돼 치안국에서 조사를 받고 풀려났다. 한순애는 그보다 앞서 3월 21일 견월악 지경에서 제주서 사찰유격대에 체포됐다. 서울시내를 구경한 뒤 귀향을 앞둔 4월 12일 저녁 숙소를 찾아온 기자에게 마지막 '산사람' 오원권은 9년 가까이 산속에서 토벌대에 쫓기며 생활하던 때를 담담하게 털어놓았다.

1957
04
02

중산간 마을 송당리에 살던 그는 평범한 농민이었다. 마을에서 조금 떨어진 집에서 70대 초반의 부친과 아내, 그리고 생후 8개월 된 아들과 살고 있었다. 1948년 11월 초토화 시기 송당리가 불타고, 아내는 토벌대의 손에 희생됐다. 해안 마을로 소개됐다. 겨울이 다가오고 있었지만, 당장 먹을 것 입을 것이 없었다.

오원권과 마을 청년들은 토벌대에 사정해 집터로 돌아가 식량과 옷가지를 가져오기로 하고 집으로 향했다. 그리고 그 길은 그의 운명을 바꿔놓았다. 마을은 없어지고, 잿더미가 된 집터는 황량했다. 그곳에서 무장대와 마주쳤다. 무장대는 "경찰 토벌대와 함께 도망간 놈은 반역자다. 우리와 행동을 함께 하지 않으면 목숨을 지탱할 수 없다"며 입산을 강요했다. 오원권은 그때의 심정을 이렇게 말했다.

"밑에서 눈이 빠지도록 기다리는 늙은 부친과 핏덩이 같

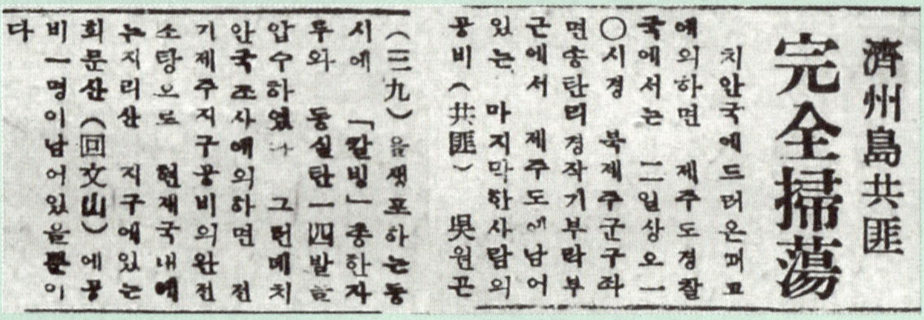

濟州島共匪 完全掃蕩

1957년 4월 4일 『마산일보』 기사.

제주도공비 완전 소탕

치안국에 드러온 보고에 의하면 제주도경찰구에서는 2일 상호 10시경 북제주군 구좌면 송탄리 경작기 부락 부근에서 제주도에 남어있는 마지막 한사람의 공비 오원곤(39)을 생포하는 동시에 「칼빙」총 한 자루와 동 실탄 14발을 압수하였다. 그런데 치안국 조사에 의하면 전기 제주도지구 공비의 완전 소탕으로 현재 국내에는 지리산지구에 있는 회문산에 공비 1명이 남어있을 뿐이다.

自由釋放키로 漢拏山共匪두名

1957년 4월 12일 『평화신문』 기사.

한라산 공비 두 명 자유 석방키로

【기보】 한나산에서 생포하여 서울에 압송된 공비 오(오원권=43) 및 한(한순애=23) 등은 그동안 치안국에서의 심문을 마치고 금명간 고향인 제주도로 돌려보낼 것이라고 한다. 경찰에서는 심문 결과 이들은 원래 무식하며 재산 기간에도 몇 번이나 하산 귀순할 생각을 하였으나 대내적(공비두목)인 위협과 귀순을 해도 죽일 것 같은 공포심에서 내려오질 못했던 것으로 판명되었다는데 그들의 고향인 제주도로 가서는 자유롭게 석방할 것이라고 한다.

은 아들이 눈앞에 가물거리는 것을 어쩔 수 없었다. 그러나 당장 죽는다는 말 앞에서는 부모보다, 아들보다 목숨이 더 아까웠다."

그는 그렇게 무장대에 합류했고, 식량 보급을 담당했다. 보리와 조를 짊어지고 한 달에도 몇 십 번씩 은신처를 옮기는 산사람들의 생활이 이어졌다. 오원권은 입산한 뒤 귀순할 생각은 하지 않았다. '토벌대에 잡히기만 하면 당장 총살된다, 당신들의 가족은 경찰에 모두 학살됐다'는 무장대의 말에 그는 "경찰이 무섭다는 생각이 들기 전에 생명의 적으로 알았기 때문에 경찰에 대한 심정은 이루 말할 수 없었다"고 말했다. 산속 생활은 힘들었지만, 고기는 실컷 먹었다. 주인들이 찾아가지 못한, 방목하던 소와 말이 널려 있었기 때문이다.

한국전쟁 발발 이후 토벌대의 지속적인 소탕작전으로 무장대가 사실상 몇 명 남지 않은 수준으로 떨어지면서 식량도 바닥나고 심신이 지쳤다. 오원권을 포함한 5명이 한 조가 돼 1년 가까이 떠돌았다. 2~3일씩 굶는 일은 흔했고, 담요 한 장으로 눈 속에서 버텨야 했다. 그러나 경찰에 잡히면 죽는다는 말에 혼자 떨어져 나올 엄두를 내지 못했다.

아버지와 아들이 이미 죽었을 것이라고 생각했다. 그에게 경찰은 증오의 대상이었다. 아버지 소식을 듣지 못했으니 학살당한 것으로 알고 있었고, 경찰 토벌대의 소탕전에 함께 지내던 사람들이 하나둘 죽어가는 것을 보고 경찰이 무섭기만 했다.

생존의 본능은 모든 것을 압도했다. 굶주린 상태에서도 경찰 토벌대가 들이닥치자 천막을 둘러메고 한겨울 하룻밤 사이에 산길 50리를 내달렸다고 한다. 토벌대의 공격이 심할수록, 고생이 모질수록 살고 싶은 욕망은 더 커지고, 더 강인해지고, 의지도 더 굳어졌다.

몇 명 되지 않았지만 내부 규율은 엄격했다. 특히 남녀관계에 대한 통제는 강했다. 그는 "여자를 유심히 쳐다보기만 해도 당장 다른 곳으로 이동된다"며 "남녀 간에 이상한 짓을 한다면 다른 사람이 가만히 있겠나. 그러면 규율도 명령도 다 없어지고 만다. 여자 생각은 정말 꿈같은 거나 다름없었다"고 했다. 한순애가 체포되고, 같은 달 27일 무장대를 이끌던 2명이 경찰에 숨졌다. 오원권만 남게 됐다.

> "금방 죽을 것만 같았습니다. 제 신세가 지긋지긋하게 싫어지더군요. 그래 경찰 토벌대에 귀순했습니다."

오원권은 부친을 재회했을 때는 "꼭 생저승에서 만나는 것 같았다"며 부친을 붙들고 울음을 쏟아냈다. 그를 취재한 기자는 오원권의 남은 소망을 물었다.

"아버지와 아들놈하고 농사나 지을 수 있으면 좋겠습니다. 아들놈은 내가 산에 붙잡혀갈 때 생후 8개월의 젖먹이였지만, 지금은 열 살 난 큰 아이가 됐습니다. 빨리 보고 싶습니다. 부친은 지금 83살입니다. 부친을 모시고 아들놈하고 농사를 지을 수 있으면 더 바랄 것이 없습니다."

갑자기 애원하듯 낮은 목소리로 인터뷰를 끝낸 오원권은 담배를 피워 물고 뜻 모를 웃음을 지으며 어둠이 스며드는 창밖을 멀거니 바라보며 입속으로 무엇인가 중얼거렸다.

이후 그의 삶은 순탄하지 않았다. 한라산에서 보낸 9년여의 시간은 그를 트라우마의 한 가운데 소용돌이치게 했다.

"그곳에 있으면 배고픈 것, 추운 것, 그리움 같은 것을 느낄 겨를이 없습니다. 살아야 하겠다는 것이 전부입니다. 하루라도 더 살아야 되겠다는 막연하지만 간절한 원망이 전부입니다."

제주의 평범한 농민이었던 그를 마지막 '산사람'으로 만든 것은 대체 누구의 탓으로 돌려야 하는가.

19570809

"제주도민들은 영원히 잊지 않을 것이다" 100

1957년 8월 9일 유엔한국통일부흥위원단UNCURK의 오스트레일리아 대표단은 아쉬윈의 제주도 시찰 보고서를 본국 외무부에 보냈다.

유엔한국통일부흥위원단 오스트레일리아 대표단 소속 아쉬윈은 1957년 7월 16~21일 주한서독 총영사 헤르츠와 함께 제주도를 방문했다. 헤르츠는 제주도를 공식 방문한 최초의 한국 주재 외교사절이다.

아쉬윈의 보고서는 제주도의 지리, 행정, 정치, 군사 상황과 UNCURK의 사업 진행 현황 등을 폭넓게 담고 있으며, 특히 정치 상황에 대한 분석에 비중을 두고 있다. 그는 제주도를 '자유당의 요새'라고 표현했다. 선출직 정치인 대부분과 제주도의회 의원 15명 모두 자유당 계열이었고, 읍·면장과 도청 간부들도 자유당 성향으로, 일제 경찰 출신인 경찰국장은 확고한 자유당 지지자로 분석했다.

그런 한편으로 1954년 5월 치러진 제3대 국회의원 선거 결과가 자유당 일색은 아니었다는 점도 언급했다. 무소속으로 당선된 뒤 자유당에 입당한 국회의원들에 대해서는 "자유당 계열의 무소속으로 당선된 뒤 정세 흐름을 살펴 자유당에 합류한 점에 주목할 필요가 있다"고 지적했다. 4·3과 한국전쟁을 겪으면서 제주도민들의 정치 성향은 철저한 반공주의로 재편됐고, 이승만 체제에서 공개적으로 다른 목소리를 내기 어려운 분위기가 형성된 것으로 읽힌다.

그는 또 제주도 고위직 관리들 가운데 제주 출신은 한 명도 없으며, 이들은 제주도에 대한 애정이 전혀 없다고 분석했다. 고위직의 비제주 출신 문제는 4·3 시기부터 지적됐지만, 현실은 달라지지 않았다.

외국인 가톨릭 신부들의 인식도 전했다. 이들은 제주도민들이 국기나 국가, 대통령, 대한민국의 전통에 큰 의미를 두지 않는 경향이 있다고 보았다. 또 해방 이후의 굶주림과 학대가 일제 강점기의 경험과 다르지 않거나 오히려 더 가혹

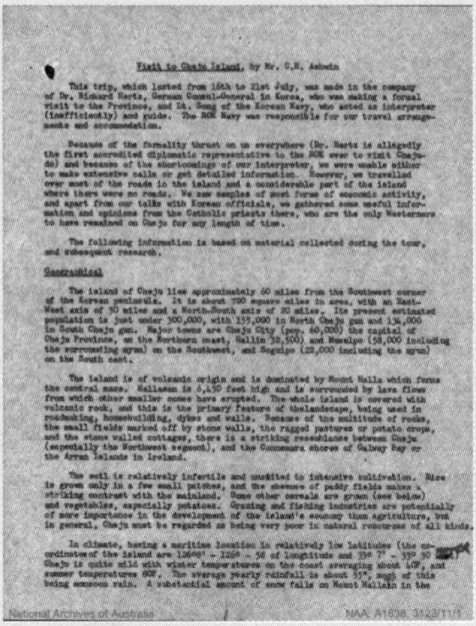

Visit to Cheju Island, by Mr. C.R. Ashwin

This trip, which lasted from 16th to 21st July, was made in the company of Dr. Richard Hertz, German Consul-General in Korea, who was making a formal visit to the Province, and Lt. Song of the Korean Navy, who acted as interpreter (inefficiently) and guide. The ROK Navy was responsible for our travel arrangements and accommodation.

Because of the formality thrust on us everywhere (Dr. Hertz is allegedly the first accredited diplomatic representative to the ROK ever to visit Cheju-do) and because of the shortcomings of our interpreter, we were unable either to make extensive calls or get detailed information. However, we travelled over most of the roads in the island and a considerable part of the island where there were no roads. We saw samples of most forms of economic activity, and apart from our talks with Korean officials, we gathered some useful information and opinions from the Catholic priests there, who are the only Westerners to have remained on Cheju for any length of time.

The following information is based on material collected during the tour, and subsequent research.

Geographical

The island of Cheju lies approximately 60 miles from the Southwest corner of the Korean peninsula. It is about 720 square miles in area, with an East-West axis of 50 miles and a North-South axis of 20 miles. Its present estimated population is just under 300,000, with 155,000 in North Cheju gun and 134,000 in South Cheju gun. Major towns are Cheju City (pop. 60,000) the capital of Cheju Province, on the Northern coast, Hallim 32,500) and Mosulpo (58,000 including the surrounding myun) on the Southwest, and Soguipo (22,000 including the myun) on the South east.

The island is of volcanic origin and is dominated by Mount Halla which forms the central mass. Hallasan is 6,450 feet high and is surrounded by lava flows from which other smaller cones have erupted. The whole island is covered with volcanic rock, and this is the primary feature of thelandscape, being used in roadmaking, housebuilding, dykes and walls. Because of the multitude of rocks, the small fields marked off by stone walls, the ragged pastures or potato crops, and the stone walled cottages, there is a striking resemblance between Cheju (especially the Northwest segment), and the Connemara shores of Galway Bay or the Arran Islands in Ireland.

The soil is relatively infertile and unsuited to intensive cultivation. Rice is grown only in a few small patches, and the absence of paddy fields makes a striking contrast with the mainland. Some other cereals are grown (see below) and vegetables, especially potatoes. Grazing and fishing industries are potentially of more importance in the development of the island's economy than agriculture, but in general, Cheju must be regarded as being very poor in natural resources of all kinds.

In climate, having a maritime location in relatively low latitudes (the coordinates of the island are 126°08' - 126° - 58 of longitude and 33° 7' - 33° 30 [illegible]) Cheju is quite mild with winter temperatures on the coast averaging about 40F, and summer temperatures 80F. The average yearly rainfall is about 55", most of this being monsoon rain. A substantial amount of snow falls on Mount Hallasan in the

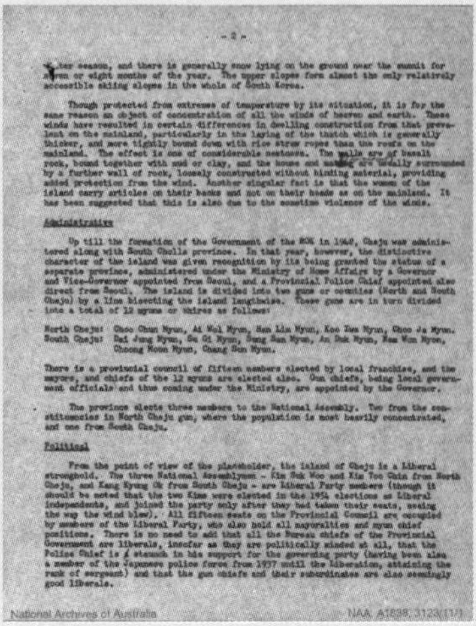

- 2 -

winter season, and there is generally snow lying on the ground near the summit for seven or eight months of the year. The upper slopes form almost the only relatively accessible skiing slopes in the whole of South Korea.

Though protected from extremes of temperature by its situation, it is for the same reason an object of concentration of all the winds of heaven and earth. These winds have resulted in certain differences in dwelling construction from that prevalent on the mainland, particularly in the laying of the thatch which is generally thicker, and more tightly bound down with rice straw ropes than the roofs on the mainland. The effect is one of considerable neatness. The walls are of basalt rock, bound together with mud or clay, and the house and [illegible] are usually surrounded by a further wall of rock, loosely constructed without binding material, providing added protection from the wind. Another singular fact is that the women of the island carry articles on their backs and not on their heads as on the mainland. It has been suggested that this is also due to the sometime violence of the winds.

Administrative

Up till the formation of the Government of the ROK in 1948, Cheju was administered along with South Cholla province. In that year, however, the distinctive character of the island was given recognition by its being granted the status of a separate province, administered under the Ministry of Home Affairs by a Governor and Vice-Governor appointed from Seoul, and a Provincial Police Chief appointed also direct from Seoul. The island is divided into two guns or counties (North and South Cheju) by a line bisecting the island lengthwise. These guns are in turn divided into a total of 12 myuns or shires as follows:

North Cheju: Choo Chun Myun, Ai Wol Myun, Han Lim Myun, Koo Zwa Myun, Choo Ja Myun.
South Cheju: Dai Jung Myun, Su Gi Myun, Sung San Myun, An Duk Myun, Nam Won Myun, Choong Moon Myun, Chang Son Myun.

There is a provincial council of fifteen members elected by local franchise, and the mayors, and chiefs of the 12 myuns are elected also. Gun chiefs, being local government officials and thus coming under the Ministry, are appointed by the Governor.

The province elects three members to the National Assembly. Two from the constituencies in North Cheju gun, where the population is most heavily concentrated, and one from South Cheju.

Political

From the point of view of the placeholder, the island of Cheju is a Liberal stronghold. The three National Assemblymen - Kim Suk Woo and Kim Too Chin from North Cheju, and Kang Kyung Ok from South Cheju - are Liberal Party members (though it should be noted that the two Kims were elected in the 1954 elections as Liberal independents, and joined the party only after they had taken their seats, seeing the way the wind blew). All fifteen seats on the Provincial Council are occupied by members of the Liberal Party, who also hold all mayoralties and myun chief positions. There is no need to add that all the Bureau chiefs of the Provincial Government are liberals, insofar as they are politically minded at all, that the Police Chief is a staunch in his support for the governing party (having been also a member of the Japanese police force from 1937 until the Liberation, attaining the rank of sergeant) and that the gun chiefs and their subordinates are also seemingly good liberals.

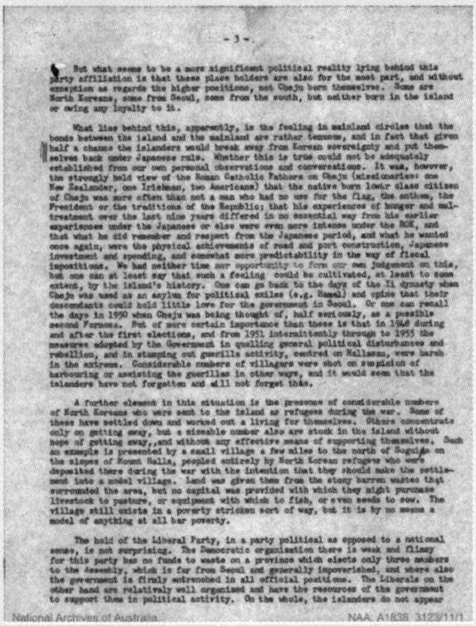

- 3 -

But what seems to be a more significant political reality lying behind this party affiliation is that these place holders are also for the most part, and without exception as regards the higher positions, not Cheju born themselves. Some are North Koreans, some from Seoul, some from the south, but neither born in the island or owing any loyalty to it.

What lies behind this, apparently, is the feeling in mainland circles that the bonds between the island and the mainland are rather tenuous, and in fact that given half a chance the islanders would break away from Korean sovereignty and put themselves back under Japanese rule. Whether this is true could not be adequately established from our own personal observations and conversations. It was, however, the strongly held view of the Roman Catholic Fathers on Cheju (missionaries: one New Zealander, one Irishman, two Americans) that the native born lower class citizen of Cheju was more often than not a man who had no use for the flag, the anthem, the President or the traditions of the Republic; that his experiences of hunger and maltreatment over the last nine years differed in no essential way from his earlier experiences under the Japanese or else were even more intense under the ROK, and that what he did remember and respect from the Japanese period, and what he wanted once again, were the physical achievements of road and port construction, Japanese investment and spending, and somewhat more predictability in the way of fiscal impositions. We had neither time nor opportunity to form our own judgement on this, but one can at least say that such a feeling could be cultivated, at least to some extent, by the island's history. One can go back to the days of the Yi dynasty when Cheju was used as an asylum for political exiles (e.g. Hamel) and opine that their descendants could hold little love for the government in Seoul. Or one can recall the days in 1950 when Cheju was being thought of, half seriously, as a possible second Formosa. But of more certain importance than these is that in 1948 during and after the first elections, and from 1951 intermittently through to 1955 the measures adopted by the Government in quelling general political disturbances and rebellion, and in stamping out guerilla activity, centred on Hallasan, were harsh in the extreme. Considerable numbers of villagers were shot on suspicion of harbouring or assisting the guerillas in other ways, and it would seem that the islanders have not forgotten and will not forget this.

A further element in this situation is the presence of considerable numbers of North Koreans who were sent to the island as refugees during the war. Some of these have settled down and worked out a living for themselves. Others concentrate only on getting away, but a sizeable number also are stuck in the island without hope of getting away,,and without any effective means of supporting themselves. Such an example is presented by a small village a few miles to the north of Soguipo on the slopes of Mount Halla, peopled entirely by North Korean refugees who were deposited there during the war with the intention that they should make the settlement into a model village. Land was given them from the stony barren wastes that surrounded the area, but no capital was provided with which they might purchase livestock to pasture, or equipment with which to fish, or even seeds to sow. The village still exists in a poverty stricken sort of way, but it is by no means a model of anything at all bar poverty.

The hold of the Liberal Party, in a party political as opposed to a national sense, is not surprising. The Democratic organization there is weak and flimsy for this party has no funds to waste on a province which elects only three members to the Assembly, which is far from Seoul and generally impoverished, and where also the government is firmly entrenched in all official positions. The Liberals on the other hand are relatively well organized and have the resources of the government to support them in political activity. On the whole, the islanders do not appear

유엔한국통일부흥위원단UNCURK 오스트레일리아대표단 소속 아쉬윈C. R. Ashwin이
주한서독 총영사 헤르츠Richard Hertz와 함께 1957년 7월 16~21일 제주도를 방문한 뒤
작성한 보고서 가운데 제주도의 정치 부분에 대한 내용이다.
오스트레일리아 대표단은 이 보고서를 8월 9일 외무부로 보냈다.
오스트레일리아 국립기록원.

정치

보고서 작성자의 관점에서 볼 때, 제주도는 자유당의 요새입니다. 북제주의 김석호와 김두진, 남제주의 강경옥 등 3명의 국회의원은 모두 자유당 소속입니다.(다만 두 김씨는 1954년 선거에서 자유당계 무소속 후보로 당선되었고, 의석을 차지한 뒤 정세의 흐름을 살피며 자유당에 입당했다는 점은 짚어둘 필요가 있습니다.) 도의회 15석 모두 자유당 소속 의원들이 차지하고 있으며, 읍면장도 모두 자유당이 맡고 있습니다. 도청의 모든 국장들이 정치적 성향이 있는 한 자유당원이라는 점, 경찰국장이 여당을 확고히 지지한다는 점(그는 1937년부터 해방될 때까지 일제 경찰로 복무하며 순사부장까지 진급했습니다), 그리고 참모들과 그 부하들도 자유당원인 것으로 보인다는 점은 굳이 덧붙일 필요가 없습니다.

하지만 이러한 당적 이면에 놓여 있는 더욱 중요한 정치적 현실은 이러한 자리를 차지한 사람들이 대부분, 특히 고위직의 경우 예외 없이 제주도 출신이 아니라는 점입니다. 일부는 이북 출신이고, 일부는 서울 출신이고, 일부는 남한 출신이지만, 어느 누구도 제주도에서 태어나지도 않았고 제주도에 대한 조금의 충성심도 없습니다.

이러한 현상의 배경에는 분명히 본토에서 보면 제주도와 본토 간의 유대가 상당히 약하며, 실제로 기회가 주어진다면 제주도민들이 한국의 주권에서 벗어나 일본의 지배를 받으려 할 것이라는 인식이 깔려 있습니다. 이것이 사실인지는 우리의 개인적인 관찰과 대화를 통해 충분히 확인할 수 없었습니다. 그러나 제주도의 로마 가톨릭 신부들(선교사: 뉴질랜드인 1명, 아일랜드인 1명, 미국인 2명)은 제주도 토착 하층민이 국기나 국가, 대통령, 그리고 공화국의 전통에 아무런 가치를 두지 않는다는 견해를 강하게 갖고 있습니다. 지난 9년 간 그가 겪은 굶주림과 학대는 일제 강점기 시절의 경험과 본질적으로 다르지 않거나, 오히려 한국 통치 시절에 더 심했을지도 모른다는 점, 그리고 그가 일제 강점기 시절에 기억하고 존경하며 다시 원했던 것은 도로와 항만 건설, 일본의 투자와 소비, 그리고 재정 부담의 예측 가능성이었다는 점을 알 수 있었습니다. 우리는 이에 대해 직접 판단할 시간도 기회도 없었지만, 적어도 이러한 감정은 섬의 역사에 의해 어느 정도 형성될 수 있다는 것은 분명해 보입니다. 제주도가 정치적 망명자들(예: 하멜)의 피난처로 사용되었던 이씨 왕조 시대를 떠올려 보면, 그 후손들이 서울 정부에 대해 호감을 갖지 않았을 것이라고 추측할 수 있습니다. 또는 1950년대에 제주도가 제2의 대만이 될 수 있다는 논의가 반쯤 진지하게 제기되었던 시절을 떠올릴 수도 있습니다. 하지만 이런 것들보다 더 확실한 것은 1948년 첫 선거 전후, 그리고 1951년부터 1955년까지 간헐적으로 정부가 한라산을 중심으로 발생한 정치적 소요와 반란을 진압하고 무장대 활동을 소탕하기 위해 취한 조치들이 극도로 가혹(harsh in the extreme)했다는 점입니다. 수많은 마을 주민들이 무장대를 숨겨주거나 다른 방식으로 지원했다는 의심을 받고 총살됐으며, 섬 주민들은 이를 잊지 않고 있고, 앞으로도 잊지 않을 것입니다.

했다는 평가도 보고서에 덧붙였다.

특히 주목되는 부분은 4·3에 대한 평가다. 그는 "1948년 5·10 선거를 전후할 때부터 1955년까지 "제주도의 정치적 소요와 반란을 진압하고 무장대 활동을 소탕하기 위해 정부가 취한 조치는 극단적으로 가혹했다"며 "수많은 주민들이 무장대를 숨겨주거나 지원했다는 의심을 받고 총살됐다"고 기록했다. 그는 4·3은 과거의 사건으로 끝난 것이 아니라 제주사회의 기억 속에 깊이 각인돼 미래에까지 영향을 미칠 집단 기억으로 규정했다. 그는 이렇게 적었다.

> "제주도민들은 이 일을 잊지 않고 있으며, 앞으로도 잊지 않을 것이다."

001 | 19450923 / 일본군이 기록한 '제주도 건국준비위원회' 결성

김봉현·김민주 공편, 『제주도 인민들의 4·3무장투쟁사-자료집』 (대판: 문우사, 1963), 12쪽.

제주4·3사건진상규명및희생자명예회복위원회, 『제주4·3사건진상조사보고서』 (서울: 동위원회, 2003), 75~76쪽.

제주4·3연구소, 「제주지방 건국준비위원회와 인민위원회 조직과 활동」, 『4·3장정』5 (제주: 제주4·3연구소, 1992), 11쪽.

終戰後における朝鮮軍 電報綴, 소화 1920. 9. 23. 전보문 0648., 1920. 9. 21. 전보문 0543.

002 | 19450928 / 제주도 주둔 일본군, 항복의 순간

Eyewitness Account by XXIV Corps Historian, The Surrender at Saishu[Cheju Do], 28 September 1945.

Hq. 24th Corps, G-3 Operations Report, No. 25, 28 Sept 1945.

003 | 19451006 / 일본군 무장해제, 또 다른 격변의 시작

『주한미군사』(HUSAFIK)1 (서울: 돌베개, 1988). 495쪽, 555~556쪽.

Hq. USAFIK, G-2 Periodic Report, No. 20, 30 Sept 1945.

Hq. 24th Corps, G-3 Operations Report, No. 25, 28 Sept, 1945., No. 32, 5 Oct 1945.

Subject: Politico-Military Problems in the Far East: United States Initial Post-Defeat Policy Relating to Japan, SWNCC 150/4, 6 Sept 1945; SWNCC 150/4/A, 24 Sept 1945.

Subject: Directive to Commander Japanese 17th Army Group. To: Major General Sugai of the Japanese 17th Army Group, 19 September 1945.

004 | 19451109 / 미군 제59군정중대, 제주에 오다

Subj: Unit History, Thurman A. Stout, Senior Military Govt. Officer of 59th Military Government Company to the Adjutant General, Washington, 23 January 1946.

Unit History-101st Military Government Group.

005 | 19460801 / 제주'도'島에서 제주'도'道로

『가정신문』, 1946. 7. 13.

『대구시보』, 1946. 7. 14.

『독립신보』, 1946. 6. 5.

『동아일보』, 1946. 12. 21.

『서울신문』, 1946. 6. 5., 1946. 12. 18.

『자유신문』, 1946. 12. 19., 1946. 12. 20.

제주도, 『제주도행정조직50년사』 (제주: 제주도, 1997)

법령 제94호, 제주도의 설치, 재조선미국육군사령부 군정청, 1946. 7. 2.

고종시대사, 사료고종시대사, 국사편찬위원회 누리집 (검색일: 2025. 12. 20).

006 | 19460823 / 콜레라, 원자탄 이상의 공포

『가정신문』, 1946. 8. 23.

『대한독립신문』, 1946. 9. 12.

『독립신보』, 1946. 8. 23.

『제주신보』, 1947. 4. 28.

부원휴 채록, 2017. 6. 23.

Hq. 6th Inf. Div, G-2 Periodic Report, No. 241, 16 June 1946., No. 255, 30 June, 1946., No. 247, 22 June 1946; No. 256, 1 July 1946.

Hq. 7th Inf. Div, G-2 Periodic Report, No. 357, 4 Oct 1946.

Hq. USAFIK, G-2 Periodic Report, No. 317, 29 Aug 1946.

007 | 19461022 / "태평양의 지브롤터", 미국 언론인이 본 제주

『주한미군사』(HUSAFIK)1 (서울: 돌베개, 1988). iii.

008 | 19461214 / 입법의원 거부의 파장, 중앙과 다른 제주의 독자적 결정

이운방, 『미군 점령기 제주도 반제투쟁』 (서울: 새길, 1996), 144~145쪽., 155쪽., 160~161쪽.

『독립신보』, 1946. 10. 15.

『수산경제신문』, 1946. 11. 30., 1946. 12. 14.

Subject: Report of trip to the Province of CHEJU during the period 4-6 December 1946, Department of Public Information, Hq. United States Military Government in Korea, 9 Dec 1946.

Subject: Information pertinent to the island of Cheju. To: All concerned, Glenn Newman, Col. Director, Department of Public Information, Hq. USAMGIK, 6 May 1946.

009 | 19470111 / 해방공간의 권력형 부패, 복시환 사건의 전말

『동아일보』, 1947. 2. 5.

『제주신보』, 1947. 1. 28., 1947. 2. 8., 1947. 2. 10., 1947. 2. 12., 1947. 3. 28., 1947. 7. 30.

010 | 19470216 / 후생식당 앞 한 끼를 구하려는 사람들

그레고리 헨더슨 지음, 이종삼*박행웅 옮김, 『소용돌이의 한국정치』 (서울: 한울, 2000), 211~212쪽.

조선은행, 『조선경제연보』(1948), 4쪽.

『대동신문』, 1946. 10. 31.

『제3특보』, 1946. 11. 7.

『제주신보』, 1947. 1. 12., 1947. 2. 16.

011 | 19470223 / 제주 민전 결성, 3·1절을 앞둔 공개 결집

『광주민보』, 1946. 3. 13.

『대중신보』, 1947. 3. 24.

『독립신보』, 1946. 2. 26., 1946. 2. 27., 1947. 2. 4.

『수산경제신문』, 1947. 2. 19.

『제주신보』, 1947. 2. 18., 1947. 2. 26., 1947. 3. 8 , 1947. 7. 4., 1947. 7. 18.

012 | 19470301 / 미 제6사단 정보보고서로 본 3·1절 발포사건

제주4·3사건진상규명및희생자명예회복위원회, 『제주4·3사건진상조사보고서』 (서울: 동위원회, 2003), 108~109쪽.

제주4·3평화재단이 발간한『제주4·3사건 추가진상조사자료집』③ [미국자료1] (제주: 동재단, 2020), 254쪽.

제주4·3연구소, 『제주항쟁』 창간호 (서울: 실천문학, 1991), 185쪽.

『제주신보』, 1947. 4. 6.

Hq. 6th Inf Div, G-2 Periodic Report, No 513, 15 March 1947.

013 | 19470310 / 민·관 총파업, 분출된 제주사회의 분노

『제주신보』, 1947. 3. 8., 1947. 3. 10., 1947. 3. 12.

『독립신보』, 1947. 4. 5.

014 | 19470314 / 포고문, 저항을 폭동으로 규정하다

『제주신보』, 1947. 3. 16.

015 | 19470412 / '이승만 절대 지지', 탄원서를 보낸 이유

Petition to General John R. Hodge, Kyung Hoon Pak & 205 Men, Chejudo Province, Office of the A.C. of S., G-2, Language and Document Section, Date of translation: 12 April 1947.

016 | 19470524 / 밀항, 죽기를 각오하고 삶을 구하다

『부산신문』, 1946. 8. 22.

Subject: Statistical Report on Illegal Entry into Kyushu and Adjacent Islands. To: Commanding General, I Corps Jan 22 1948.

017 | 19470907 / 백색테러와 그 배후

『제주신보』, 1947. 9. 10., 1947. 10. 14.

Subject: Governor RYU, Hai Chin, Activities of. To: Lt. Col. Nelson, OSI, From: Henry C. Merritt, CIC, 21 November 1947.

018 | 19471104 / 유엔 총회에 소환된 제주도 군사기지설, 미·소의 설전

『독립신보』, 1946. 12. 18.

『부산신문』, 1946. 12. 14.

Cablegram, UN1083 Assembly 140, Korea. From: The Australian Delegation, United Nations Assembly, New York, To: Department of External Affairs, 5th Nov, 1947.

The Political Adviser in Korea (Jacobs) to the Secretary of State, March 30, 1948.

019 | 19471121 / 제주도 민정장관 비망록에 등장한 도지사의 독선

Office of the Chief Civil Affairs Office, Cheju Do, USAMGIK, Memorandum. To: Lt. Col. Nelson (OSI), From: Russel D. Barros, Lt. Col, CCAO, 21 Nov, 1947.

020 | 19471118 / "제주는 조선의 작은 모스크바", 서청이 규정한 '붉은 섬'

『제주신보』, 1947. 11. 8.

『한성일보』, 1947. 3. 13.

FEC Civil Intelligence Section, Periodic Summary No. 15, June 15, 1947.

Hq. USAFIK, G-2 Periodic Report, No. 691. 22 November 1947., No. 692, 24 November 1947., No. 693, 25 November 1947.

021 | 19471213 / 정의를 요구하는 민심의 경고

Hq. USAFIK, G-2 Periodic Report, No. 708, 13 December 1947.

Subj: Opinion of Political Situation in Chejudo as of 15 November 1947, Samuel J. Stevenson, Captain, 59th M.G Hq & Hq. Company, to Lawrence A. Nelson, OSI, USAMGIK, 21 November 1947.

022 | 19480123 / "제주도 좌파는 공산주의자가 아니다"

Hq. USAFIK, G-2 Periodic Report, No. 489, 26 March 1947., No. 123, 23 January 1948.

023 | 19480304 / 냉전의 시선으로 바라본 제주, 유엔조위 대표의 인식

Radio Speech. Copy of Address delivered by Senator Arranz over Manila radio station KZFM.

Subject: Philippine Press Comment upon the Work of the Korean Commission, Despatch No. 192, From: American Embassy, Manila, Philippines. To: State Department, February 24, 1948.

Subject: Transmitting Copies of Two Speeches of Senator Melecio

ARRANZ, the Philippine Delegate to the Korean Commission, Despatch No. 242, From: American Embassy, Manila, Philippines, To: State Department, March 4, 1948.

024 | 19480314 / 두 건의 고문치사, 인내의 한계를 넘어서다

제주4·3사건진상규명및희생자명예회복위원회, 『제주4·3사건진상조사보고서』 (서울: 동위원회, 2003), 150~151쪽.

『강원일보』, 1948. 5. 8.

『남조선민보』, 1948. 6. 12.

United Nations Temporary Commission on Korea, Main Committee, Summary Record of the Fourth Meeting, April 17, 1948.

025 | 19480403 / 1948년 4월 3일 새벽

제주4·3사건진상규명및희생자명예회복위원회, 『제주4·3사건진상조사보고서』 (서울: 동위원회, 2003), 169~173쪽.

『독립신보』, 1948. 4. 6.

『조선중앙일보』, 1948. 4. 6.

『한성일보』, 1948. 4. 6.

『중앙신문』, 1948. 4. 6.

Hq. USAFIK, G-2 Periodic Report, No. 479, 13 March 1947., No. 801, 5 April 1948.

026 | 19480418 / '제주도 작전' 문서가 보여주는 미군정의 개입

『신민일보』 1948. 4. 18.

Subject: Cheju-Do Operations, To: Chief Civil Affaris Officer, 59th Military Government Company, From: William F. Dean, Major General, Military Governor, 18 April 1948.

Memorandum for General Hodge, Subj: Report of Daily UNTCOK Activities for Thursday, 15 April, John Weckerling, 16 April 1948.

027 | 19480429 / 사령관 하지의 4대 진압 지침

Subject: Report of Activities at Cheju Do Island, To: Colonel A.C. Thchsen, A/C of S, G-3, From: Lt. Col. Schewe, G-3, 29 Apri 48.

028 | 19480429 / '평화협상'을 속속들이 파악한 미군정

『국제신문』, 1948. 8. 6.

Hq. XXIV Corps, G-3 Operations Report, No. 23, 1 May 1948.

029 | 19480430 / '4·30평화협상', 김익렬의 의지와 미군정의 전략

김익렬, 실록유고 「4·3의 진실」, 제민일보 4·3취재반, 『4·3은 말한다』 ② (서울: 전예원, 1994). 장창국, 『육사졸업생』 (서울: 중앙일보사, 1984), 117~118쪽.

이운방, 「이른바 '4·28평화협상'합의설에 대하여-김익렬 회고록 '4·3의 진실'에 대한 비판」

제주4·3연구소, 『4·3연구회보』(1989. 12), 80~90쪽.

제주4·3사건진상규명및희생자명예회복위원회, 『제주4·3사건진상조사보고서』 (서울: 동위원회, 2003), 197~198쪽.

『국제신문』, 1948. 8. 6., , 1948. 8. 7., 1948. 8. 8., 1948. 8. 14.

030 | 19480501 / 빈약한 무기, 과장된 무장대의 실체

김익렬, 실록유고 「4·3의 진실」, 제민일보 4·3취재반, 『4·3은 말한다』② (서울: 전예원, 1994), 321~322쪽.

이운방, 「이른바 '4·28평화협상'합의설에 대하여-김익렬 회고록 '4·3의 진실'에 대한 비판」, 제주4·3연구소, 『4·3연구회보』(1989. 12), 80~90쪽.

조덕송, 「유혈의 제주도」, 『신천지』, 1948년 7월호, 91쪽.

유격대 중대장의 증언, 「내가 겪은 4·3」, 제주4·연구소, 『4·3장정』 6.

『조선중앙일보』, 1948. 5. 15.

031 | 19480501 / 도지사 박경훈 재임명을 카드로?

『동아일보』, 1948. 7. 14.

『공업신문』, 1948. 7. 14.

『평화일보』, 1948. 7. 16.

Office of the Chief Civil Affairs Office, Cheju Do, USAMGIK, Memorandum. To: Lt. Col. Nelson (OSI), From: Russel D. Barros, Lt. Col, CCAO, 21 Nov, 1947.

032 | 19480505 / '5·5대책회의', 강경 진압으로 돌아서다

제주4·3사건진상규명및희생자명예회복위원회, 『제주4·3사건진상조사보고서』(서울: 동위원회, 2003), 203쪽.

『독립신문』, 1948. 5. 8.

『자유신문』, 1948. 5. 7.

『조선일보』, 1948. 5. 7.

『수산경제신문』, 1948. 5. 8.

033 | 19480510 / 그리스와 제주, 서로 닮은 비극

허호준, 『그리스와 제주, 비극의 역사와 그 후-그리스내전과 제주4·3 그리고 미국』(서울: 선인, 2014). 170~192쪽.

『대동신문』, 1948. 5. 10.

『부산신문』, 1948. 5. 11.

『서울신문』, 1948. 5.10.

『자유신문』, 1948. 5. 10.

『조선일보』, 1948. 5. 11.

034 | 19480515 / 미군 고문관이 가리키는 작전 지도

Hq. USAFIK, G-2 Periodic Report, No. 835, 15 May 1948., No. 836, 17 May 1948., No. 840, 21 May 1948.

리치는 자신의 제주도 회고담을 정리한 매트 헤르메스(Matt Hermes)가 미국 사우스캐롤라이나주에 있는 뷰포트가제트(BeaufortGazett.com)라는 온라인 매체에 2006년 1월 10일 쓴 기사에서 1948년 9월 초에 제11연대와 함께 육지로 돌아갔다고 했지만, 제11연대가 철수할 때는 1948년 7월 하순이었다. 따라서 리치 대위도 7월 하순 돌아간 것으로 추정된다. 그러나 이 기사는 삭제된 상태이다.

036 | 19480515 / 하산의 길, 평화와 비극의 갈림길

Hq. USAFIK, G-2 Periodic Report, No. 835, 15 May 1948.

038 | 19480524 / 5·10 선거 실패의 파장

『대동신문』, 1948. 5. 27.

『부인신보』, 1948. 5. 27.

『서울신문』, 1948. 5. 21., 1948. 5. 13.

『수산경제신문』, 1948. 5. 27.

『현대일보』, 1948. 5. 13.

Hq. XXIV Corps, G-3 Operations Report, No. 26, 22 May 1948.

Re the Invalidation of the Election made in some Electoral Districts of Che ChooDo, From: NO CHIN SUL, Chairman, National Election Committee To: Maj. Gen. William F. Dean, Military Governor, USAMGIK, 19 May 1948.

039 | 194805 / 일본도를 잡고 있는 대대장

Hq. USAFIK, G-2 Periodic Report, No. 1018, 21 Dec 1948.

040 | 19480606 / "상공에는 미군기, 해상에는 미군함"

『남조선민보』, 1948. 7. 3.

『세계일보』, 1948. 6. 16.

042 | 19480608 / "원인에는 흥미가 없다, 나의 사명은 오직 진압뿐!"

『대구시보』, 1948. 6. 8.

『민주일보』, 1948. 6. 8.

『민주중보』, 1948. 6. 3.

『부산신문』, 1948. 6. 3.

『부인신보』, 1948. 6. 3.

『세계일보』, 1948. 6.17.

『수산경제신문』, 1948. 6. 8.

『조선중앙일보』, 1948. 6. 8., 1948. 6. 13.

http://www.cbi-theater.com/1ptg/1ptg.html (검색일 2025. 9. 14.).

043 | 19480610 / 행정명령 제22호, 재선거의 무기한 연기

『공업신문』, 1948. 6. 11.

『대구시보』, 1948. 5. 22.

『대한일보』, 1948. 6. 10.

『동아일보』, 1948. 6. 4.

『부인신보』, 1948. 6. 3,

『수산경제신문』, 1948. 6. 12.

『조선중앙일보』, 1948. 6.4., 1948. 6. 12.

군정청 관보, 행정명령 제22호, 1948. 6. 10.

044 | 19480616 / 제주는 조선의 축도판, "무력만으로 해결할 수 없다"

『경향신문』, 1948. 6. 15.

『대동신문』, 1948. 6. 16.

『대한일보』, 1948. 6. 15.

『동아일보』, 1948. 6. 15;

『부산신문』, 1948. 6. 16.

『부인신보』, 1948. 6. 24.

『서울신문』, 1948. 6. 12., 1948. 6. 15.

『서울신문』, 1948. 6. 16.

『현대일보』, 1948. 6. 24.

045 | 19480618 / 한밤중에 일어난 제11연대장 피살

국방부 전사편찬위원회, 『대비정규전사』(서울: 동위원회, 1988), 54쪽; 백선엽, 『실록 지리산』(서울: 고려원, 1992), 118쪽.

통위부 조선경비대총사령부, 제목: 장교진급추천서. 수신: 통위부장, 경유: 통위부 인사국. 발신: 총사령관 준장 송호성, 고문관 대위 하우스만. 14 June 1948.

『경향신문』, 1948. 6. 23.

『대한일보』, 1948. 6. 23.

『부인신보』, 1948. 6. 19.

『부인신보』, 1948. 6. 19

『서울신문』, 1948. 7. 20.

『세계일보』, 1948. 6. 18.

『수산경제신문』, 1948. 6. 18.

자유신문』, 1948. 6. 19., 1948. 6. 20.

『조선중앙일보』, 1948. 6. 20.

『한성일보』, 1948. 6. 19., 1948. 8. 14.

『현대일보』, 1948. 6. 19., 1948. 6. 20.

New York Times, 1948. 6. 19.

Hq. Department of Public Information, South Korean Interim Government, Daily Activity Report of Departments and Offices, 7 May 1948.

Hq. USAFIK, G-2 Weekly Summary, No. 141, 28 May 1948.

046 | 19480621 / '강성의 무모한 이력', 미군정이 선택한 지휘관 조건

공국진, 『선곡 공국진 회상록-한 노병의 애환』 (서울: Publishing House, 2001), 43쪽.

『한성일보』, 1948. 6. 22,

『한국일보』, 2006. 10. 12.

Hq. USAFIK, G-2 Periodic Report, No. 871, 28 June 1948.

Memorandum to Colonel Brown, From: W. L. Roberts, Brig Gen, DIS, 21 June 1948.

047 | 19480702 / 제주도는 울음의 바다, "죽을래야 죽을 수도 없다"

『수산경제신문』, 1948. 7. 13.

『조선중앙일보』, 1947. 7. 11.

『한성일보』, 1947. 7. 11,

『호남신문』, 1948. 7. 17.

048 | 194807 / 농업학교 수용소의 '포로 아닌 포로들'

『세계일보』, 1948. 6. 11.

『조선중앙일보』, 1948. 7. 29.

『호남신문』, 1948. 7. 16.

049 | 194807 / 제11연대 지휘부의 기념사진

Hq. USAFIK, G-2 Periodic Report, No. 141, 28 May 1948.

Subj: Report of Activities on Cheju-Do Island from 22 May 1948, to 30 June 1948, Col. Rothwell H. Brown to CG. USAMGIK, 1 July 1948, W. F. Dean, Maj. Gen. to Edgar A. Noel, Major, CCAO, 59th MG Company, 17 July 1948.

USAMGIK, South Korean Interim Government Activities No. 32, 31 May 1948.

050 | 194807 / '육지 사는 제주사람들'의 애끓는 청원

『독립신보』, 1947. 6. 1.

『부산신문』, 1947. 10. 29., 1948. 6. 22., 1948. 7. 6.

『서울신문』, 1948. 7. 3., 1948. 7. 16.

『수산경제신문』, 1948. 7. 2., 1948. 7. 9.

『제주신보』, 1947. 6. 18., 1947. 6. 22.

『조선일보』, 1948. 8. 29.

『조선중앙일보』, 1948. 7. 2.

051 | 19480803 /사진으로 남은 젊은 경비대원들의 마지막 순간

『조선중앙일보』, 1948. 8. 8.

Memorandum from G-2, DIS to Capt. Hausman, Subject: Notes on G-2 Visit to Cheju Do, 2-6 Agust, 7 August 1948.

052 | 19480814 / "그는 양민의 원적이었소"

김익렬, 실록유고「4·3의 진실」, 제민일보 4·3취재반, 『4·3은 말한다』② (서울: 전예원, 1994).

『경향신문』, 1948. 8. 11.

『국제신문』, 1948. 8. 16.

『남조선민보』, 1948. 8. 10.

『대한일보』, 1948. 8. 11., 1948. 8. 12.

『부산신문』, 1948 8. 11.

『서울신문』, 1948. 8. 13., 1948. 8. 15.

『수산경제신문』, 1948. 8. 19.

『조선중앙일보』, 1948. 8. 14., 1948. 8. 15.

『한성일보』, 1948. 8. 10,

『한성일보』, 1948. 8. 14, , 1948. 8. 15. 1948. 8. 18.

053 | 19481017 / "통행금지 위반자는 총살", 제9연대장의 포고령

제주4·3평화재단, 『제주4·3사건추가진상조사보고서1』, 119쪽.

054 | 19481108 / 서청, 무슨 짓을 해도 처벌 받지 않는 존재

제주4·3사건진상규명및희생자명예회복위원회, 『제주4·3사건진상조사보고서』(서울: 동위원회, 2003), 272쪽.

『국제신문』, 1948. 11. 12.

『남조선민보』, 1948. 11. 12.

『대한일보』, 1948. 11. 11.

『독립신문』, 1948. 11. 11.

『자유신문』, 1948. 11. 11.

『평화일보』, 1948. 11. 11.

『한성일보』, 1948. 11. 11.

『호남신문』, 1948. 11. 12.

양창훈(가명, 1914년생) 채록, 2005. 11. 12.

Hq. USAFIK, G-2 Periodic Report, No. 987, November 13, 1948.

055 | 19481117 / 계엄령, 이승만은 '조속한 진압'을 명령했다

제주4·3사건진상규명및희생자명예회복위원회, 『제주4·3사건진상조사보고서』(서울: 동위원회, 2003), 279~280쪽.

제주4·3평화재단, 『제주4·3사건추가진상조사보고서1』, 118~131쪽.

『관보』 제26호, 1948. 12. 31.

New York Times, November 23, 1948.

Chalmers A. Johnson, *Peasant Nationalism and Communist Power* (Calif.: Stanford University Press, 1962), 55~56쪽.

Hq. USAFIK, G-2 Periodic Report, No. 1056, 5 February 1949.

056 | 19481120 | 1948년판 보도지침의 등장

『국제신문』, 1948. 11. 23., 1948. 11. 28.

『독립신문』1948. 11. 28.

『자유신문』, 1948. 11. 23.

057 | 19481122 / 미군 보고서가 기록한 '마을 방화'의 실체

『서울신문』, 1948. 12. 9.

『자유민보』, 1949. 3. 3.

『호남신문』, 1949. 2. 12.

Hq. USAFIK, G-2 Periodic Report, No. 994, 22 November 1948., No. 1001, 1 December 1948.

Hq. USAFIK, G-2 Weekly Summary, No. 165, 12 November 1948.

058 | 19481128 / 국가의 폭력을 희석시킨 무장대의 폭력

제주4·3사건진상규명및희생자명예회복위원회, 『제주4·3사건진상조사보고서』 (서울: 동위원회, 2003), 438~442쪽.

『서울신문』, 1948. 12. 9.

Daily Activities Report, 9th Regt K.A, 30 November 1948. F.V. Burgess, Capt Inf, Adviser, 9th Regt.

Hq. USAFIK, G-2 Periodic Report, No. 1000, 30 November 1948.

059 | 19481206 / 제9연대 '작전 보고'에서 '학살'을 읽다

Hq. USAFIK, G-2 Periodic Report, No. 979, 3 Nov, 1948.

060 | 19481218 / 임시군사고문단장 로버츠의 격려 서한

『대동신문』, 1948. 12. 31.

『민국일보』, 1948. 12. 31.

『수산경제신문』, 1948. 12. 31.

Hq. USAFIK, G-2 Periodic Report, No. 1014, 16 December 1948.

061 | 19481220 / '군복 입은 극우' 서청을 태운 열차

이경남, '청년운동반세기', 『경향신문』, 1987. 1. 21., 1987. 1. 28.

Hq. USAFIK, G-2 Periodic Report, No. 951, 1 October 1948., No. 1005, 6 December 1948.

062 | 19490108 / 소련 잠수함 출현설의 실체와 과장의 배경

제주4·3사건진상규명및희생자명예회복위원회, 『제주4·3사건진상조사보고서』 (서울: 동위원회, 2003), 254쪽.

『동광신문』, 1949. 1. 6.

『동아일보』, 1949. 1. 6.

『수산경제신문』, 1949. 1. 6., 1949. 1. 20.

『자유신문』, 1949. 1. 20.

『호남신문』, 1949. 1. 6.

Hq. USAFIK, G-2 Periodic Report, No. 1029, 5 January 1949.

JDZRH Manila, in English to the Philippines, Jan 7, 1949, Series A1838, Item 506/1, National Archives of Australia.

Washington Post, Jan 9, 1949.

GHQ, SCAP, Spot Intelligence, Subject: Reported Soviet Submarines, To: Chief of Staff From: Military Intelligence Section, General Staff, 8 January 1949.

WEEKLY SURVEY, 28 January 1949, https://www.ibiblio.org/korean-war-cia-foia-releases/Pre_1950/FBIS/1949/1949-01-28.pdf (검색일 2025. 11. 23).

063 | 19490121 / "가혹한 방법으로 탄압하라", 제주는 비명을 외쳤다

제6회 국무회의록, 1949. 1. 11.

제10회 국무회의록, 1949. 1. 17.

Hq. USAFIK, G-3 Operations Report, No. 5, 5 Feb 1949.

P. C. Woosters to the Chief of KMAG, Reports of Ordnance Advisor's trip to 2nd Regt-Cheju, 10 Feb, 1949.

064 | 19490125 / 미해군 함대의 제주 기항 이면

제주4·3사건진상규명및희생자명예회복위원회, 『제주4·3사건진상조사보고서』 (서울: 동위원회, 2003), 307쪽.

제14회 국무회의록, 1949. 1. 28.

Subject: January 1949, Visits to Osaka, Kobe, Inchon, Cheju Do, Pusan, Sasebo, and Fukoka, Commander Naval Forces, Far East to Commander in Chief, Far East Command (Attention G-3), 17 Feb 1949.

065 | 19490220 / 도두리 학살 현장에서 침묵한 미 고문관들

제주4·3사건진상규명및희생자명예회복위원회, 『제주4·3사건진상조사보고서』 (서울: 동위원회, 2003), 273~274쪽.

『대한일보』, 1948. 6. 16.

NR: ZGBI 184 (WEEKA NBR 62, PERIOD 26 FEB TO 5 MAR 49),

From: CG, USAFIK, To: DA, 5 Mar 49.

Hq. USAFIK, G-2 Periodic Report, No.1097, 1 April 1949., No. 1077, 3 March 1949.

066 | 194902 / 한겨울 돌성 쌓기에 동원된 주민들

『자유신문』, 1949. 3 .20., 1949. 3. 22.

『조선일보』, 1949. 6. 2.

067 | 19490322 / 제주는 사死의 정적靜寂

『조선중앙일보』, 1948. 6. 13.

068 | 194903 / 민간인 위장부대

제주4·3사건진상규명및희생자명예회복위원회, 『제주4·3사건진상조사보고서』 (서울: 동위원회, 2003), 403~404쪽.

Hq. USAFIK, G-2 Periodic Report, No. 1097, 1 April 1949.

Hq. USAFIK, G-3 Periodic Report, No. 5, 5 February 1949.

069 | 194903 / '한라산 호랑이'라 불리던 연대장

제주4·3사건진상규명및희생자명예회복위원회, 『제주4·3사건진상조사보고서』 (서울: 동위원회, 2003), 360쪽.

오성찬, 『제주의 마을 ⑦-봉개리』 (제주: 반석, 1988), 32~33쪽.

『강원일보』, 1949. 1. 12.

『남조선민보』, 1949. 2. 9.

『독립신문』, 1949. 1. 12.

『수산경제신문』, 1949. 2. 9.

『자유신문』, 1949. 1. 12., 1949. 3. 23.

『제주신보』, 1955 2. 5., 1960. 6. 7.

『조선중앙일보』, 1949. 2. 9.

Hq. USAFIK, G-2 Periodic Report, No. 1037, Jauanry 14. 1949., No. 1055, February 4, 1949.

070 | 19490409 / 주한미국특별대표 무초의 냉전 논리

A-127, The Special Representative in Korea (Muccio) to the Secretary of

State, April 9. 1949.

071 | 19490409 / 제주를 찾은 이승만의 일성, 한라산 구경

『국도신문』, 1949. 4. 8.

『자유신문』, 1949. 4. 10,

『조선중앙일보』, 1949. 4. 12.

Despatch No. 200, Inclosure No. 1, Conversation Memorandum, April 4, 1949, Subj: Transmitting a Memorandum of Conversation on Military Aid to Korea and Withdrawal of United States Troops, American Mission in Korea to the State Department, April 5, 1949.

Despatch No. 211, Subj: President's Rhee's Visit to Cheju and Military Aid for Korea, Press Release, Office of the President, April 11, 1949. American Mission in Korea to the Foreign Service of the U.S.A,, April 12, 1948.

072 | 194904 / 산에 있는 동포들에게 고함, 살려준다는 거짓말

『동아일보』, 1949. 4. 15.

『수산경제신문』, 1949. 3. 22.

『연합신문』, 1949. 3. 22., 1949. 4. 17., 1949. 5. 22.

『자유민보』, 1949. 9. 3.

『자유신문』, 1949. 4. 1.

『조선일보』, 1949. 4. 19.

Hq. USAFIK, G-2 Weekly Summary, No.1092, 21 March 1949.

073 | 194904 / 주정공장 수용소를 찾은 이승만의 훈시, "과거를 잊으라"

『국도신문』, 1949. 4. 23.

『서울신문』, 1949. 4. 16.

『수산경제신문』, 1949. 4. 13.

『연합신문』, 1949. 3. 22.

『조선중앙일보』, 1949. 4. 13.

『조선중앙일보』, 1949. 4. 12, , 1949. 4. 13.

문순선 채록 기사, '청년단이 고문하던 나는 열여덟살 임신부였다.『한겨레』, 2018. 11. 21.

New York Times, Los Angeles Times, April 12, 1949.

074 | 19490510 / 1949년 5월 10일 재선거

『연합신문』, 1949. 3. 23.

『자유신문』, 1949. 5. 15., 1949. 5. 18.

A-171, From: American Embassy To: Secretary of State, 14 May 1949.

FEC, Intelligence Summary No. 2444, 19 May 1949.

075 | 19490514 / 유엔위원단이 본 파괴와 연출된 '정상화'

Despatch No. 358, Subject: Transmitting Excerpt from UNCOK Report on Visit to Cheju Island, American Embassy, Seoul, Korea, June 17, 1949.

076 | 19490518 / 성대한 개선식, 도민들의 감사장

『국도신문』, 1949. 5. 20.

『동광신문』, 1949. 5. 15.

『연합신문』, 1949. 5. 18., 1949. 5. 20.

『자유신문』, 1949. 5. 19.

『조선중앙일보』, 1949. 5. 19.

077 | 19490525 / 노루를 진상하고 평화를 연출하다

『수산경제신문』, 1949. 5. 25.

『자유신문』, 1949. 5. 25.

078 | 19490607 / 유격대 사령관 이덕구의 마지막

『국제신문』, 1948. 11. 6.

『남조선민보』, 1948. 11. 6.

『대한일보』, 1948. 11. 6.

『동아일보』, 1949. 6. 10.

『부인신보』, 1948. 11. 6.

『수산경제신문』, 1949. 6. 10.

『평화신문』, 1949. 6. 10.

『평화일보』, 1948. 11. 6.

Hq. USAFIK, G-2 Periodic Report, No.977, 1 Nov, 1948., No.981, 5

Nov, 1948.

079 | 19490613 / 군·서청의 폭압과 정부의 안일함, 도지사 김용하의 고민

『동아일보』, 1949. 11. 17.

Despatch No. 354, Subject: Views of Governor on the Affairs in Cheju-Do, American Embassy, 16 June 1949.

080 | 194907 / '수형인 명부'가 증언한 국가폭력

제주4·3연구소, 『무덤에서 살아나온 4·3 수형인들』 (서울: 역사비평, 2002).

NR: 120830 z(JOINT WEEKA NUMBER 9), FROM: US MILLL ATTACHE SEOUL KOREA, TO: DA(FOR INTELLIGENCE DIV, USA, G-2), WASH DC, CINCFE(PASS TO COMNAVFE TOKYO JAPAN) TOKYO JAPAN, 12 AUG 49.

081 | 19490919 / 중국 장제스 정부, 제주를 폭격기지로 요청하다

A-282, The Ambassador in Korea (Muccio) to the Secretary of State, September 19, 1949.

082 | 194909 / 밀항, 일본, 가족, 편지

Travel: Possible Illegal Exit of Koreans from Japan, Civil Censorship Detachment.

083 | 19491002 / 미국 문서에만 남은 제주비행장 249명 집단 처형

제주4·3사건진상규명및희생자명예회복위원회, 『제주4·3사건진상조사보고서』 (서울: 동위원회, 2003), 459~460쪽.

양유길(제주시 이호동) 채록, 2017. 3. 18.

이상하(서귀포시 중문동) 채록, 2022. 3. 20.

Nr. 070800z(JOINT WEEKA NBR 17), From: US Mil Attache at Seoul, Korea To: DA(Intelligence Div) Wash. DC, 8 Oct 49.

084 | 19481013 / '궤멸적 성공'의 기록, 무초의 외교문서

Despatch No. 635, The Ambassador in Korea (Muccio) to the Secretary of State, October 13, 1949.

085 | 19491128 / 미군 고문관의 눈에 비친 군·경·서청이 뒤엉킨 제주

Dispatch No. 749, Subject: Transmitting report by Captain FISCHGRUND (KMAG) on trip to Cheju Island, American Embassy, Seoul, November 28, 1949.

Letter, From: W. L. Roberts, Chief, KMAG To: Shin Sung Mo, Minister of National Defense, 29 November 1949.

086 | 195001 / 제주도 보도연맹 결의문의 역설

정병준, 「한국전쟁 초기 국민보도연맹원 예비검속·학살사건의 배경과 구조」, 『역사와 현실』 제54권(2004), 94~99쪽.

제주4·3사건진상규명및희생자명예회복위원회, 『제주4·3사건진상조사보고서』 (서울: 동위원회, 2003), 421~423쪽.

『국도신문』, 1950. 6. 11.

『동아일보』, 1949. 4. 23.

『서울신문』, 1950. 1. 12.

『연합신문』, 1949. 6. 7., , 1950. 2. 14.

『조선일보』, 1949. 4. 23.

Memorandum for the record, Subj: Conditions on Cheju Island, John P. Seifert, Naval Attache, Donald S. MacDonald, Third Secretary of Embassy, Philip C. Rowe, Vice Consul, Aug 17, 1950.

088 | 19500815 / 한국전쟁 시기 '자위대' 임명장에 남은 주민 동원의 흔적

국사편찬위원회 누리집 (검색일: 2025. 10. 25).

법제처 누리집 (검색일: 2025. 10. 25).

『제주신보』, 1950. 8. 9., 1950. 8. 11.

089 | 19500830 / '부당함으로 불이행', 계엄군 명령을 거부한 경찰서장

진실·화해를위한과거사정리위원회. 「제주예비검속사건(섯알오름)」, 『2008년 하반기 조사보고서』, 진실·화해를위한과거사정리위원회 누리집 (검색일 2026. 2. 10).

090 | 19501121 / 미대사관 문서로 본 한국전쟁 초기 무장대 소탕 계획

Subject: Cheju Island, From: TAEGU 3, January 18, 1951, To: Department of State, Ref: Embdes (Seoul) 31, Nov. 15, 1950.

Subject: Conditions on Cheju Island, From: Seoul 31, November 15, 1950, To: Department of State.

Subject: Transmitting Report on Conditions on Cheju Island, From Seoul 37, November 21, 1950, To Department of State, Ref: Embdes 31, November 15, 1950.

091 | 195001 / "승만의 죄는 천 번 참수해도 죄가 남을 터"

김경종 지음, 백규상 옮김, 『백수여음』 (제주: 북제주문화원, 2006).

094 | 19521209 / 세금보다 무거운 헌금, 토벌비용에 짓눌린 도민들

Subject: Letter of Transmittal, To: CG. UNCACK, From: Cheju Do Field Team, UNCACK, 9 December 1952.

095 | 195301 / 미군이 설계한 '무프티 작전'의 전모

「1952~1955년, 한국후방관구사령부(KComZ)의 창설과 해체」, 『군사』 91호(2014. 6),

AKC 370 (24 Jan 53), 1st Ind, Subject: Operation MUFTI, Thru: C.G. EUSAK, To: C.G. KComZ, From: KMAG, 30 Jan 1953.

Letter, To: General Paik, Sun Yup, Chief of Staff, ROKA From: Thomas W. Herren, Maj. Gen, 3 November 1952.

Memo For Record, Subject: Operation MUFUTI, TO: Lt. Col. John R. Snow, G-3 Opns, Hq. KComZ(DS-Cheju-DO), From: Col. Jos. L. Langevin, Asst C of S, G-3, Hq. KComZ, 25 March 1953.

Subject: Area Responsibility on Cheju-do, To: CG, United Nations Civil Assistance Command Korea, From: Hq. KOREAN COMMUNICATIONS ZONE, 24 September 1952.

SUBJECT: Anti-bandit Operation on Cheju-Do, To: Chief, Korean Military Advisory Group to the Republic of Korea, From: Hq. KCOMZ, 6 Nov, 1952.

096 | 19530401 / 쌀과 대두를 포상금으로! 굶주림을 겨냥한 삐라 살포

『경향신문』, 1953. 2. 5.

KComZ(DS-Cheju-DO), From: Col. Jos. L. Langevin, Asst C of S, G-3, Hq. KComZ, 25 March 1953.

Memo For Record, Subject: Operation MUFUTI, TO: Lt. Col. John R.

Snow, G-3 Opns, Hq.

097 | 19540921 / 한라산 개방일과 '금족령'의 실체

제주도경찰국, 『제주경찰사』(제주: 동국, 1990), 318쪽.

제주4·3사건진상규명및희생자명예회복위원회, 『제주4·3사건진상조사보고서』(서울: 동위원회, 2003), 356쪽.

『동아일보』, 1954. 9. 22.

『제주신보』, 1952. 4. 29, 1952. 9. 30., 1953. 5. 19, 1953. 5. 20, 1953. 6. 21, 1953. 11. 17., 1953. 11. 27, 1953. 12. 5., 1956. 9. 28.

『조선일보』, 1954. 10. 15.

098 | 19551101 / 쌀과 옷을 찾던 산에 남은 5명의 무장대

『마산일보』, 1955. 11. 15.

Memorandum For: Director, National Police, Subject: Staff Visit to Provincial Bureau, Cheju-Do, From: Public Safety Division, Office of the Economic Coordinator for Korea, United Nations Command, 1 Nov 1955.

Subject: Narrative Summary of G-2 Section Activity for the Month of January(April, September) 1953, KMAG.

099 | 19570402 / 마지막 '산사람', 그는 평범한 농민이었다

『제주신보』, 1957. 3. 23., 1957. 4. 3.

『조선일보』, 1947. 4. 14., 1947. 4. 15., 1957. 4. 14.

『평화신문』, 1957. 4. 10.

100 | 19570809 / "제주도민들은 영원히 잊지 않을 것이다"

Memo. No. 275, File No. 10/1/1, Australian Delegation to United Nations Commission for the Unification and Rehabilitation of Korea to the Secretary, Department of External Affairs, 9th August 1957.

이 책을 둘러싼 날들의 풍경

한 권의 책이 어디에서 비롯되고, 어떻게 만들어지며,
이후 어떻게 독자들과 이야기를 만들어가는가에 대한 편집자의 기록

2024년 11월 18일. 혜화1117의 저자 한미화 선생님의 책 『유럽책방 문화탐구』 북토크가 제주에서 열리다. 편집자는 북토크 참석을 명분으로 삼아 동행하다. 2023년 저자 허호준 선생님과 만든 첫 책 『4·3, 19470301-19540921 기나긴 침묵 밖으로』가 나온 뒤 정작 제주에서 저자를 만난 일이 없다는 걸 자각한 편집자는 제주에서의 만남을 청하다. 편집자의 연락을 받은 저자는 흔쾌하게 동의하여 아주 늦은 출판 뒤풀이가 이 책의 본토라 할 수 있는 제주에서 열리다. 이 자리에는 저자와 제주에서 활동하는 허영선 시인과 한미화 선생과 편집자가 참석하여 제주의 산해진미를 앞에 두고 즐겁고 뜻깊은 시간을 나누다. 이 자리에서 저자는 '제주4·3평화문학상'에 접수할 논픽션 원고를 집필하고 있다는 근황을 전하다. 편집자는 원고 완성 이후 검토할 기회를 요청하다. 내심 편집자는 평생 신문기자로, 기사를 써온 저자가 문학상에 도전한다는 사실을 의아하게 여기다.

2024년 12월 20일. 저자로부터 초고 원고를 받다. 아직 완성 전이라는 전제를 감안하여 간단히 검토만 하려고 했으나, 끝까지 집중하여 일별하다. 원고의 출발선이기도 한 다랑쉬굴 유해 발굴 관련 기사를 다시 한 번 찾아보고 그 일이 4·3의 역사에 어떤 의미를 갖는가에 대해 인식을 정리하다. 출간의 시기는 저자가 이 원고로 '제주4·3평화문학상'에 지원하기로 했으니 이후 상황을 좀 더 지켜보기로 하다.

2025년 3월 25일. 저자의 원고가 제13회 4·3평화문학상 논픽션 부문에 당선작으로 선정되다. 소식을 들은 편집자는 저자에게 축하 인사를 건네는 한편으로 선정작에 대한 출판 조건 확인을 요청하다. 선정 기관에서 출판의 권한을 가지는 사례를 알고 있던 터라 출판을 못할 수도 있겠다는 생각을 하다. 최종 원고를 건네받다.

2025년 4월 3일. 문재인 전 대통령 님의 책방으로 널리 알려진 평산책방에서 저자의 북토크가 열리다. 1989년 입사한 이래 줄곧 기자로 지내온 저자가 2025년 4월 30일 현역에서 물러나는 때를 앞두고 이루어진 북토크라는 점에서 편집자는 직업

인으로서 아름다운 마무리를 하게 된 저자의 삶에 경의를 표하다. 이 자리에서 만난 저자와 '제주4·3평화문학상' 선정작에 대해 이야기를 나누다.

2025년 9월 3일. 하루 전날, 저자로부터 서울에 다니러 올 예정이라는 연락을 받다. 편집자는 다른 책의 신간 미팅을 위해 '예스24' 담당 엠디를 만나러 가기 전 시간을 맞춰 만나기로 하다. 오후 2시, 저자와 여의도 일신빌딩 스타벅스에서 잠깐 만나 차 한 잔을 나누다. 이 자리에서 '제주4·3평화문학상' 선정작인 「폭풍 속으로」의 보완 일정에 관해 이야기를 나누다. 그것으로 미팅을 마무리할 것으로 여기던 편집자에게 저자는 뜻밖의 이야기를 꺼내다. 「폭풍 속으로」의 수정 및 보완과는 별개로 새로운 책을 구상하고 이미 지난 2월부터 쓰기 시작했음을 이야기하다. 책의 내용은 저자가 약 30년 동안 취재하고 연구하고 발굴한 4·3에 관한 기록을 중심으로 한 일종의 아카이브 작업이며, 우선 30개를 뽑아 개별 자료에 대한 원고를 거의 썼으나 구성 및 방향이 모호하다며 이에 대한 편집자의 의견을 구하다. 편집자는 저자의 지칠 줄 모르는 에너지에 진심으로 놀라다. 저자의 이야기를 들으며 무엇보다 모름지기 아카이브란 숫자가 말해줘야 하는데 '30'은 너무 약해보이고, 가능하다면 '100'이라는 숫자를 염두에 두고 만들면 좋겠노라 의견을 전하다. 구성은 사료로서의 중요성으로 우위를 나누기보다 오랜 시간 이어진 일이니 4·3의 전사로부터 종료 직후까지를 일자로 만들어가면 좋겠다는 데까지 의견을 보태다. 나아가 이왕 「폭풍 속으로」를 출간하기로 했으니, 두 권을 함께 내는 방안을 제안하다. 저자는 2023년 이맘때 『4·3, 19470301-19540921 기나긴 침묵 밖으로』의 계약서를 쓸 때와는 다르지만 또 비슷하게 부담백배의 얼굴을 하고 제주로 내려가다.

2025년 10월 23일. 서울에 다니러 온 저자와 오후 2시, 편집자의 단골카페 광화문 나무사이로에서 만나다. 두 권 동시 출간에 대한 저자의 결심을 확인하고, 계약서를 작성하다. 평생 마감을 지켜온 저자는 연말까지는 꼭 원고를 다 정리하겠노라고 다짐하다. 아울러 「폭풍 속으로」의 편집 일정에 관해 구체적으로 의논하고, 표지에 쓸 후보 사진을 몇 장 펼쳐보며 이야기를 나누다. '4·3 100장면'으로 부르기 시작한 책의 진척 상황을 이야기하다. 두 권을 동시에 출간하기 위한 계획을 구체적으로 의논하다.

2025년 11월. 「폭풍 속으로」의 편집이 한창 진행되는 동안 '4·3 100장면' 원고 완성의 기미는 보이지 않다. 아침저녁으로 제주 카페에서 원고 집필에 매진하고 있다는 이야기를 계속 듣다. 아직까지 원고가 완성되지 않았다면 2026년 4월에 출간하는 것이 가능할까, 생각하다. 우선 「폭풍 속으로」의 작업을 다 끝내놓고 2~3월에는 '4·3 100장면'의 편집 작업에 집중할 수 있도록 시간을 확보해두기로 하다.

2026년 1월. 해가 바뀌었고, '4·3 100장면'의 원고는 아직 완성 단계에 이르지 못하다. 편집자는 내심 올해 동시 출간은 어렵겠다고 여기다. 이런 편집자의 염려가 무색하게 1월 31일 100개의 장면에 대한 완성도 90퍼센트의 원고가 들어오다. 「폭풍 속으로」의 편집 작업이 거의 다 끝나, 이 책의 편집에 집중할 시간을 확보해둔 것을 다행으로 여기다. 편집자는 집중해서 재빨리 원고를 검토한 뒤 보완할 부분에 의견을 전하고, 곧바로 디자이너 김명선에게 본문의 레이아웃 디자인을 의뢰하다. 원고를 읽는 동안 편집자의 눈시울은 수시로 붉어지고, 당시 대통령의 행태에 기가 막혀 열탕과 냉탕을 오고가는 감정 고조의 극한 경험을 하다. 원고를 받고 한 달 안에 편집을 진행하는 일이 가능한가, 의구심을 품기도 했으나 기획의 의도가 분명하고, 그 의도에 맞는 원고의 완성도가 높고, 그 완성도에 맞춰 어느덧 혜화1117에서 판매하는 책 가운데 단 두 종을 제외하고 모든 책을 작업한 디자이너와의 안정된 호흡이 이 모든 일을 가능하게 하다. 편집자는 어떻게든 설 연휴에는 디자이너를 컴퓨터로부터 완벽하게 벗어나게 하는 것을 1차 목표로 삼고 일정을 맞추다.

2026년 2월. 저자로부터 모든 사항을 반영한 최종 원고가 당도하다. 본문 레이아웃을 확정하다. 본문에 수록할 다양한 이미지를 함께 받다. 표지에 쓸 이미지를 바로 확정하다. 지난 1년, 제주도 여러 카페를 바꿔가며 밤낮으로 원고와 씨름하던 저자의 시간에 이어 이제 편집자의 시간이 도래하다. 편집자는 원고를 읽고 화면초교를 보며 책의 표지 방향과 제작 일정까지 동시다발적으로 여러 가지 일을 진행하다. 저자와의 카카오톡 대화창은 수시로 울리고, 마치 상시 대기 모드인 듯한 저자로부터 즉각즉각 회신을 받아 실시간으로 결정과 선택의 시간을 이어가다. 그러는 동안 책은 점점 꼴을 갖춰가고, 그 형상은 보기에 무척 좋기만 하다. 함께 출간을 준비한 『4·3, 기억의 폭풍 속으로』는 거의 모든 작업을 마무리한 상태로 두 권을 같이 만들면서 맞춰야 할 부속의 부분만 남겨두다. 책의 제목을 미리 염두에 둔 편집자는 방향을 반영한 초안을 저자에게 의논하다. 제목은 정해두고 부제는 조금 더 선명한 단어로 고민해보겠노라는 저자의 회신을 받다. '4·3, 100개의 기록으로 마주하는 그날의 기억'으로 제목을 정하고 부제는 다시 또 몇 개의 안을 놓고 차차 결정하기로 하다. 설 연휴 기간 저자와 편집자는 각각 제주와 서울에서 교정에 꼬박 매달려 큰 산을 넘다. 연휴 이후 제목과 부제가 확정이 되고, 텍스트의 매우 정교한 수정이 이어지고, 표지와 화보의 구성이 마무리되다. 저자의 첫 책이 2025년 문재인 대통령 추천을 받은 뒤 띠지를 둘렀다는 것, 이번에 함께 출간하는 『4·3, 기억의 폭풍 속으로』에 정지아 작가의 아름다운 추천사를 받고 띠지를 제작한다는 점을 고려하여 이 책에도 띠지를 두르기로 하다. 2월 말에는 모든 작업을 마무리해야 하는 상황을 가늠하다. 이 일정을 염두에 둔 편집자의 마음이 바빠지다. 그러나 일의 높은 난이도에도 불구하고 과정은 순조롭게 잘 이어지다. 그러나 아무래도 2월말 모든 작업을 마무리하기에는 시간이 빠듯하여 혜화1117의 책 제작을 도맡아주고 있는 제이오에 미리 일정을 확인하다. 3월 첫 주까지만 작업을 마무리하면 일정에 맞춰 제작을 해보겠다는 회신을 받다. 편집자는 단 며칠일지언정 시간을 벌었다는 마음에 안도하다.

2026년 3월. 애초에 염두에 둔 이미지를 포함하여 여러 이미지를 활용한 표지의 시안을 추가로 더 만들어보다. 여러 이미지를 활용한 시안을 받아본 뒤 저자와 편집자는 계획을 바꿔 예정에 없던 것으로 표지 이미지를 선택하다. 비극적 상황 속에 있던 당시 어린아이들을 전면으로 내세운 사진을 쓰는 것에 대해 망설이던 편집자는 그러나, 그럼에도 불구하고 표지로 사용하기에 가장 적절한 이미지라는 데 이견을 달 수 없다고 판단하여 결정하다. 표지의 이미지를 전면적으로 수정하면서 전체적인 책의 인상이 달라지다. 얼핏 보면 큰 차이는 없으나 편집자의 눈에는 매우 큰 변화를 시도하다. 책의 제목과 부제의 방향도 재조정하여 결정하다. 이로써 책의 제목은 책, 『4·3, 아카이브로 본 역사-100개의 장면으로 마주하는 그날들』로 결정하다. 부제의 '장면'은 '기록'이라는 단어 두 개를 나란히 두고 몇 번이나 고민을 거듭한 끝에 정해졌음을 여기에 밝히다. 3월 1일, 기나긴 겨울이 끝나고 초봄의 기운이 느껴지기 시작한 계절에 책상 앞에서 드디어 두 권의 책을 마무리하다. 3월 5일 모든 작업을 완료하다. 표지 및 본문 디자인은 김명선이, 제작 관리는 제이오에서 (인쇄 : 민언프린텍, 제본 : 소노마엠지, 용지 : 표지 및 띠지 스노우120그램, 본문 : 그린라이트 100그램, 컬러 화보 미색모조 95그램, 면지 화인페이퍼 110그램), 기획 및 편집은 이현화가 맡다

2026년 4월 3일. 혜화1117의 서른일곱 번째 책, 『4·3, 아카이브로 본 역사-100개의 장면으로 마주하는 그날들』이 출간되다. 저자의 또다른 책 『4·3, 기억의 폭풍 속으로-같은 시대를 다르게 겪은 두 사람의 삶에 관하여』와 동시 출간하다. 이로써 저자와 4·3에 관한 세 권의 책을 만들어 세상에 내놓게 되다. 이후의 기록은 2쇄 이후 추가하기로 하다.

"당시 제주는 매일 매순간이 '장면'이었다. 일상 속에는 바람이 스치듯 두려움이 배어 있었고, 평범한 하루의 끝에는 언제든지 삶이 무너질 수 있다는 불안이 있었다. 기록이 남은 날만 역사가 아니다. 이름도 없이 빛도 없이 지나간 하루하루가 4·3의 역사다."

4·3, 아카이브로 본 역사

2026년 4월 3일 초판 1쇄 발행

지은이 허호준

펴낸이 이현화

펴낸곳 혜화1117 **출판등록** 2018년 4월 5일 제2018-000042호

주소 (03068)서울시 종로구 혜화로11가길 17(명륜1가)

전화 02 733 9276 **팩스** 02 6280 9276 **전자우편** ehyehwa1117@gmail.com

블로그 blog.naver.com/hyehwa11-17 **페이스북** /ehyehwa1117 **인스타그램** /hyehwa1117

네이버 스마트 스토어 https://smartstore.naver.com/hyehwa1117

ISBN 979-11-91133-40-0 03910

Publishers : HYEHWA1117 11-gagil 17, Hyehwa-ro, Jongno-gu, Seoul, 03068, Republic of Korea.

Email. ehyehwa1117@gmail.com

4·3, 19470301-19540921 - 기나긴 침묵 밖으로

허호준 지음 · 양장본 · 컬러 화보 수록 · 400쪽 · 값 23,000원

* 전자책 * 큰글자도서

"제주 4·3을 제대로 알려면 안성맞춤인 책"

"이 책을 읽고 제주를 오갈 때 여전히 남아 있는 그 흔적들을 잠시라도 떠올려준다면 4·3의 희생자들과 제주도민들에게 큰 위로가 될 것입니다." _문재인, 대한민국 제19대 대통령 추천의 글 중에서